böhlau

Claudia Andrea Spring

Zwischen Krieg und Euthanasie

Zwangssterilisationen in Wien 1940–1945

Böhlau Verlag Wien · Köln · Weimar

Umschlagbild: Haupttor des Justizpalastes in Wien, fotografiert von Michael Bubik

Die Vorbereitung der Drucklegung wurde vom
Zukunftsfonds der Republik Österreich gefördert.

Gedruckt mit Unterstützung
des Fonds zur Förderung der wissenschaftlichen Forschung FWF Der Wissenschaftsfonds.

Bibliografische Information Der Deutschen Bibliothek:

Die Deutsche Bibliothek verzeichnet diese Publikation in der Deutschen Nationalbibliografie; detaillierte bibliografische Daten sind im Internet über http://dnb.ddb.de abrufbar.

ISBN 978-3-205-78321-3

http://www.boehlau.at
http://www.boehlau.de

Gedruckt auf umweltfreundlichem, chlor- und säurefrei gebleichtem Papier

Druck: Prime Rate kft., 1047 Budapest

Inhalt

ANHANG

Vorwort

Gleichsam ist es ein archäologisches Verfahren, die gesellschaftliche Aufarbeitung des Nationalsozialismus. Es werden Schichten abgetragen, die in zunehmendem Maße Umfang und Tiefe des Terrorregimes fassbar machen. Es wird aber nicht nur die Herrschaft des Nationalsozialismus aufgedeckt, sondern auch das größte Hindernis im Abtragen der Schichten selbst, nämlich das Weiterwirken von Strukturen des NS-Regimes in Personen, in dominanten Einstellungen zu gesellschaftlichen und politischen Ordnungssystemen.

Das Buch von Claudia Spring ist nicht nur eine Aufarbeitung und Analyse der Zwangssterilisationen in Wien 1940–45, sondern auch eine Analyse dieses archäologischen Verfahrens. Es konkretisiert und verdichtet daher: Die Geschichte des Nationalsozialismus endet nicht mit 1945. Gewiss gab es ein Ende von Vernichtung und Krieg und ein gesellschaftliches und historiografisches Bedürfnis nach einer Stunde Null. Je mehr jedoch die Geschichtswissenschaft nicht nur die „Epoche" des Nationalsozialismus selbst, sondern diese über die Zeit nach 1945 hinaus erforscht, desto mehr gewinnt sie Einblick in den Aufbau der Schichten. Claudia Spring hat durch die Analyse der Biografien der Ärzte und Richter, die in den Erbgesundheitsgerichten tätig waren, Kontinuitäten aufzeigen können, die das Vor und Danach des Jahres 1945 miteinander verbinden. Die für die Zwangssterilisationen Verantwortlichen konnten ihre Karrieren, nach einer oft nur sehr kurzen Unterbrechung, oft fortsetzen; ja sie wurden in Einzelfällen auch mit staatlichen Auszeichnungen geehrt. Das „Gesetz zur Verhütung erbkranken Nachwuchses", in der *Ostmark* 1940 eingeführt, wurde zwar in Österreich 1945 aufgehoben, aber damit wurde seine Intention nicht vollkommen abgelehnt. Das Menschenrecht auf die Freiheit von Zwang(ssterlisation) fand, wie Claudia Spring aufzeigt, keine politische Akzeptanz. Im Gegenteil, ein österreichischer Spitzenpolitiker sprach von einem berechtigten Interesse „jeder Volksgesamtheit erbkranken Nachwuchs zu verhindern". Zwangssterilisierte Menschen wurden daher auch nicht als Opfer verstanden, denen die Republik Österreich eine Entschädigung schuldete. Erst 1995 bzw. 2005 wurde das Opferfürsorgegesetz dahin geändert.

Es ist dem Engagement und der Insistenz von Claudia Spring zu verdanken, dass eine Quellenbasis zusammengestellt wurde, auf deren Basis sie ihr Buch „Zwischen Krieg und Euthanasie. Zwangssterilisationen in Wien 1940–1945" schreiben konnte. Schwierigkeiten und Widerstände entmutigen sie nicht, im Gegenteil. Sie wusste, dass sie dieses Buch schreiben musste. Es bedurfte einer dreijährigen Spurensuche, ehe sie die 1700 Akten zusammengestellt hatte, die ihr die Aufarbeitung und Analyse der Zwangssterilisationen in Wien ermöglichten.

Hiermit konnte sie einen wichtigen Beitrag zu einem Themenfeld leisten, das seit Gisela Bocks 1986 erschienenem Band „Zwangssterilisation im Nationalsozialismus. Studien zur Rassenpolitik und Frauenpolitik" die Forschung intensiv beschäftigt hat. Es eröffnete Einblicke in die Beziehung des Nationalsozialismus zu Frauen und zu seiner negativen Geburtenpolitik, in die nationalsozialistische Institutionengeschichte, zu Eugenik und Medizingeschichte. Claudia Spring kann daher mit ihrer Arbeit die große Lücke der Geschichte der Zwangssterilisationen in Wien schließen.

Die *Beantragten* sind in der NS-Terminologie jene, über deren Antrag auf Zwangssterilisation das Erbgesundheitsgericht bzw. das Erbgesundheitsobergericht entschied. Claudia Spring ist durch diese Sprachwelt, die von Gewalt, Diskriminierung und technokratischem Eifer bestimmt war, nicht kommentarlos gegangen. Als Lösung blieb die visuelle Distanzierung. Die *Beantragten* selbst haben bis heute geschwiegen, im Unterschied zu Deutschland, wie Claudia Spring unterstreicht. Dennoch geht ihre Rede bzw. ihr Handeln in den Akten, die von jenen geschrieben wurden, die über sie urteilten, nicht unter. Ihre Widerständigkeit gegen die Durchführung der Zwangssterilisationen manifestierte sich nicht nur in Beschwerden gegen die Entscheidungen der ersten Instanz, sondern auch in einem persistenten Widerstand gegen den Eingriff. Es war ein Widerstand gegen körperliche Gewalt und für eine freie Entscheidung über Reproduktion. So gelang es der Elisabeth S., ihre Zwangssterilisation durch vier Jahre hindurch zu verhindern, im März 1945 unternahm das Gericht einen neuerlichen Versuch, scheiterte und stellte erst in der Folge offensichtlich seine Versuche ein.

Wie signifikant für die *ostmärkische* Praxis des „Gesetzes zur Verhütung erbkranken Nachwuchses" diese Wachsamkeit der Richter war, die auch im März 1945 noch eine Zwangssterilisation durchführen wollten, kann Claudia Spring im Vergleich zu den Praktiken im *Altreich* aufzeigen. Das „Gesetz zur Verhinderung erbkranken Nachwuchses" hatte in der *Ostmark* fünf Jahre Geltung, in den Jahren 1940–45, in einem Zeitraum, als im *Altreich*, wo es sechs Jahre länger praktiziert wurde, kaum mehr Verfahren durchgeführt wurden. In Wien hingegen wurden in dieser Zeit 1203 Beschlüsse zur Zwangssterilisation gefasst. Hier dauerten die Verfahren länger als im Altreich, sehr oft wurden noch zusätzliche Gutachten angefordert. Die Richter nahmen auch längere Verfahren in Kauf, um die legistischen Vorgaben einzuhalten. Sie perfektionierten die Maschinerie der Verurteilung zu Zwangssterilisationen. Erst in Anbetracht des *kriegsbedingten Erbgutverlustes* setzte ab dem Herbst 1944 ein Umdenken ein.

Claudia Spring hat über Zwangssterilisationen in Wien und über die archäologischen Verfahren der österreichischen Gesellschaft nach 1945 ein Buch geschrieben, das klare und klärende Einblicke in die Geschichte des Nationalsozialismus und der österreichischen Nachkriegszeit eröffnet.

Edith Saurer

Gewidmet meiner Schwester Doris
ihren Kindern Cody und Jessie
unserer früh verstorbenen Schwester Gisela
und unserer Mutter Elke

Danksagungen

Eine Vorfassung dieses Buches wurde im April 2008 als Dissertation am Institut für Geschichte der Universität Wien approbiert. Edith Saurer, Wolfgang Neugebauer und Johanna Gehmacher danke ich in diesem Zusammenhang für ihr großes Interesse an meiner Arbeit, ihre Ermunterung und Unterstützung, für die vielen Gespräche und die kritische Lektüre.

Peter Malina, aber auch Eberhard Gabriel, Wolfgang Neugebauer und Brigitte Rigele danke ich für ihre Hilfe bei der zeitaufwändigen Zusammenführung der knapp 1.700 Verfahrensakten des Erbgesundheitsgerichts und Erbgesundheitsobergerichts Wien, die die zentrale Quelle für dieses Buch bilden. Für die kompetente Beratung bei der Recherche nach weiteren Quellen danke ich den Mitarbeiterinnen und Mitarbeitern der Ärztekammer Wien, des Bundesarchivs Berlin, des Dokumentationsarchivs des Österreichischen Widerstandes, des Österreichischen Staatsarchivs, des United States Holocaust Memorial Museum, des Universitätsarchivs Wien und des Wiener Stadt- und Landesarchivs.

Mein Dank gilt weiters Marie Fritsche, die mit großer Sorgfalt einen Teil der genannten Verfahrensakten in eine Datenbank eingegeben hat, weiters Heinz Berger, Margit Berner, Michael Bubik und Kurt Schmid, die mich bei der statistischen Auswertung der Akten berieten, aber auch Florian Schultheiss, Elisabeth und Florian Spring sowie Harald Wendelin für ihre kompetente Hilfe bei komplexen Fragen rund um den PC.

Michael Hubenstorf, Ingrid Arias, Herwig Czech, Eberhard Gabriel, Verena Krausneker, Sophie Ledebur, Florian Schwanninger, Peter Schwarz und Johannes Vossen gaben mir nicht nur wertvolle Hinweise zu weiterführenden Quellen, sondern auch – ebenso wie Gerhard Baader, Karin Berger, Gabriele Czarnowski, Helia-Verena Daubach, Gabriella Hauch, Astrid Ley, Hannes Metzler, Thomas Mayer und Ilse Reiter-Zatloukal – wichtige Anregungen zu einzelnen Fragestellungen meiner Arbeit, wofür ich mich an dieser Stelle bedanken möchte. Weiters danke ich Anja Deml, David Forster, Monika Löscher, Peter Malina, Thomas Mang, Verena Pawlowsky, Dirk Rupnow, Ernestine Strobl und Eva Stühlinger, die sich bereit erklärt hatten, kleinere und größere Teile dieses Buches zu lesen und mit kritischen Anmerkungen zu versehen.

Sonja Schöbitz-Kink danke ich für ihre vielfältige Unterstützung und Traude Tauber für ihre supervisorische Begleitung zur Wahrung der für das Schreiben notwendigen Distanz zum Thema dieses Buches. Meiner Familie und meinen Freundinnen und Freunden danke ich für ihre Verbundenheit und vor allem auch ihr Verständnis dafür, dass ich mir in den letzten Monaten der Arbeit an diesem Buch nur wenig Zeit für sie genommen habe.

Meinem Mann Michael Bubik gilt mein besonderer Dank – er hat mir durch seine vielseitige und nicht zuletzt emotionale Unterstützung ermöglicht, den für das Schreiben notwendigen Freiraum und Zeitraum zu nehmen.

Ein Teil der Arbeit wurde durch ein Dissertationsstipendium des Krankenanstaltenverbundes Wien finanziert, die Vorbereitung der Drucklegung durch eine Förderung des Zukunftsfonds der Republik Österreich ermöglicht. Für beides möchte ich mich an dieser Stelle bedanken.

Abschließend danke ich auch Ursula Huber, Judith Mullan und Bettina Waringer vom Böhlau Verlag, durch deren kompetente Unterstützung diese Publikation innerhalb kürzester Zeit möglich wurde.

Claudia Andrea Spring, Jänner 2009

Einleitung

FRAGESTELLUNGEN UND FORSCHUNGSZUSAMMENHÄNGE

Am 19. Februar 1945 verließ die 26-jährige Therese W. die gynäkologische Abteilung des Wiener Krankenhauses Lainz zum zweiten Mal – diesmal in der Hoffnung, nach einem aufwändigen operativen Versuch zur Wiederherstellung ihrer Empfängnisfähigkeit bald wieder schwanger werden zu können. Die erste Operation im September 1941 bezweckte das Gegenteil: ihre dauernde Unfruchtbarkeit, denn sie galt damals noch als *erbkrank*.

Therese W.s zweite Operation war zwar sehr unüblich, entsprach aber ganz der Radikalität und Konsequenz nationalsozialistischer Bevölkerungspolitik: Das ‚Gesetz zur Verhütung erbkranken Nachwuchses' (GzVeN), mit dem sich der NS-Staat den unmittelbaren Zugriff auf eine der wichtigsten Lebensentscheidungen von Menschen sicherte – auf die Entscheidung, Nachkommen haben zu wollen oder nicht –, legitimierte die Zwangssterilisation als *erbkrank* kategorisierter Frauen und Männer. Kinder als *erbgesund* geltender Eltern hingegen waren so erwünscht, dass freiwillige Sterilisationen verboten waren und selbst in den letzten Wochen des Krieges, als die Aufrechterhaltung der Infrastruktur und die medizinische Versorgung der Bevölkerung immer weniger funktionierte, Ärzte eine solche Operation wie jene an Therese W. durchführten.

Therese W. war mit widersprüchlichen Zuschreibungen konfrontiert gewesen: Der Amtsarzt, der ihre Zwangssterilisation beim Erbgesundheitsgericht Wien beantragt hatte, hielt sie für *schwachsinnig*. Die ärztlichen Beisitzer des Erbgesundheitsgerichts lehnten den Antrag mit der Begründung ab, dass Therese W.s Besuch einer Hilfsschule nicht mit *Schwachsinn* zu erklären, sondern lediglich auf einen Sprachfehler zurückzuführen sei. Der Amtsarzt brachte umgehend eine Beschwerde gegen die Ablehnung seines Antrags ein. Die ärztlichen Beisitzer des Erbgesundheitsobergerichts kamen zu dem Schluss, Therese W. sei doch *schwachsinnig*, gaben der Beschwerde Folge, und im September 1941 wurde Therese W. im Krankenhaus Lainz zwangssterilisiert. Zwei

Jahre später starb Therese W.s dreijähriger Sohn an Diphtherie, und, da sie fürchtete, ihr Mann werde sich scheiden lassen, weil sie keine weiteren Kinder bekommen konnte, wandte sie sich im Juli 1944 an das Erbgesundheitsgericht: Wie dieses schon festgestellt hatte, sei sie nicht *erbkrank*, und das Erbgesundheitsobergericht hätte an ihr ohne ausführliche Begutachtung *Schwachsinn* diagnostiziert und ihre Zwangssterilisation angeordnet. In einem sogenannten Wiederaufnahmeverfahren stellte nun das Erbgesundheitsgericht Mitte Dezember 1944 fest, sie sei gemäß der nun erfolgten Begutachtung doch nicht als *erbkrank* anzusehen und erklärte eine „Rückgängigmachung des Unfruchtbarmachungseingriffes [...] als nicht unzulässig".[1] Unbekannt ist, ob Therese W. und ihr Mann wieder Eltern werden konnten.

Seit den 1980er-Jahren rücken NS-Medizinverbrechen zunehmend in den Fokus der wissenschaftlichen Auseinandersetzung mit dem NS-Regime – und damit auch die Zwangssterilisationen. Pionierin in diesem Feld ist Gisela Bock, die in ihrer 1986 erschienenen Studie nachwies, dass das NS-Regime trotz zahlreicher finanzieller und moralischer Anreize für (potenzielle) Eltern und dem Verbot von freiwilligen Sterilisationen keineswegs eine rein pronatalistische, also geburtenfördernde Politik verfolgte, sondern dass antinatalistische Maßnahmen wie Heiratsverbote, Ausschluss von finanziellen Unterstützungen und Zwangssterilisationen bei Menschen, die als *erbkrank* oder als zur nationalsozialistischen *Volksgemeinschaft* nicht zugehörig kategorisiert wurden, sogar überwogen. Weitere Verdienste Bocks sind die genaue Darstellung des GzVeN, das die radikalste Umsetzung eines seit Ende des 19. Jahrhunderts geführten internationalen *eugenischen* Diskurses war, die ausführliche Beschreibung der organisatorischen und administrativen Rahmenbedingungen des Vollzugs und die aufwändige Recherche zur Dimension der Zwangseingriffe: Zwischen 1934 und 1945 wurden in Deutschland und den besetzten Gebieten mindestens 400.000 als *erbkrank* kategorisierte Men-

1 WSTLA Bestand 2.3.15 Erbgesundheitsgericht, 2 XIII 74/44. Vgl. auch Spring, Restitution. Die Gründe für die Wiederaufnahme können nicht rekonstruiert werden, da sich der Großteil dieses Verfahrensaktes offenbar noch bei dem Wiener Anthropologen Prof. Dr. Horst Seidler befindet, der diesen und auch weitere Akten trotz mehrfacher Bitten nicht dem WSTLA zur Archivierung übergab. Vgl. dazu den Abschnitt Quellen sowie Seidler/Rett, Rassenhygiene, 150f, wo er aus dem restlichen Akt zitiert.

schen, annähernd gleich viele Frauen und Männer, zwangssterilisiert. Und etwa 4.500 Frauen und 500 Männer starben an den unmittelbaren Folgen des Zwangseingriffs.[2]

Christian Ganssmüller verdeutlichte mit seiner kurz danach erschienenen grundlegenden rechtshistorischen Studie den juristischen Kontext des GzVeN und die inhaltliche wie formale Unabhängigkeit der Erbgesundheitsgerichte: So hatten Richter und Ärzte bei der Beschlussfassung durch die Bestimmungen des GzVeN durchaus Ermessensspielräume, und der NSDAP gelang es trotz eines mehrjährigen Konflikts mit dem Reichministerium des Innern, dem Reichsjustizministerium und der Kanzlei des Führers nicht, die Rechtsprechung im gewünschten Maß zu beeinflussen.[3]

Das GzVeN legte fest, dass Ärzte die zentralen Entscheidungsträger beim Vollzug waren: Der Richter war lediglich für die formale Verfahrensführung zuständig, die Entscheidung für oder gegen eine Zwangssterilisation trafen die beiden ärztlichen Beisitzer. Waren sie uneins, entschied nicht die Stimme des Richters, dieser konnte – zur Entscheidungsfindung der Ärzte – nur einen externen ärztlichen Gutachter heranziehen.

Die Aufhebung bestehender ärztlicher Normen im GzVeN – unter anderem der ärztlichen Schweigepflicht – und die Folgen der Mitwirkung der Ärzte am Vollzug des GzVeN auf ihren Berufsstand beleuchtete Astrid Ley: Ärzte stellten ihr Handeln nicht mehr in den Dienst der/des Einzelnen, sondern orientierten sich an der *Volksgemeinschaft* – also Frauen und Männern, die im Sinne der NS-Ideologie als *arisch*, *erbgesund* und *verwertbar* galten.[4]

Seit den 1990er-Jahren wächst die Zahl der Studien zu größeren und kleineren deutschen Städten und Regionen: Ausführlich dokumentiert ist der Vollzug des GzVeN an den Erbgesundheitsgerichten in Bonn, Bremen, Celle, Frankfurt/Main, Hamburg, Offenbach/Main, Passau, in der Provinz Bran-

---

2 Vgl. Bock, Zwangssterilisation, zu den Zahlenangaben vgl. ebd., 230–246. Nicht enthalten in dieser Zahl sind die zahlreichen Eingriffe zur Unfruchtbarmachung außerhalb des GzVeN an den sogenannten *Rheinlandbastarden*, vgl. Pommerin, Rheinlandbastarde, 77–84, und an weiblichen KZ-Häftlingen, die im Rahmen der folgenschweren medizinischen Experimente in den Konzentrationslagern Auschwitz und Ravensbrück erfolgten, vgl. dazu Bock, Zwangssterilisation, 238, und Martin, „Versuchskaninchen", 113–122.

3 Vgl. Ganssmüller, Erbgesundheitspolitik, hier: 96–115.

4 Vgl. Ley, Zwangssterilisation.

denburg, dem bayrischen Schwaben, dem Saarland und Westfalen – vielfach wurde dabei auch die Rolle von Gesundheitsämtern und psychiatrischen Einrichtungen in den jeweiligen Gerichtsbezirken analysiert.[5] Auch die Durchführung der Zwangssterilisationen in den gynäkologischen Kliniken in München, Göttingen, Freiburg und Halle/Saale wurde aufgezeigt.[6] Wolfgang Neugebauer wies als erster auf den Vollzug des GzVeN in der *Ostmark* hin und schätzte die Zahl der zwangssterilisierten Frauen und Männer auf mindestens 6.000. Mittlerweile liegen ein Überblick zum Vollzug des GzVeN in Tirol und Vorarlberg von Stefan Lechner sowie Arbeiten von Maria Ladinig und Birgit Poier zur Steiermark vor. Die erste detailliertere Darstellung, nämlich zum Erbgesundheitsgericht Linz, verfasste Josef Goldberger in seiner Studie zur NS-Gesundheitspolitik im Gau Oberdonau.[7] Seine Arbeit beruhte ebenso wie jene beiden von Herwig Czech zum Hauptgesundheitsamt Wien auf Johannes Vossens grundlegender Untersuchung der zentralen Rolle der Gesundheitsverwaltung beim Vollzug des GzVeN und der dazu vom NS-Regime geschaffenen gesetzlichen und strukturellen Maßnahmen.[8]

Aufbauend darauf brachten die von Winfried Süss vorgelegten Forschungsergebnisse nicht nur wichtige Erkenntnisse über Institutionen, Personen und Entscheidungsprozesse im Kontext der Gesundheitsverwaltung, sondern auch über gesundheitspolitische Strategien während des Krieges.[9]

Neben Czechs Studien verdeutlichen die in den letzten Jahren trotz teilweise schwieriger Quellenlage durchgeführten Forschungen zu wichtigen Institutionen der NS-Gesundheitspolitik, dass deren Ärzte auch zahlreiche Zwangssterilisationen beantragt hatten. Zu nennen sind hier unter anderem jene von

5 Vgl. Einhaus, Bonn; Nitschke, Erbpolizei; Kramer, Celle; Daum/Deppe, Frankfurt/Main; Fenner, Hamburg; Rothmaler, Hamburg; Hennig, Offenbach/Main; Heitzer, Passau; Hinz-Wessels, Brandenburg; Birk, Schwaben; Braß, Saarland und Vossen, Gesundheitsämter. Diese Regionalstudien sind in den folgenden Kapiteln berücksichtigt, für einen Überblick siehe auch Vossen, Einleitung, 15–17.

6 Vgl. Horban, München; Koch, Göttingen; Link, Freiburg und Grimm, Halle.

7 Vgl. Neugebauer, Psychiatrie, 197–285, hier: 210–215, Lechner, Tirol-Vorarlberg, und ders., Zwangssterilisationen, zur Steiermark vgl. Ladinig, NS-Gesundheitswesen, und Poier, Gesundheitspolitik, zu Oberösterreich vgl. Goldberger, Oberdonau, zum Erbgesundheitsgericht Linz vgl. ebd., 186–219.

8 Vgl. Vossen, Gesundheitsämter, und Czech, Erfassung, sowie ders., Ärzte.

9 Vgl. Süss, Volkskörper.

Susanne Mende zur Wagner-Jauregg Heil- und Pflegeanstalt (der großen psychiatrischen Anstalt Am Steinhof), von Wolfgang Neugebauer und Peter Malina zur Wiener ‚Jugendfürsorgeanstalt Am Spiegelgrund', von Gertrud Baumgartner und Angela H. Mayer zur ‚Arbeitsanstalt für asoziale Frauen und Mädchen', welche ebenso wie die Jugendfürsorgeanstalt 1940 bzw. 1941 in den – nach der Deportation der Patientinnen und Patienten in die Tötungsanstalt Hartheim bei Linz frei gewordenen – Pavillons der Anstalt Am Steinhof eingerichtet worden war. Ingrid Arias wies die Mitwirkung der Ärzte des Altersheims Lainz an den Zwangssterilisationen nach, und in einem von Ernst Berger herausgegebenen Sammelband dokumentierten die Autorinnen und Autoren jene der Institutionen der Wiener Jugendfürsorge. Und zur Heil- und Pflegeanstalt Gugging, die damals zu Wien gehörte, ist eine Publikation in Vorbereitung.[10]

Nicht nur die Ärzte, auch die Mitarbeiterinnen und Mitarbeiter der Gesundheitsämter, Anstalten und Krankenhäuser trugen durch vorbereitende Arbeiten zur Umsetzung der NS-Erbgesundheitspolitik und der Zwangssterilisationen bei: Für die *Erbkartei* des Wiener Hauptgesundheitsamts – die im März 1944 Aufzeichnungen zu 767.000 Personen enthielt – sammelten sie im Zuge der systematischen *erbbiologischen Erfassung* Informationen über als *erbkrank verdächtigte* Frauen und Männer und stellten aus diesem Material die Unterlagen zusammen, wenn Amtsärzte und Anstaltsleiter sich entschieden hatten, nach einer erfolgten Anzeige ein Verfahren beim Erbgesundheitsgericht einzubringen.

Die Auswertung des von mir im Verlauf mehrerer Jahre zusammengeführten Bestandes des Erbgesundheitsgerichts Wien, der 1.697 erstinstanzlichen und 266 dazugehörigen Verfahrensakten des Erbgesundheitsobergerichts umfasst, zeigt, dass mindestens 1.200 Zwangssterilisationen angeordnet wurden. Deutlich wird auch die intensive Zusammenarbeit der genannten Einrichtungen mit den Gerichten: Viele der Ärzte waren nicht nur Antragsteller, sondern entschieden auch häufig als Beisitzer in beiden Instanzen über die

10 Schwerpunkt der genannten Forschungen war die Mitwirkung der Einrichtungen an der NS-Euthanasie (ausgenommen die Arbeitsanstalt). Zur Mitwirkung am Vollzug des GzVeN vgl. Czech, Erfassung, 75–79, und ders., Ärzte, 209–214, Mende, Steinhof, 79–85, Baumgartner/Mayer, Arbeitsanstalten, 51–57, Arias, Gewähr, 232–234, NÖLA/Langer-Ostrawsky, Gugging. Zu den wiederholten Umbenennungen und Umstrukturierungen der Anstalt Am Steinhof und der Jugendfürsorgeanstalt siehe das Abkürzungsverzeichnis im Anhang.

Zwangssterilisationen, brachten Berufungen bei ablehnenden Beschlüssen ein oder standen als Gutachter in strittigen Verfahren zur Verfügung.[11]

Als das GzVeN im Jänner 1940 in der *Ostmark* in Kraft trat, waren im *Altreich* bereits 300.000 Menschen zwangssterilisiert. Die Ausgangsbedingungen des Vollzugs in der *Ostmark* bzw. in Wien unterschieden sich in dreierlei Hinsicht von jenen im *Altreich*, wo nach dem Beginn des Krieges kaum noch Verfahren beantragt worden waren.

Erstens war das GzVeN durch eine im Herbst 1939 erfolgte Änderung bereits eingeschränkt: Amtsärzte und Anstaltsleiter sollten nur noch bei *besonders großer Fortpflanzungsgefahr* der als *erbkrank verdächtigten* Frauen und Männer ein Verfahren beim Erbgesundheitsgericht einbringen – eine Bestimmung, die ihnen neben der Kategorisierung der von der Zwangssterilisation bedrohten Frauen und Männer als *erbkrank* einen weiteren Ermessensspielraum einräumte. Zweitens war die Arbeit der Gerichte wesentlich vom Krieg und dessen Verlauf geprägt: Während an den meisten Erbgesundheitsgerichten im *Altreich* eine kleine Gruppe von Ärzten für die Beschlüsse verantwortlich war, mussten für das Erbgesundheitsgericht Wien wegen der Einberufungen von Ärzten, aber auch wegen kriegsbedingter Veränderungen ihrer Aufgabenbereiche immer wieder neue Ärzte als Beisitzer gesucht und durch das Reichsministerium des Innern in Berlin bestellt werden. Insgesamt waren zwischen 1940 und 1945 fast 50 Ärzte für das Erbgesundheitsgericht tätig – was eine kontinuierliche Arbeit erschwerte. Drittens ist der Vollzug des GzVeN nicht von der NS-Euthanasie zu trennen. Der enge ideologische und institutionelle Zusammenhang wurde im Zuge der Erforschung der NS-Medizinverbrechen bereits deutlich.[12] Für Wien gilt darüber hinaus, dass die Gerichtsbeschlüsse über Zwangssterilisationen im selben Zeitraum erfolgten, in dem Amtsärzte der Gesundheitsämter und Anstaltsleiter psychiatrischer und sozialmedizinischer Einrichtungen über die Tötung von Kindern, Jugendlichen und Erwachsenen entschieden – und einige ärztliche Beisitzer der Gerichte sowie einige Gutachter zeichneten für beides verantwortlich.

---

11 Der Aktenbestand des Erbgesundheitsgerichts enthält auch vier Verfahren zur *freiwilligen Entmannung* nach § 14 Abs 2 GzVeN, die in der vorliegenden Arbeit nicht beschrieben wurden, vgl. dazu Spring, *Entmannung*, 251–269.

12 Vgl. zusammenfassend Malina/Neugebauer, NS-Gesundheitswesen, 696–720, hier: 707–714.

Diese drei Ausgangsbedingungen ziehen eine Reihe von Fragen nach sich:

Die erste bezieht sich auf formale Aspekte des Vollzugs: Deutsche Regionalstudien verdeutlichen, dass an einzelnen Erbgesundheitsgerichten – insbesondere in den ersten Jahren nach dem Inkrafttreten des GzVeN im Jahr 1934 – die Verfahren sehr schnell durchgeführt wurden, die von der Zwangssterilisation bedrohten Frauen und Männer kaum Gelegenheit hatten, persönlich bei den Verhandlungen anwesend zu sein, sich die ärztlichen Beisitzer meist in ihrer Beschlussfassung einig waren und somit kein zusätzliches Gutachten benötigten. Zunehmende Kritik aus juristischen und medizinischen Kreisen, aber auch aus der Bevölkerung trug dazu bei, dass die Verfahren spätestens ab 1938 sorgfältiger geführt wurden. Für Wien galt es daher zu untersuchen, ob die Richter und Ärzte diese Entwicklung – auch vor dem Hintergrund der NS-Euthanasie – fortführten oder aber versuchten, die späte Einführung des GzVeN durch eine ähnliche Vorgehensweise wie im *Altreich* vor 1938 zu kompensieren.

Die zweite Frage gilt der Umsetzung der Inhalte des GzVeN: Hielten sich Richter und Ärzte an die zahlreichen Vorgaben des GzVeN bzw. des Gesetzeskommentars und lehnten sie eine Zwangssterilisation ab, wenn sie bei den Frauen und Männern vor dem Erbgesundheitsgericht im Gegensatz zu den antragstellenden oder beschwerdeführenden Ärzten keine *Erbkrankheit* feststellen konnten, sich über das Vorhandensein einer Erbkrankheit nicht sicher waren oder die Betroffenen zwar als *asozial*, nicht aber als *erbkrank* kategorisierten? Diese Aspekte wurden in den bisher erschienenen Regionalstudien kaum gestellt. In die Entscheidungsfindung der Ärzte darüber, ob die von der Zwangssterilisation bedrohten Frauen und Männer als *erbkrank* anzusehen seien oder nicht, flossen medizinische, aber auch soziale Kriterien wie *Lebensbewährung*, *Asozialität* bzw. *Verwertbarkeit* für den NS-Staat ein. Gunther Link zeigte anhand der einzelnen im GzVeN genannten Diagnosen auf, dass diese Vorgehensweise, bei der Begutachtung auch soziale Kriterien heranzuziehen, den Erläuterungen des Kommentars entsprach. Aus den Publikationen zur Spruchpraxis der Erbgesundheitsgerichtsbarkeit geht hervor, dass die Bewertung des sozialen Verhaltens, neben der im GzVeN verankerten medizinischen Diagnostik, wesentlich zur Entscheidungsfindung der Ärzte beitrug. Ob dies auch in Wien der Fall war, gilt es ebenso zu klären wie die Frage, ob die Bewertung der *Fortpflanzungsgefahr*, die ja ab 1939 ausschlaggebend für die

Einbringung des Verfahrens sein sollte, aufgrund des großen Ermessensspielraums zu gegensätzlichen Einschätzungen durch antragstellende Ärzte und ärztliche Beisitzer beider Instanzen führte.

Die dritte Frage gilt den Auswirkungen des Krieges auf die strukturellen Rahmenbedingungen des Vollzugs und die dadurch bedingte Vorgehensweise von Richtern und Ärzten. Die Schwierigkeiten bei der Besetzung vor allem des Erbgesundheitsgerichts wurden bereits genannt – hier soll untersucht werden, ob bei der Bestellung der Ärzte die im GzVeN geforderte Kompetenz hinsichtlich der *Erbgesundheitslehre*, die Zugehörigkeit zur NSDAP oder auch andere Gründe ausschlaggebend waren. Spätestens ab Sommer 1944 funktionierte die Infrastruktur (beispielsweise die Zustellung von gerichtlichen Vorladungen durch die Post, der Bahn- und Busverkehr) immer schlechter, weshalb Sitzungen wiederholt verschoben werden mussten. Auch die Kliniken hatten – bedingt durch Bombenschäden und den Versuch der Aufrechterhaltung der medizinischen Versorgung der Bevölkerung – weniger Kapazitäten für die Durchführung der beschlossenen Zwangseingriffe. Gemäß einer reichsweiten Verordnung des Reichsministeriums des Innern in Berlin sollten die Erbgesundheitsgerichte ab Herbst 1944 nur noch *kriegswichtige* Verfahren weiterführen und Entscheidungen über Wiederaufnahmeverfahren überhaupt erst nach dem Ende des Krieges getroffen werden: Dass Therese W. trotzdem ein solches hatte, verweist auf die – genutzte – Möglichkeit der Eigeninitiative von Richtern und Ärzten, die sogar im Widerspruch zu den zentralen Anweisungen aus Berlin stehen konnte. Ob dies, über Einzelfälle hinaus, üblich war, gilt es zu klären.

Kriegsbedingt erfolgte mit Dezember 1944 die Einstellung der Tätigkeit der Erbgesundheitsobergerichte und Anfang 1945 die Zusammenlegung der Gerichtsbezirke: Handlungsspielräume, Radikalisierungstendenzen im Kontext von NS-Euthanasie und sich ausweitendem Krieg, aber auch etwaige Strategien der Rückversicherung – durch die Vertagung oder Einstellung der Verfahren – sollen wie bei den schon genannten formalen und inhaltlichen Fragestellungen auch hier für die wichtigsten Richter und Ärzte der Erbgesundheitsgerichtsbarkeit aufgezeigt werden.

Um möglichst umfassende Antworten geben zu können, werden in dieser Arbeit – anders als in deutschen Regionalstudien – nicht nur die Beschlüsse des Erbgesundheitsgerichts, sondern ebenso ausführlich jene des Erbgesundheitsobergerichts quantitativ und qualitativ ausgewertet. Damit soll auch der in der Forschung bisher kaum berücksichtigte Aspekt beleuchtet werden, ob dessen Richter und Ärzte eher Beschwerden der Ärzte gegen eine erstinstanzliche Ablehnung Folge gaben und den Zwangseingriff anordneten oder den Beschwerden der Frauen und Männer, die damit der drohenden Zwangssterilisation zu entkommen hofften.

Der Vollzug des GzVeN war, so eine zentrale These Gisela Bocks, nicht geschlechtsneutral:[13] Zwar waren sowohl Frauen als auch Männer in verschiedensten sozialmedizinischen Berufen zur Anzeige als *erbkrank Verdächtigter* beim Gesundheitsamt verpflichtet, doch für alle Schritte von der Einbringung des Antrags auf Zwangssterilisation bis zur Operation zeichneten grundsätzlich nur männliche Richter und Ärzte verantwortlich. Daran knüpfen sich in der vorliegenden Arbeit gleichsam quer zu den vorherigen Ausführungen zusätzliche Fragen, beispielsweise danach, ob aufgrund kriegsbedingter Engpässe vor allem bei der Besetzung des Erbgesundheitsgerichts Wien zur Vermeidung von Verzögerungen doch Ärztinnen als Beisitzerinnen bestellt wurden. Untersucht wird weiters, ob die Richter und Ärzte Frauen und Männer unterschiedlich behandelten. Dies geschieht anhand der mit den vorhandenen Quellen auswertbaren formalen Kriterien wie Dauer der Verfahren, persönliche Anhörung vor Gericht, Hinzuziehung externer Begutachtungen und vor allem Beschlussfassung. Kontext ist wiederum die 1939 erfolgte Einschränkung des GzVeN, der Krieg und die NS-Euthanasie.

Verfahrensakten bzw. Gerichtsbeschlüsse bieten zwar viele Informationen, jedoch nahezu ausschließlich aus der Perspektive derjenigen, die ein Gesetz vollziehen und dementsprechend Menschen beschreiben und behandeln.[14] Die für diese Arbeit zugänglichen Verfahrensakten bestehen aus meist zweiseitigen Beschlüssen, aus denen biografische Daten zu den von der Zwangssterilisation bedrohten Frauen und Männern ebenso hervorgehen wie die Eckdaten zu den

13 Zur dadurch ausgelösten Kontroverse über geschlechtsspezifische Aspekte der Zwangssterilisationen und der damit verbundenen Frage nach Opfern und Täterinnen im NS-Regime vgl. Gehmacher, Kein Historikerinnenstreit. Vgl. dazu weiters Bauer, Perspektivierung.

14 Zur Problematik der Reduktion der Komplexität in Gerichtsverfahren und zur Kodierung sozialer Praktiken all jener, die im Verfahren beteiligt sind, vgl. Müller/Fleck, Unzucht, 401.

Verfahren: Antragstellende Ärzte, GzVeN-Diagnosen, Richter, ärztliche Beisitzer, deren Argumentation für oder gegen eine Zwangssterilisation und etwaige dagegen eingebrachte Beschwerden. 152 der 1.697 Verfahrensakten sind umfangreicher und zeigen die enge Zusammenarbeit der Ärzte von Gesundheitsämtern, Kliniken und sozialmedizinischen Institutionen mit den Richtern und den Ärzten des Erbgesundheitsgerichts und Erbgesundheitsobergerichts. Fallweise beiliegende Briefe, ärztliche Gutachten, Krankengeschichten oder Schulberichte erlauben exemplarische Rückschlüsse auf Entscheidungsgrundlagen und Entscheidungsprozesse.

Die Situation „leibhafte[r] Menschen aus bestimmen sozialen Umfeldern, in deren Leib und Leben andere Menschen, die Sterilisationspolitiker, eingriffen“[15], wird in den vorliegenden Quellen nur aus der Perspektive und mit den Worten des Richters bzw. der ärztlichen Beisitzer beschrieben, zum Beispiel dann, wenn im Beschluss erwähnt ist, dass die von der Zwangssterilisation bedrohten Frauen und Männer nur unwillig Antworten gaben, verängstigt waren oder sich weigerten, den Blick auf die ihnen gegenüber sitzenden Behördenvertreter zu richten bzw. deren Fragen zu beantworten. Auch ihre individuellen Lebensumstände und biografischen Hintergründe wurden nur dann deutlich, wenn dies für die Entscheidungsfindung der Ärzte relevant war, und beschränkten sich daher auf einige wenige Details wie Geschlecht, Alter, familiären Stand, Kinder, Beruf, Anstaltsunterbringung(en), *(Erb)Krankheiten*, *Fortpflanzungsgefährlichkeit* und nicht zuletzt: *Lebensbewährung*. Nur indirekt und nur selten sind Rückschlüsse möglich, wie die von der Zwangssterilisation bedrohten Frauen und Männer sich selbst definierten. Die Beschwerdeverfahren, mit denen sich einige von ihnen gegen den Beschluss zur Zwangssterilisation wehrten, zeigen, dass sie die Zuschreibung als *erbkrank* vehement ablehnten. Und dass sich viele mit allen ihnen zur Verfügung stehenden Mitteln gegen den Zwangseingriff zu wehren versuchten, beklagten einige Amtsärzte und Operateure in ihren Berichten an die Richter des Erbgesundheitsgerichts.

So sehr die hier ausgewerteten Akten des Erbgesundheitsgerichts die bisherigen Untersuchungen zur NS-Medizin in Wien ergänzen, so wenig sagen sie dennoch in anderen Punkten aus. Sie schweigen über alle Fragen und Aspekte,

15 Bock, Zwangssterilisation, 179.

die über den unmittelbaren Rahmen der Verfahren hinausgehen: Die Vorbereitung zur Einrichtung beider Gerichte sowie die Bestellung der Richter, ärztlichen Beisitzer und Gutachter kann aus ihnen nicht rekonstruiert werden. Selbst aus den umfangreicheren Verfahrensakten geht außerdem nicht hervor, wer die als *erbkrank verdächtigten* Frauen und Männer angezeigt hatte, ob dies beispielsweise im Rahmen von Anträgen auf Fürsorgeleistungen, bei der Musterung zur Wehrmacht oder auch nach einer Denunziation erfolgte.[16] Unbekannt ist, wie viele Anzeigen kriegsbedingt bzw. mangels *Fortpflanzungsgefahr* nicht zu einem Verfahren führten, unbekannt ist auch, wie viele der als *erbkrank* angezeigten Frauen und Männer nicht zwangssterilisiert, sondern im Zuge der NS-Euthanasie getötet wurden.[17] Mangels weiterer Quellen ist nicht rekonstruierbar, wie viele der mindestens 1.200 in Wien angeordneten Zwangssterilisationen tatsächlich durchgeführt wurden. Ausgehend von den Bestimmungen des Gesetzeskommentars, zwei Listen von Gynäkologen und Chirurgen, die in den Wiener Kliniken *ermächtigt* waren, die Zwangseingriffe durchzuführen, zeitgenössischen Begleitstudien zu den Folgen der Zwangseingriffe sowie einigen ärztlichen Berichten aus den Verfahrensakten wurde versucht, die Durchführung der Zwangseingriffe nachzuvollziehen. Ergänzend sei bemerkt, dass es zur Durchführung für Österreich außer zur gynäkologischen Universitätsklinik Graz noch keine Untersuchungen gibt – und daher auch die Frage unbeantwortet ist, ob, wie es dort der Fall war, auch Ärzte in anderen Kliniken im Zusammenhang mit den Zwangssterilisationen medizinische Experimente durchführten.[18]

Die vorliegende Arbeit endet mit einem Ausblick auf die Zweite Republik: Den – zumeist bruchlosen – Karrieren der für die Zwangssterilisationen verantwortlichen Richter und Ärzte wird die Ausgrenzung zwangssterilisierter Frauen und Männer aus dem sogenannten Opferfürsorgegesetz bis zu seiner

---

16 Anders ist die Quellenlage beispielsweise für Hamburg, vgl. Fenner, Hamburg, v.a. 53–132. Astrid Ley konnte aufzeigen, dass die Anzeigepflicht von niedergelassenen Ärzten sehr unterschiedlich praktiziert wurde, vgl. dies., Zwangssterilisation, 131–168, v.a. 149–158. Zur Denunziation vgl. u.a. Vossen, Gesundheitsämter, 275–280.

17 Lechner zeigte für Vorarlberg und Tirol auf, dass 78,5% aller Anzeigen zurückgelegt wurden, vgl. ders., Zwangssterilisationen, 238.

18 Vgl. Czarnowski, Eigenart, 186–203.

Novellierung im Jahr 1995, dem Jahr ihrer bedingten Anerkennung als Opfer des NS-Regimes, gegenübergestellt. Es dauerte weitere zehn Jahre, bis die Nationalratsabgeordneten beschlossen, Zwangssterilisationen explizit als nationalsozialistisches Unrecht im österreichischen Opferfürsorgegesetz anzuerkennen. Diese späte Geste – 60 Jahre nach der im Mai 1945 erfolgten Aufhebung des GzVeN – konnten nur mehr jene Frauen und Männer erleben, die zum Zeitpunkt ihrer Zwangssterilisation Jugendliche waren.

KEINE „UNSCHULD DER WÖRTER".[19] ZU DEN VERWENDETEN BEGRIFFEN

Begriffe, die in einem bestimmten Zeitraum eine besondere Bedeutung hatten, verlangen von den Wissenschafterinnen und Wissenschaftern, die über diese Zeit arbeiten, entsprechende Aufmerksamkeit. Dazu zählen neu geprägte und umgedeutete Worte, oder Worte, die einen zusätzlichen Sinn erfahren haben und nicht zuletzt auch solche, deren häufige Verwendung ihre Bedeutung im Sprachgebrauch dieser Zeit anzeigen.[20] Doch Aufmerksamkeit verlangt nicht nur diese Sprache, sondern auch jene, in der wissenschaftliche Arbeiten verfasst werden.[21]

Die Sprache der NS-Zeit war geprägt von antisemitischen und auch eugenischen Vokabeln, Sprache war darüber hinaus ein zentrales Propagandainstrument – ein Instrument der „Demagogie, der Deklamation und des Gebrülls".[22] Sprachliche Aggression war nicht ein „Ersatz für Handeln, sondern seine Vorbereitung".[23] Eine vertiefte Darstellung zur Sprache der *Eugenik*,

19 Vgl. Sternberger, Sprache, 327. Ich danke Edith Saurer, Gerhard Botz und Carola Sachse für die Möglichkeit, zu den in der vorliegenden Arbeit verwendeten Begriffen in einem gemeinsam durchgeführten DiplomandInnen/ DissertantInnenseminar im Jänner 2006 zu referieren und den Kolleginnen und Kollegen, insbesondere Dirk Rupnow und Manfred Schenekl, für die zahlreichen Anregungen.

20 Vgl. Schmitz-Berning, Vokabular, XI.

21 Vgl. Spring, An-merkung-en, 10–12.

22 Volkov, Wort, 74.

23 Vgl. Volkov, Wort, 74. Sie verweist auf eine Rede Hitlers aus dem Jahr 1920, der davon sprach, dass „der Tag kommt, an dem unsere Worte schweigen und die Tat beginnt", zit. nach Phelps, Rede, 418. Vgl. dazu auch Brainin/Ligeti/Teicher, Antisemitismus, 94–123.

ihrer damaligen Bedeutung, aber auch ihrer Kommunikationsgeschichte von der ersten Verwendung einzelner Begriffe, ihrer Bedeutung in der NS-Zeit und seit 1945 geht über den Rahmen dieser Arbeit hinaus, hier können lediglich einige Überlegungen skizziert werden.

Für Wissenschafterinnen und Wissenschafter, die zur NS-Zeit forschen und auf Deutsch publizieren, gibt es eine Reihe von Herausforderungen, da für sie die „Unschuld der Wörter"[24] nicht gilt. Sie schreiben in der Sprache und demnach mit den Worten jener, die in der NS-Zeit die Zwangssterilisationen und Euthanasie propagandistisch und organisatorisch vorbereitet und auch durchgeführt haben.[25] Dies gilt selbst dann, wenn sie neue Worte schaffen oder Umschreibungen verwenden, um der Sprache der Täter zu entgehen. Menschen wurden mittels Sprache als *minderwertig*, *unwert*, *fremd* oder *anders* definiert. Sie selbst fanden immer weniger Gehör, verstummten schließlich, wurden in ihren Rechten eingeschränkt, beraubt, verfolgt, zwangssterilisiert und getötet.

Das Schweigen derer, die zum Schweigen gebracht wurden, hält an. Bis dato gibt es kaum Berichte von Menschen, die zwangssterilisiert worden sind. Dies liegt sicher auch daran, dass sie nicht ermutigt worden sind zu sprechen, und die „Grenzen des Sagbaren"[26] beim Reden über traumatische Ereignisse schnell erreicht sind. Neben der großen Bedeutung, die das Hören oder Lesen ihrer Erfahrungen nicht nur für die historische Forschung, sondern auch das Gedächtnis einer Gesellschaft hätte, fehlt auch ihre Sprache, mit der sie ebendiese Erfahrungen kommuniziert hätten.

Aufbauend auf Klemperers Analyse der ‚Lingua Tertii Imperii' und Sternbergers ‚Wörterbuch des Unmenschen' liegen zur Sprache des Antisemitismus bereits zahlreiche Ergebnisse vor,[27] ebenso auch Analysen zur *Vergangenheits-*

---

24 Vgl. Sternberger, Sprache, 327.

25 Der österreichische Schriftsteller Heimrad Bäcker (1925–2003) hat in seinen beiden Publikationen Nachschrift und Nachschrift 2 mittels Montage von Dokumenten aus der NS-Zeit versucht, die Massentötungen von Jüdinnen und Juden sprachlich darzustellen. Zur kritischen Auseinandersetzung damit vgl. Rupnow, Unbeschreibbarkeit, 17–31.

26 So der zutreffende Titel einer von Michael Pollak 1988 veröffentlichten Publikation mit Lebensgeschichten von KZ-Überlebenden.

27 So könnte die aufschlussreiche Analyse von Nicoline Hortzitz als Grundlage für die Beschäftigung mit der Sprache der Eugenik dienen, vgl. dies., Sprache, 19–40.

bewältigung – der Auseinandersetzung mit den Verbrechen des NS-Regimes in der Zweiten Republik in einem Land, wo „alle unschuldige Täter"[28] sind. Verglichen damit, bestehen bezüglich der Sprache der *Eugenik* sowie möglichen Unterschieden und Parallelen noch große Forschungslücken. So gibt es bis dato keine mit Klemperers Buch vergleichbare Darstellung, auch keine analog zu Sternbergers ‚Wörterbuch des Unmenschen' publizierte Sammlung von Begriffen der Sprache der *Eugenik* oder zur Kontinuität ihrer Verwendung seit 1945 und auch keine Reflexion über die Entwicklung der diesbezüglichen Forschungen.[29] In Schmitz-Bernings Buch zum Vokabular des Nationalsozialismus sind zwar wesentliche Termini wie *erbliche Minderwertigkeit*, *Volkskörper*, *Euthanasie* und *Erbwert* ausführlich erläutert, umso bedauerlicher ist daher das Fehlen von weiteren im eugenischen Diskurs relevanten Worten wie *Psychopathie*, *Asozialität* sowie *moralischem Schwachsinn*. Selbst zur Propaganda, mittels der die Zwangssterilisationen vorbereitet und begleitet wurden, liegt erst seit Kurzem eine umfangreichere Arbeit vor.[30] Das von Gerd Simon jüngst aufgezeigte Vorhaben des SS-Hauptamtes, ein Wörterbuch unter anderem auch mit Begriffen aus der Sprache der *Eugenik* herauszugeben, ist ein wichtiger Beginn, der, so bleibt zu hoffen, weitere Untersuchungen nach sich ziehen wird.[31]

Gemeinsam ist beiden Sprachen, dass die NS-Verbrechen an Menschen von den dafür Verantwortlichen in ihnen festgehalten wurden: die ‚Nürnberger Gesetze', das ‚Gesetz zur Verhütung erbkranken Nachwuchses', die antisemitische Zeitung ‚Der Stürmer', die Zeitschriften ‚Der Erbarzt' sowie ‚Volk und Rasse', die unzähligen Erlässe und sonstigen schriftlichen Dokumente sind gleichsam selbst-redend: Gleichzeitig, und dies ist eine weitere Gemeinsam-

---

28 Zur Diskursanalyse zum Antisemitismus seit 1945 in Österreich vgl. Wodak/Nowak/Pelikan/Gruber/De Cillia/Mitten, „Unschuldige Täter", die Hinweise im Literaturverzeichnis sowie den Überblick bei Simon, Wörterbuch, 6, zit. nach http://tobias-lib.ub.uni-tuebingen.de/volltexte/2001/214, Zugriff 30. November 2007.

29 Vgl. dazu u.a. Bering, Antisemitismusforschung, 375–398.

30 Vgl. Makowski, NS-Parteipresse.

31 Vgl. Simon, Wörterbuch, zit. nach http://tobias-lib.ub.uni-tuebingen.de/volltexte/2001/214, Zugriff 30. November 2007. Allerdings ist Simons Sprache kritikwürdig, so spricht er z.B. von lexikalischen Kommentaren, die „überhaupt erst die Katze aus dem Sack lassen", ebd., 22, und vom GzVeN als dem Gesetz „zur Verhütung lebensunwerten Lebens", ebd., 20, einer Bezeichnung, die, so bleibt zu hoffen, auf einen Irrtum zurückzuführen ist.

keit, wurden diese Verbrechen mittels Sprache verschleiert. Dies reicht von der Tarnbezeichnung T4 als Kürzel für die Tötung von als *lebensunwert* kategorisierten Menschen und der Angabe von falschen Todesursachen in den Briefen der Tötungsanstalten an die Angehörigen bis zu – auf den ersten Blick bzw. ohne historisches Wissen auch positiv zu verstehenden – Begriffen wie *Sonderbehandlung:* einer Umschreibung für die Exekution von jenen, die als Gegnerinnen und Gegner des NS-Regimes verfolgt wurden.

Ein zentraler Unterschied beider Sprachen besteht jedoch darin, dass sich Menschen aus den unterschiedlichsten Gründen als Jüdinnen oder Juden bezeichneten und bezeichnen, aber niemand und demnach auch keine gesellschaftliche Gruppe als *Minderwertige, Asoziale* oder *Erbkranke* – wobei auch Eigenbezeichnungen wie Jude oder Jüdin zur Kategorisierung und der daraus resultierenden gesellschaftlichen Ausgrenzung und Verfolgung dienten.

Aus der in der NS-Zeit gesprochenen und geschriebenen Sprache der *Eugenik* sind manche Bezeichnungen mittlerweile vergessen oder nur noch einschlägig forschenden Wissenschafterinnen und Wissenschaftern bekannt wie das ‚Gesetz zur Verhütung erbkranken Nachwuchses‘ (GzVeN), auf dem die Zwangssterilisationen juristisch beruhten, das Erbgesundheitsgericht, das über die Zwangssterilisationen der *Beantragten*, wie sie in den Gerichtsakten genannt werden, entschieden hat, aber auch die *erbbiologischen Erhebungsbögen*,[32] die in den Gesundheitsämtern zur systematischen Erfassung der Bevölkerung und der Feststellung ihres *Erbwertes* verwendet wurden. Andere Worte bezeichnen bis heute übliche wissenschaftliche Instrumentarien wie beispielsweise die *Intelligenzprüfung*.[33] In der NS-Zeit war dieser mehrseitige Fragebogen, den die Antragstellenden Ärzte über jene Frauen und Männer ausfüllten, die laut GzVeN als *schwachsinnig* galten, mit ausschlaggebend für die Entscheidung der ärztlichen Beisitzer am Erbgesundheitsgericht – die besondere Bedeutung eines vordergründig unverfänglichen Begriffs wird erst durch genaueres Hinsehen und historisches Wissen sichtbar.

---

32 Vgl. u.a. 1 XIII 57/44, Erbbiologischer Erhebungsbogen nach Arend Lang. Zu Lang vgl. Czech, Erfassung, 15.

33 Wobei hinzugefügt werden soll, dass die Bewertung der Intelligenz von Menschen mittels solcher Fragebögen jedenfalls diskussionswürdig ist.

Während Begriffe wie *lebensunwert* oder *Euthanasie* kaum ohne explizite Distanzierung gesprochen oder geschrieben werden, sind andere wie beispielsweise *minderwertig, asozial, schwachsinnig* oder *Ausmerzen* trotz Aufzeigens ihrer damaligen Bedeutung weiterhin oder wieder unkritisch Teil eines „bedenklich-gedankenlose[n] Alltagssprachgebrauch[s]".[34] Auch legt die Verwendung dieser wie anderer Begriffe der NS-Zeit den Schluss der Leugnung oder der Verharmlosung der NS-Verbrechen nahe. Letzteres meist mit dem Argument, dass diese Worte bereits vor 1933 im Sprachgebrauch verankert waren – einer zwar inhaltlich richtigen, aber im Kontext verkürzten und demzufolge unzutreffenden Begründung.[35]

Scheinbar neutral erscheint die Sprache der Medizin, insbesondere medizinische Diagnosen. Das GzVeN nannte verschiedene psychiatrisch-neurologische Krankheitsbilder, nämlich *Schwachsinn, Schizophrenie, manisch-depressives Irresein, Fallsucht* und *Veitstanz*, weiters Sinnesbehinderungen wie *Taubheit* und *Blindheit*, körperliche Merkmale wie *Missbildungen* sowie die Suchtkrankheit *Alkoholismus*. Diese Diagnosen dienten, mit dem Hinweis auf ihre aus damaliger Sicht wissenschaftlich abgesicherte *Erblichkeit*, als medizinische Begründung für eine Zwangssterilisation.

In der vorliegenden Arbeit bleibt der Wunsch nach einer eindeutigen und generellen Verwendung der Vokabel der Sprache der *Eugenik* unerfüllt. Viele Worte wurden nicht durch neue Begriffe ersetzt, um keine neuerliche Kategorisierung von Menschen vorzunehmen, sondern vielmehr als Termini technici verwendet und kursiv gesetzt, aber auch, wo dies sinnvoll oder möglich schien, mittels Umschreibungen vermieden.[36] Der aus Sicht von Autorinnen und Au-

---

34 Botz, Neonazismus, 506.

35 Vgl. dazu u.a. die Kontroverse um den ehemaligen bayrischen Ministerpräsidenten Franz Josef Strauß, der den Betriff *Entartete Kunst* mit dem Hinweis verteidigte, dass, obwohl „die Nazis diesen Begriff auch schändlich mißbraucht haben", dieser trotzdem weiter verwendet werden könne. Als Begründung fügte er hinzu: „Wenn man nämlich so rigoros ist mit der Vergangenheit, dann muss man sorgfältig prüfen, ob die Nazi-Führung auch Zahnbürsten verwendet hat. Und dann ist es unerträglich, daß wir sie auch benutzen." Neue Rheinische Zeitung, 16. Juni 1983, zit. nach Stötzel, Nazi-Komplex, 368. Zur sprachlichen Analyse der Verharmlosung/Leugnung der NS-Verbrechen an Jüdinnen und Juden durch den Kolumnisten der Neuen Kronen Zeitung, Richard Nimmerrichter alias Staberl, vgl. Botz, Neonazismus, 506–526.

36 So beispielsweise Henry Friedlander, der die „Bedeutung der Begriffe ohne übermäßigen Ge-

toren sowie Leserinnen und Lesern verständliche Wunsch, dies einheitlich zu gestalten, bleibt ebenfalls unerfüllt, es bedarf vielmehr „fortwährender Anstrengungen und literarischer Wendungen“[37], um die vielfältigen Anliegen und die jeweils eingenommenen Perspektiven zu verdeutlichen.

Abschließend nun noch zu den wesentlichsten Begriffen und ihrer Verwendung in dieser Arbeit.

Ideologische Grundlage der Zwangssterilisationen war die *Eugenik* – ein von dem britischen Naturforscher Francis Galton in den 1880er-Jahren geprägter Begriff zur Hierarchisierung von Menschen aufgrund eines ihnen zugeschriebenen *Erbwertes*, der in vielen Ländern bevölkerungspolitisches Programm wurde: Menschen mit als *gut* definierten *Erbanlagen* galten als *förderungswürdig* und sollten ihr *Erbgut* ihren Kindern weitergeben (positive *Eugenik*), Menschen mit als *schlecht* definierten sollten keinesfalls Eltern werden (negative *Eugenik*). *Eugenik*, *Rassenhygiene* und *hygienischer Rassismus*[38] galten und gelten vielfach als synonyme Begriffe. In der vorliegenden Arbeit wird ausschließlich der Begriff *Eugenik* verwendet – um dessen kontinuierliche Bedeutung in allen darauf bezogenen Maßnahmen aufzuzeigen: Seit Beginn des 20. Jahrhunderts legalisierten zahlreiche Staaten Sterilisationen von als *erbkrank* definierten Menschen. Mit dem GzVeN griff der NS-Staat diese *eugenische* Tradition auf, erweiterte und radikalisierte sie: Die Zustimmung der Betroffenen war nicht mehr erforderlich, Zwang bei der Durchführung des Eingriffes im GzVeN legitimiert und neben den – ohnehin im Hinblick auf ihre *Erblichkeit* umstrittenen Diagnosen – dienten soziale Kategorisierungen als Entscheidungsgrundlage für die Ärzte. Zwar wurde das GzVeN mit

---

brauch von Anführungszeichen oder Adjektiven unmissverständlich klarzustellen“ versuchte, vgl. ders., Genozid, 21. Gunter Link verzichtet auf die optische Hervorhebung mancher Begriffe durch Anführungszeichen, weshalb seine Arbeit trotz ihrer inhaltlichen Wichtigkeit leider schwer lesbar ist und vor allem angesichts der kontinuierlichen Verwendung damaliger Kategorisierungen im Text nicht immer ersichtlich ist, ob sich Link davon distanziert, vgl. ders., Freiburg. Sehr problematisch ist auch die Wortwahl von Horst Heitzer in seiner Untersuchung zu den Zwangssterilisationen in Passau, der wiederholt von den „braunen Machthabern“ und, wie es scheint, unkritisch von „leichten Schwachsinnsfällen“ schreibt, vgl. ders., Passau, u.a. 269.

37 Mail von Manfred Schenekl, 23. Jänner 2006, Kopie im Besitz der Verfasserin.

38 Vgl. dazu ausführlich Bock, Zwangssterilisation, 59–76.

Kriegsende aufgehoben, jedoch nicht das *Denken in Erbwerten.* Werden doch – vor allem – Frauen aus *eugenischen* Gründen ohne ihr Wissen und ihre Zustimmung sterilisiert und zieht dies keine strafrechtliche Konsequenzen nach sich, da der Eingriff nicht den im Strafrecht genannten ‚guten Sitten' widerspricht. Auch bei Schwangerschaftsabbrüchen aus *eugenischen* Gründen gilt nicht die Fristenlösung – sie bleiben auch danach straffrei.[39]

Die Zwangssterilisationen wurden an Menschen durchgeführt, die nur sehr vereinzelt selber zu Wort kamen. In einschlägigen medizinischen und juristischen Publikationen aus der NS-Zeit finden sich Bezeichnungen, die, im Kontext der propagandistisch redundant formulierten Befürchtungen um die *Reinheit des Volkskörpers,* die *Gefahr ihrer Fortpflanzung* suggerieren sollten. So ist im Kommentar zum GzVeN von *geistig und moralisch entarteten und schwachsinnigen Personen* zu lesen und in zeitgenössischen Untersuchungen zu ersten Erfahrungen bei der Durchführung der Zwangssterilisationen in den Kliniken von *Erbkranken* und *Erbminderwertigen.*[40]

In den Akten des Wiener Erbgesundheitsgerichts sind die Menschen, über deren Zwangssterilisation entschieden wurde, *Beantragte* genannt – ein bürokratisch-sachlicher Terminus, der keine Assoziationen zu Bezeichnungen aus der Gerichtssprache wie beispielsweise Angeklagte wecken sollte. In den Akten deutscher Erbgesundheitsgerichte finden sich vordergründig unverfängliche Begriffe wie *betroffene Personen,*[41] *Proband* bzw. *Probandin,* aber auch Wortschöpfungen wie *Unfruchtbarzumachende*, *Erbkrankheitsverdächtige* oder *Erbgesundheitsprüfling.*[42]

Menschen, die solcherart diffamiert und verfolgt worden waren, hatten gute Gründe, nach 1945 nicht öffentlich über ihre Erfahrungen zu berichten. In den wenigen Zeugnissen sprechen die zwangssterilisierten Frauen und Männer

39 Vgl. § 96 und 97 StGB. Wobei bei der Problematisierung dieser *eugenischen* Maßnahme keinesfalls das Selbstbestimmungsrecht von Frauen und die Straffreiheit von Abtreibung in Frage gestellt werden soll. Zu aktuellen *eugenischen* Maßnahmen wie Fortpflanzungstechnologien, Genomprojekten und bevölkerungspolitischen Diskussionen zwischen armen und reichen Ländern vgl. grundlegend Weikert, genormtes Leben.

40 Vgl. Gütt/Rüdin/Ruttke, Kommentar, 61 sowie Neeff, Erfahrungen, 11 bzw. 17.

41 Vgl. Goldberger, Oberdonau, 120.

42 Vgl. Bock, Zwangssterilisation, 199f.

von sich als „Steri“,[43] als „Betroffene“[44] oder in der Ichform, also ohne Übernahme jeglicher Fremdbezeichnungen.[45]

In der seither verfassten Forschungsliteratur wurden diese Begriffe teilweise übernommen, durch Umschreibungen wie als erbkrank geltende Personen[46] vermieden oder je nach verwendeten Quellen wie Krankengeschichten oder Akten des Gesundheitsamtes, Begriffe Pfleglinge,[47] Patientinnen[48] oder Angezeigte verwendet.[49] Eine seit den 1980er Jahren vielfach verwendete Wortschöpfung ist der Begriff Sterilisandinnen bzw. Sterilisanden,[50] der mittlerweile von manchen Autorinnen und Autoren als „zu reduzierend und funktionalisierend“[51] empfunden und daher beispielsweise durch Zwangssterilisierte oder Opfer ersetzt wurde – trotz des Wissens um die dadurch bedingte neuerliche reduzierende Bezeichnung von Menschen und die Gefahr der Relativierung durch die mittlerweile inflationäre Verwendung des Wortes Opfer.

In der vorliegenden Arbeit wird über von der Zwangssterilisation bedrohte und zwangssterilisierte Frauen und Männer zu lesen sein. Wenn es aus der jeweils eingenommenen Perspektive angebracht erscheint, werden auch zeitgenössische Bezeichnungen in kursiver Setzung verwendet.

Mit dem Begriff ‚Vergessene Opfer‘ sind zwangssterilisierte Menschen (aber auch aufgrund ihrer sexuellen Orientierung oder des Vorwurfes der *Asozialität* Verfolgte) im Kontext der jahrzehntelangen Ausgrenzung von Menschen

43 Vgl. Elisabeth Claasens kurzen autobiografischen Bericht „Ich, die Steri“, erschienen 1985.

44 Vgl. Klara Nowaks Ausführungen „Wie es uns erging …“ im Rahmen einer der ersten Tagungen zu Zwangssterilisation und Euthanasie in der Evangelischen Akademie Bad Boll im Jahr 1987, 52.

45 So Sophie Zerchin, die in ihrer 1990 erschienenen Autobiografie neben ihrer Zwangssterilisation auch ihre Erfahrungen als Patientin in psychiatrischen Einrichtungen von 1936 bis 1959 eindrücklich beschrieb, vgl. dies., Morgenstern.

46 Vgl. Ley, Zwangssterilisation, 70.

47 Vgl. Hümmer, Neuendettelsau, 103.

48 Vgl. Horban, München, 32.

49 Vgl. Fenner, Hamburg, VIII.

50 Diesen Begriff führte vermutlich Gisela Bock im Rahmen ihrer grundlegenden Studie zu den Zwangssterilisationen ein. Sie verwendete, wenn sie von den Frauen und Männern schrieb, über deren Zwangssterilisation entschieden wurde, Worte wie „Betroffene, Sterilisationskandidaten und […] Sterilisanden oder Sterilisierte“, vgl. Bock, Zwangssterilisation, 200.

51 Hennig, Offenbach/Main, 21.

von der *Wiedergutmachung* – den ohnedies geringen Leistungen der österreichischen Opferfürsorge- und des deutschen Bundesentschädigungsgesetzes – erstmals wahrgenommen worden.[52] Dieser Begriff benennt zwar die Tatsache des Vergessens, doch auf diese Menschen wurde nicht (passiv) vergessen, sondern ihre Verfolgung wurde in der Zweiten Republik (aktiv) nicht als solche anerkannt. Abgesehen davon würde die Unterteilung in Opfer und vergessene Opfer fälschlicherweise bedeuten, dass andere Überlebende Nicht-Vergessene und ihre Ansprüche auf *Entschädigung*[53] erfüllt worden wären. Dementsprechend gilt der letzte Teil dieser Arbeit nicht den vergessenen Opfern, sondern den verdrängten Überlebenden.[54]

Auch wenn im GzVeN und der zeitgenössischen Literatur von Sterilisationen oder Unfruchtbarmachung zu lesen ist, wird in dieser Arbeit ausnahmslos der Begriff Zwangssterilisationen verwendet, da die Anwendung von Zwang von der ersten Erfassung im „Fadenkreuz der Sterilisationsbürokratie“[55] über die Vorführung vor Gericht bis zur tatsächlichen Durchführung des Eingriffs in einer Klinik legitimiert war.[56]

Im Gegensatz dazu sah das GzVeN ausdrücklich vor, dass eine schwangere Frau, deren Zwangssterilisation beschlossen wurde, einem gleichzeitigen Abbruch der Schwangerschaft zustimmen musste. Diese Zustimmung konnten die Frauen bis zuletzt rückgängig machen, weshalb die Verknüpfung mit dem Begriff Zwang juristisch gesehen ungenau wäre – wobei die Zwangssituation, in der die Frauen vielfach waren, keinesfalls relativiert werden soll.[57]

---

52 Vgl. beispielsweise den von Rolf Steininger im Jahr 2000 herausgegebenen Sammelband mit diesem Titel.

53 Die Begriffe *Entschädigung* und *Wiedergutmachung* waren und sind zwar vielfach in Bezug auf materielle Leistungen für NS-Verfolgte verwendet worden, können jedoch nur als völlig unzureichend bezeichnet werden, vgl. Forster, Vergleich, 24–29.

54 Vgl. Spring, Verdrängte Überlebende, XII.

55 Nitschke, Erbpolizei, 232.

56 Vgl. GzVeN, § 12.

57 Dies gilt auch im Hinblick auf die im GzVeN ebenfalls verankerte *freiwillige Entmannung* – die Kastration von homosexuellen Männern, die sich vor dem Strafgericht wegen einschlägiger Straftaten verantworten mussten und denen dafür die Todesstrafe drohte. Zwangsweise Kastrationen waren im sogenannten Gemeinschaftsfremdengesetz explizit verankert, und wenngleich die Entscheidung zwischen drohender Todesstrafe und Kastration – einem Eingriff mit irreversiblen, gravierenden Folgen – keineswegs als Wahl angesehen werden kann, be-

Die Hervorhebung der im GzVeN genannten Diagnosen mag auf den ersten Blick überraschen, scheinen doch medizinische Termini, wie bereits erwähnt, auf den ersten Blick neutral. Ihnen lagen unterschiedlich umfangreiche Forschungsergebnisse zu Erscheinungsbild, Verlauf und nicht zuletzt *Erblichkeit* der jeweiligen Erkrankungen bzw. Behinderungen zugrunde.[58] Unabhängig von der medizinischen Richtigkeit, die in der vorliegenden Arbeit weder überprüft werden kann noch soll,[59] gilt es jedoch, die Kategorisierung von Menschen aus medizinischer Sicht (nicht nur) bei der Beschäftigung mit der NS-Zeit grundsätzlich in Frage zu stellen.

Nun sind gerade Sinnesbehinderungen wie *Taubheit* und *Blindheit* vergleichsweise einfach und eindeutig zu diagnostizieren und nicht a priori Bewertungen von Menschen. Anders verhält es sich bei Zuschreibungen wie *Asozialität, moralischem Schwachsinn* oder *sexueller Haltlosigkeit* – offensichtlichen Bewertungen sozialen Verhaltens. Nimmt man jedoch als Autorin heute diesbezügliche Differenzierungen vor, birgt dies die Gefahr, einzelne Diagnosen des GzVeN zutreffender als andere darzustellen. Aber: Alle Diagnosen bedeuteten, abgesehen von der ebenfalls zu hinterfragenden Polarisierung von Krank – Gesund, ein negatives Werturteil über die jeweiligen Menschen, sie waren „Chiffren für den Befund ‚Erbminderwertigkeit‘“[60] und bewirkten oder begleiteten die Ausgrenzung aus der *arischen*, *wertvollen* und *erbgesunden Volksgemeinschaft* bis zur Zwangssterilisation und auch zur Tötung. Deshalb sind die einzelnen Diagnosen kursiv gesetzt, um sie als wesentliche Teile der Sprache der *Eugenik* nachhaltig zu kennzeichnen.

Zum Schluss noch Überlegungen zur Schreibweise der Termini technici, für die sich verschiedene Möglichkeiten anbieten: erstens keine besondere Kennzeichnung, jedoch mit einer Begründung zu ihrer Verwendung und dem Hinweis auf ihre Eigenschaft als Termini technici – mit der Hoffnung, dass der

ruhten diese *freiwilligen Entmannungen* formalrechtlich auf einem diesbezüglichen Antrag der Angeklagten. Zu diesen Verfahren am Erbgesundheitsgericht Wien vgl. Spring, *Entmannung*, 251–269.

58 Vgl. dazu auch Susan Sontags Überlegungen zum sprachlichen Umgang mit Krankheiten wie Krebs, Tuberkulose und AIDS in ihrem Buch Krankheit als Metapher.

59 Vgl. dazu ausführlich Link, Freiburg, 238–344.

60 Ley, Zwangssterilisation, 38.

Inhalt der jeweiligen Ausführungen die Distanz dazu ohnehin verdeutlichen. Ein solcher Text ist zwar im Hinblick auf das Schriftbild leicht lesbar, die erhoffte Distanz kann jedoch von den Leserinnen und Lesern nicht ohne Weiteres wahrgenommen werden, wenn – und die folgenden Zeilen sind bewusst ohne besondere Formatierung gesetzt – beispielsweise wiederholt die Asozialität von Menschen, ihre Minderwertigkeit, ihr moralischer Schwachsinn und ihre sexuelle Haltlosigkeit genannt werden. Allein diese wenigen Zeilen, in denen die NS-Begriffe im selben Schriftbild wie der sonstige Text gesetzt sind, verdeutlichen dies.

Zweitens vermitteln verschiedene Formen der Formatierung Distanz. So können Begriffe *kursiv*, in „Anführungs-" bzw. >Satzzeichen< oder auch in KAPITÄLCHEN gesetzt werden. Aus lesetechnischen Gründen wurde hier für Begriffe der Sprache der *Eugenik* und auch sonstige Worte, die in Bezug auf die NS-Zeit nicht mehr ohne Bezug auf sie gelesen werden können bzw. die die Verdeutlichung der Distanzierung verlangen, die kursive Formatierung gewählt.

Abgesehen von der bereits beschriebenen Problematik der Entscheidung darüber, welche Begriffe hervorgehoben werden und welche nicht, scheint dies für die vorliegende Arbeit ein gangbarer Weg, um nicht nur die Distanzierung von, sondern vor allem auch die Macht der Sprache, die Fülle der Kategorisierungen und Diffamierungen, die die Verfolgung, Ausgrenzung und letztlich Tötung von Menschen im NS-Regime vorbereitet, begleitet und dokumentiert haben, aufzuzeigen. Es versteht sich von selbst, dass diese Ausführungen nur vorläufig sein können, denn so wie sich Sprache verändert, führen neue Erkenntnisse zu neuen Einsichten und Entscheidungen im Hinblick auf ihre Verwendung. Doch eines bleibt konstant: „Ein vorsichtiger Umgang mit Sprache ist nötig."[61]

---

61 Saurer, Sprache, 130.

QUELLEN UND METHODIK

BESTANDSGESCHICHTE DER AKTEN DES ERBGESUNDHEITSGERICHTS WIEN

Der dieser Arbeit zugrunde liegende Quellenbestand umfasst die Sammlung der meist zweiseitigen Beschlüsse sowie einige umfangreichere Verfahrensakten des Erbgesundheits- und Erbgesundheitsobergerichts Wien von 1940–1945. Durch widersprüchliche Angaben in der spärlichen Literatur und in verschiedenen Quellen galt der Klärung des Umfangs des Bestandes besonderes Interesse, nicht zuletzt auch im Hinblick auf methodische Überlegungen zur Auswahl der quantitativ auszuwertenden Akten. Die damit verbundenen Schwierigkeiten beim Zusammentragen des Bestandes von November 2000 bis zur endgültigen Archivierung im Wiener Stadt- und Landesarchiv im Juni 2004 sind nun kurz dargestellt.

Aus einem Bericht an das Bundeskanzleramt, verfasst 1954, geht hervor, dass einige zwangssterilisierte Frauen und Männer Anträge auf Leistungen der Kriegsopferversorgung und der Opferfürsorge stellten, wodurch „die Frage über die Tätigkeit der ‚Erbgesundheitsgerichte in der ehemaligen Ostmark' akut geworden [ist]. Auf Grund der im Einvernehmen mit dem Bundesministerium für Justiz durchgeführten Erhebungen konnten die Akten der Erbgesundheitsgerichte sichergestellt werden. Die Geschäftsstücke bleiben nach wie vor in den Gerichtsarchiven, können aber von diesen bei konkreter Anforderung zur Verfügung gestellt werden."[62]

Im Jahr 1985 stellte der damalige Vorsteher des Bezirksgerichtes Innere Stadt (Wien 1, Riemergasse 7) mit Zustimmung des Bundesministeriums für Justiz die im Bezirksgericht „aufgefundenen Akten des Erbgesundheitsgerichts Wien dem Institut für Humanbiologie der Universität Wien zur wissenschaftlichen Auswertung (nach entsprechender Anonymisierung) zur Verfügung mit der Maßgabe [...], daß sich das Institut zur dauernden Auf-

62 ÖStA/AdR, BKA, Liquidator, Kt. 2, ZL 5600/54, Bericht an den Herrn Bundeskanzler per 30. November 1954. Ich danke Dirk Rupnow für den Hinweis zu diesem Akt.

bewahrung dieses historisch wichtigen Archivgutes verpflichten muss."[63] Ob damals eine Bestandsbeschreibung, Zählung oder gar ein Aktenverzeichnis mit übergeben wurde, geht aus dem kurzen Schreiben nicht hervor.

Im November 2000 stellte sich im Zuge meiner Recherchen heraus, dass Prof. Dr. Seidler, Vorstand des Instituts für Humanbiologie der Universität Wien, der 1985 die Akten erhalten hatte, diese später Dr. Roland Staudinger von den Tiroler Landeskrankenanstalten (TILAK) in Innsbruck zur Verfügung gestellt hatte. Dr. Staudinger hatte einige davon in einer 1999 erschienenen Monografie zitiert, ohne jedoch Provenienz bzw. Bestand der Akten darzulegen.[64] Nach mehrfachen Bitten seitens Dr. Peter Malinas, des damaligen Leiters der Fachbibliothek für Zeitgeschichte der Universität Wien, der aufgrund seiner Forschungen ebenfalls an dem Aktenbestand interessiert war, den Bestand zur Einsichtnahme und vor allem zur Archivierung im Wiener Stadt- und Landesarchiv zu übergeben, schickte dieser ein Jahr später, im November 2001, zwei große Schachteln mit weitgehend ungeordneten Akten an die Fachbibliothek.[65] Ein etwaiger Briefwechsel zwischen Seidler und Staudinger, ein Aktenverzeichnis oder eine Bestandsbeschreibung waren nicht beigelegt.

Nach dem aufwändigen Ordnen und Zusammenführen der Akten stellte sich heraus, dass insgesamt 1.460 Akten vorlagen. Seidler jedoch hatte in seinem Aufsatz „The Viennese Reichserbgesundheitsgericht" [sic] den von ihm bearbeiteten Bestand mit „nearly 2.000"[66] Akten angegeben und eine Verteilung der GzVeN-Diagnosen aufgrund von 450 Akten erstellt. Der Schluss lag daher nahe, dass er diese ausgewerteten Akten noch bei sich hatte.

Nach Rücksprache mit Prof.in Dr.in Saurer und Prof. Dr. Neugebauer, die

63 GZ. 3504/6_IV 3/85, 8. Oktober 1985, Kopie im Besitz der Verfasserin.

64 Zitiert sind lediglich die Aktenzahlen selbst, vgl. Staudinger, Rassenrecht, 289–297. Nebenbei sei hier angemerkt, dass Staudinger Gisela Bocks grundlegende Forschungen zwar im Literaturverzeichnis anführt, jedoch bei seinen umfangreichen Ausführungen zur Zwangssterilisation nicht zitiert, vgl. ebd., 227–299.

65 Ich danke Dr. Malina für seine vielfältige Unterstützung. Aus organisatorischen Gründen wurden die Akten mit Zustimmung des Wiener Stadt- und Landesarchivs während meiner Bearbeitung in der Bibliothek aufbewahrt und erst im Juni 2004 mit einem von mir erstellten Aktenverzeichnis dem Archiv übergeben.

66 Seidler, Reichserbgesundheitsgericht [sic], o.O., o.J., 7. Das Manuskript ist in der Bibliothek des DÖW einsehbar.

die vorliegende Arbeit betreuten, sowie mit Dr. Malina bat ich Prof. Dr. Seidler im Dezember 2002,[67] Jänner und Februar 2003 schriftlich um Aufklärung bezüglich der von ihm angegebenen Gesamtzahl des Bestandes sowie des Verbleibs der fehlenden Akten, ohne jedoch eine Antwort zu erhalten. Meine gleichzeitige Nachfrage beim Bezirksgericht Innere Stadt und bei Dr. Staudinger in Tirol ergab zumindest, dass sich dort keine weiteren Akten mehr befinden. (Zu den von Dr. Staudinger nachweislich nicht übergebenen Aktenteilen siehe weiter unten.)

Ein von Prof. Dr. Seidler dem DÖW übergebener Akt des Erbgesundheitsgerichts Wien wurde im November 2002 dem Bestand eingegliedert,[68] und nach wiederholten Urgenzen erfuhr Dr. Malina Ende März 2003 telefonisch, dass Seidler weitere 21 Akten Prof. Dr. Potz vom Institut für Recht und Religion der Universität Wien zur Verfügung gestellt hatte – diese wurden im April 2003 an Dr. Malina übergeben.[69] Nach weiteren hartnäckigen Nachfragen Dr. Malinas schickte Prof. Dr. Seidler im Mai 2003 kommentarlos ein Paket mit weiteren 128 Akten und zwei umfangreichen Pflegschaftsakten,[70] die in keinem Zusammenhang mit dem Erbgesundheitsgericht Wien stehen, an die Fachbibliothek.

Doch nicht nur der Grund der trotzdem verbleibenden Differenz zu den in Seidlers Aufsatz genannten 2.000 Akten blieb unklar – nach Eingabe aller Akten in die Datenbank stellte sich zusätzlich heraus, dass zwei von Seidler zitierte Akten bzw. Aktenteile nicht beim Bestand sind.[71] Auch bei einem von Staudinger ausführlich beschriebenen Verfahren fehlen die Unterlagen zum Beschwerdeverfahren, weiters die zitierten Gutachten und Teile der Korrespondenz.[72] Meine schriftliche Bitte nach Übersendung der fehlenden Akten-

67 Von November 2001 bis Dezember 2002 schloss ich ein anderes Forschungsprojekt ab, sortierte parallel dazu die Akten und entwarf die Access-Datenbank für die Eingabe der Akten.

68 Bestätigung von Dr. Malina, 22. November 2002, Kopie im Besitz der Verfasserin.

69 Bestätigung von Dr. Malina, 7. April 2004, Kopie im Besitz der Verfasserin.

70 Auch diese Akten wurden dem WSTLA übergeben.

71 Es handelt sich um die Verfahren von Franziska D., in Seidler, Reichserbgesundheitsgericht, 10–13, und von der eingangs genannten Therese W., in Seidler/Rett, Rassenhygiene, 150f. Ungeklärt ist auch, ob die in diesem Buch – ohne Quellenangabe – abgedruckten Dokumente noch im Besitz Seidlers sind, vgl. ebd., 148f.

72 Vgl. das ausführlich zitierte Verfahren von Johann Z. in Staudinger, Rassenrecht, 292ff. Die von mir eingesehenen Akten enthalten nicht: das zitierte Gutachten von Dr. Dombrowsky, das

teile, selbst mein mehrfach geäußerter Wunsch nach einem diesbezüglichen Telefonat blieben ohne Resonanz – seitens einer Mitarbeiterin Staudingers wurde dies zwar wiederholt angekündigt, doch der Rückruf erfolgte nicht.[73]

Es versteht sich von selbst, dass für jegliche wissenschaftliche Arbeit eine rekonstruierbare Quellenlage unumgänglich ist, daher wollte ich nichts unversucht lassen, Ungereimtheiten bezüglich des Umfangs dieses zentralen Aktenbestandes meiner Dissertation aufzuklären. Außerdem wären einige Ergebnisse der quantitativen Auswertung möglicherweise überholt, sollten zu einem späteren Zeitpunkt doch noch zahlreiche weitere Akten des Erbgesundheitsgerichts auftauchen. Ganz abgesehen davon ist es auch für zukünftige Forschungen wünschenswert, dass die Akten des Erbgesundheitsgerichts und Erbgesundheitsobergerichts Wien vollständig in einem Wiener Archiv zur Verfügung stehen und nicht weiter verstreut bleiben.

Als letzten Versuch zur Klärung wandte sich Prof. Dr. Eberhard Gabriel als Vertreter des Wiener Krankenanstaltenbundes, der meine Dissertation mit einem Stipendium teilweise förderte, Anfang März und nochmals Anfang Mai 2004 schriftlich an Prof. Dr. Seidler mit der dringenden Bitte um Information zu den nachweislich fehlenden Akten und der Aufklärung der Diskrepanz zwischen den von ihm genannten und von ihm übergebenen Akten. Prof. Dr. Seidler gab kurz darauf telefonisch bekannt, dass er weder „helfen könne" noch weitere Akten habe.

Prof. Dr. Gabriel hielt Anfang Juni 2004 in einem weiteren Brief dazu unmissverständlich fest:

„Es wären Ihnen vermutlich alle an der gegenwärtigen Archivierung und Aufarbeitung der Akten des Wiener Erbgesundheitsgerichtes Beteiligten sehr dankbar, wenn Sie in einem kurzen Absatz schriftlich feststellten, dass Sie alle für Sie jetzt verfügbaren Unterlagen übergeben haben und keine Aussage darüber treffen können (?), wo sich die Ihnen seinerzeit zur Verfügung ste-

Formular mit der Antragstellung zur Zwangssterilisation, die Informationen zu den Eltern von Johann Z., die Sippentafel, die Korrespondenz zum Militärlazarett, das Verfahren vor dem Erbgesundheitsobergericht, die Abschrift der Krankengeschichte sowie die Korrespondenz des Rechtsanwalts.

73 Brief vom 24. Februar 2004, Kopie im Besitz der Verfasserin, Telefonate mit Sylwia Gorecki vom 15. und 26. März sowie vom 2. und 15. April 2004.

henden und jetzt fehlenden Akten befinden könnten, dass Sie vielmehr davon ausgehen müssen, dass diese verloren gegangen sind.

Mit einer solchen schriftlichen Erklärung wäre dann der gegenwärtig fassbare, gegenüber dem ursprünglichen reduzierte Aktenbestand sozusagen festgestellt und als die eben jetzt verfügbare Grundgesamtheit definiert. Das schiene auch mir eine aus methodologischer Sicht sehr wünschenswerte Aussage zur Entwicklung der Quellenlage. Deshalb möchte ich Sie um eine solche bitten und hoffe, dass ich Sie mit dieser Bitte nicht zu sehr belaste."[74]

Prof. Dr. Seidler kam dieser Bitte nicht nach.

Einen weiteren Beschluss des Erbgesundheitsgerichts konnte ich aus dem Volksgerichtsprozess gegen Richter Anton Rolleder rekonstruieren,[75] einen aus dem Opferfürsorgebestand des DÖW[76] und zwei aus Krankengeschichten von Kindern der NS-Jugendfürsorgeanstalt Am Spiegelgrund.[77] Sämtliche genannten Akten sind nun in den Bestand eingeordnet.

Im Juni 2004 wurden von Dr. Malina und mir schließlich 1.682 Akten an das Wiener Stadt- und Landesarchiv übergeben – versehen mit einem detaillierten Aktenverzeichnis und der Dokumentation der bisherigen Bemühungen zur Klärung des Gesamtbestandes sowie dem Hinweis auf die von Prof. Dr. Seidler und Dr. Staudinger nachweislich nicht übergebenden Akten/-teile.[78] Der Bestand ist unter WSTLA, 2.3.15 Erbgesundheitsgericht mit den weiteren Signaturen A 1/1 (Verfahren mit der Geschäftszahl 1 XIII 1940–1945), A 1/2 (Geschäftszahl 2 XIII 1940–1945), A 1/3 (Geschäftszahl XIII 1945) und A 2 Nc, Hc 1940–1945 archiviert. Die zuständige Kuratorin im Archiv, Dr. Rigele, wandte sich ebenfalls mit der Bitte um Klärung bzw. Ergänzung an Prof. Dr. Seidler und Dr. Staudinger, auch ihre Schreiben blieben unbeantwortet.

74 Brief vom 7. Juni 2004, Kopie im Besitz der Verfasserin. (Ebenso die vorherigen Briefe.)

75 2 XIII 75/44, Johanna S., in: VG 6b 8024/46 (=DÖW E 22232).

76 DÖW AZ 20000, S 712, Opferfürsorgeantrag von Wilhelm S.

77 Ich danke Peter Malina für seine diesbezüglichen Hinweise.

78 Mit übergeben wurden weiters acht Akten ohne Bezug zum Erbgesundheitsgericht und zwei Pflegschaftsakten. Ein anthropologisches Gutachten zu Herbert Z. wurde mit Zustimmung Prof. Dr. Seidlers im April 2003 an Dr.in Teschler-Nicola, der Leiterin der Anthropologischen Abteilung des Naturhistorischen Museums Wien, übergeben und in den dortigen Bestand anthropologischer Gutachten eingegliedert.

ZAHLENANGABEN ZUM BESTAND DES ERBGESUNDHEITSGERICHTS WIEN

In den wenigen Publikationen kursieren unterschiedliche Zahlen: So findet sich bei Seidler sowohl die bereits genannte Zahl von etwa 2.000 Akten[79] als auch, in einer von ihm gemeinsam mit Andreas Rett 1988 veröffentlichten Monografie, der Hinweis auf „mehr als tausend Akten",[80] die ihnen zur Verfügung gestanden hatten.

Auch die wenigen Quellen tragen nicht zur eindeutigen Klärung bei. Eine nicht nachvollziehbare Zahl stammt von Anton Rolleder, einem der beiden Richter des Wiener Erbgesundheitsgerichts. In seinem Verfahren vor dem Volksgericht Wien gab er 1946 an, dass „während seiner Amtstätigkeit ca. 200–400 Personen"[81] aufgrund des GzVeN ‚sterilisiert' worden seien. Die Auswertung der vorhandenen Akten zeigt jedoch, dass allein unter seinem Vorsitz 608 Zwangssterilisationen beschlossen wurden. Angesichts der noch zu beschreibenden Penibilität Rolleders, die sowohl in den von ihm geleiteten Verfahren als Richter des Erbgesundheitsgerichts als auch in seinem Verfahren vor dem Volksgericht als Angeklagter ersichtlich ist, überrascht sowohl die sehr grobe Schätzung von 200–400 als auch die grobe Unterschätzung des Ausmaßes der von ihm mitverantworteten Beschlüsse zur Zwangssterilisation.

Im Bestand des Erbgesundheitsgerichts Wien finden sich insgesamt sieben Aktenanforderungen[82] aus den Jahren 1950 bis 1967 von verschiedenen Gerichten an das Bezirksgericht Innere Stadt bzw. an das Bezirksgericht Mittersteig, in denen die beiden Spruchkammern des Erbgesundheitsgerichts Wien eingerichtet waren. Aus diesem Schriftverkehr geht hervor, dass die Verfahrensakten nach dem abgeschlossenen Erbgesundheitsgerichtsverfahren „dem Hauptgesundheitsamt abgetreten und dort durch Kriegseinwirkung vernichtet [wurden]".[83] Lediglich eine Abschrift der Beschlüsse verblieb im Erbgesund-

79 Vgl. Seidler, Reichserbgesundheitsgericht, 7.

80 Vgl. Rett/Seidler, Rassenhygiene, 134.

81 VG 6b 8024/46 (= DÖW E 22232).

82 Vgl. 1 XIII 114/41, 1 XIII 139/41, 1 XIII 156/41, 1 XIII 67/43, 2 XIII 147/41, 2 XIII 127/42, 2 XIII 81/42.

83 1 XIII 156/41, Schreiben vom Bezirksgericht Innere Stadt an das Bezirksgericht Fünfhaus, 21. Juli 1954: „Das Hauptgesundheitsamt ist total abgebrannt", findet sich in einer Aktenanforderung aus dem Jahr 1954, vgl. 1 XIII 144/42.

heitsgericht. Da Prof. Dr. Seidler den Bestand 1985 vom Bezirksgericht Innere Stadt übernommen hatte, ist anzunehmen, dass sie bis dahin in den dortigen Depots aufbewahrt worden waren – auch jene des Bezirksgerichts Mittersteig.

Eine weitere Recherche zu möglicherweise noch vorhandenen Akten, die Suche nach Geschäftsbüchern der Bezirksgerichte Innere Stadt und Margareten, um daraus die tatsächliche Zahl der Erbgesundheitsgerichtsverfahren und jenen des Oberlandesgerichtes Wien zur Klärung der Erbgesundheitsobergerichtsverfahren rekonstruieren zu können, ist nicht möglich, da, so die Auskunft von Dr. Rigele vom Wiener Stadt- und Landesarchiv und von Dr. Jerabek vom Österreichischen Staatsarchiv, keine Geschäftsbücher mehr vorhanden sind. Auch eine Anfrage an das Bezirksgericht Innere Stadt und das Oberlandesgericht Wien, an das das Erbgesundheitsobergericht angegliedert gewesen war, blieb ergebnislos.[84]

BESCHREIBUNG DES AKTENBESTANDES

Der Aktenbestand ist großteils gut erhalten, fallweise sind manche Sätze bzw. Satzteile in den Gerichtsbeschlüssen aufgrund der damals verwendeten Schreibmaschine schlecht entzifferbar. Einige Akten sind durch von Prof. Dr. Seidler oder Dr. Staudinger vermutlich zur Markierung verwendete selbstklebende Notizzettel beschädigt. Etwa 90% der Akten bestehen lediglich aus dem Beschluss des Erbgesundheitsgerichts bzw. Erbgesundheitsobergerichts – aus eine/r bis drei Seite/n, aus denen die wesentlichsten Informationen zum Verfahren, zu den von der Zwangssterilisation bedrohten Frauen und Männern, Richtern und Beisitzern, etwaigen Gutachtern und zum Ausgang des Verfahrens hervorgehen. Vereinzelt sind den Beschlüssen einseitige Sippentafeln, Gutachten des Psychiaters Josef Berze und die ärztlichen Bestätigungen über den erfolgten Zwangseingriff angehängt.[85]

84 Information von Dr. Rigele/WSTLA vom 24. Juni 2005. Vgl. auch Rigele, Gerichte, 9. Kopie der Antwort von Dr. Jerabek/ÖStA, dem Oberlandesgericht Wien und dem Bezirksgericht Wien Innere Stadt im Besitz der Verfasserin. Vgl. auch Stadler, Richter, 57, der erwähnt, dass am Oberlandesgericht Wien Personal-, Straf- und Verschlussakten in den letzten Kriegstagen verbrannt wurden.

85 Für die Beschlusssammlung beider Spruchkammern waren teilweise beige (Kammer 1) und

152 Akten, vor allem aus den Jahren 1944 und 1945, sind teilweise sehr umfangreich, manche bis zu 50 Seiten. In ihnen finden sich neben oben genannten Beilagen auch Anträge samt der Genehmigung der Gauleitung Wiens zur Durchführung des Verfahrens, weiters amtsärztliche Gutachten sowie solche von anderen im Verfahren beigezogenen Ärzten, *Erbbiologische Erhebungs-* und *Intelligenzprüfungsbögen* (letztere bei der GzVeN-Diagnose *Schwachsinn)*, *Sippentafeln* und fallweise auch Abschriften von Krankengeschichten sowie Aussagen von Zeuginnen und Zeugen. Gelegentlich liegen Sitzungsprotokolle von Erbgesundheitsgericht und Erbgesundheitsobergericht bei, vereinzelt auch sogenannte Endgültigkeitszeugnisse,[86] Abrechnungen zu Honoraren und Fahrtkosten der Gutachter, Postzustellungsurkunden, fallweise auch die Korrespondenz der Richter (vor allem Rolleders) mit den Gutachtern bzw. mit den ärztlichen Beisitzern zur Entscheidung, ob das Verfahren „wegen des totalen Kriegseinsatzes auf Kriegsdauer"[87] eingestellt oder trotzdem weitergeführt werden sollte.

Dass bis 1943 fast ausschließlich die Spruchsammlung überliefert ist, liegt vermutlich daran, dass die Akten des Verfahrens nach der Beschlussfassung an das Gesundheitsamt überstellt wurden und im Gericht lediglich der Beschluss des Erbgesundheitsgerichts und gegebenenfalls jener des Erbgesundheitsobergerichts sowie die ärztliche Bestätigung über die Durchführung des Zwangseingriffs verblieben. Warum letztere nur fallweise beiliegt, bleibt unklar.

Von 1940 bis 1944 sind die Erbgesundheitsgerichtsverfahren unter den Aktenzeichen 1 XIII und 2 XIII und nach Jahren fortlaufend nummeriert, ab 1945 wurden sowohl Verfahren anderer Erbgesundheitsgerichte, die im Zuge der Zusammen-

---

grüne (Kammer 2) Aktenumschläge vorhanden. Vermutlich aus Gründen der Sparsamkeit wurden Aktenbögen wieder verwendet, denn auf den Innenseiten der hellen Aktenbögen findet sich folgender Stempel: Lieder-Heft der Gauleitung der NSDAP Gau Wien, Amt für Beamte, Gaufachschaft 10 (Reichsjustizbeamte), Dienststelle: Amtsgericht Wien. Warum nur von diesem Gutachter, kann nicht mehr geklärt werden.

86 In den *Endgültigkeitszeugnissen* war vermerkt, dass „die hiergerichtliche Entscheidung [...], womit die Unfruchtbarmachung [...] angeordnet wurde, zufolge Ablaufes der Rechtsmittelfrist, ohne dass eine Beschwerde eingebracht worden wäre, rechtskräftig und endgültig, also unanfechtbar und damit auch schon ausführungsreif geworden ist", siehe u.a. 1 XIII 265/41.

87 Gemäß Erlass des Reichsjustizministeriums vom 22. August 1944 II b 2 7077 musste der Amtsarzt „ausdrücklich beantragen", dass das Verfahren weitergeführt werden sollte. Vgl. u.a. 1 XIII 73/43.

legung der Gerichtssprengel Anfang 1945 nach Wien überstellt wurden, neue Akten sowie Wiederaufnahmeverfahren mit der Aktenzahl XIII angelegt.[88]

Unter der Aktenzahl NC wurden Vorerhebungen zu Verfahren (in einem Fall findet sich hier die Aktenzahl HC) durchgeführt, aber auch Verfahren zur *freiwilligen Entmannung* nach § 14 Abs 2 GzVeN. Mit NC waren weiters Akten versehen, die von einem anderen Erbgesundheitsgericht überstellt und aus nicht nachvollziehbaren Gründen nicht mit einer neuen Aktenzahl versehen wurden, ebenso Anträge, die vom Erbgesundheitsgericht mangels Zuständigkeit abgewiesen wurden.

Insgesamt 24 (1,4 %) aller Verfahren vor dem Erbgesundheitsgericht Wien waren solche aus den Gerichtsbezirken Wiener Neustadt, St. Pölten, Krems und Znaim, 23 davon wurden infolge eines Erlasses des Reichsjustizministeriums ab Jänner 1945 vom Wiener Erbgesundheitsgericht weitergeführt, eines aufgrund eines Wohnortwechsels einer Frau während ihres Verfahrens.[89]

Die Verteilung der Verfahren auf die beiden Spruchkammern richtete sich – bis auf wenige Ausnahmen – nach dem Anfangsbuchstaben des Familiennamens der Frauen und Männer: In der Spruchkammer 1 XIII im Bezirksgericht Innere Stadt wurden Verfahren jener, deren Familiennamen mit den Buchstaben A–K begannen, durchgeführt, in der Spruchkammer 2 XIII im Bezirksgericht Margareten jener mit L–Z.

Bis Februar 1944 war Anton Rolleder Hauptrichter der ersten und Alfred Tomanetz der zweiten Spruchkammer. Nach dem Tod Tomanetz' am zweiten Februar 1944 übernahm Rolleder bis auf ein Verfahren[90] alle weiteren bis Kriegsende. Aus den in den Beschlüssen genannten Gerichtsadressen ist ersichtlich, dass die Akten der zweiten Spruchkammer noch im Februar 1944 ins Bezirksgericht Innere Stadt transferiert wurden.[91]

---

88 Der im Bestand enthaltene Akt 1 XIII 18/44, der vom Erbgesundheitsgericht Hamburg übernommen wurde, zeigt, dass Aktenumschlag und Sippentafel jenen in Wien gleichen. Auch die Ordnungszahl XIII ist dieselbe.

89 Erlass des Reichsjustizministeriums vom 16. November 1944, vgl. XIII 7/45. Vgl. dazu auch Kap. 2. Das 24. war ein Wiederaufnahmeverfahren infolge eines Beschlusses auf Zwangssterilisation vom Erbgesundheitsgericht Chemnitz, vgl. 1 NC 1/42.

90 Vgl. 2 XIII 28/43, Richter Eckkehard Hämmerle.

91 Vgl. u.a. 2 XIII 19/44 und 2 XIII 35/44. Ob die Fehlbestände des Jahres 1944 auch durch diesen

Aus den insgesamt 1.682 vorhandenen und dem Wiener Stadt- und Landesarchiv übergebenen Akten konnten 1.697 Erbgesundheitsgerichtsverfahren und 266 dazugehörige Erbgesundheitsobergerichtsverfahren rekonstruiert werden. Die Differenz zwischen Akten und Verfahren ergibt sich daraus, dass Wiederaufnahmeverfahren an den Akt des Erstverfahrens angeheftet sind und demnach als ein Akt zählen, in der für diese Arbeit erstellten Datenbank jedoch als eigene Verfahren für die Auswertung verzeichnet sind. Aufgrund der Zahlenangaben auf den Umschlägen der jeweils nach Jahren zusammengefassten Beschlüsse und den höchsten noch vorhandenen bzw. rekonstruierbaren Aktenzahlen ergibt sich eine Mindestzahl von 2.058 Erbgesundheitsgerichtsverfahren für das Erbgesundheitsgericht Wien.

Von den Jahren 1940 bis 1943 sind aus beiden Spruchkammern zwischen 85 % und 91 % der lt. Aktenzahlen anzunehmenden Akten vorhanden, 1944 und 1945 sind es etwas mehr bzw. etwas weniger als die Hälfte (53 % bzw. 45 %).[92] Die Gesamtzahl der elf vorliegenden Akten mit den Aktenzahlen HC und NC ist nicht rekonstruierbar, weshalb sie in der folgenden Tabelle auch nicht berücksichtigt sind.

Jahr	vorhandene Akten	Aktenminimum	Prozentsatz
1940	136	158	86 %
1941	521	592	88 %
1942	525	577	91 %
1943	316	370	85 %
1944	105	200	53 %
1945	68	150	45 %
Gesamt	1671	2047	82 %

Abgesehen davon, dass Prof. Dr. Seidler und Dr. Staudinger noch Akten/-teile haben, können vor allem die vergleichsweise höheren Fehlbestände der Jahre

Transfer der Akten entstanden sind, kann mangels weiterer Quellen nicht beantwortet werden.

92 Nachdem ein Akt vom März 1945 mit der Aktenzahl XIII 150/45 versehen wurde, hat es 1945 vermutlich nicht viel mehr als 150 Akten gegeben.

1944 und 1945 dadurch bedingt sein, dass Akten im Zuge des Verfahrens zwischen Gesundheitsamt, Gutachter oder Erbgesundheitsobergericht überstellt wurden und, wie auch andere Bestände des Gesundheitsamts, nicht mehr vorhanden sind oder sie, bedingt durch den immer schwieriger werdenden Postverkehr, verloren gingen. Weiters wurden die Verfahrensakten beim Wechsel des Wohnortes der Frauen und Männer an das jeweils zuständige Gesundheitsamt weitergeleitet, weshalb nicht auszuschließen ist, dass Akten des Wiener Erbgesundheitsgerichts in Beständen anderer Erbgesundheitsgerichte abgelegt wurden. Es kann aber auch nicht ausgeschlossen werden, dass Akten, wie viele andere Dokumente aus der NS-Zeit auch, zu Kriegsende und danach gezielt vernichtet worden sind.

METHODIK

Der für die vorliegende Arbeit ausgewertete Bestand der Verfahrensakten des Erbgesundheitsgerichts und Erbgesundheitsobergerichts verleitet durch die großteils quantitative Auswertung zur von Christiane Rothmaler beschriebenen „Zwanghaftigkeit des Sammelns und Sortierens".[93] Der impliziten Gefahr der Reproduktion der damaligen Kategorisierung von Menschen nach einem ihnen zugeschriebenen *Wert* aufgrund von tatsächlichen oder vermeintlichen *(Erb-)Krankheiten* hoffe ich, folgendermaßen zu begegnen:

Erstens durch die explizite Darstellung des Unrechts, das Frauen und Männern durch das GzVeN widerfahren ist. Jedes Verfahren, jede Zwangssterilisation war Unrecht, völlig unabhängig davon, ob die *Beantragten*, wie sie in den Akten genannt wurden, tatsächlich oder vermeintlich psychisch krank bzw. körperlich oder geistig behindert waren – unabhängig davon, ob diese Krankheiten oder Behinderungen nach damaligem oder heutigem Wissensstand als vererbbar galten/gelten.

Zweitens durch die Einbeziehung der – wenigen – individuellen Quellen zu den von der Zwangssterilisation bedrohten Frauen und Männern, die aufzeigen, wie sie versuchten, sich gegen den drohenden zwangsweisen Eingriff mit seinen lebenslangen und schwerwiegenden Folgen zu wehren.

93 Rothmaler, Hamburg, 12.

Drittens auch durch den Versuch, anhand einzelner Fallgeschichten ihre Individualität zumindest ansatzweise aufzuzeigen. Letztere sind insofern repräsentativ, als sie die Folgen der Umsetzung des GzVeN aufzeigen und mit einer Vielzahl weiterer Verfahren aus der Forschungsliteratur verglichen werden können.[94]

Für die Eingabe der Informationen aus den Akten zu den von der Zwangssterilisation bedrohten Frauen und Männern vor Gericht und den Eckdaten der Verfahren wurde eine Access-Datenbank mit 120 Feldern entwickelt. Die statistische Auswertung der Daten erfolgte mittels SPSS.

Aufgrund der zuvor beschriebenen mehrjährigen Schwierigkeiten beim Zusammenführen des noch vorhandenen Aktenbestands war das Festsetzen einer Stichprobe lange nicht möglich. Da aber der Beginn der Eingabe in die Datenbank nicht bis zur endgültigen Klärung verschoben werden konnte, erfolgte schließlich eine Vollerhebung aller Akten, obwohl dies mit sehr großem Aufwand verbunden war.

Wie bereits aufgezeigt, sind von den Jahren 1940 bis 1943 aus beiden Spruchkammern zwischen 85 % und 91 % der Akten vorhanden, 1944 sind es 53 % und 1945 45 %.[95] Die unterschiedlichen Fehlbestände verändern jedoch die Ergebnisse der einzelnen Auswertungen nicht, jedoch wurden bei Fragen zu zeitlichen Aspekten des Vollzugs von 1940–1945 im Hinblick auf die anzunehmende Mindestzahl der Verfahren Gewichtungen bei der Auswertung vorgenommen.

Die quantitative Auswertung der Informationen aus den Akten beider Instanzen umfasst Biografisches zu den von der Zwangssterilisation bedrohten Frauen und Männern, ihrem Status im Verfahren – ob sie sich selber vertreten konnten oder auf einen Vormund oder eine/n Verfahrenspfleger/in angewiesen waren – und ob sie zum Zeitpunkt der Beschlussfassung in einer Anstalt lebten. Weiters die Eckdaten der Verfahren: Antragsteller, GzVeN-Diagnose/n, Richter, ärztliche Beisitzer und Gutachter und vor allem die Verfahrensaus-

94 Vgl. u.a. Bock, Zwangssterilisation, 209–230.

95 Nachdem ein Akt vom März 1945 mit der Aktenzahl XIII 150/45 versehen wurde, hat es 1945 vermutlich nicht viel mehr als 150 Akten gegeben.

gänge – ob eine Zwangssterilisation angeordnet oder abgelehnt wurde oder das Verfahren ohne einen (solchen) Beschluss endete. Von besonderem Interesse war die zeitliche Dimension – ob sich der Vollzug zwischen 1940 und 1945 erkennbar änderte – sowie die Frage nach geschlechtsspezifischen Unterschieden. Bei der Auswertung der Daten zum Erbgesundheitsobergericht Wien galt der Schwerpunkt darüber hinaus dem Vergleich der jeweiligen Beschwerdeverfahren – um der Frage nachzugehen, ob das Erbgesundheitsobergericht die Beschwerden der von der Zwangssterilisation bedrohten Frauen und Männer anders behandelte als jene von den antragstellenden Ärzten, die hofften, nun deren Zwangssterilisation zu erreichen.

Zahlreiche Fallbeispiele ergänzen diese statistischen Angaben. Sie verdeutlichen einerseits die Vorgehensweise von Richtern und Ärzten beim Vollzug des GzVeN während des Krieges und die Bedeutung der Erbgesundheitsgerichtsbarkeit innerhalb der NS-Euthanasie und andererseits, wie sehr die ärztlichen Beisitzer und Gutachter nicht nur auf medizinische, sondern auch soziale bzw. ideologische Argumente in ihren Beschlüssen zur Zwangssterilisation oder dagegen zurückgriffen: *Fortpflanzungsgefährlichkeit*, *Asozialität* und *mangelnde Lebensbewährung*.

Ein Vergleich der Ergebnisse zum Vollzug des GzVeN in Wien mit Forschungsergebnissen zum *Altreich* war nur punktuell möglich.

Erstens aufgrund der unterschiedlichen Bestimmungen des GzVeN – Verfahren sollten ja ab Herbst 1939 nur noch bei *besonders großer Fortpflanzungsgefahr* der als *erbkrank* geltenden Frauen und Männer durchgeführt werden. Zweitens aufgrund des unterschiedlichen Zeitraums, denn als in Wien die ersten Verfahren im Mai 1940 aufgenommen wurden, war die Erbgesundheitsgerichtsbarkeit im *Altreich* schon nahezu eingestellt – und der Vollzug während des Krieges und aller damit verbundenen Einschränkungen ist nur bedingt mit jenem im *Altreich* bis 1939 vergleichbar. Drittens wurde den Beschwerdeverfahren in diesen Untersuchungen nicht die Bedeutung beigemessen, die sich in der vorliegenden Arbeit als zentral herausgestellt hat.

Vier Verfahren aus dem Aktenbestand des Erbgesundheitsgerichts Wien finden sich nicht in der statistischen Auswertung, da darin nicht über eine Zwangssterilisation nach § 1 GzVeN, sondern eine *freiwillige Entmannung* nach § 14 Abs 2 GzVeN entschieden wurde. Diesen keineswegs freiwilligen Eingriff mit seinen lebenslangen und gravierenden Folgen konnten straffällig gewordene homosexuelle Männer beantragen, um der Todesstrafe zu entgehen.[96] Drei Anträge, die zwar an das Erbgesundheitsgericht Wien gerichtet waren, von diesem aber mangels Zuständigkeit abgelehnt wurden, sind ebenfalls nicht in der Auswertung berücksichtigt.

Auch wenn viele Quellen nur teilweise oder nicht mehr vorhanden sind, geben die Akten – im Kontext der NS-Gesundheitspolitik, die aus den bisher aufgefundenen und aufgearbeiteten Dokumenten beschrieben werden konnten – zahlreiche detaillierte Einblicke in den Vollzug des GzVeN in Wien und ergänzen somit die Grundlage für die weitere Erforschung der NS-Medizin in Wien.

96 Vgl. Spring, *Entmannung*, 251–269.

1. Das Gesetz zur Verhütung erbkranken Nachwuchses (GzVeN)

Die *eugenisch* orientierte Bevölkerungspolitik des NS-Regimes radikalisierte die ideologisch fixierte Idealvorstellung von Frauen und Männern ohne jede körperliche und geistige Behinderung. *Eugenik*, *Rassenzugehörigkeit* und Ökonomie bildeten die Basis der Kategorisierung: *Erbgesundheit*, *rassische Hochwertigkeit* und die *Verwertbarkeit* für die politischen und ökonomischen Interessen des Staates bedeutete für diesen Idealtypus des nationalsozialistischen Menschen, dass seine Kinder nicht nur *erwünscht* waren, sondern als *Grundlage und Keimzelle der Volksgemeinschaft* mit Ehestandsdarlehen und Kinderbeihilfen unterstützt wurden. *Erbkrankheiten*, *rassische Minderwertigkeit* und *Unbrauchbarkeit* bedeutete hingegen die rigorose Verweigerung der Elternschaft für derart kategorisierte Frauen und Männer. Das Spektrum antinatalistischer Maßnahmen reichte von der Verweigerung finanzieller Förderungen für Kinder und Familien bis zur gesetzlich legitimierten Zwangssterilisation.[97]

DISKURSE UND GESETZE VOR DEM GzVeN

Der *eugenische* Diskurs über Sterilisationen war eng verknüpft mit den medizinischen Möglichkeiten ihrer Durchführung. Die ersten Operationen erfolgten bereits seit Mitte des 19. Jahrhunderts, ab etwa 1890 waren sie wegen des wachsenden Wissens um Aseptik vergleichsweise gefahrloser als vorher.[98] In den folgenden Jahren wurden die chirurgischen Methoden zwar kontinuier-

97 Zur Geschichte der *Eugenik* sind bereits umfangreiche Forschungsarbeiten entstanden, weshalb hier nur eine sehr kurze Darstellung erfolgt. Vgl. zusammenfassend Malina/Neugebauer, NS-Gesundheitswesen, 698–700. Zu Österreich vgl. u.a. Lehner, Eingriffe; Byer, Rassenhygiene; weiters Mayer, Netzwerke; Löscher, katholische Milieus, und die Beiträge in dem Sammelband von Baader/Hofer/Mayer, Eugenik. Zu den zahlreichen Maßnahmen pro- und antinatalistischer Bevölkerungspolitik vgl. Bock, Zwangssterilisation, 79–298, sowie Mesner/Pawlowsky, Generativität.

98 Vgl. Bock, Zwangssterilisation, 47 und Kap. 4.

lich verbessert, doch blieb insbesondere die Sterilisation von Frauen ein risikoreicher Eingriff, weshalb auch der deutsche Mediziner Walter Kopp 1934 in seiner Rechtfertigungsschrift für das GzVeN anführte, dass die „Gefährlichkeit der Operation bei der Frau viele Anhänger der Bewegung zur Zurückhaltung veranlaßte".[99]

Die seit Beginn des 20. Jahrhunderts von Medizin und Politik gestellten Forderungen nach *eugenischen* Sterilisationen führten in einigen Ländern Europas (u.a. Dänemark 1929, Norwegen und Schweden 1934, Finnland 1935), in zwei Schweizer Kantonen (Waadt 1928 und Bern 1931) sowie einigen Bundesstaaten der USA (u.a. Indiana und Virginia 1907, Kalifornien, Connecticut und Washington 1909) zu entsprechenden gesetzlichen Regelungen – in denen die Zustimmung der Betroffenen die formale Voraussetzung für den Eingriff war. Unfruchtbar gemacht werden sollten Patientinnen und Patienten psychiatrischer Einrichtungen, aber auch, wie im schweizerischen Bern, vor allem Frauen in Fürsorgeeinrichtungen.[100] Im österreichischen Strafrecht galten Sterilisationen – wie andere Operationen auch – dann nicht als schwere Körperverletzung und blieben ohne strafrechtliche Folgen, wenn sie aufgrund eines medizinisch begründeten Heilzwecks erfolgten und die Betroffenen dem Eingriff zustimmten.[101]

Im Gegensatz zu Deutschland, wo die *Eugenik* ein „tendenziell Einheit stiftendes politisches Projekt [...] weit über die einzelnen weltanschaulichen Kreise, Parteiungen und Lager"[102] war, fand in Österreich der *eugenische* Diskurs mit unterschiedlichen Zielsetzungen in sozialdemokratischen, katholischen und deutschnationalen Kreisen und Institutionen statt.

Sozialistisch orientierte *Eugenik* forcierte vor allem pronatalistische Maßnahmen zur Geburtenförderung. Sie schloss in letzter Konsequenz aber auch antinatalistische Maßnahmen nicht aus, denn im verwirklichten Ideal einer klassenlosen Gesellschaft würden die Interessen des Individuums zunehmend an

---

99 Kopp, Unfruchtbarmachung, 11.

100 Vgl. dazu den Überblick in Spring, Verdrängte Überlebende, 1–29. Zur kritischen Auseinandersetzung mit diesen Eingriffen in der Schweiz vgl. Meier, Schweiz, 130–146.

101 Vgl. § 152 bzw. § 156 StG und Grünauer, Sterilisation und Kastration, 4.

102 Hubenstorf, Einleitung, 9, er bezog sich dabei auf Paul Weindlings Forschungsergebnisse zur *Eugenik* in Weimar.

Bedeutung verlieren und den gesamtgesellschaftlichen untergeordnet.[103] Einer der wichtigsten Vertreter sozialistischer *Eugenik* in der Zwischenkriegszeit war der Anatom und Wiener Gesundheitsstadtrat Julius Tandler, der, auch unter dem Eindruck der vielen Toten des Ersten Weltkriegs und der Armut großer Bevölkerungsgruppen, die „Unfruchtbarmachung der Minderwertigen [...] unter allen Kautelen der Wissenschaft und der Menschlichkeit und unter voller Bürgschaft des Rechts“[104] als geeignete Bevölkerungs- und Sozialpolitik ansah, um die vorhandenen finanziellen Mittel gezielt für als *wertvoll* angesehene Menschen einsetzen zu können.

1922 richtete die Stadt Wien eine Eheberatungsstelle ein, die, ganz im Sinne Tandlers, freiwillig von potenziellen Eltern aufgesucht werden konnte. Weniger die *eugenische* Beratung, sondern das gleichzeitige Angebot der Sexualberatung stieß bei bürgerlich-katholischen Kreisen auf große Kritik, was 1934, zu Beginn der austrofaschistischen Diktatur, zur Schließung führte – ein symbolisches Ende sozialistischer *Eugenik*, deren Vertreter Julius Tandler und Karl Kautsky jr. emigrieren mussten.[105]

Im katholischen Diskurs der Zwischenkriegszeit spielte die Amtskirche eine wesentliche Rolle bei der Formulierung bevölkerungspolitischer und *eugenischer* Konzepte und deren Umsetzung. Entsprechend der 1930 veröffentlichten päpstlichen Enzyklika „Casti Connubii“ lehnte sie jegliche Form der Empfängnisverhütung sowie Eheverbote ab. Gleichzeitig waren „heilsame Ratschläge zur Erziehung einer starken und gesunden Nachkommenschaft [...] der gesunden Vernunft durchaus nicht zuwider“.[106]

1935 erfolgte die Wiedereröffnung der 1934 geschlossenen Eheberatungsstelle, nun aber in Kooperation mit dem Mutterschutzwerk der Vater-

---

103 Vgl. Baader, Programme, 135.

104 Tandler, Vortrag am 13. Februar 1929 beim Österreichischen Bund für Volksaufartung und Erbkunde, zit. nach Neugebauer, „Rassenhygiene“ 264. Zum Vergleich sozialistischer *Eugenik* in Deutschland und Österreich und der Verortung Tandlers vgl. Baader, Programme, 66–139.

105 Vgl. Löscher, Katholizismus, 150.

106 Die Enzykliken des Hl. Vaters Pius XI. Casti Connubii und Divini Illius Magistri über Ehe und Erziehung, Innsbruck 1936, 25, zit. nach Löscher, Vernunft, 223. Zu Katholizismus und *Eugenik* in Österreich vgl. grundlegend dies., katholische Milieus. Die deutsche evangelische Kirche sprach sich für Sterilisationen aus, in Bezug auf Haltung der österreichischen Kirche sowie anderer Religionsgemeinschaften besteht noch großer Forschungsbedarf.

ländischen Front und dem katholischen Josefswerk, einem Hilfsverein für christliche Ehen. Inhalte der Beratung sollten soziale Fragen, Eherecht und Seelsorge sein. Leiter wurde Albert Niedermeyer, ein katholischer *Eugeniker* und Gynäkologe aus Wien, der sich während seiner ärztlichen Tätigkeit in Görlitz geweigert hatte, Zwangssterilisationen nach dem in Deutschland 1934 in Kraft getretenen GzVeN durchzuführen und der nach seiner Rückkehr nach Wien als Konsulent für Familienschutz bei der Stadt Wien arbeitete. Niedermeyer war auch Mitglied der St. Lukasgilde, einer 1932 gegründeten Vereinigung katholischer Ärztinnen und Ärzte, die sich um „Vermittlung einer erbbiologisch-katholischen Sexualmoral" bemühten. Mit dieser unvereinbar waren selbstbestimmte Elternschaft und freiwillige Sterilisationen – durch „Selbstkontrolle in eugenischer Hinsicht"[107] sollten sich Sterilisationen und Eheverbote erübrigen.

Zu den einflussreichsten Stimmen des deutschnationalen Diskurses der Zwischenkriegszeit zählte jene des Mediziners Heinrich Reichel, der eine „grundlegende Ausrichtung des Staates nach eugenischen Prinzipien"[108] forderte. Reichel war Mitglied der Wiener Gesellschaft für Rassenhygiene, eine „in der deutsch-völkischen und antisemitischen akademischen Szene an der Universität Wien verankert[en]"[109] Organisation, die *eugenische* Maßnahmen seit Mitte der 1920er-Jahre vertreten hatte und nach dem *Anschluss* im März 1938 „als Erfüllungsgehilfin der NS-Erb- und Rassenpflege [...] bei der Vorbereitung der Bevölkerung auf die Einführung des Sterilisationsgesetzes"[110] mitwirkte. Als antinatalistische Maßnahmen schlug Reichel unter anderem Asylierung und Sterilisation vor, Letztere auch mittels Zwang.[111] Reichel gehörte dem Obersten Sanitätsrat an, dem wichtigsten Beratungsgremium des Sozialministeriums in medizinischen Angelegenheiten, und war Vorstandsmitglied des 1928 von dem Psychiater Julius Wagner-Jauregg mitbegründeten Österreichischen

107 Zu diesem und dem vorangegangenen Zitat siehe Löscher, Vernunft, 235. Nach dem *Anschluss* an NS-Deutschland wurde die St. Lukasgilde 1938 aufgelöst, vgl. ebd. 237.

108 Mayer, Reichel, 75.

109 Neugebauer/Schwarz, Wagner-Jauregg, 134.

110 Mayer, Reichel, 96. Vgl. dazu grundlegend Mayer, Netzwerke, zur Wiener Gesellschaft für Rassenpflege, vgl. ebd., 165–202.

111 Vgl. Mayer, Reichel, 81.

Bundes für Volksaufartung und Erbkunde. Reichel übernahm 1933 den Lehrstuhl für Hygiene an der Universität Graz und hielt neben seinen Vorlesungen auch zahlreiche Vorträge im In- und Ausland.[112]

In den *eugenischen* Netzwerken waren nicht nur Mediziner, sondern auch Juristen aktiv: Anton Rolleder, der spätere Richter am Erbgesundheitsgericht Wien, referierte und publizierte seit Anfang der 1930er Jahre über „Ehe- Fortpflanzungs-, Volkstodgefahrs- [sic] und bevölkerungspolitische Fragen".[113] Wie Reichel war er Mitglied in einem weiteren *eugenisch* ausgerichteten Verein, dem Arbeitsbund für Österreichische Familienkunde. Spätestens seit März 1938 ist auch seine Mitgliedschaft bei der Wiener Gesellschaft für Rassenhygiene dokumentiert.

Die Einführung des GzVeN in NS-Deutschland mit Jänner 1934 wurde in Österreich aufmerksam verfolgt und in medizinischen Fachzeitschriften kommentiert: Die namhafte Wiener Klinische Wochenschrift widmete die erste Ausgabe des Jahres 1935, als in NS-Deutschland bereits zahlreiche Frauen und Männer zwangssterilisiert worden waren, Fragestellungen zu *Eugenik* und *Erbpathologie*. Julius Wagner-Jauregg, der 1927 für die von ihm entwickelte Malariatherapie den Nobelpreis erhielt und „der den katholischen Eugenikvorstellungen prinzipiell ablehnend gegenüberstand",[114] stimmte darin den Inhalten des GzVeN von einem „theoretisch wissenschaftlichen Standpunkt"[115] aus zu, kritisierte die Repräsentanten des austrofaschistischen Ständestaates für ihre an der päpstlichen Casti Connubii orientierten Bevölkerungspolitik und bedauerte, dass „die Verhütung unerwünschten Nachwuchses durch Ste-

112 Bei Reichel wurde im August 1941 *manisch-depressives Irresein* diagnostiziert, woraufhin seine Entlassung aus der Wehrmacht erfolgte. Er starb im März 1943 in der psychiatrisch-neurologischen Universitätsklinik Wien, vgl. Mayer, Reichel, 96f.

113 NSDAP-Personalfragebogen Anton Rolleder, 10. Juni 1938, in: ÖStA/AdR, 04, Gauakt Rolleder. Vgl. weiters Mayer, Netzwerke, 106f und 204. Zum Arbeitsbund für Österreichische Familienkunde vgl. ebd., 106–114.

114 Neugebauer/Schwarz, Wagner-Jauregg, 135. Zur Kontroverse um die Nähe Wagner-Jaureggs zu Eugenik, Rassenhygiene und Antisemitismus vgl. Hubenstorf, Wagner-Jauregg, 218–233 und Neugebauer/Schwarz, Wagner-Jauregg, 124–169.

115 Wagner-Jauregg, Zeitgemäße Eugenik, 4, zit. nach Neugebauer/Schwarz, Wagner-Jauregg, 131.

rilisierung in Österreich derzeit nicht möglich ist".[116] Obwohl Wagner-Jauregg die Möglichkeit eingestand, „dass man die Erbeinflüsse überschätzt und die Umwelteinflüsse unterschätzt"[117] hätte, sprach er sich nicht gegen *eugenisch* begründete Eingriffe aus, sondern vielmehr für eine „Probephase".[118] Er rechtfertigte damit indirekt die auf dem GzVeN beruhenden Zwangssterilisationen, ohne sie als solche zu bezeichnen.

Der zuvor schon erwähnte Albert Niedermeyer widersprach Wagner-Jauregg entschieden: Sterilisationen wären – zumeist – irreversibel, die *Erblichkeit* der Krankheiten nicht nachgewiesen und in den GzVeN-Verfahren weder Fehler noch Missbrauch auszuschließen.[119] Und Niedermeyer warnte ihn und seine ideologischen Mitstreiter eindringlich vor der Gefahr der „schiefen Ebene":[120] Die Legalisierung von freiwilligen Sterilisationen führe unmittelbar zu Zwangssterilisationen, diese zu Abtreibungen aus *eugenischen* Gründen und darauf folge die Akzeptanz der Tötung von Menschen. Der sogenannte *Gnadentod* war ja spätestens seit der 1920 erschienenen Publikation mit dem Titel ‚Die Freigabe der Verhütung lebensunwerten Lebens', verfasst von dem Juristen Karl Binding und dem Psychiater Alfred Hoche, Teil des *eugenischen* Diskurses. Binding und Hoche sahen es als eine „Pflicht gesetzlichen Mitleids" an, für die „Lebensverkürzung" von „unheilbar Krebskranke[n], Schwindsüchtige[n], tödlich Verwundete[n]" und ebenso für die „Tötung unheilbar Blödsinniger"[121] einzutreten.

Pro- und antinatalistische Maßnahmen wurden also seit Beginn des 20. Jahrhunderts in verschiedensten politischen Lagern und Institutionen diskutiert, gefordert und auch umgesetzt – wobei, wie der Medizinhistoriker Gerhard Baader aufzeigte, nach dem Ersten Weltkrieg die negative *Eugenik* „zu einer immer mehr gesamtgesellschaftlich akzeptierten Leitdisziplin für gesundheits-

---

116 Wagner-Jauregg, Zeitgemäße Eugenik, 1, zit. nach Neugebauer/Schwarz, Wagner-Jauregg 129.

117 Wagner-Jauregg, Über Eugenik, 1, zit. nach Neugebauer/Schwarz, Wagner-Jauregg, 132.

118 Neugebauer/Schwarz, Wagner-Jauregg, 132.

119 Vgl. Mayer, Netzwerke, 140.

120 Vgl. Löscher, Vernunft, 237. Diese argumentative Zuspitzung wurde im Umfeld Niedermeyers, der St. Lukasgilde, nicht geteilt. Vgl. ebd.

121 Zu diesem und den vorangegangenen Zitaten siehe Binding/Hoche, Freigabe, 32f. Zur Diskussion der *Euthanasie* zwischen 1895 und 1933 vgl. Ganssmüller, Erbgesundheitspolitik, 19–24.

politische und gesellschaftspolitische Fragen“[122] wurde. Einzige Ausnahme blieb die katholische Kirche, die Empfängnisverhütung generell ablehnte.[123]

Das GzVeN – ein nationalsozialistisches Unrechtsgesetz

In den ersten Monaten nach der Machtübernahme in Deutschland war das NS-Regime zur Sicherung und zum Ausbau seiner Machtstrukturen an *Normalität* interessiert, wahrte, so der Rechtshistoriker Michael Stolleis, „die Fassade des ‚bürgerlichen Rechtsstaats‘, [...] und verschreckte auf diese Weise auch nicht jene bürgerlichen Eliten“.[124] Nicht mehr das Parlament, sondern entsprechend dem sogenannten Ermächtigungsgesetz – dem Gesetz zur Behebung der Not von Volk und Reich vom 24. März 1933 – hatte die NS-Regierung die alleinige Kompetenz zur Gesetzgebung in allen Rechtsbereichen. Die in der Weimarer Republik geltenden Gesetze wurden vorerst übernommen, schrittweise durch zusätzliche Bestimmungen verändert, durch neue wie das GzVeN ersetzt und vor allem durch bis dahin nicht im Rechtssystem vorhandene wie die Nürnberger Gesetze ausgeweitet.

Das GzVeN, die erste gesetzliche Maßnahme der *Erb- und Rassenpflege*, wurde bereits am 14. Juli 1933 verabschiedet und am 1. Jänner 1934 rechtswirksam. Hitler selbst bezeichnete es als eine „wahrhaft revolutionäre Maßnahme“[125] und Reichsjustizminister Hans Frank hielt fest, dass es „in aller Deutlichkeit die nationalsozialistische Weltanschauung erkennen [lässt]“.[126] Gemeinsam mit dem 1935 beschlossenen Ehegesundheitsgesetz bildete es die Grundlage

---

122 Baader, Programme, 136.

123 Zu Franz Vonessen, dem Leiter der Kölner Gesundheitsamtes, der 1933 versetzt wurde, weil er aufgrund seines katholischen Glaubens nicht am Vollzug des GzVeN mitwirken wollte, vgl. Schmidt, Vonessen, hier: 44–76.

124 Stolleis, Recht, 10.

125 Die Rede des Führers Adolf Hitler am 30. Januar 1934 im Deutschen Reichstag. Leipzig o. J., 35. Zit. nach Bock, Zwangssterilisation, 79.

126 Frank Hans, Nationalsozialistisches Handbuch für Recht und Gesetzgebung. München 1935, 815. Zit. nach Bock, Zwangssterilisation, 79.

des Verbots von Ehe und Nachkommenschaft von als *erbkrank* kategorisierten Frauen und Männern.[127] Das GzVeN baute auf konkreten Gesetzesentwürfen auf, unter anderem auf einem vom preußischen Landgesundheitsrat, neu war jedoch die explizite Legitimation von Zwangsmaßnahmen.[128] Es beruhte auf der Annahme der Vererbbarkeit von Krankheiten und legalisierte, dass Menschen, bei denen *angeborener Schwachsinn*, *Schizophrenie*, *manisch-depressives Irresein*, *erbliche Fallsucht*, *erblicher Veitstanz*, *erbliche Blindheit*, *erbliche Taubheit*, *schwere erbliche körperliche Missbildung* oder *Alkoholismus* diagnostiziert wurden, auch gegen ihren Willen sterilisiert werden konnten.[129] *Schwachsinn*, *Schizophrenie* und *manisch-depressives Irresein* galten gemäß GzVeN grundsätzlich als *ererbt* und demnach *vererbbar*, auch wenn diese Annahme in der medizinischen Fachwelt kontroversiell behandelt wurde und sowohl die Einführung als auch den Vollzug des GzVeN begleitete.[130] Die von der Zwangssterilisation bedrohten Frauen und Männer konnten nur versuchen, exogene Ursachen für die an ihnen diagnostizierten Krankheiten zu nennen.

Bereits damals wurde auch diskutiert, dass sich trotz der Zwangssterilisationen der prozentuelle Anteil als *erbkrank* geltender Frauen und Männer in den kommenden Generationen unterschiedlich veränderte. Bei *Schwachsinn* ging man von einer Reduktion des Anteils von zwei Drittel bis zur Hälfte aus, bei *Schizophrenie* von etwa 2 % und bei *manisch-depressivem Irresein* von etwa 4 % weniger pro Generation – ohne dass dies die Zwangssterilisation als geeignete Maßnahme zur vom NS-Regime gewünschten *Gesundung des*

127 ‚Gesetz zum Schutz der Erbgesundheit des Deutschen Volkes' (Ehegesundheitsgesetz) vom 18. Oktober 1935, RGBl. I, 1935, S. 1246. Verboten waren nun Ehen zwischen *erbkranken* und *erbgesunden* Menschen. Als Ehehindernisse galten neben den bereits im GzVeN angeführten Diagnosen zusätzlich auch ansteckende Krankheiten, insbesondere Tuberkulose, Geschlechtskrankheiten, Entmündigung und *geistige Störung*. Aus dem Kommentar wird deutlich, dass letztere bei „Psychopathen, Prostituierte[n], Asoziale[n] und dgl." vermutet wurde. Die Eheschließung unterstand somit staatlicher Kontrolle. Gegen Ehen von zwangssterilisierten Menschen gab es hingegen keine Einwände. Siehe Erläuterungen zum Ehegesundheitsgesetz vom Rassenpolitischen Amt, 1937. Zit. nach Scherer, „Asozial", 94.

128 Zur sogenannten Lex Zwickau des deutschen Arztes Gustaf Boeters und dem Entwurf des preußischen Landgesundheitsrats vgl. Hanack, Unfruchtbarmachung, 58, zur Novelle des Strafrechts im Mai 1932 vgl. Bock, Zwangssterilisation, 83.

129 Vgl. RGBl I, S. 529, § 1 und § 12. Zur Erläuterung der Diagnosen siehe weiter unten.

130 Vgl. dazu ausführlich Link, Freiburg, 221–344.

Volkskörpers in Frage stellte.[131] Zur Vermeidung von Unklarheiten waren die im GzVeN genannten *Erbkrankheiten* und die einzelnen Verfahrensschritte, von denen in den folgenden Kapiteln ausführlich noch zu lesen sein wird, in einem umfangreichen Kommentar erläutert. Einer der drei damals sehr renommierten und einflussreichen Autoren war der Mediziner Arthur Gütt (1891–1949), seit 1. Mai 1933 Leiter der Abteilung Volksgesundheit des Reichsministeriums des Innern und Vorsitzender des neu gegründeten Sachverständigenbeirats für Bevölkerungs- und Rassenpolitik, dem auch die beiden anderen Autoren angehörten. Ernst Rüdin (1874–1952), der „bekannteste [...] Vertreter der deutschen Erbpsychiatrie seit den 1920er Jahren"[132] war ab 1935 Vorsitzender der Standesvertretung der Psychiater und der Gesellschaft deutscher Neurologen und Psychiater. Der Jurist Falk Ruttke (1894–1955) leitete ab 1933 die Reichsstelle für deutsches Schrifttum und das Reichsamt für Volksgesundheit. Neben dem GzVeN war er auch an der Formulierung der Nürnberger Gesetze beteiligt.[133]

Das GzVeN war die radikalste Umsetzung aller seit Beginn des 20. Jahrhunderts gestellten Forderungen nach Sterilisationen. Erstens waren potenziell alle Frauen und Männer betroffen, die als *erbkrank* galten, unabhängig davon, ob sie stationär psychiatrisch behandelt wurden oder nicht. Zweitens waren alle „mit der Heilbehandlung, Untersuchung oder Beratung von Kranken"[134] befassten Personen ebenso wie Lehrerinnen und Lehrer, Fürsorgerinnen, Mitarbeiter des Sanitätswesens der Wehrmacht, Staatsbeamte und Mitglieder der

---

131 Vgl. Pötzl, Verhütung, 1205ff, und Neugebauer, Zwangssterilisierung, 18f.

132 Ley, Zwangssterilisation, 46. Gütt war darüber hinaus ab Juni 1935 Chef des SS-Amts für Bevölkerungspolitik und Erbpflege sowie Präsident der Staatsakademie des öffentlichen Gesundheitsdienstes, weiters Kuratoriumsmitglied des Kaiser-Willhelm-Instituts für Anthropologie, vgl. Klee, Personenlexikon, 210.

133 Rüdin war außerdem am Erbgesundheitsobergericht München tätig und 1937 an der Vorbereitung und Durchführung der Zwangssterilisationen der *Rheinlandbastarde* maßgeblich beteiligt. Lifton nannte ihn einen der „wichtigsten Architekten der Sterilisationsgesetzgebung", der die Umsetzung der „Mendelschen Gesetze und eugenischen Prinzipien auf die Psychiatrie als seine Mission" ansah, Lifton, Ärzte, 33. Blasius beschrieb ihn als „beherrschende Figur der nationalsozialistischen Rassenpsychiatrie [...] getragen von einem geradezu missionarischen Eifer". Siehe ders., Maskerade, 271. Zu Ruttke vgl. Klee, Personenlexikon, 516.

134 1. Verordnung zur Ausführung des GzVeN vom 5. Dezember 1933 RGBl. S. 1021 Art. 3, in: Gütt/Rüdin/Ruttke, Kommentar, 204 sowie 210ff.

NSDAP bzw. der zahlreichen Parteiorganisationen verpflichtet, beim *Verdacht* des Vorliegens einer *Erbkrankheit* eine Anzeige beim Gesundheitsamt bzw. der jeweiligen Anstaltsleitung einzubringen. Drittens legitimierte das GzVeN unmittelbare Zwangsmaßnahmen wie die polizeiliche Vorführung vor das Erbgesundheitsgericht, die Einweisung in eine Klinik zur Begutachtung und vor allem auch zur Durchführung der Operation selbst.[135] Die Radikalität ist auch in quantitativer Hinsicht unübersehbar: So wurden in Dänemark zwischen 1929 und 1933 103 Menschen durch Sterilisation oder Kastration unfruchtbar gemacht, und in den USA zwischen 1907 und 1933 16.066, die Hälfte davon in Kalifornien. In NS-Deutschland und den besetzten Gebieten wurden zwischen 1934 und 1945 mindestens 400.000 Menschen zwangssterilisiert, die Zahl der Kastrationen ist unbekannt.[136]

Das subjektive Recht von Individuen wurde erst 1948 in der Allgemeinen Erklärung der Menschenrechte verankert – im vor und auch in der NS-Zeit herrschenden Rechtsverständnis war das *Wohl des Volksganzen* wichtiger als das Wohl des Individuums. Dementsprechend, so Gütt, Rüdin und Ruttke, diente das GzVeN „dem Wohle und dem Schutze der Volksgemeinschaft, d.h. dem höchsten Rechtsgut, das wir kennen. Der Einzelne hat der Gemeinschaft gegenüber immer zurückzutreten."[137] Zeitgenössische Schulbücher wiesen schon Kinder und Jugendliche darauf hin, dass *erbkranke* Frauen und Männer mit ihrer freiwilligen Zustimmung zur Unfruchtbarmachung „dem deutschen Volke einen großen Dienst" erweisen würden, für den ihnen „das deutsche Volk zu Dank verpflichtet [sei]".[138]

Wer *erbkrank* ist, kann durch chirurgischen Eingriff unfruchtbar gemacht werden, hieß es im ersten Paragrafen des GzVeN. Diese Kann-Bestimmung verdeutlicht den Handlungsspielraum, den Richter und Ärzte hatten. Selbst wenn sie jemanden als *erbkrank* kategorisiert hatten, mussten sie keine Zwangssterilisation anordnen. Der Zwang betraf die Folgen des Beschlusses, nicht aber den Beschluss selbst: Richter und Ärzte wussten, dass sie ohne Zwang

135 Vgl. Bock, Zwangssterilisation, 256–278.

136 Vgl. Karl Oskar Meyer, Eugenische Sterilisation im Ausland, Göttingen 1935, 10f und 22, zit. nach Vossen, Gesundheitsämter, 316f. Vgl. auch Bock, Zwangssterilisation, 230–246.

137 Gütt/Rüdin/Ruttke, Kommentar, 110. Vgl. dazu auch Grassl, Erbgesundheit, 68–96, hier 77f.

138 Zu diesem und dem vorangegangenen Zitat siehe Tornow/Weinert, Erbe, 208.

entscheiden konnten, und sie wussten auch, dass ihre Entscheidung für die betroffenen Frauen und Männer lebenslange Folgen hatte. Gerade durch diesen Entscheidungsspielraum war die ideologische Ausrichtung bei der Bestellung von Ärzten und Richtern wichtig: Die Beschlüsse des Erbgesundheitsgerichts und Erbgesundheitsobergerichts Wien zeigen, dass sie nur vereinzelt bei einer diagnostizierten *Erbkrankheit* keine Zwangssterilisation anordneten – was den Schluss nahelegt, dass sie ideologisch mit den Inhalten des GzVeN übereinstimmten und bestrebt waren, einen möglichst großen Beitrag zur *Gesundung des Volkskörpers* zu leisten.

Hinsichtlich des Vollzugs war das GzVeN eng an die Verfahrensordnung von Entmündigungen angelehnt, doch da sich die von der Zwangssterilisation bedrohten Frauen und Männer ärztlich begutachten lassen mussten, zwangsweise vorgeführt werden konnten und vor allem die Anwendung von Zwang beim Eingriff selbst legitimiert war, glich dieser eher einem Strafverfahren. Außerdem konnten sich Ärztinnen und Ärzte, die die von der Zwangssterilisation bedrohten Frauen und Männer behandelt hatten, ebenso wie Zeuginnen und Zeugen aus der Familie und dem sozialen Umfeld nicht auf ihre Schweigepflicht berufen und demnach auch nicht die Aussage verweigern.[139] Zuständiges Ministerium für die Erbgesundheitsgerichtsbarkeit war das Reichsministerium des Innern, das unter anderem auch die für die Gerichte bestellten ärztlichen Beisitzer genehmigte, allerdings erfolgte die Einrichtung der Gerichte und die Bestellung der Richter durch das Reichsjustizministerium.

Anders als bei der NS-Euthanasie, die zur Vermeidung von Unruhe in der Bevölkerung möglichst geheim erfolgen sollte und bis Kriegsende trotz aller Bemühungen um ein Euthanasiegesetz ausschließlich auf Sondermaßnahmen und geheimen Anordnungen beruhte, lag den Zwangssterilisationen ein Gesetz zugrunde. Dieses wurde verlautbart, trat zu einem festgesetzten Datum in Kraft und wurde an dazu geschaffenen Gerichten vollzogen: mit eigens bestellten Richtern und ärztlichen Beisitzern, einer ersten Instanz und einer zweiten für Beschwerden gegen deren Beschlüsse. Richter und Ärzte konnten sich in einem ausführlichen Kommentar zu Inhalt und Vollzug des GzVeN

139 Vgl. Müller, Juristen, 128, und Einhaus, Bonn, 31–39.

informieren und an einem in Fachzeitschriften geführten Diskurs über die Spruchpraxis orientieren. All diese Rahmenbedingungen sollten einerseits Rechtssicherheit vorgeben und so Misstrauen und Widerstand in der Bevölkerung vermeiden, andererseits auch Richter und Ärzte zur uneingeschränkten Mitarbeit bewegen.

Mit dem Hinweis auf ebendiese Rahmenbedingungen und die schon vor 1933 in verschiedensten Kontexten geführten Diskussionen zur Verhinderung von als *unerwünscht* bewertetem Nachwuchs und die daraus resultierenden Sterilisationsgesetze galt das GzVeN trotz dessen Aufhebung im Mai 1945 nicht als nationalsozialistisches Unrechtsgesetz. Dass es ein solches war, ist jedoch unübersehbar: Es wurde von Repräsentanten eines diktatorischen Staates beschlossen, die es als eindeutig nationalsozialistisch verstanden und als solches verlautbarten. Anders als in einem Rechtsstaat war die entsprechende ideologische Einstellung von Richtern und Ärzten wichtig für ihre Bestellung. Der Unrechtscharakter ist auch daraus ersichtlich, dass im GzVeN ein Zwangseingriff legitimiert war, für den es, wie beispielsweise bei Unfällen, keine medizinische, sondern eine – im weitesten Sinn – *eugenisch* indizierte *gesundheitspolitische Notwendigkeit* im Sinne des NS-Regimes gab.

DIE IM GzVeN GENANNTEN DIAGNOSEN

„Jede Eingrenzung menschlichen Verhaltens auf *Diagnosen* ist stets von sozialen Konzepten, ökonomischen Zwängen und Ideologien, ja, der Biographie des Diagnostikers mitgetragen. Diagnosenstellen ist Machtgebrauch mit nicht geringer Irrtumsmöglichkeit. Dabei verweisen versehentliche Fehldiagnosen zumeist auf keine ethischen, sondern eher auf *sachliche* Probleme. Anders verhält es sich bei in Kauf genommenen Fehlbewertungen, und sei es im angenommenen Interesse des Patienten, der Familie oder der Gesellschaft […]. Nicht selten entartet [sic] Diagnostik zu technologischem Selbstzweck oder ästhetischer Selbstbestätigung des Therapeuten […] und als scheinbare Lösung für verwickelte menschliche Lebenslagen. Als *lebensgefährlich* schließlich erweisen sich Diagnosen, wenn sie als Waffen gegen die unbequemen Meinungen anderer verwandt werden. Um diesen Gefahren zu entgehen, bedarf es geschulter Sachlichkeit, vorsichtiger Kenntnis der Grenzen der Aussagefähigkeit psychiatrischer Diagnostik – eben: geübter Bescheidung."[140]

Ralf Seidels 1992 getroffene Anmerkung zur Diagnostik als Waffe gegen Menschen mit unbequemen Meinungen gilt auch für Menschen mit – im Sinne der jeweiligen Norm – psychischen oder körperlichen als unbequem bewerteten Verhaltensweisen, wie in der Folge zu sehen sein wird.

Wie zuvor schon erwähnt, beruhte das GzVeN auf der Annahme der Existenz und Vererbbarkeit der Krankheiten *angeborener Schwachsinn, Schizophrenie, manisch-depressives Irresein, erbliche Fallsucht, erblicher Veitstanz, erbliche Blindheit, erbliche Taubheit, schwere erbliche körperliche Missbildung* und *Alkoholismus*. Die Vererbbarkeit von Krankheiten wurde in Deutschland seit Anfang der 1920er-Jahre in größerem Ausmaß erforscht. Für die Glaubwürdigkeit und die Akzeptanz des GzVeN war es sicher förderlich, dass mit Ernst Rüdin der „bekannteste [...] Vertreter der deutschen Erbpsychiatrie seit den 1920er Jahren"[141] nicht nur an der Formulierung des GzVeN, sondern auch am ersten Kommentar des Jahres 1934 und der erweiterten Fassung des Jahres 1936 maßgeblich mitgearbeitet hatte. Der aus der Schweiz stammende Psychiater Rüdin hatte nicht nur gemeinsam mit seinem Schwager, dem Mediziner Alfred Ploetz, schon 1905 die weltweit erste eugenische Vereinigung, nämlich die Deutsche Gesellschaft für Rassenhygiene, gegründet, sondern auch viele Jahre in deren Zeitschrift „Archiv für Rassen- und Gesellschaftsbiologie" die Schriftleitung inne. Beide waren Schüler des Schweizer Psychiaters August Forel. Rüdin war auch unmittelbar am Vollzug des GzVeN beteiligt – als ärztlicher Beisitzer des Erbgesundheitsobergerichts München entschied er von 1934 bis 1943 zahlreiche Beschwerdeverfahren mit und erstellte, wie noch zu sehen sein wird, für das Erbgesundheitsgericht Wien ein Gutachten.

Die ausführliche Darstellung der im Kommentar genannten Definitionen der GzVeN-Diagnosen würde den Rahmen dieser Untersuchung zum Vollzug des GzVeN durch das Erbgesundheitsgericht Wien sprengen. Eine kritische Aus-

---

140 Seidel, Menschenwürde, 7, Hervorhebung im Original.

141 Ley, Zwangssterilisation, 46. Zu den folgenden Ausführungen vgl. ebd., weiters Klee, Personenlexikon, 513, sowie grundlegend: Weber, Rüdin, hier 32, 176 und 210.

einandersetzung damit legten Carola Einhaus, Astrid Ley und Gunther Link kürzlich vor.[142] Sie zeigten auf, dass selbst im zeitgenössischen Diskurs, der die Vorbereitung und die ersten Jahre des GzVeN begleitete, die Abgrenzung der Diagnosen von anderen Krankheitsbildern ebenso wie die Vererbbarkeit umstritten war. Aber: Selbst die genaueste Diagnostizierung und die wissenschaftlich fundierteste Absicherung des Nachweises von Vererbbarkeit rechtfertigt keine Zwangssterilisation.

In der Folge gilt das Interesse der Frage, wie Rüdin und seine Mitverfasser, der Mediziner Arthur Gütt und der Jurist Falk Ruttke, der Problematik des geringen Wissensstandes bezüglich der Vererbbarkeit von Krankheiten begegneten, und vor allem richtet es sich darauf, welche nicht-medizinischen, sondern sozialen Kategorisierungen und Schlussfolgerungen sie in ihrem Kommentar verankerten und wie sich diese auf den Vollzug des GzVeN durch die Mitglieder des Erbgesundheitsgerichts Wien auswirkten.

Schwachsinn, Schizophrenie und *manisch-depressives Irresein* galten gemäß GzVeN grundsätzlich als angeboren, weshalb sie hier im Hinblick auf die genannte Fragestellung auch gemeinsam beschrieben werden können. Jene von der Zwangssterilisation bedrohten Frauen und Männer, deren Verfahren aufgrund einer dieser Diagnosen geführt wurde, hatten nur die Möglichkeit, externe Ursachen für die an ihnen festgestellte Krankheit geltend zu machen: bei *Schwachsinn* beispielsweise Verletzungen durch Unfälle, Infektionen oder Geburtstraumata, aber auch mangelnder Schulbesuch, bei *Schizophrenie* und *manisch-depressivem Irresein* vor allem konkrete (traumatisierende) Ereignisse als Grund für eine Persönlichkeitsveränderung. Die Beweislast im Verfahren lag auf Seite der Betroffenen – konnten sie keine Gründe angeben bzw. erkannte das Erbgesundheitsgericht diese nicht an, wurde die Zwangssterilisation beschlossen.

Deutlicher als bei allen anderen GzVeN-Diagnosen war mit der Kategorisierung als *schwachsinnig* die Feststellung der *Lebensbewährung* der von der Zwangssterilisation bedrohten Frauen und Männer verbunden – die nicht auf medizinischen, sondern ausschließlich auf sozialen bzw. politischen Kriterien beruhte. Dass in diesen Verfahren der Ermessensspielraum der ärztlichen Beisitzer besonders groß war, versteht sich von selbst.

142 Vgl. Einhaus, Bonn, 105–114, Ley, Zwangssterilisation, 40–63, und Link, Freiburg, 221–344.

Hier zeigt sich auch ein geschlechtsspezifischer Unterschied: Frauen hatten häufiger als Männer ein Verfahren, da, so Gütt, Rüdin und Ruttke, „bei demselben Schwachsinnsgrad eine unterschiedliche Beurteilung der Fortpflanzungsgefahr bei Männern und Frauen nötig ist. Ein Grad von Idiotie, der beim Manne bereits die Fortpflanzungsgefahr mit Sicherheit ausschließt, lässt bei der Frau immerhin noch die Möglichkeit dafür offen.“[143]

Bei den Diagnosen *Schizophrenie* und *manisch-depressives Irresein* räumten die Kommentatoren ein, dass Erstere von anderen Krankheitsbildern wie *Psychopathie* oder *Hysterie* nur durch genaueste Diagnostik zu unterscheiden sei, ebenso wie Zweitere von emotionalen Schwankungen der Befindlichkeit als Reaktion auf positive oder negative Erfahrungen.[144]

Erbliche Fallsucht (Epilepsie) galt nicht grundsätzlich als angeboren, jedoch, so Gütt, Rüdin und Ruttke, „alle ins Symptombild der Epilepsie fallenden Zustände, bei denen eine äußere Ursache nicht nachgewiesen werden kann“,[145] die darüber hinaus bei den solchermaßen diagnostizierten Frauen und Männern zur deutlichen Veränderung ihrer Persönlichkeit führen würde und diese „zu einer schweren Last für die Angehörigen und die Volksgemeinschaft werden läßt“.[146]

Der *erbliche Veitstanz (Chorea Huntington)*, eine sehr seltene Krankheit, die meist erst zwischen dem 30. und 60. Lebensjahr ausbricht, war die einzige, deren *Erblichkeit* damals als eindeutig nachgewiesen galt. Sie stellte Amtsärzte und Anstaltsleiter vor das Problem, dass deren Diagnostizierung erst zu einem Zeitpunkt erfolgen konnte, wo viele Frauen und Männer schon Eltern waren. Umso eindringlicher riefen Gütt, Rüdin und Ruttke dazu auf, früh auftretende Symptome, nämlich ein unangepasstes Sozialverhalten, entsprechend zu deuten, da „solche Kranke haltlos oder schwierig werden und der öffentlichen Fürsorge zur Last fallen, zu Ausschweifungen aller Art neigen, sich bettelnd oder landstreichend herumtreiben, verwahrlosen oder für ihre Umgebung störend wirken“.[147]

Blindheit oder eine sehr stark eingeschränkte Sehfähigkeit konnte zahl-

143 Gütt/Rüdin/Ruttke, Kommentar, 121. Vgl. dazu ausführlich Bock, Zwangssterilisation, 389–410.

144 Vgl. Gütt/Rüdin/Ruttke, Kommentar, 130–139.

145 Gütt/Rüdin/Ruttke, Kommentar, 143.

146 Gütt/Rüdin/Ruttke, Kommentar, 140.

147 Gütt/Rüdin/Ruttke, Kommentar, 144,

reiche Ursachen haben – deren Vererbbarkeit fallweise als gesichert galt und somit zur Zwangssterilisation ohne weitere Überprüfung der *Sippe* führen konnte. Zwar wurde diese bei allen im GzVeN genannten Diagnosen einbezogen, doch waren ähnliche in der Familie auftretende Formen von Beeinträchtigungen des Sehvermögens im Kommentar explizit als Hinweis dafür genannt, ob die diagnostizierte *Blindheit* der von der Zwangssterilisation bedrohten Frauen und Männer unter die Bestimmungen des GzVeN fiel oder nicht.

Angesichts der sonstigen Ausführungen zu den GzVeN-Diagnosen überrascht die nur hier genannte Anleitung zum Umgang mit den Betroffenen: „Es wird eine für unser Volk segensreiche Aufgabe aller Amtsärzte, praktischen Ärzte und Anstaltsleiter sein, wenn sie die erbkranken Augenleidenden unbeschadet ihrer Meldepflicht in ebenso fester wie taktvoller Weise durch Aufklärung und freundliches Zureden auf die Schwere ihres Leidens hinweisen und sie auf die Notwendigkeit der Verhütung erbkranken Nachwuchses aufmerksam machen, um sie so, was ihnen als Vertrauten der Kranken am ehesten gelingen wird, möglichst in allen Fällen dahin zu bringen, daß sie selbst oder als gesetzlicher Vertreter ihrer Kinder oder Pflegebefohlenen freiwillig den Antrag auf Unfruchtbarmachung stellen.“[148]

Wie bei der GzVeN-Diagnose *Blindheit* galten auch bei *Taubheit* einige Ursachen von Gehörlosigkeit bzw. Schwerhörigkeit als vererbbar, für die übrigen sollten die Aufzeichnungen des *Sippenbogens* über die weiteren Familienmitglieder als Entscheidungsgrundlage herangezogen werden.

Die Abgrenzung zwischen einer ererbten und einer erworbenen körperlichen *schweren Missbildung* war von den Kommentatoren als schwierig anerkannt, und bei der Bewertung deren *Schwere* waren wiederum soziale Aspekte ausschlaggebend: „Schwere Mißbildungen sind solche, die unter allen Umständen als für den Fortbestand der Rasse verhängnisvoll zu gelten haben und welche das betreffende Individuum zu außergewöhnlichen Leistungen des Lebens unfähig machen, wie sie z.B. im Krieg oder bei Überwindung von Gefahren erforderlich sind.“[149] Doch selbst wenn die Missbildung der Betroffenen durch entsprechende medizinische, technische oder sonstige Maß-

148 Gütt/Rüdin/Ruttke, Kommentar, 153.

149 Gütt/Rüdin/Ruttke, Kommentar, 161.

nahmen kompensiert werden konnte, bestand weiterhin die *Dringlichkeit* der Zwangssterilisation, blieb doch „der ererbte und immer wieder vererbbare Zustand der mangelhaften Anpassung an das Leben, der Naturzustand gewissermaßen, wie er bestehen würde, wenn ärztliche Kunst nicht eingegriffen hätte. Denn auch diese, in ihrem äußeren Erscheinungsbild mehr oder weniger weitgehend gebesserten Fälle übertragen ihre krankhafte Erbanlage genau so, wie wenn sie nicht operiert worden wären.“[150]

Abschließend noch zur GzVeN-Diagnose *Alkoholismus*, zu der Gütt, Rüdin und Ruttke vermerkten, dass der „erbkundlichen und volksgemeinschaftlichen Urteilsfähigkeit des Antragstellers ebenso wie des Erbgesundheitsrichters ein [...] weites Feld gesteckt“[151] war. Ausschlaggebend für den Antrag zur Zwangssterilisation war weniger das Ausmaß der Suchtkrankheit bzw. die Menge des Alkoholkonsums, sondern vielmehr das soziale Verhalten der/des Einzelnen. „Die Tatsache des Alkoholgenusses und mehr oder weniger schwerer Rauschzustände teilt ja der sterilisierungspflichtige Trunksüchtige mit manchen anderen Alkoholfreunden, die volksgemeinschaftlich und erbbiologisch nicht unbedingt unerwünscht zu sein brauchen. Was ihn von jenen unterscheidet, ist nicht der Rauschzustand, sondern das Bild, das er nüchtern bietet. Und zwar nicht nur als Einzelperson, sondern als Glied der Gemeinschaft.“[152] Doch nicht nur das Verhalten der/des Einzelnen in ihrem/seinem sozialen Umfeld war ausschlaggebend für die Entscheidung zur Zwangssterilisation, sondern auch das soziale Umfeld selbst: „Die Familie, aus der ein schwerer Alkoholiker stammt, ist fast immer minderwertig. Die Familie, die er selbst gegründet hat, ist stets durch schlechte Erbmasse vorbelastet und durch das soziale Elend weiter geschädigt.“ Ergänzend hielten die Kommentatoren fest, daß nur bei jenen Frauen und Männern ein Antrag gestellt werden sollte, bei denen „es sich um einen Alkoholismus auf pathologischer Persönlichkeitsbasis und damit also um einen Alkoholismus auf vorwiegend krankhafter Erbanlage handelt“.

Selbst jene Frauen und Männer, die seit längerer Zeit gänzlich auf den Alkoholkonsum verzichtet hatten, galten nicht als geheilt, denn, so die Kommen-

150 Gütt/Rüdin/Ruttke, Kommentar, 161.

151 Gütt/Rüdin/Ruttke, Kommentar, 170.

152 Gütt/Rüdin/Ruttke, Kommentar, 171. Zu den beiden folgenden Zitaten vgl. ebd.

tatoren, „wer einmal ein aus konstitutionellen, aus Erbanlagegründen ein richtiger, erwiesener schwerer Alkoholist [sic] gewesen ist, der bleibt es im Sinne des Gesetzes, auch wenn er aus mehr oder weniger freiem Entschluss durch eine eingeschobene Abstinenzperiode das Gegenteil zu bekräftigen versucht. Einmal scheitert, mit wenigen Ausnahmen, dieser Versuch doch schließlich wieder, und es wird mit einiger unangebrachter Nachsicht nur kostbare Zeit verloren."[153]

Auch die *Dringlichkeit* der Zwangssterilisation hing vom sozialen Verhalten ab, denn erwies sich ein „Alkoholiker trotz sachgemäßer Behandlung und Fürsorge als uneinsichtig und haltlos, asozial und antisozial und finden sich Debile, Psychopathen und sonstige psychische Anlagemängel bei Verwandten, so erscheint seine Unfruchtbarmachung notwendig".[154] *Alkoholismus* galt im Kommentar grundsätzlich als Männerkrankheit, doch in diesem Zusammenhang findet sich auch ein expliziter Hinweis auf Frauen: „In erhöhtem Maße ist dies bei Frauen der Fall, bei denen das Vorhandensein auffallenden Trinkens stets auf schwere Konstitutionsmängel zurückgeht und bei denen daher die Annahme äußerer Umstände, wie z.B. ausnahmsweise bei Männern, nicht berechtigt ist."[155]

Dass die *Erblichkeit* der im GzVeN genannten Krankheiten auch in der damaligen medizinischen Diskussion nicht unumstritten war, hinderte weder Gütt, Rüdin und Ruttke als Verfasser des Gesetzestextes und des dazugehörigen Kommentars daran, diese als *erblich* zu kategorisieren, noch die vielen Ärzte, die am Erbgesundheitsgericht an dessen Umsetzung tatkräftig mitwirkten und die Zwangssterilisation von Frauen und Männern – spätestens nach einer ergänzenden Begutachtung – beschlossen. Als Nachweis der *Erblichkeit* galt die Erkrankung weiterer Familienmitglieder, weshalb, wie schon erwähnt, dem *Sippenbogen* und den Aufzeichnungen in der *Erbkartei* besondere Bedeutung zukam. Ausschlaggebend war weiters, „wenn nach den Erfahrungen der Wissenschaft mit großer Wahrscheinlichkeit zu erwarten war",[156] dass die Kinder

153 Gütt/Rüdin/Ruttke, Kommentar, 175.
154 Gütt/Rüdin/Ruttke, Kommentar, 174.
155 Gütt/Rüdin/Ruttke, Kommentar, 175.
156 Gütt/Rüdin/Ruttke, Kommentar, 114, zum folgenden Zitat vgl. ebd.

der von der Zwangssterilisation bedrohten Frauen und Männer erkranken würden. Die Problematik der wissenschaftlichen Absicherung von Wahrscheinlichkeiten war Gütt, Rüdin und Ruttke bewusst, hielten sie doch dazu in ihrem Kommentar fest: „Nur eine unbestimmte, unsichere Wahrscheinlichkeit konnte also nicht genügen. Andererseits konnte aber auch keine bestimmte, hundertprozentige Wahrscheinlichkeit, d.h. Sicherheit, erfordert werden." Die Autoren formulierten folgende Basis für die Feststellung von Wahrscheinlichkeiten im Hinblick auf Vererbbarkeit: „Ob eine Erkrankung wahrscheinlich ist, ist überhaupt nicht nach dem durchschnittlich zu erwartenden Verhältnis der kranken zu den gesunden Kindern in der belasteten Familie zu beurteilen. Es ist vielmehr die Erkrankungswahrscheinlichkeit bei Kindern aus belasteten Familien mit der von Kindern aus gesunden Familien zu vergleichen. [...] So ist die Wahrscheinlichkeit der Erkrankung der Nachkommen immer als ‚groß' bei den im Gesetz genannten Leiden anzunehmen, da es aus den empirisch erbprognostischen Untersuchungen [...] klar hervorgeht und somit wissenschaftlich feststeht."[157] Ein Zirkelschluss.

Die im GzVeN aufgelisteten Diagnosen waren nicht nur medizinische, sondern vor allem auch soziale Kategorisierungen, da sie mit dem gleichzeitig zugeschriebenen *Wert* und der *Verwertbarkeit* der tatsächlich oder vermeintlich erkrankten Personen für die nationalsozialistische *Volksgemeinschaft* verknüpft waren. Dass nicht auf medizinischen Grundlagen beruhende Vorstellungen von Krankheit und Gesundheit, sondern Zuschreibungen wie *Asozialität* und *Lebensbewährung*, *moralischer Schwachsinn* und *sexuelle Triebhaftigkeit* eine wesentliche Rolle in der Erbgesundheitsgerichtsbarkeit spielten, geht zwar nicht aus dem Gesetzestext, aber aus dessen Kommentar eindeutig hervor: Schon bei den Verfahren im *Altreich*, insbesondere aber bei der Einschränkung der Antragstellung auf *besonders fortpflanzungsgefährdete* Frauen und Männer waren diese Diffamierungen ausschlaggebend für die Entscheidung zur Anzeige, die Einbringung des Antrags und vor allem die Beschlussfassung der ärztlichen Beisitzer der Gerichte.[158]

157 Gütt/Rüdin/Ruttke, Kommentar, 115.

158 Vgl. dazu ausführlich Ley, Zwangssterilisation, 37–40, weiters die in Kap. 3 beschriebene unterschiedliche Beschlussfassung von Erbgesundheitsgericht und Erbgesundheitsobergericht sowie Bock, Zwangssterilisation, 301–326.

DIE EINFÜHRUNG DES GzVeN IN DER *OSTMARK* IM JÄNNER 1940

Nach dem *Anschluss* Österreichs an NS-Deutschland im März 1938 wurden die beiden Rechtssysteme schrittweise angeglichen und die NS-Gesetze eingeführt. So erlangten die Nürnberger Rassengesetze bereits im Mai 1938 auch in der nunmehrigen *Ostmark* Gültigkeit, und im Dezember 1938 das Gesetz zur Vereinheitlichung des Gesundheitswesens, das durch die Verstaatlichung und Zentralisierung des Gesundheitswesens eine wesentliche Grundlage für die Mitwirkung der Gesundheitsämter beim Vollzug des GzVeN bildete.[159] Ursprünglich für Jänner 1939 geplant, dauerte es letztlich bis Jänner 1940, dass das GzVeN in Kraft trat. Ein Grund dafür war, dass in Berlin die Beratungen zur Änderung des GzVeN erst Mitte 1939 endeten, denn bezüglich der Beurteilung der Diagnosen *Schwachsinn* und *Fallsucht* bestand lange keine Einigung zwischen der Dienststelle des ‚Stellvertreters des Führers' und dem Reichsministerium des Innern, dem neben dem Reichsministerium für Justiz für den Vollzug des GzVeN zuständigen Ministerium in Berlin. Auch die erbitterten Streitigkeiten zwischen Reichsärzteführer Gerhard Wagner und Rudolf Hess, dem Stellvertreter Hitlers, bezüglich der Einflussnahme der NSDAP in der Erbgesundheitsgerichtsbarkeit, die dazu führten, dass die Gauleiter im Vorverfahren die Weiterleitung der Anträge von Gesundheitsämtern bzw. Anstalten genehmigen sollten und die Gauämter für Volksgesundheit deren Entscheidung vorzubereiten hatten, verzögerten die geplante Änderung. Ein weiterer Grund war, dass das GzVeN gemeinsam mit dem Ehegesundheitsgesetz in Kraft treten sollte und sich dessen Einführung wegen des in der *Ostmark* noch geltenden Zivilrechts verzögerte.[160]

Bei Josef Bürckel, dem Reichskommissar für die Wiedervereinigung Österreichs mit dem Deutschen Reich, häuften sich inzwischen die *dringlichen* Forderungen nach dem GzVeN: Dr. Siegfried Uiberreither, Gauleiter der

159 Zu diesem 1934 beschlossenen Gesetz vgl. Labisch/Tennstedt, Gesundheitsdienst, 35–66, und Vossen, Gesundheitsämter, 204–230.

160 Vgl. Protokoll einer Besprechung im RMdI in Berlin vom 23. August 1939, GZ. 260.326/39, in: ÖStA/AdR, 03, VG, Rassenpflege 1939, Kt. 2417. Zu dem genannten Streit vgl. Ganssmüller, Erbgesundheitspolitik, 95–115.

Steiermark, bat ihn im März 1939, „sich dafür zu verwenden“, dass das GzVeN „ehebaldigst“ in der *Ostmark* in Kraft trete. Nachdrücklich wies Uiberreither darauf hin, dass im Jänner 1939 „von 248 Geburten im Landeskrankenhaus in Graz 3 Geburten von Müttern [waren], die an schwerem angeborenen Schwachsinn leiden. Das Verhältnis von gesunden und kranken Müttern verschlechtert sich erfahrungsgemäss in ländlichen Kreisen. Berücksichtigt man ausserdem noch die Zahl der schwachsinnigen Väter, so ist der Prozentsatz an erbkranken Geburten noch bedeutend größer.“[161]

Auch der Salzburger Gauleiter Friedrich Rainer beklagte sich bei Bürckel, dass „erblich Belastete nach wie vor in der Lage sind, minderwertige Nachkommenschaft zu erzeugen“. Und er warnte vor den weitreichenden Folgen: „Da dadurch bei Dienststellen und Bevölkerung der Eindruck erwachsen muß, es sei mit den rassepflegerischen Massnahmen nicht richtig ernst, halte ich dies für eine grundsätzliche Schädigung unserer gesamten Arbeit.“[162]

Im Widerspruch zum Drängen der Gauleiter bestand jedoch wegen der geplanten Änderung nicht „die Absicht, mit großem Elan sich auf die Durchführung der Gesetze in der Ostmark [...] zu stürzen. Beabsichtigt sei vielmehr, nur die eklatantesten Fälle, bei denen keine Zweifel bestehen, in Angriff zu nehmen“,[163] um jegliche Unklarheiten bei der praktischen Durchführung zu vermeiden und nicht zu weiteren Verzögerungen beizutragen.

Zur Vorbereitung für die konkrete Umsetzung des GzVeN gab es umfangreiche Schulungsmaßnahmen für Amtsärzte, Falk Ruttke las an der juridischen Fakultät der Universität Wien und hielt, wie auch Arthur Gütt und Ernst Rüdin, zahlreiche Vorträge. Deren Kommentar zum GzVeN und die Zeitschriften ‚Archiv für Rassen- und Gesellschaftsbiologie‘ sowie ‚Volk und Rasse‘ lagen ab Anfang 1939 verpflichtend in allen Gesundheitsämtern auf.[164]

---

161 Zu diesem und den vorangegangen Zitaten siehe sein Schreiben an Reichskommissar Bürckel, 1. März 1939, in: ÖStA/AdR, 04, Bürckel, Mappe 2354.

162 Zu diesem und den vorangegangen Zitaten siehe sein Schreiben an Reichskommissar Bürckel, 11. August 1939. In: ÖStA/AdR, 04, Bürckel, Mappe 2354.

163 Niederschrift über die am 18. August 1939 abgehaltene kommissarische Beratung, betr. Einführung des GzVeN und des Ehegesundheitsgesetzes in der Ostmark und im Sudetengau, in: ÖStA/AdR, 04, Bürckel, Mappe 2354.

164 Vgl. GZ. 252.401/39. In: ÖStA/AdR, 03, VG, San. und Ges.wesen 1939, Kt. 2417.

Auch die einschlägigen Propagandafilme wie ‚Opfer der Vergangenheit', ‚Sünden der Väter', ‚Abseits vom Wege' und ‚Erbkrank' wurden in Wien vor zahlreichem Publikum gezeigt.[165]

Die Zustimmung zum GzVeN von Ärzten, die später maßgeblich am Vollzug des GzVeN mitwirkten, war unüberhörbar: Otto Pötzl, seit 1928 Nachfolger Wagner-Jaureggs als Leiter der Neurologisch-Psychiatrischen Universitätsklinik, bewertete in seinem im November 1938 in der „Wiener Klinischen Wochenschrift" erschienenen Artikel das GzVeN als „überaus wichtigen Schritt zur Sicherung einer gesunden und starken Entwicklung des deutschen Volkes. […] Die Anordnungen, die es enthält, stellen ein vernünftiges und weises Mindestmaß dar, das aber für sich allein die zahlreichen Probleme noch keineswegs erschöpfen kann, die sich der Psychiatrie und der Neuropathologie für die möglichst weitgehende Verhütung erbkranken Nachwuchses von jeher gestellt haben."[166]

Anfang September 1939, unmittelbar zu Kriegsbeginn, wurde der Vollzug des GzVeN im *Altreich* kurzfristig eingestellt und kurz darauf in deutlich eingeschränktem Ausmaß wieder aufgenommen: Zwangssterilisationen sollten nur noch „wegen besonders großer Fortpflanzungsgefahr"[167] vorgenommen werden. Zeitgleich erfolgte ein für die späteren Tötungen im Zuge der NS-Euthanasie zentraler Geheimerlass Hitlers, der Ärzte, Ärztinnen und Hebammen verpflichtete, als *körperlich* oder *geistig behindert* kategorisierte Kinder an den von Reichsärzteführer Leonardo Conti eingerichteten ‚Reichsausschuß zur wissenschaftlichen Erfassung erb- und anlagebedingter schwerer Leiden' nach Berlin zu melden, der über Leben und Tod dieser Kinder entschied.[168] Ebenfalls in diesen Zeitraum fällt die sogenannte *Ermächtigung* Hitlers zur Tötung von Menschen, deren Leben aufgrund von körperlichen oder geistigen

165 Zu den Filmen und ihrer Wirkung vgl. Rost, Sterilisation, 77–83, und Zeitgeschichte 29 (2001), Heft 4: Zwischen Dokumentation und Propaganda.

166 Wiener Klinische Wochenschrift, 11. November 1938, Jg. 51, Nr. 45, 1205.

167 Vierte Verordnung zur Durchführung des Gesetzes zur Verhütung erbkranken Nachwuchses und des Ehegesundheitsgesetzes vom 31. August 1939, RGBl I S. 1560.

168 Vgl. Neugebauer, „Spiegelgrund", 289–305, Oelschläger, Schwangerschaftsunterbrechungen, sowie Kap. 4.

Behinderungen als *wertlos* galt.[169] Vor dem Hintergrund des sich ausweitenden Krieges und den bereits laufenden Vorbereitungen zur Durchführung der NS-*Euthanasie* trat das GzVeN in dieser eingeschränkten Fassung am 1. Jänner 1940 gemeinsam mit dem Ehegesundheitsgesetz in der *Ostmark* in Kraft. Reichsärzteführer Leonardo Conti kam persönlich nach Wien, um in einer Dienstversammlung der Medizinaldezernenten der Landeshauptmannschaften und des Hauptgesundheitsamtes Wien sowie der Amtsärzte der *Ostmark* umfangreiche schriftliche Unterlagen zur Verfügung zu stellen und „die mit der Einführung der beiden Gesetze zusammenhängenden Fragen [...] ausgiebig zu behandeln".[170] Kriegsbedingt wurde jedoch das Ehegesundheitsgesetz nicht vollzogen.[171]

In Wien sollten laut Beschluss des Erbgesundheitsgerichts 1.223 Frauen und Männer zwangssterilisiert werden, nach den Berufungsverfahren am Erbgesundheitsobergericht waren es insgesamt 1.203, wobei dies angesichts fehlender Aktenbestände als niedrigste Zahl gelten muss. Für Tirol und Vorarlberg sind 268 Zwangssterilisationen nachweisbar, Stefan Lechner vermutet aber 400 als Mindestzahl. Josef Goldberger nimmt für den Gau Oberdonau über 1.000 an und im Gau Steiermark sind 1942 174 Zwangssterilisationen (94 Frauen und 80 Männer) und 1943 139, also insgesamt 313 Zwangseingriffe an das Reichsministerium des Innern in Berlin gemeldet worden.[172] Wolfgang Neugebauers 1992 getroffene Annahme von etwa 6.000 zwangssterilisierten Frauen und Männern wird durch diese neueren Zahlen bestätigt.[173]

169 Weitere 10.000 KZ-Häftlinge wurden im Rahmen der „Aktion 14f13" aus dem KZ Mauthausen und dessen Nebenlager Gusen in die Anstalt Hartheim transportiert und dort mit Gas getötet, vgl. Neugebauer, Zwangssterilisierung, 22f. Zu Hartheim vgl. grundlegend den 2003 erschienenen und 2008 neu aufgelegten Ausstellungskatalog Wert des Lebens.

170 Schnellbrief des RMdI, GZ. IVb 4827/39 1072 Sud, 23. Dezember 1939, in: ÖStA/AdR, 04, Bürckel, Mappe 2354.

171 Vgl. §7 Abs 2 der Verordnung zur Durchführung des GzVeN und des Ehegesundheitsgesetzes vom 31. August 1939 RGBl. I S. 1560.

172 Zu Wien vgl. Kap. 2 und 3, vgl. weiters Lechner, Zwangssterilisationen, 243, Goldberger, Linz und Oberdonau, 857, sowie Ladinig, NS-Gesundheitswesen, 85, und Steiermärkisches Landesarchiv, Landesregierung 200 II E6/1944, zit. nach Neugebauer, Zwangssterilisierung, 18.

173 Vgl. Neugebauer, Zwangssterilisierung, 20. Unbekannt ist weiters, wie viele aufgrund ihrer Homosexualität kriminalisierte Männer ihre *freiwillige Entmannung* nach § 14 2a GzVeN beantragten, um so der drohenden Todesstrafe entgehen zu können, vgl. dazu Spring, *Entmannung*, 251–269.

2. Der Vollzug des GzVeN durch das Erbgesundheitsgericht Wien 1940–1945

Das Erbgesundheitsgericht Wien, eine vom NS-Regime geschaffene Institution, wurde Anfang 1940 zum Vollzug des nationalsozialistischen GzVeN in den beiden bereits bestehenden Amtsgerichten Wien-Innere Stadt, Riemergasse 7, und Wien-Margareten, Mittersteig 25, eingerichtet.[174] Verhandlungen fanden jedoch nicht nur dort, sondern, wie aus einigen Verfahrensakten hervorgeht, auch in der Anstalt Am Steinhof[175] statt – aus organisatorischen Gründen, um die dortigen Patientinnen und Patienten innerhalb der Anstalt vorladen zu können.[176] Zum Gerichtssprengel Wien zählte auch der damals eingemeindete Bezirk Klosterneuburg. Die Städte bzw. Gemeinden Korneuburg, Krems, St. Pölten, Wiener Neustadt und Znaim hatten jeweils eigene Erbgesundheitsgerichte.[177] Das für diese und Wien zuständige Erbgesundheitsobergericht, das über Beschwerden gegen deren erstinstanzliche Beschlüsse entschied, war im Oberlandesgericht Wien, Wien 1, Museumstraße 12, eingerichtet.[178]

Verantwortlich für die Beschlüsse des Erbgesundheitsgerichts für oder gegen eine Zwangssterilisation waren gemäß GzVeN zwei Ärzte – ein beamteter und ein in der *Erbgesundheitslehre* besonders versierter Arzt. Unter dem Vorsitz eines Richters, dem die Vorbereitung und der formale Ablauf der Verfahren oblagen, stellten sie fest, ob die betroffenen Frauen und Männer als *erbkrank* anzusehen waren oder nicht. Dementsprechend beschlossen sie – in Über-

174 § 6 (1) GzVeN. Zur Einrichtung der Erbgesundheitsgerichte vgl. Gesetz zur Verhütung erbkranken Nachwuchses vom 14. Juli 1933, Reichsgesetzblatt I S. 529, zit. nach Gütt/Rüdin/Ruttke, Kommentar, 74f. Zur Einrichtung in Wien vgl. BAB, R 3001/21936 fol. 109, AV des Reichsjustizministers vom 7. Dezember 1939.

175 Aufgrund der zahlreichen Umbenennungen der ehemaligen „Wagner von Jauregg Heil- und Pflegeanstalt der Stadt Wien“ bis in die Gegenwart wird hier der Übersichtlichkeit wegen ausschließlich die Bezeichnung Anstalt Am Steinhof verwendet.

176 Vgl. u.a. 1 XIII 73/40, 1 XIII 62/44, 2 XIII 90/44 sowie die Zeugenaussage des Justizangestellten Hermann Hausner im Volksgerichtsprozess gegen Anton Rolleder, DÖW E 22232.

177 Vgl. BAB, R 3001/21936 fol. 113.

178 Zum Erbgesundheitsobergericht vgl. Kap. 3.

einstimmung mit dem antragstellenden Amtsarzt oder Anstaltsleiter – eine Zwangssterilisation oder lehnten diese entgegen deren Ansicht ab. Waren die beiden ärztlichen Beisitzer uneins, galt nicht das Votum des Richters, vielmehr diente ein von ihm in Auftrag gegebenes, zusätzliches externes ärztliches Gutachten, das für die von der Zwangssterilisation bedrohten Frauen und Männer einen stationären Aufenthalt von bis zu sechs Wochen bedeuten konnte, als weitere Entscheidungsgrundlage.[179]

Im Folgenden wird nun der Vollzug des GzVeN am Erbgesundheitsgericht Wien detailliert beschrieben. Begonnen wird mit den wichtigsten Richtern und ärztlichen Beisitzern – hier gilt das Interesse ihrem beruflichen Werdegang und ihrer Verankerung in der NSDAP und deren Gliederungen ebenso wie in *eugenischen* Netzwerken.

Nach der Darstellung des Verlaufs der Verfahren in den Jahren 1940 bis 1945 – von der Verzögerung der ersten Beschlüsse bis zu den kriegsbedingten Auswirkungen vor allem ab Mitte 1944 – ergänzen diesen Abschnitt Angaben zu den Gerichtstagen sowie zum formalen Ablauf. Soweit es die Verfahrensakten ermöglichen, sind danach biografische Informationen zu den von der Zwangssterilisation bedrohten Frauen und Männern zusammengefasst. Den größten Teil dieses Kapitels bildet die statistische Auswertung der Verfahren: zur Antragstellung, zu den genannten GzVeN-Diagnosen der von der Zwangssterilisation bedrohten Frauen und Männern, zur Begutachtung in strittigen Verfahren und den damit beauftragten Ärzten. Breiter Raum ist auch den Beschlüssen des Erbgesundheitsgerichts gewidmet – ob die Anträge auf Zwangssterilisation abgelehnt oder ihnen Folge gegeben wurde und welche Begründungen sich darin finden. Die darauf aufbauende Frage, ob Frauen und Männer vor dem Erbgesundheitsgericht unterschiedlich behandelt worden sind, wird im Kontext der jeweiligen Auswertung beantwortet. Den Abschluss bildet die Interpretation der Auswertungen zum Vollzug des GzVeN in Wien unter Berücksichtigung der statistischen Ergebnisse im Hinblick auf die schon beschriebenen Einschränkungen des Personenkreises, der zwangssterilisiert werden sollte, der NS-Euthanasie und des Kriegsverlaufs.

179 Vgl. Gütt/Rüdin/Ruttke, Kommentar, 243ff.

DIE RICHTER AM ERBGESUNDHEITSGERICHT WIEN

Die Bestellung der Richter und ärztlichen Beisitzer erfolgte durch den Präsidenten des Landgerichtes [sic], dieser hatte dabei mit dem jeweiligen Amt für Volksgesundheit der NSDAP Rücksprache zu halten.[180] In Wien leiteten zwei Richter, Anton Rolleder und Alfred Tomanetz, insgesamt 1.577 (94 %) der mit den vorhandenen Quellen noch rekonstruierbaren 1.697 Verfahren der beiden Spruchkammern des Wiener Erbgesundheitsgerichts[181] – Rolleder am Erbgesundheitsgericht in der Riemergasse, Tomanetz am Erbgesundheitsgericht am Mittersteig.

Diagramm EGG 1, Grundgesamtheit: 1.697 Verfahren

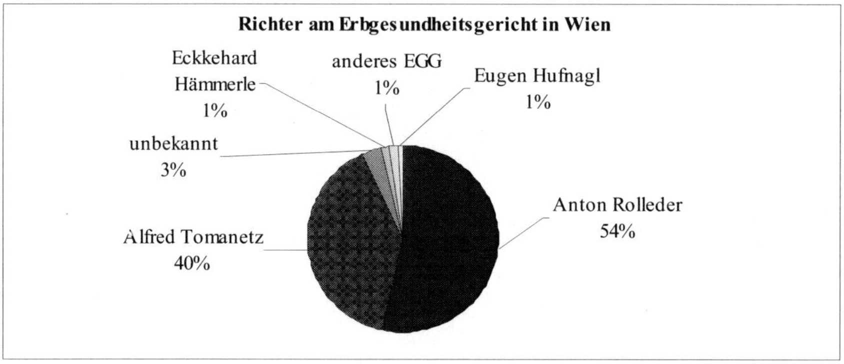

Anton Rolleder (1881–1972) war die Verbindung von *eugenischen* und juristischen Fragestellungen in seiner langjährigen richterlichen Tätigkeit an verschiedenen Wiener Bezirksgerichten, zuletzt als Vorsteher jenes in Wien-Meidling, ein wichtiges Anliegen. Gemeinsam mit dem deutschen Anthropologen Otto Reche hatte er Mitte der 1920er-Jahre erreicht, dass anthropologisch-erbbiologische Gutachten in Vaterschaftsprozessen zu einem zentralen Beweismittel

180 Vgl. BAB, R 3001/21936 fol. 138, und Ley, Zwangssterilisation, 113. Zum Gauamt für Volksgesundheit, dem ehemaligen Sachverständigenbeirat für Gesundheitsfragen vgl. Ganssmüller, Erbgesundheitspolitik, 96–100.

181 Zur Quellenlage vgl. den Abschnitt in der Einleitung.

geworden waren.[182] Im *eugenischen* Netzwerk Wiens war Rolleder kein Unbekannter: Er gehörte seit Frühjahr 1927 dem Arbeitsbund für österreichische Familienkunde an und referierte und publizierte seit Anfang der 1930er Jahre über „Ehe- Fortpflanzungs-, Volkstodgefahrs- [sic] und bevölkerungspolitische Fragen".[183] Spätestens seit März 1938 ist auch seine Mitgliedschaft bei der Wiener Gesellschaft für Rassenpflege (Rassenhygiene) dokumentiert.[184] Rolleder, NSDAP-Mitglied seit 1931, der „durch Vorzeigen unbeugsamer Haltung manche Parteigenossen vor Mutlosigkeit bewahrt bzw. zu solchen gemacht [hatte]", wie er im Juni 1938 in seinem NSDAP-Personalfragebogen anführte, nannte als Tätigkeit für die NSDAP seine mehrjährigen „Beratungen von Partei- und sonstigen Volksgenossen abstammungskundlicher Art" auch während des Verbots der Partei zwischen 1933 und 1938, wozu unter anderem „Abstammungsfragen von S.S. Ärzten"[185] zählten.

Die Personalknappheit, bedingt durch bereits in den ersten Monaten nach Kriegsbeginn erfolgte Einberufungen zur Wehrmacht und Zusammenlegungen von Abteilungen einzelner Amtsgerichte,[186] dürfte dazu beigetragen haben, dass die Mitgliedschaft bei der NSDAP nicht die oberste Priorität bei der Bestellung zum Erbgesundheitsrichter war. So gehörte Alfred Tomanetz (1879–1944), Richter am Bezirksgericht Wien-Leopoldstadt, nicht der NSDAP an, entsprach aber, wie auch sein Kollege Rolleder, dem richterlichen Anforderungsprofil: Wie von Arthur Gütt, Ernst Rüdin und Falk Ruttke, den

182 Vgl. N.N., Nachruf auf Anton Rolleder, in: Anthropologischer Anzeiger, 162. Vgl. auch Teschler-Nicola, Erbbiologie, 99–138. Zu Otto Reche (1879–1966), 1925–1927 Professor für Anthropologie in Wien und Vorsitzender der Wiener Gesellschaft für Rassenpflege, der auch als Direktor des Instituts für Rassen- und Völkerkunde Leipzig (1927–1945) enge Kontakte zu Wien pflegte, vgl. Geisenhainer, Reche, zu dessen Zeit in Wien vgl. ebd. 108–140.

183 NSDAP-Personalfragebogen Anton Rolleder, 10. Juni 1938 in: ÖStA/AdR, 04, Gauakt Rolleder.

184 Vgl. Mayer, Netzwerke, 106f und 204, zum *eugenischen* Netzwerk vgl. ders., Netzwerke und Löscher, Gedankengut, 99–127.

185 Zu diesem und den beiden vorangegangenen Zitaten siehe NSDAP-Personalfragebogen Anton Rolleder, 10. Juni 1938 in: ÖStA/AdR, 04, Gauakt Rolleder.

186 Vgl. das Schreiben des Reichsjustizministeriums an die Oberlandesgerichtspräsidenten vom 1. Juni 1940, BAB, R 3001/20291 fol. 80, und die in diesem Bestand angeführten Maßnahmen zur Vereinfachung der Gerichtsorganisation sowie BAB, R 3001/24690, Bericht über den Stand der Arbeiten der Abteilung Österreichs des Reichsjustizministeriums, 30. Juli 1938, fol. 3.

Verfassern des Kommentars zum GzVeN, gefordert,[187] hatte er mehrjährige Erfahrung mit Entmündigungs- und familienrechtlichen Verfahren und die Bereitschaft, „Vollstrecker des Willens des von der NSDAP getragenen Staates“[188] zu sein. Zwar galt Tomanetz nach Ansicht des Wiener Amtsgerichtspräsidenten Adolf Seitz nur als „durchschnittlich befähigter Richter“, doch als „genauer und gewissenhafter Arbeiter“,[189] und er erfüllte eine weitere, unabdingbare Voraussetzung für das Richteramt: Das Personalamt der Gauleitung Wien vermerkte bezüglich seiner politischen Einstellung, er habe „sich [...] niemals gegensätzlich zum heutigen Staat und der Partei ausgesprochen, er war im Gegenteil ein steter Gegner des früheren Systems und ist als treuer, absolut verlässlicher Volksgenosse anzusehen“.[190]

In 37 (2 %) der 1.697 Verfahren hatten zwei weitere Richter, Ekkehard Hämmerle, Richter am Amtsgericht Wien seit September 1939, und Eugen Hufnagl den Vorsitz inne. Hufnagl leitete im Februar und Mai 1941 13 Verfahren, Hämmerle fünf im selben Zeitraum und ein weiteres im Februar 1942. Von Ende November 1943 bis Ende Jänner 1944 übernahm er die Verfahren von Tomanetz. Dieser starb im Februar 1944, und Rolleder war danach bis auf eine Ausnahme alleiniger Richter bis Kriegsende.

In 59 Verfahren (3 %) geht der Name des Richters aus den Akten nicht hervor. 24 Verfahren wurden erstinstanzlich von einem anderen Erbgesundheitsgericht aus dem Sprengel des Erbgesundheitsobergerichts Wien, beispielsweise in Krems, entschieden. Dass sich diese Akten im Bestand des Erbgesundheitsgerichts Wien befinden, erklärt sich aus den zunehmenden Einschränkungen beim Vollzug des GzVeN: Das Erbgesundheitsobergericht wurde mit Dezember 1944 eingestellt und die Akten im Zuge der Zusammenlegung der Erbgesundheitsgerichte aus dessen Gerichtssprengel Anfang 1945 an das Erbgesundheitsgericht Wien überstellt. Dieses entschied über eine etwaige Wiederaufnahme und führte darüber hinaus auch die von diesen Ge-

187 Vgl. § 6 GzVeN und Gütt/Rüdin/Ruttke, Kommentar, 221.

188 § 1 Beamtengesetz vom 26. Jänner 1937, zit. nach Ganssmüller, Erbgesundheitspolitik, 32.

189 Beurteilung des Amtsgerichtspräsidenten Wien, 5. Jänner 1943. In: ÖStA/AdR, RJM, Personale Tomanetz.

190 Schreiben der Gauleitung Wien an den Oberlandesgerichtspräsidenten Wien, 12. Februar 1940, in: ÖStA/ AdR, 04, Gauakt Tomanetz.

richten ebenfalls überstellten noch nicht abgeschlossenen erstinstanzlichen Verfahren weiter.[191]

DIE ÄRZTLICHEN BEISITZER AM ERBGESUNDHEITSGERICHT WIEN

Während der Vorsitz der Verfahren mit den beiden Richtern Rolleder und Tomanetz sehr kontinuierlich und, wie noch zu sehen sein wird, der Kreis der Richter und ärztlichen Beisitzer am Erbgesundheitsobergericht Wien relativ klein war, entschieden am Erbgesundheitsgericht Wien zwischen 1940 und 1945 mehr als 40 Ärzte aus Wien und Niederdonau als ärztliche Beisitzer über die jeweiligen Anträge auf Zwangssterilisation. (Siehe Diagramm EGG 2.)

Hier unterschied sich das Erbgesundheitsgericht Wien deutlich von jenen im *Altreich:* Am Erbgesundheitsgericht Offenbach/Main waren von 1934 bis 1944 lediglich fünf ärztliche Beisitzer bestellt, am Erbgesundheitsgericht Erlangen von 1934 bis 1945 sieben, am Erbgesundheitsgericht Passau von 1934 bis 1939 neun und am Erbgesundheitsgericht Bielefeld von 1934 bis 1944 24 Ärzte.[192]

Der Grund für die große Zahl der ärztlichen Beisitzer in Wien war der Zeitpunkt dessen Inkrafttretens im Jänner 1940, wenige Monate nach Kriegsbeginn: Das GzVeN sah vor, dass Amtsärzte oder Anstaltsleiter in den jeweils von ihnen eingebrachten Verfahren weder als Beisitzer am Erbgesundheitsgericht bzw. Erbgesundheitsobergericht und auch nicht als Gutachter tätig sein durften.[193] Da bis zum Abschluss eines Beschwerdeverfahrens vier und im Fall von Begutachtungen bis zu sechs Ärzte beteiligt waren, konnten Engpässe auf-

191 A.V. des Reichsjustizministeriums vom 16. November 1944 über die Zusammenlegung der Gerichtsbezirke ab 1. Jänner 1945. Zur Einstellung der Tätigkeit des Erbgesundheitsobergerichts vgl. Kap. 3.

192 Vgl. Hennig, Offenbach/Main, 60, zu Erlangen vgl. Ley, Zwangssterilisation, 113, Heitzer, Passau, 173. Bei Braß war die Rekonstruktion nur für die Jahre 1935 bis 1939 möglich, er nannte 30 Ärzte, vgl. ders., 129, zu Bielefeld vgl. Vossen, Gesundheitsämter, 292. Zwar sind die genannten Städte kleiner als Wien, doch wurden beispielsweise in Offenbach bis 1939 mindestens 1.900 Verfahren durchgeführt. Vgl. Hennig, Offenbach/Main, 24.

193 § 6 GzVeN. Braß wies darauf hin, dass dies nicht immer eingehalten wurde, vgl. ders., Saarland, 23, für Wien trifft das, wie die noch vorhandenen Verfahrensakten zeigen, nicht zu.

Diagramm EGG 2, Grundgesamtheit: 1.697 Verfahren

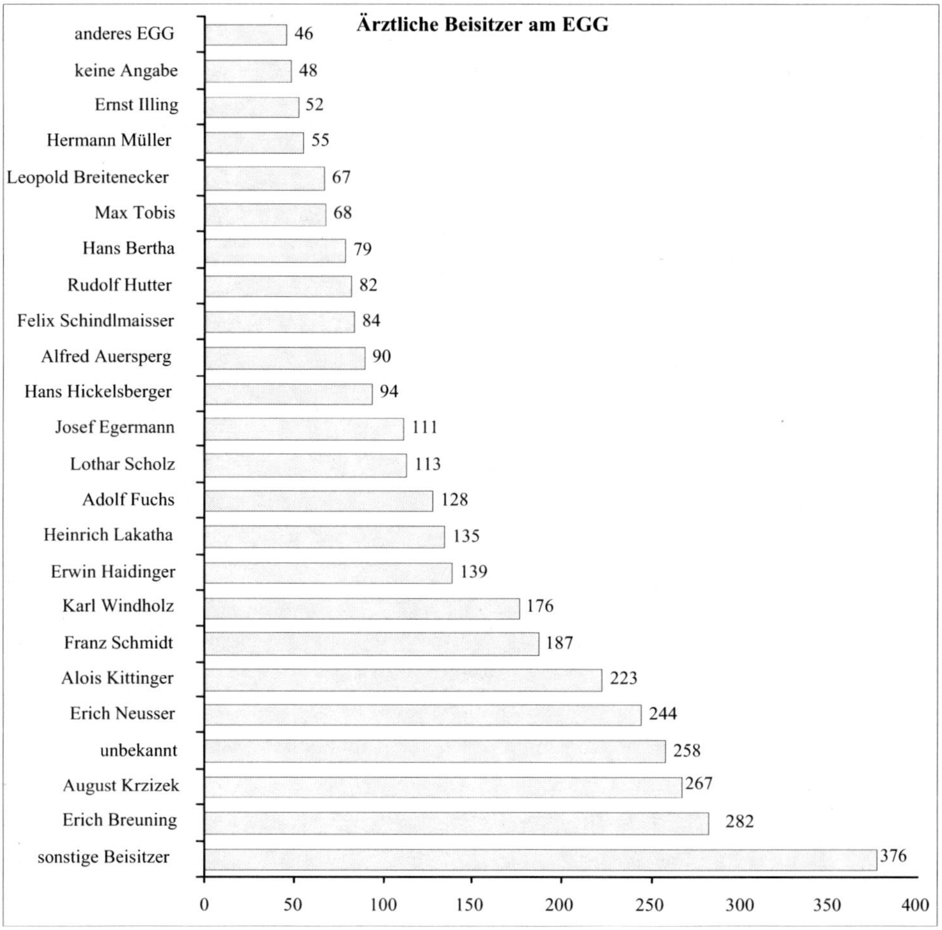

Um die Tabelle nicht allzu unübersichtlich werden zu lassen, sind unter den sonstigen Beisitzern jene zusammengefasst, die weniger als 50 Beschlüsse mitverantwortet haben: Hans Beck-Wiedmannstetter (23 Beschlüsse), Alois Breitenecker (4), Franz Bruha (20), Karl von Chiari (9), Fritz Euler-Rolle (13), Otto Hamminger (6), A. Huter (3), Walter Killiches (27), Oskar Kokesch (3), Hans Müller (14), Ernst Pichler (33), Karl Schnaberth (12), Hubert Sekyra (39), Josef Sladek (37), Erich Sobotka (46), Josef Sobotka (4), Gustav Tacina (36) und Josef Zaussinger (28).

treten – mit bedingt durch die Einberufung von Ärzten zur Wehrmacht und durch kriegsbedingte Veränderungen der Schwerpunkte im Aufgabenbereich des Gesundheitsamtes.[194] Nicht zuletzt führte auch das Berufsverbot und die Vertreibung von mehr als 2.000 jüdischen Ärztinnen und Ärzten dazu, dass nicht-jüdische Ärztinnen und Ärzte deren Aufgabengebiete zusätzlich übernehmen mussten oder vielfach auch wollten, was aber auch Einschränkungen in ihrem ursprünglichem Tätigkeitsbereich bewirken konnte.[195]

Die Tätigkeit als ärztlicher Beisitzer war finanziell kaum lukrativ, sie sollte „[g]rundsätzlich […] diesen keinen Verdienst einbringen".[196] Allerdings wollten Gütt, Rüdin und Ruttke den Ärzten nicht zumuten, „wirtschaftlichen Schaden durch ihre Tätigkeit zu erleiden", weshalb sie einen pauschalen Betrag zur Abgeltung vorsahen: nicht für diejenigen, die ausschließlich in einem „festen besoldeten Beamten- oder Angestelltenverhältnis" standen wie Amtsärzte und Anstaltsleiter, sondern nur für jene, die diesbezüglich nur teilzeitbeschäftigt waren und darüber hinaus einer „freien Erwerbstätigkeit" nachgingen – d. h. eine ärztliche Praxis hatten.

Zu den ersten bestellten ärztlichen Beisitzern am Erbgesundheitsgericht Wien zählten die Amtsärzte Otto Hamminger (Hauptgesundheitsamt Niederdonau), Erwin Haidinger (Leiter des Gesundheitsamts Wien-Meidling), August Krzizek (Leiter des Gesundheitsamts Wien-Hietzing/Penzing), Heinrich Lakatha (Leiter des Gesundheitsamts Bruck/Leitha), Lothar Scholz (1940 noch Hilfsarzt, ab 1941 Leiter des Gesundheitsamts Wien-Liesing/Mödling) und Karl Windholz (Leiter des Gesundheitsamts Schwechat), weiters Walter Killiches (Medizinisches Dezernat des Reichsstatthalters Niederdonau), die praktischen Ärzte Josef Egermann (Kreisarzt in Neusiedl/See) und Felix Schindlmaisser (Gemeindearzt in Bruck/Leitha), der Orthopäde Karl Schnaberth (Assistent am Orthopädischen Spital in Wien), die Versicherungsärzte Fritz-Euler Rolle (Vertrauensarzt der Krankenfürsorgeanstalt der Bundesangestellten) und Erich Neusser (Landesvertrauensarzt der Landesversicherungsanstalt für Wien und Niederdonau) sowie die Psychiater Alfred Auers-

194 Dazu zählten beispielsweise Maßnahmen gegen den Ausbruch von Seuchen oder zum Luftschutz, vgl. Vossen, Gesundheitsämter, 230.

195 Vgl. Hubenstorf, Medizin, 16ff.

196 Gütt/Rüdin/Ruttke, Kommentar, 231. Zu den folgenden Zitaten vgl. ebd.

perg[197] (Leiter der Nervenheilanstalt Döbling) und Ernst Pichler (von der Neurologisch-Psychiatrischen Universitätsklinik in Wien). Bereits nach wenigen Monaten änderte sich die Zusammensetzung: Euler-Rolle wurde Anfang 1941 zur Waffen-SS einberufen,[198] auch Killiches und Schnaberth schieden aus, Hamminger wechselte zum Erbgesundheitsobergericht Wien und war dort als maßgeblicher Beisitzer tätig.[199] Von den zuvor genannten Ärzten übte jedoch der Großteil diese Funktion weiter aus.

Neben den Einberufungen führte vor allem der deutliche Anstieg der Verfahren ab 1941 zur Bestellung weiterer ärztlicher Beisitzer, die zahlreiche Beschlüsse verantworteten, unter ihnen Leopold Breitenecker vom Institut für Gerichtsmedizin der Universität Wien, Erich Breuning, Amtsarzt beim Reichsstatthalter Niederdonau, Alois Kittinger, Chirurg und ärztlicher Leiter des Krankenhauses Kittsee, Franz Schmid, Gemeindearzt in Hainburg sowie zwei weitere Psychiater, Hans Bertha und Ernst Illing, auf deren institutionelle Verankerung noch eingegangen wird.

Im Gegensatz zum Erbgesundheitsobergericht, wo hochrangige Funktionäre aus Gesundheitsverwaltung und großen psychiatrischen Anstalten sowie Angehörige der Universität Wien über die Beschwerden entschieden, erfolgte die Besetzung des Erbgesundheitsgerichts im Hinblick auf die nicht-beamteten Ärzte mit zumeist praktischen Ärzten aus der Umgebung Wiens, aber auch Chirurgen und Orthopäden. Dass kaum Psychiater tätig waren, obwohl der überwiegende Teil der Verfahren (87 %), wie weiter unten noch ausgeführt wird, auf den psychiatrischen Diagnosen *Schwachsinn, Schizophrenie, Fallsucht* und *Manisch-Depressives Irresein* beruhte, legt den Schluss nahe, dass bei der Bestellung der Beisitzer im Hinblick auf ihre vom GzVeN geforderten *erbbiologischen Kenntnisse* kriegsbedingt Kompromisse gemacht werden mussten.

Ärzte übten im Rahmen der nationalsozialistischen *Erbpflege* und der forcierten *Gesundung des Volkskörpers* vielfältige Tätigkeiten aus. Als Amtsärzte und Anstaltsleiter entschieden sie über eine Anzeige und brachten einen Antrag auf Zwangssterilisation ein bzw. beriefen sie gegen Beschlüsse des Erbgesund-

197 Zu Auersperg vgl. auch den Abschnitt zu den Gutachtern weiter unten.
198 Vgl. WSTLA, VG 12 d Vr 5470/47.
199 Zu Hamminger vgl. Kap. 3.

heitsgerichts, als ärztliche Beisitzer entschieden sie über die Zwangssterilisationen, als Gutachter verfassten sie zusätzliche Entscheidungsgrundlagen, als Chirurgen und Gynäkologen führten sie die Zwangseingriffe aus:[200] Breitenecker, Pichler und Schneider erstellten Gutachten für die Erstinstanz, Auersperg für das Erbgesundheitsobergericht, wo auch Bertha und Illing als Gutachter tätig waren, Kittinger operierte im Krankenhaus Kittsee.

Die beiden Psychiater Hans Bertha, Leiter der Jugendfürsorgeanstalt Am Spiegelgrund von Jänner bis Juli 1942, und Ernst Illing, Nachfolger Berthas ab Juli 1942, waren nicht nur wichtige Akteure in der Erbgesundheitsgerichtsbarkeit, sie verkörpern auch die Parallelität von *Verhütung* und *Vernichtung* von als *unwert* und somit *unerwünscht* bewertetem Leben:

Hans Bertha (1901–1964), seit 1933 NSDAP-Mitglied und seit 1937 bei der SS, kam nach mehrjähriger Tätigkeit als Psychiater in Graz im Jahr 1940 mit Unterstützung von Max Gundel, dem Leiter des Gesundheits- und Sozialressorts, nach Wien und übernahm dort ab 1941 vorerst das Referat „Fürsorge für Nerven-, Gemütskranke und Süchtige".[201] Ernst Illing (1904–1946), ebenfalls seit 1933 NSDAP-Mitglied, war vor seiner 1942 erfolgten Übersiedlung nach Wien vier Jahre Oberarzt und stellvertretender Leiter von Görden/Brandenburg, der ersten Kindertötungsanstalt im *Altreich*.[202] Beide arbeiteten eng mit der NS-Euthanasiezentrale in Berlin zusammen, Illing war verantwortlich für die Tötung von Kindern und Jugendlichen in der Jugendfürsorgeanstalt und Bertha als Direktor der Anstalt Am Steinhof ab Januar 1944 auch für den deutlichen Anstieg der dortigen Todesfälle.[203] Und Erich Breuning war beteiligt an der Installation Emil Gelnys, der ab November 1943 als ärztlicher Leiter in der Heil- und Pflegeanstalt Gugging mit Wissen seiner Vorgesetzten zahlreiche Patientinnen und Patienten tötete.[204]

---

200 Allerdings konnte kein Arzt innerhalb eines Verfahrens mehrere Funktionen übernehmen, der antragstellende Arzt also nicht über die Zwangssterilisation entscheiden oder ein Gutachten erstellen.

201 Vgl. ausführlich Wolf, Bertha, 36, weiters Klee, Personenlexikon, 43f.

202 Vgl. WSTLA Personalakt Illing und DÖW E 17792, zit. nach Neugebauer, „Spiegelgrund", 297, vgl. ebd., 289–305, und Czech, Erfassung, 91–117.

203 Zu Berthas Tätigkeit als Leiter der Anstalt Am Steinhof und seiner Mitverantwortung an den Tötungen vgl. Schwarz, Mord, 113–141.

204 Vgl. Neugebauer, „Euthanasie", 636.

Neben der Sicherung der *Erbgesundheit* im Kontext der nationalsozialistischen Gesundheits- und Bevölkerungspolitik waren einzelne ärztliche Beisitzer des Erbgesundheitsgerichts Wien auch maßgeblich an der Verfolgung und Vertreibung von Jüdinnen und Juden beteiligt – wie Max Tobis, ehemals praktischer Arzt in Mannersdorf bei Bruck/Leitha und langjähriger Sozialversicherungsreferent sowie stellvertretender Vorsitzender im Präsidium des Reichsverbands österreichischer Ärzteorganisationen: Er war ab 1941 als Kommissar für die jüdischen Krankenbehandler „in die Verantwortung für die Verfolgung der letzten Wiener jüdischen Ärzte eingebunden".[205]

Eine wichtige Voraussetzung für die Bestellung als ärztlicher Beisitzer war, dass diese „auf dem Boden der nationalsozialistischen Weltanschauung stehen"[206], was bei Bertha, Breitenecker, Breuning, Euler-Rolle, Haidinger, Hickelsberger, Illing, Neusser, Pichler, Schmidt, Scholz und Windholz jedenfalls zutraf: waren sie doch schon seit Anfang der 1930er-Jahre, d.h. auch während des Verbots der NSDAP von 1933 bis 1938, deren Mitglied.[207] Auersperg und Krzizek waren ab 1938 Anwärter. Wann Kittinger und Schindlmaisser NSDAP-Mitglieder wurden, geht aus den Akten nicht eindeutig hervor, beide gehörten auch der SA an. Haidinger, Neusser, Scholz und Windholz gehörten außerdem der SA an, Auersperg, Bertha, Euler-Rolle, Neusser, Pichler und Schmid der SS.

Abschließend noch zum Alter der wichtigsten ärztlichen Beisitzer: Sie waren zwischen 1888 und 1911 geboren, also 1940, zum Zeitpunkt des Inkrafttretens des GzVeN, zwischen 39 und 52 Jahre alt. Auersperg, Breuning, Hamminger, Kittinger, Lakatha, Neusser und Schindlmaisser, die vor 1900 geboren waren, gehörten der von Johannes Vossen für Westfalen charakterisierten und auf Wien übertragbaren ‚Frontgeneration' an, die während der Monarchie bzw. des Ersten Weltkriegs aufgewachsen war, fallweise auch eingezogen wurde oder schon mit ihrem Medizinstudium begonnen hatte. Bertha, Breitenecker, Euler-Rolle, Illing, Krzizek, Singer, Scholz und Windholz wären, auch wenn

205 Hubenstorf, Wahrheit, 15.

206 Gütt/Rüdin/Ruttke, Kommentar, 224.

207 Zu Bertha, Breitenecker und Illing vgl. die Einträge in Klee, Personenlexikon. Zu Breuning vgl. ÖStA/AdR, 04, PK 17530/49, zu Euler-Rolle WSTLA, VG 12 d Vr 5470/47, zu Haidinger WSTLA, PA, zu Neusser WSTLA, VG 1 Vr 5651/46, zu Scholz WSTLA, VG 3992/48, und zu Windholz WSTLA, VG 1 Vr 242/46, darin findet sich auch der Hinweis zu Hickelsberger.

die Übergänge fließend sind, den von Vossen als ‚nationalsozialistische Ärzte' Bezeichneten zuzurechnen, die nach 1900 geboren wurden: Sie hatten nicht als Soldat am Ersten Weltkrieg teilgenommen und ihr Studium bzw. ihre ersten beruflichen Erfahrungen in einer von vielen Brüchen gekennzeichneten Zeit gesammelt – mit deutschnationalen und antisemitischen Tendenzen und der zunehmenden Bedeutung der NSDAP. 1940 waren sie – wie auch die ‚Frontgeneration' – als Ärzte bereits ideologisch und strukturell verankert und übernahmen bereitwillig die vielfältigen Aufgaben eines *Erbarztes*.[208]

ALLGEMEINES ZU DEN VERFAHREN AM ERBGESUNDHEITSGERICHT WIEN

Die Bestellung der ärztlichen Beisitzer erfolgte nicht zeitgleich mit dem – mehrfach verschobenen – Inkrafttreten des GzVeN im Jänner 1940, sondern verzögerte sich noch bis Mai. Auch Anton Rolleder und Alfred Tomanetz wurden erst am 30. Dezember 1939 durch Amtsgerichtspräsident Seitz zum Richter am Erbgesundheitsgericht bestellt.[209] Bis Februar 1941 war Rolleder jedoch, vermutlich aufgrund der geringen Zahl der Verfahren, alleiniger Richter.

Zu Rolleders ersten Amtshandlungen zählte nicht der Vorsitz in einem Verfahren, sondern der Hinweis auf den Stillstand des Erbgesundheitsgerichts: Bereits Mitte Jänner beantragte Lothar Scholz, Amtsarzt am Gesundheitsamt Wien Liesing/Mödling, beim Erbgesundheitsgericht Wien die Zwangssterilisation von Marie F., die zu diesem Zeitpunkt im dritten Monat schwanger war. „Wegen der ungewöhnlichen grundsätzlichen Bedeutung der Gründe, die diese Verfügung notwendig machten", informierte Rolleder Ende März Amtsgerichtspräsidenten Seitz und Gauärzteführer Planner-Plann vom Gauamt für Volksgesundheit über die Nicht-Erledigung des Antrages „wegen Gerichtsstillstandes auf dessen Dauer".[210] Rolleder, offenbar besorgt, er selber könnte dafür

208 Zu den Ärztegenerationen vgl. Vossen, Gesundheitsämter, 246–254. Die von Vossen ebenfalls genannte Generation der ‚Gründerzeitgeneration' (vor 1870 geborene Ärzte) traf für Wien nicht zu, vgl. ebd. 247f.

209 Zu Rolleder vgl. DÖW E 22232, fol. 43, zu Tomanetz vgl. ÖStA/AdR, RJM, Personale Tomanetz.

210 Zu den folgenden Ausführungen vgl. 1 XIII 2/40.

verantwortlich gemacht werden, hielt, neben dem Hinweis auf die bereits erfolgten umfangreichen Vorbereitungen für das Verfahren, fest: „Es liegt ein Fall von Wichtigkeit und besonderer Dringlichkeit vor: beim Akte erliegen nicht nur der ordnungsgemässe Antrag des Amtsarztes und dessen ordnungsgemässes Gutachten, sondern auch ausführliche Krankengeschichten und eine umfassende Sippschaftsdarstellung, die Bescheinigung der Erbkranken über ihre Aufklärung hinsichtlich Wesen und Folgen der Unfruchtbarmachung, die Zustimmung ihrer Eltern hiezu und nun ist auch die Zustimmung des Gauleiters Wien zur Durchführung des Verfahrens eingetroffen, es sind somit sämtliche formellen Voraussetzungen zur Einleitung und Durchführung des Verfahrens gegeben. Zudem befand sich die Erbkranke zum Zeitpunkte der Antragstellung – Mitte Jänner 1940 – im 3. Schwangerschaftsmonate, weshalb die Sache – vorausgesetzt, dass es zur Anordnung der Unfruchtbarmachung kommen sollte – bereits in höchstem Maße dringlich geworden ist. Der Erledigung der Sache stehen jedoch ungewöhnliche Hindernisse entgegen: obgleich die Erbgesundheitsgerichtsbarkeit schon seit 1.1.1940 in der Ostmark eingeführt und die Einrichtung des Erbgesundheitsgerichtes Wien, soweit sie zur Abhaltung von ordnungsgemässen Sitzungen erforderlich ist, längst abgeschlossen ist, sind bis jetzt nach Kenntnis des Gefertigten an massgebender Stelle noch keine ärztlichen Beisitzer in Vorschlag gebracht worden, weshalb noch keine Ernennung derselben erfolgen hat können. Das Gericht muss deshalb als noch nicht gehörig besetzt erklärt werden.“ Rolleder ergänzte, „über die Anordnung der Unfruchtbarmachung, und sei es auch ein noch so dringender Fall – allein zu entscheiden, wäre eine über das gesetzgeberische Vorhaben hinausgreifende Amtstätigkeit eines Vorsitzenden“. Rolleder wollte jedoch keineswegs untätig bleiben: „Es kann ihm jedoch nicht verwehrt sein, Zwischenverfügungen zu treffen, die die Rechtsnotlage darlegen und das Allerdringlichste vorkehren helfen. Der unterfertigte Vorsitzende sah sich deshalb genötigt, den Zustand des Stillstandes des Gerichtes festzustellen und damit die Verantwortung für die vorläufige Nichterledigung des obigen Unfruchtbarmachungsantrages auf die Dauer des Stillstandes abzulehnen.“[211]

211 Diese und die folgenden Zitate aus Rolleders Brief finden sich in 1 XIII 2/40, Hervorhebung im Original.

Die Verzögerung bei der Bestellung der ärztlichen Beisitzer war nicht auf Wien beschränkt: Im Gau Steiermark hatten die Landeshauptmannschaft und der Gauärzteführer diese zwar schon ausgesucht, allerdings auf die Einholung der Genehmigung durch das Reichsministerium des Innern in Berlin vergessen, weshalb auch dort in den ersten Monaten des Jahres 1940 keine Beschlussfassung erfolgte.[212]

Nach Rolleders Urgenz dauerte es weitere sechs Wochen bis zur ersten Sitzung des nun voll besetzten Erbgesundheitsgerichts Wien: Am 14. Mai 1940 beschlossen Erwin Haidinger und der Psychiater Alfred Auersperg unter Rolleders Vorsitz die Zwangssterilisation der als *schizophren* diagnostizierten Maria F. und den Abbruch ihrer Schwangerschaft. Doch zwei Wochen später musste das Erbgesundheitsgericht wieder zusammentreten, diesmal mit den ärztlichen Beisitzern August Krzizek und Erich Neusser: Die im GzVeN vorgeschriebene gynäkologische Untersuchung unmittelbar vor der Zwangssterilisation hatte ergeben, dass Maria F. bereits im achten Monat schwanger war. Da Abtreibungen gemäß GzVeN bis zum Ende des sechsten Monats erfolgen mussten, unterblieben beide Eingriffe bis zur „weiteren Entscheidung dieses Gerichtes auf Grund eines neuerlichen Antrages des zuständigen Amtsarztes zu einem geeigneten Zeitpunkt nach Beendigung der Schwangerschaft."[213] Im noch vorhandenen Bestand des Erbgesundheitsgerichts Wien findet sich kein weiteres Verfahren, es ist daher nicht auszuschließen, dass Marie F. durch die genannten Verzögerungen bei der Bestellung der ärztlichen Beisitzer trotz der von Amtsarzt Scholz festgehaltenen *Dringlichkeit* nicht zwangssterilisiert wurde, auch wenn offen bleibt, warum er keinen weiteren Antrag stellte.

Die Entwicklung der Verfahren von 1940 bis 1945

Die ersten Verfahren am Erbgesundheitsgericht fanden zeitgleich mit den Vorbereitungen zur Deportation der Patientinnen und Patienten von der An-

212 Vgl. Ladinig, NS-Gesundheitswesen, 81, und Poier, Gesundheitspolitik, 211, zu Linz vgl. Goldberger, Oberdonau, 186–190.

213 Vgl. 1 XIII 2/40.

stalt Am Steinhof in die Tötungsanstalt Hartheim statt: Im Juli waren es etwa 1.600, im August 700 und im September 450.[214]

Nach der ersten mit einem Beschluss endenden Verhandlung des Erbgesundheitsgerichts vom 14. Mai 1940 stieg die Zahl der erstinstanzlichen Beschlüsse nur langsam: Drei weitere erfolgten noch im Mai, einer im Juni, je sechs im Juli und August, weitere drei im September, zehn im Oktober, 14 im November und 13 im Dezember. Insgesamt endeten im Jahr 1940 nur 60 (4 %) aller rekonstruierbaren Verfahren. (Siehe Diagramm EGG 3) Trotz mehrerer Schulungen für Amtsärzte und Fürsorgerinnen vor der Einführung des GzVeN[215] dauerte es offenbar einige Zeit, bis die Einholung von Unterlagen aus Schulen, Arbeitsbereichen und sonstigen sozialmedizinischen Einrichtungen zur Vorbereitung der Verfahren sowie die Erstellung der Sippenbögen und der amtsärztlichen Gutachten Routine wurde.

Diagramm EGG 3, Grundgesamtheit: 1.697 Verfahren

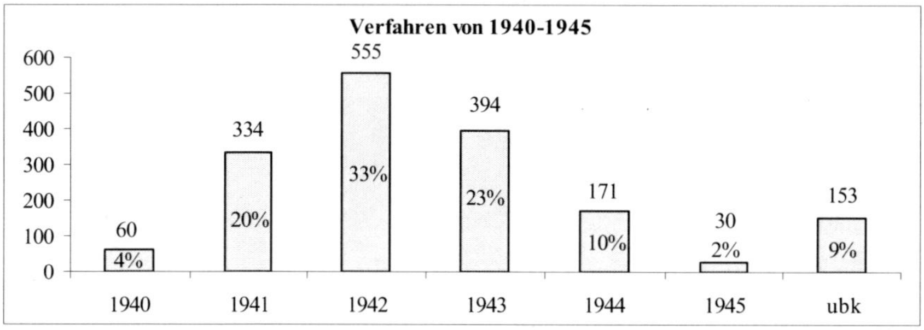

Die Verteilung der Verfahren zwischen 1940 und 1945 ändert sich auch nicht wesentlich, wenn man von etwa 2.050 Verfahren, die sich aufgrund der Aktenzahlen ergeben würden, ausgeht,[216] auch wenn 1944 und 1945 anteilig mehr Verfahren geendet hätten. (Siehe Diagramm EGG 4.)

214 Vgl. Mende, Heilanstalt, 67.

215 Vgl. Spring, Patient tobte, 51.

216 Vgl. den Abschnitt zu den Quellen in der Einleitung.

Diagramm EGG 4, Grundgesamtheit: 1.544 Verfahren mit Beschlussfassung (ungewichtet) bzw. mindestens 2.050 Erbgesundheitsgerichtsverfahren, rekonstruiert aufgrund der Aktenzahlen (gewichtet). Jene Verfahren, wo das Datum des Beschlusses nicht rekonstruierbar ist, konnten nicht einbezogen werden, sie würden die in dieser Tabelle ersichtliche Differenz noch verringern.

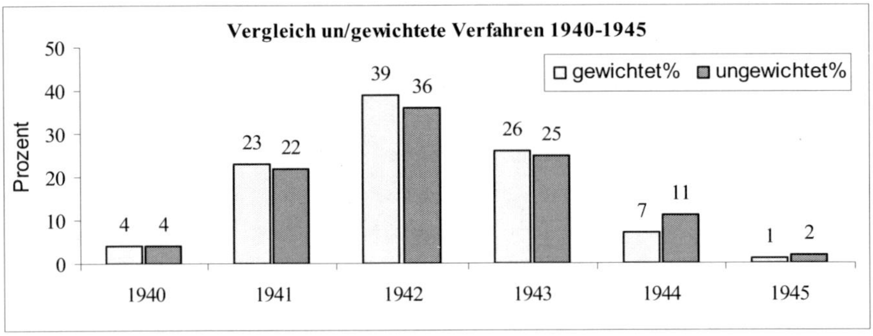

Die Zahl der abgeschlossenen Verfahren stieg im Jahr 1941 um mehr als das Fünffache, und bis 1943 endete der Großteil der Verfahren, einige auch noch 1944 und sogar in den ersten Monaten des Jahres 1945, als der Vollzug des GzVeN für Richter und ärztliche Beisitzer am Erbgesundheitsgericht Wien, aber auch an anderen Erbgesundheitsgerichten des *Altreichs* zunehmend schwieriger wurde: Verzögerte Postzustellung, Bombenangriffe und -schäden, Mangel bei Heizmaterial für die Gerichtsräume und vor allem auch Ärztemangel durch Einberufungen bzw. Verpflichtung zur Erfüllung von *kriegswichtigeren* Aufgaben führten dazu, dass das Reichsministerium des Innern im Oktober 1944 die Einstellung der Verfahren bis Kriegsende anordnete. Aus dem Schreiben des Reichsministeriums, das an die 1939 begonnene und während des Krieges fortgeführte Einschränkung des Personenkreises, der zwangssterilisiert werden sollte, anknüpfte, geht die unveränderte Bedeutung des buchstabengetreuen Vollzuges des GzVeN deutlich hervor: „Die Wichtigkeit der Erbgesundheitssachen verbietet ihre Erledigung in einem behelfsmäßigen Verfahren. Infolge des totalen Kriegseinsatzes der mitwirkenden Ärzte ist eine sachgemäße Bearbeitung in der Mehrzahl aller Sachen zur Zeit nicht mehr möglich. Die beamteten Ärzte werden deshalb in Zukunft Anträge auf Unfruchtbarmachung nur noch ganz vereinzelt in besonders dringlichen Fällen stellen.“[217]

217 Erlass des Reichsministeriums des Innern vom 23. Oktober 1944, zit. nach Bock, Zwangsste-

Es oblag den Amtsärzten, zu entscheiden, die Verfahren als kriegswichtig weiterzuführen oder die Beschlussfassung aufzuschieben. Am Erbgesundheitsgericht Wien wurden ab Herbst 1944 nur zwölf Verfahren (7 % der 171 in diesem Jahr abgeschlossenen Verfahren) kriegsbedingt eingestellt. Dies zeigt, dass die ärztlichen Beisitzer, allen voran Erich Breuning und Erich Neusser, die in diesem Zeitraum die wichtigsten ärztlichen Beisitzer waren, ihre Tätigkeit auch unter erschwerten Rahmenbedingungen für kriegswichtig hielten und unbeirrt fortführten, selbst als das Erbgesundheitsgericht aufgrund der zunehmenden Fliegeralarme provisorisch einen Raum im Keller des Erbgesundheitsgerichts für die Sitzungen eingerichtet hatte.[218] Neben der von ihnen erhofften *Gesundung des Volkskörpers* sicherten sie damit gleichzeitig auch ihren eigenen Verbleib an der Heimatfront. Auch Richter Rolleder hatte trotz Einschränkungen weiterhin einen großen Aufgabenbereich: Nach der kriegsbedingten gänzlichen Einstellung des Erbgesundheitsobergerichts im Dezember 1944 wurden die dort noch anhängigen Verfahren an das Erbgesundheitsgericht zur weiteren Behandlung überstellt. Dieses sollte entscheiden, ob sie weitergeführt werden sollten oder der erstinstanzliche Beschluss rechtskräftig sei. Außerdem wurden im Zuge der Zusammenlegung der Gerichtsbezirke sowohl die Verfahren der Erbgesundheitsgerichte Korneuburg, Krems, St. Pölten, Wiener Neustadt und Znaim als auch die beim Erbgesundheitsobergericht noch anhängigen Beschwerdeverfahren dieser Gerichte an das Erbgesundheitsgericht Wien abgegeben.

Untersucht man den Verlauf der Verfahren von Frauen und Männern zwischen 1940 bis 1945, so zeigt sich, dass annähernd gleich viele Frauen und Männer betroffen waren – dies zeigten auch Untersuchungen zur Erbgesundheitsgerichtsbarkeit im *Altreich*. Allerdings standen 1940 und 1941 deutlich öfter Frauen vor dem Erbgesundheitsgericht als Männer, 1940 war das Verhältnis etwa 70 zu 30 und 1941 60 zu 40. Der Grund dafür ist naheliegend: 16 der 38 Frauen, deren (insgesamt 41) Verfahren 1940 endeten, waren schwanger,

rilisation, 237. Allerdings findet sich im BAB, R 3001/21936 ein mit 22. August 1944 datiertes Schreiben gleichen Inhalts des Reichsjustizministeriums an alle Oberlandesgerichtspräsidenten, vgl. ebd. fol. 149.

218 Vgl. das Schreiben Rolleders an Barbara G. vom 8. Dezember 1944, 1 XIII 95/44.

weshalb sie nicht nur als dringend *fortpflanzungsgefährdet* galten, sondern ihr Verfahren auch möglichst schnell abgeschlossen werden sollte, um im Falle ihrer festgestellten *Erbkrankheit* nicht nur die Zwangssterilisation, sondern auch den Abbruch der für die *Volksgemeinschaft unerwünschten Schwangerschaft* durchführen zu können. 1941 waren 42 der 198 Frauen, also noch ein Fünftel, schwanger, 1942 waren es nur noch 18 von 271 Frauen, und dementsprechend ausgewogener ist auch das Geschlechterverhältnis bei den Verfahren. (Siehe Diagramm EGG 5.)

Diagramm EGG 5, Grundgesamtheit: 1.695 Verfahren (in 2 Verfahren ist nicht ersichtlich, ob eine Frau oder ein Mann betroffen war)

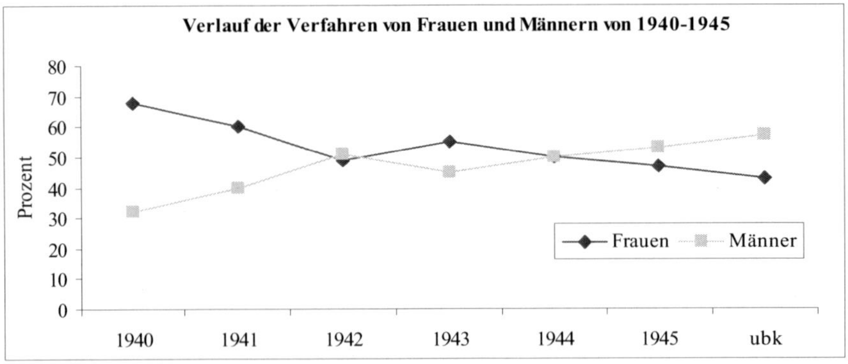

DAUER DER VERFAHREN BZW. DER EINZELNEN SITZUNGEN

Welcher Zeitraum zwischen der Anzeige, den Vorbereitungen für die Einbringung des Antrags und der erstinstanzlichen Beschlussfassung lag, kann mangels Quellen für Wien nur in Einzelfällen beantwortet werden. Offen bleibt auch, ob sich dieser im Verlauf des Krieges veränderte. Gisela Bock geht von durchschnittlich zwei bis vier Monaten zwischen Antrag und Beschluss aus,[219] bedingt durch die Einholung ergänzender Unterlagen zur Entscheidungsfindung wie Krankengeschichten, zusätzlichen Gutachten oder Berichten von Schulen und Arbeitsstellen. Christiane Rothmaler konnte für das Erb-

219 Vgl. Bock, Zwangssterilisation, 215.

gesundheitsgericht Hamburg aufzeigen, dass der Anteil der kurzen Verfahren bei Frauen deutlich höher war als jener bei Männern, und auch der Großteil jener Menschen, die als *schwachsinnig* kategorisiert worden waren, sehr kurze Verfahren hatte.[220] Aus den wenigen umfangreicheren Wiener Akten des Erbgesundheitsgerichts geht hervor, dass die Verfahren – auch ohne zusätzliche externe Begutachtung bei Uneinigkeit der ärztlichen Beisitzer – zumeist zwischen sechs und zwölf Monaten dauerten, also wesentlich länger als im *Altreich*. Auch im Gau Steiermark berichtete der Präsident des Oberlandesgerichtes an den Reichsjustizminister im September 1941, dass „einzelne Fälle nahezu ein Jahr auf ihre Erledigung warten müssen".[221]

Vereinzelt kam es am Erbgesundheitsgericht Wien auch intern zu Verzögerungen, wie das Verfahren von Franz L. zeigt, wo der vorgesehene ärztliche Beisitzer, Erwin Haidinger dienstlich verhindert war und, da „es nicht gelungen ist, an seiner Stelle einen anderen als Beisitzer heranzuziehen"[222], die Sitzung, in der seine Zwangssterilisation beschlossen wurde, erst vier Wochen später stattfand. Ebenso mussten an den Erbgesundheitsgerichten im Gau Oberdonau fallweise Sitzungen verschoben werden.[223]

Doch es gab auch Verfahren, wo das Erbgesundheitsgericht innerhalb eines Monats entschied, vor allem bei schwangeren Frauen: Johanna R.s Schwangerschaft war jedoch, wie sich bei der ärztlichen Untersuchung vor dem Zwangseingriff herausstellte, für einen Abbruch zu weit fortgeschritten. Ihr Sohn kam Anfang August 1944 zur Welt, und, da sie ihn stillte, sollte die Zwangssterilisation frühestens Anfang April 1945 durchgeführt werden – was kriegsbedingt vermutlich nicht mehr der Fall war.[224] Bei Hedwig R., die nach einer Vergewaltigung durch einen Wehrmachtssoldaten schwanger geworden war, stellte sich offenbar unmittelbar nach dem Abbruch der Schwangerschaft heraus, dass sie an Scharlach erkrankt war, weshalb die Zwangssterilisation

220 Vgl. Rothmaler, Hamburg, 73f.

221 BAB, R 3001/23365, Bericht des Oberlandesgerichtspräsidenten Graz an Staatssekretär Schlegelberger im Reichjustizministerium, 7. November 1942, fol. 26. Zu Schlegelberger und seiner Mitverantwortung für NS-Euthanasie und Zwangssterilisationen vgl. Förster, Schlegelberger, 103–126.

222 2 XIII 110/41.

223 Vgl. Goldberger, Linz und Oberdonau, 877f.

224 Vgl. 2 XIII 19/44.

aus medizinischen Gründen aufgeschoben wurde. Im Februar 1945 urgierte Richter Rolleder noch, „den in Betracht kommenden Operateur zur baldigen Ausführungsberichterstattung veranlassen zu wollen", und verfügte die Wiedervorlage des Aktes mit Mitte April. Auch Hedwig R. könnte – trotz eines sehr kurzen Verfahrens – aufgrund des Kriegsendes von der Zwangssterilisation verschont geblieben sein.[225]

Die Gründe für die vergleichsweise langen Verfahren in Wien waren vielfältig: Kriegsbedingte Änderungen in der Schwerpunktsetzung des Gesundheitsamtes wie beispielsweise Seuchenschutz oder Luftschutzmaßnahmen trugen dazu bei, dass trotz der Wichtigkeit, die die Erbgesundheitsgerichtsbarkeit zweifellos auch während des Krieges hatte, personelle Engpässe zu längeren Verfahren führten. Auch die Einbeziehung der NSDAP in die Erbgesundheitsgerichtsbarkeit, die nach einem über mehrere Jahre geführten erbitterten Streit zwischen Reichsärzteführer Wagner und dem Stellvertreter Hitlers, Rudolf Hess, damit endete, dass die Gauleiter im Vorverfahren die Weiterleitung der Anträge von Gesundheitsämtern bzw. Anstalten genehmigen sollten und die Gauämter für Volksgesundheit deren Entscheidung vorzubereiten hatten, verlängerten die Verfahren um mehrere Wochen.[226] Ab September 1944 mussten die Verfahrensakten nach der ersten Einvernahme dem Reichsstatthalter zur Entscheidung über die Fortführung vorgelegt werden.[227] Zumindest für einige wenige von der Zwangssterilisation bedrohte Frauen und Männer bedingte diese Bestimmung eine längere Verzögerung, wodurch ihre Verfahren mit der Aufhebung des GzVeN im Mai 1945 ohne Beschluss endeten. Der zuständige Beamte des Reichsstatthalters Wien, Paul Trüb, der diese Entscheidung vorzubereiten hatte, war auch häufiger ärztlicher Beisitzer am Erbgesundheitsobergericht Wien und in seiner Funktion beim Reichsstatthalter mitverantwortlich für die Deportationen psychiatrischer PatientInnen in die Tötungsanstalt Hartheim.[228]

225 Vgl. 2 XIII 35/44 und Kap. 4.

226 Vgl. u.a. 1 XIII 138/43. Zu diesem Streit vgl. ausführlich Ganssmüller, Erbgesundheitspolitik, 95–115. Zu den Auswirkungen des Krieges auf die Gesundheitspolitik vgl. ausführlich Süss, Volkskörper, 179–404.

227 Vgl. Runderlass des Reichsministeriums des Innern vom 6. September 1944, A b 1419 II/44–1079a in 2 XIII 96/44.

228 Zu Trüb vgl. Kap. 3, zur Biografie der Genannten vgl. weiter unten.

Untersuchungen zur Erbgesundheitsgerichtsbarkeit im *Altreich* zeigen weiters, dass einige Erbgesundheitsgerichte vor allem in den ersten Jahren nach dem Inkrafttreten des GzVeN im Jänner 1934 die Beschlüsse oft innerhalb weniger Minuten fassten. Monika Daum und Hans-Ulrich Deppe sprachen für das Erbgesundheitsgericht Frankfurt/Main von „Schnellverfahren"[229], Johannes Vossen von „Fließbandverfahren"[230] am Erbgesundheitsgericht Bielefeld, er wies aber auch auf eine eingehendere Verfahrensführung an den Erbgesundheitsgerichten in Hagen, Münster und Paderborn selbst für diesen Zeitraum hin.

Am Erbgesundheitsgericht Wien endeten pro Sitzungstag ein bis drei Verfahren mit einem Beschluss – ob die Richter und ärztlichen Beisitzer dazu mehrere Sitzungen abhielten, kann mit den vorhandenen Akten nicht beantwortet werden.[231] Zwischen 1941 und 1945 wurden pro Sitzungstag bis zu elf Beschlüsse gefasst, meistens fünf oder sechs.

Wie lange Richter und Ärzte in einer Sitzung am Erbgesundheitsgericht Wien berieten, geht nur aus einigen wenigen Akten hervor, weshalb keine allgemeineren Schlüsse möglich sind: Bei Franz L. dauerte die Sitzung, in der seine Zwangssterilisation beschlossen wurde, 15 Minuten, bei deren Ablehnung 30 Minuten, bei der zuvor genannten schwangeren Hedwig R. der Beschluss zu Abtreibung und Zwangssterilisation eineinhalb Stunden und bei der schwangeren Margarethe G. ging das Erbgesundheitsgericht Wien nach knapp dreistündigen Beratungen davon aus, ihre Schwangerschaft sei für einen Abbruch zu weit fortgeschritten, und vertagte auch die Entscheidung über die Zwangssterilisation.[232]

229 Daum/Deppe, Frankfurt/Main, 118.

230 Vossen, Gesundheitsämter, 295.

231 Vgl. beispielsweise Daum/Deppe, Frankfurt/Main, 117f, und Hennig, Offenbach/Main, 155–161, die bis zu drei Verhandlungen vor der Beschlussfassung nachwiesen.

232 Vgl. 2 XIII 111/41 (Franz L.), 2 XIII 250/42 (Franz T.), 2 XIII 35/44 (Hedwig R.) und 1 XIII 73/43 (Margarethe G. Das Erbgesundheitsobergericht hob diesen Beschluss aus formalen Gründen auf und bestimmte die Fortführung des Verfahrens am Erbgesundheitsgericht, was jedoch unterblieb.)

DIE *BEANTRAGTEN:* FRAUEN UND MÄNNER VOR DEM ERBGESUNDHEITSGERICHT WIEN

Aus dem Zeitraum von 1940 bis 1945 sind insgesamt 1.697 erstinstanzliche Verfahren vor dem Erbgesundheitsgericht Wien von 1.661 Frauen und Männern rekonstruierbar: 887 Frauen hatten 891 Verfahren (53 %) und 774 Männer insgesamt 804 (47 %).[233] Die Differenz zwischen Personen und Verfahren erklärt sich aus den ersten Monaten des Jahres 1940, wo, wie zuvor schon beschrieben, mangels ärztlicher Beisitzer die Anträge der Amtsärzte und Anstaltsleiter vorerst zurückgewiesen und die Verfahren erst später geführt wurden,[234] und auch durch die sogenannten Wiederaufnahmeanträge: Traten nach einem abgeschlossenen Verfahren, d.h. nach dem Beschluss des Erbgesundheitsobergerichts, Umstände ein, „die eine nochmalige Prüfung des Sachverhaltes erfordern",[235] musste das Verfahren vom Erbgesundheitsgericht wieder aufgenommen und der Zwangseingriff bis zur neuerlichen Entscheidung aufgeschoben werden. Auch nach der kriegsbedingten Einstellung des Erbgesundheitsobergerichts im Dezember 1944 wurden die noch anhängigen Verfahren an das Erbgesundheitsgericht Wien zurückgestellt, das entscheiden musste, ob diese wieder aufgenommen werden sollten oder der ursprüngliche erstinstanzliche Beschluss rechtskräftig blieb.

Mit Ausnahme der regionalen Herkunft und des Alters (zum Zeitpunkt des ersten Beschlusses) der Frauen und Männer vor dem Erbgesundheitsgericht dienten bei den Angaben zu Familienstand, Anstaltsaufenthalt, Beruf, aber auch gesetzlicher Vertretung die Verfahren als Grundlage, da sich dies zwischen dem ersten Verfahren und einem zweiten ändern konnte.

233 In zwei Verfahren geht aus den Akten nicht hervor, ob eine Frau oder ein Mann vor dem Erbgesundheitsgericht stand.

234 Vgl. u.a. 1 XIII 2/40 und 2 XIII 2/40.

235 § 12 Abs 2 GzVeN, vgl. Gütt/Rüdin/Ruttke, Kommentar, 272f.

REGIONALE HERKUNFT UND ALTER

Die Geburtsorte der Frauen und Männer entsprachen weitgehend dem Sprengel des Erbgesundheitsgerichts. 1.038 (62%) waren in Wien geboren, der Großteil der anderen in umliegenden Orten und Gemeinden östlich von Wien wie Bruck/Leitha und Hainburg sowie der Region nördlich des Neusiedler Sees, einige wenige stammten aus Graz, Linz und Salzburg bzw. anderen Regionen der *Ostmark* und des *Altreichs*.

Zur Berechnung des Alters wurden jene Verfahren herangezogen, aus denen das Jahr der Beschlussfassung des Erbgesundheitsgerichts hervorgeht. Das durchschnittliche Alter der Frauen und Männer war fast gleich, nämlich 29 bzw. 31 Jahre. (Siehe Diagramm EGG 6.)

Diagramm EGG 6, Grundgesamtheit: 1.515 Verfahren mit Beschlussfassung

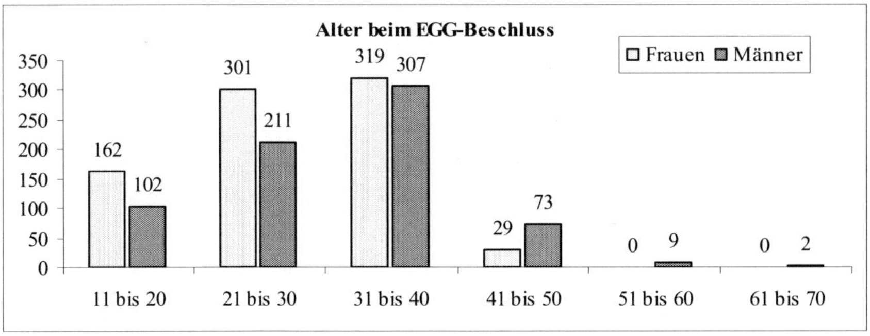

Jeweils drei Viertel der von der Zwangssterilisation bedrohten Frauen und Männer war zwischen 20 und 40 Jahre alt. Hoch ist auch die Zahl der unter 20-jährigen. Frauen über 40 galten aufgrund ihrer abnehmenden Fertilität kaum noch als *dringend fortpflanzungsgefährdet*, dementsprechend niedrig ist auch ihr Anteil in der Altersgruppe der 40- bis 50-Jährigen. Die Verfahrensakten dieser Frauen zeigen, dass sie zumeist verheiratet, Mutter eines oder mehrerer Kinder und zum Zeitpunkt der Antragstellung in einer psychiatrischen Anstalt untergebracht waren – aus der sie ohne abgeschlossenes Verfahren nicht oder nur in Ausnahmefällen entlassen werden konnten.[236] Je jünger die Betroffenen waren, umso mehr verschob sich das Verhältnis zwischen den Geschlechtern: In der jüngsten Altersgruppe, den unter 20-Jährigen, beträgt es 60 zu 40 – junge Frauen galten trotz des eingeschränkten Vollzugs des GzVeN eher als junge Männer *dringend fortpflanzungsgefährdet.*

Elisabeth S. war mit 49 Jahren die älteste Frau vor dem Erbgesundheitsgericht Wien. Sie konnte sich über vier Jahre erfolgreich gegen ihre angeordnete Zwangssterilisation wehren und dieser durch ein Zusammentreffen von massiver körperlicher Gegenwehr bei der Abholung zur Operation mit der Nachlässigkeit seitens des Gesundheitsamts bei der Einhaltung der halbjährlich vorgeschriebenen Wiederholung des Einweisungsversuches und dem Kriegsende letztlich entgehen.[237] Der gehörlose Porzellanmaler Karl M. war mit 64 der älteste Mann vor dem Erbgesundheitsgericht Wien. Die ärztlichen Beisitzer Krzizek und Tobis lehnten unter dem Vorsitz Tomanetz' im Oktober 1942 seine Zwangssterilisation ab, da „es sich im gegebenen Falle höchstwahrscheinlich nicht um eine angeborene Taubheit handelt".[238]

Otto P. war mit 12 Jahren der Jüngste. Die ärztlichen Beisitzer Haidinger und Kittinger beschlossen unter dem Vorsitz Tomanetz' im September 1943 seine Zwangssterilisation wegen „angeborener Fallsucht mit beginnender Demenz. [...] Eine Entstehung für die als typisch anzusprechenden epileptischen Anfälle aus äußerer Ursache wird nicht angegeben und ist auch nicht feststellbar. Die geistige Abschwächung, Schwerfälligkeit, Verlangsamung und Klebrigkeit [sic] sprechen, ebenso wie die Art der Anfälle, für Fallsucht. Als erbliche Belastung ist ein Selbstmord des mütterlichen Großvaters aufzufassen."[239] Elisabeth K. stand als 13-Jährige im Februar 1944 vor dem Erb-

236 Vgl. u.a. 2 XIII 59/41, 1 XIII 104/41. Für die PatientInnen der Anstalt Am Steinhof war August Krzizek für diese Genehmigungen zuständig – ein Zeichen für seine Machtfülle zusätzlich zu seiner sonstigen Tätigkeit im Gesundheitsamt und am Erbgesundheitsgericht. Vgl. WSTLA, M.Abt. 209, V/VI-Gr.10-18.043/40, Weisung des HGA/Anstaltenverwaltung an die Anstalten zur Durchführung des GzVeN, 18. Juli 1940. Spätestens ab November 1942 traf die Entscheidung darüber ausschließlich die Leitung der Abteilung Erb- und Rassenpflege im Hauptgesundheitsamt, vgl. Direktionsakten der Anstalt Am Steinhof, Dir.Reg. 2832/42, zit. nach Mende, Steinhof, 81.

237 Vgl. dazu XIII 21/45 und ausführlich Kap. 4.

238 2 XIII 141/41. Zur Analyse der Beschlüsse siehe weiter unten.

239 2 XIII 273/42.

gesundheitsgericht Wien und war dort mit einer *Intelligenzprüfung* durch die ärztlichen Beisitzer Illing und Lakatha unter dem Vorsitz Rolleders konfrontiert. Welche Fragen ihr dabei gestellt wurden, geht aus dem Akt nicht hervor, ebenso wenig, warum sie sie als *dringend fortpflanzungsgefährdet* einschätzten. Sie beschlossen ihre Zwangssterilisation, denn Elisabeth K. „erwies sich als deutlich auffassungserschwert, kritiklos und kombinationsschwach; sie versagte bei leichten Rechenaufgaben und war nicht in der Lage, einfache Fragen aus der Schulzeit und aus dem alltäglichen Leben richtig zu beantworten. Für ihre Fehlleistungen mangelt es ihr an Einsicht. Für eine äußere Entstehungsursache des bei der Beantragten vorliegenden Schwachsinnes (Debilität) hat sich kein Anhalt ergeben.“[240]

Angesichts der 1939 erfolgten Einschränkung des Personenkreises, der zwangssterilisiert werden sollte, überrascht es doch, dass vor dem Erbgesundheitsgericht Wien nicht wenige Frauen und Männer unter 20, aber auch über 40 bzw. 50 Jahren alt waren. Die Verfahren von Otto P. und Elisabeth K. zeigen exemplarisch auf, dass Amtsärzte und Anstaltsleiter sogar 12- bzw. 13-Jährige als dringend *fortpflanzungsgefährdet* ansahen und – darüber hinaus –, dass die ärztlichen Beisitzer nichts davon abhielt, den Zwangseingriff anzuordnen.

FAMILIENSTAND

Mehr als zwei Drittel der von der Zwangssterilisation bedrohten Frauen und Männer waren zum Zeitpunkt ihres Verfahrens ledig und ein Fünftel verheiratet. Die geringfügigen geschlechtsspezifischen Unterschiede entsprechen annähernd dem Verhältnis der Verfahren von Frauen und Männern insgesamt. (Siehe Diagramm EGG 7.)

Weniger als ein Fünftel der betroffenen Frauen und Männer hatte vor dem Verfahren bereits eines oder mehrere Kinder. Mütter waren wesentlich häufiger als Väter von der Zwangssterilisation bedroht. (Siehe Diagramm EGG 8.)

240 1 XIII 130/43. Zu den einzelnen Diagnosen vgl. Kap. 1.

Diagramm EGG 7, Grundgesamtheit: 1.695 Verfahren

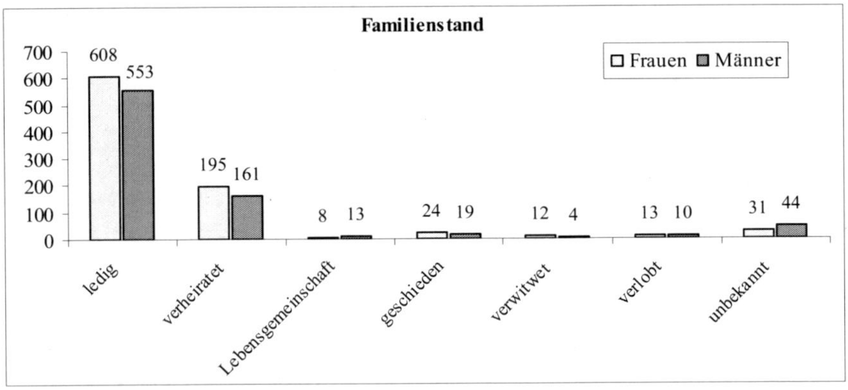

Diagramm EGG 8, Grundgesamtheit: 1.695 Verfahren

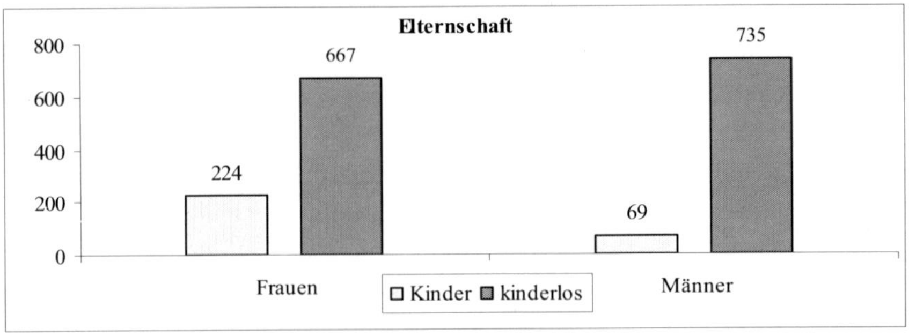

Der Großteil der Frauen und Männer vor dem Erbgesundheitsgericht Wien war somit ledig, kinderlos und zwischen 20 und 40 Jahre alt.

Diagramm EGG 9, Grundgesamtheit: 1.697 Verfahren

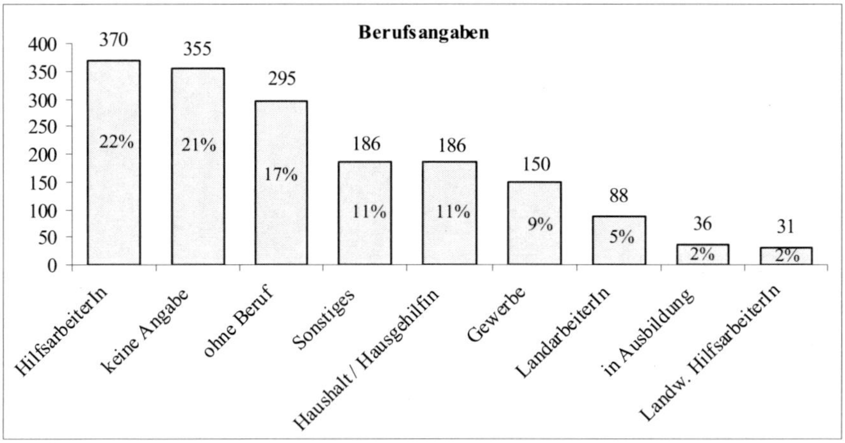

SOZIAL-ÖKONOMISCHE SITUATION

Die beruflichen Tätigkeiten der von der Zwangssterilisation bedrohten Frauen und Männer sind nur schwer rekonstruierbar. Einerseits, weil bei Angaben wie Schneiderin oder Schlosser nicht deutlich wird, ob sie diesen Beruf selbständig oder unselbständig ausübten. Andererseits, weil in 355 der 1.697 Verfahren (21 %), also einem Fünftel, jegliche Angaben zu ihrem beruflichen Hintergrund fehlen – vermutlich hatten sie keine Berufausbildung bzw. Arbeitsstelle. Warum sich aber in weiteren 295 Beschlüssen (17 %) der explizite Hinweis darauf findet, dass die Betroffenen „ohne Beruf" waren, und in zahlreichen Beschlüssen nicht, ist unklar. Faktum bleibt, dass die Berufsangaben nur in etwas mehr als der Hälfte der Verfahren aus den Akten hervorgehen. Am häufigsten genannt sind Hilfsarbeit, kein Beruf, Haushalt und Landarbeit: Die von der Zwangssterilisation bedrohten Frauen und Männer übten also entweder Berufe mit nur geringem gesellschaftlichem Status aus oder waren gar nicht erwerbstätig – ein Befund, der mit der grundlegenden Untersuchung von Gisela Bock und auch den Regionalstudien zur Erbgesundheitsgerichtsbarkeit in Regionen wie Schwaben und Städten des *Altreichs* wie Hamburg, Frankfurt/

Main, Offenbach und Passau übereinstimmt.[241] Lediglich vier Personen hatten, soweit dies aus den Akten hervorgeht, eine abgeschlossene akademische Ausbildung, nämlich zwei Ingenieure, eine Ärztin und ein Arzt. (Siehe Diagramm EGG 9.)

ANSTALTSAUFENTHALT

In den Verfahren von 402 Frauen und 259 Männern (39 % aller Verfahren), anteilsmäßig deutlich mehr Frauen als Männer in Relation zu den Gesamtverfahren, findet sich der Hinweis, dass sie zum Zeitpunkt der Beschlussfassung in einer Anstalt untergebracht waren, 531 (80 %) davon in der Anstalt Am Steinhof. Weitere 37 (6 %) waren in der psychiatrischen Anstalt Gugging untergebracht, dessen Anstaltsleiter, der Psychiater Josef Schicker, als maßgeblicher ärztlicher Beisitzer am Erbgesundheitsobergericht Wien fast zwei Drittel der dortigen Beschlüsse mit entschied.[242] (Siehe Diagramm EGG 10.)

Die Verteilung der Anstalten bedarf einer näheren Erklärung: Der Großteil der Anträge zu InsassInnen der Anstalten Gugging und Mauer-Öhling wurde nicht am Erbgesundheitsgericht Wien, sondern an jenen Erbgesundheitsgerichten im Gau Niederdonau, in dessen Sprengel die Frauen und Männer wohnten, verhandelt.

Die Zahl von 26 (4 %) Frauen und Männern aus dem Versorgungsheim Lainz ist zwar relativ gesehen niedrig, überrascht jedoch, wurden doch in Lainz überwiegend alte Menschen betreut. Die Geburtsjahre dieser 26 Personen (15 Frauen und 11 Männer), die den Zeitraum von 1893 bis 1922 umfassen, verdeutlichen, dass sie zu den jüngeren PatientInnen zählten und vermutlich nicht in dauernder Anstaltspflege bleiben sollten, aber erst nach einem abgeschlossenen Erbgesundheitsgerichtsverfahren entlassen werden konnten.[243]

241 Vgl. Bock, Zwangssterilisation, 301–368, sowie Birk, Schwaben, 136–139, Daum/Deppe, Frankfurt/Main, 103–106, Rothmaler, Hamburg, 29, Heitzer, Passau, 132–136, Hennig, Offenbach/Main, 69–70, Hinz-Wessels, Brandenburg, 104f, und Marnau, Zwangssterilisation, 321.

242 Zu Schicker vgl. Kap. 3.

243 Zu den Zwangssterilisationen in Lainz vgl. auch Arias, Gewähr, 234, zur 1940 erfolgten Deportation von über 300 Patientinnen und Patienten in die Tötungsanstalt Hartheim vgl. ebd., 231.

Diagramm EGG 10, Grundgesamtheit: 661 Verfahren, in denen die Betroffenen zum Zeitpunkt der Beschlussfassung in einer Anstalt untergebracht waren.

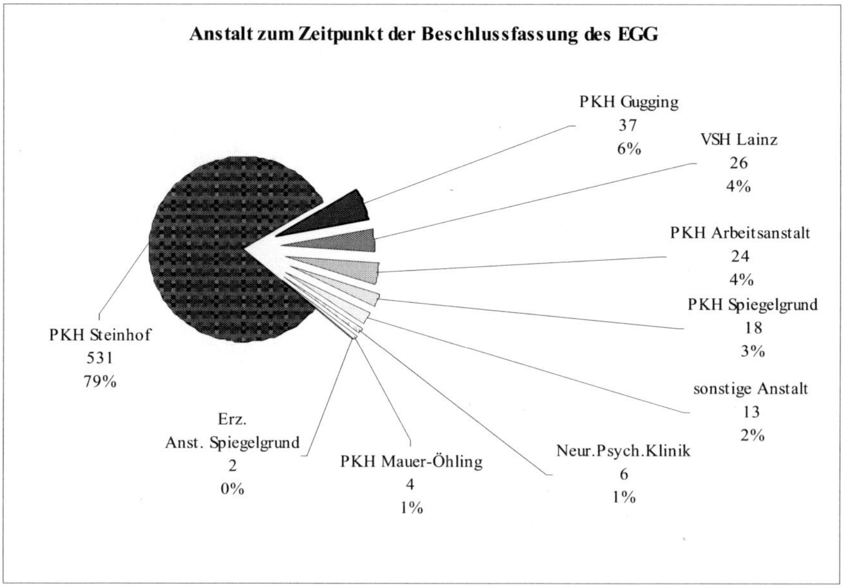

Die geringe Zahl von sechs Personen (fünf Frauen und ein Mann), die sich zum Zeitpunkt der Beschlussfassung in der Neurologisch-Psychiatrischen Klinik befanden, erklärt sich dadurch, dass viele der dortigen PatientInnen zur weiteren Behandlung in die Anstalt Am Steinhof überstellt wurden – bei insgesamt 55 Frauen und Männern geht dies aus ihren Verfahrensakten hervor.[244]

Nun noch zu jenen Institutionen, die in den durch die Deportation und Tötung der InsassInnen frei gewordenen Pavillons der Anstalt Am Steinhof eingerichtet wurden: Die Zahl der Verfahren von Frauen aus der NS-Arbeitsanstalt für asoziale Frauen und Mädchen Am Steinhof[245], der Jugendlichen

244 Vgl. u.a. 1 XIII 113/43.

245 Zu den Anstalten vgl. grundlegend Mende, Steinhof; Neugebauer, „Spiegelgrund"; Dahl, Spiegelgrund; Malina, „Spiegelgrund"; Baumgartner/Mayer, Arbeitsanstalten und Seliger, Verfolgung. Die Arbeitsanstalt für Männer in Oberlanzendorf wurde lediglich in einem Verfahren genannt, allerdings war der Betroffene zum Zeitpunkt der Beschlussfassung des Erbgesundheitsgerichts bereits entlassen. Vgl. 1 XIII 109/41.

der Wiener Jugendfürsorgeanstalt Am Spiegelgrund,[246] der 1942 daraus hervorgegangenen Wiener Städtischen Nervenklinik für Kinder Am Spiegelgrund und der Wiener Städtischen Erziehungsanstalt Am Spiegelgrund[247] ist mit insgesamt 44 (7%) zwar niedrig, jedoch in Relation zur Gesamtzahl der jeweiligen InsassInnen zu sehen: Die Arbeitsanstalt war für 120 Frauen vorgesehen,[248] insgesamt dürften etwa 650 Frauen zwischen 1941 und 1945 dort zwangsweise angehalten worden sein. Die Wiener Städtische Jugendfürsorgeanstalt hatte 640 Betten,[249] die Gesamtzahl der darin untergebrachten Kinder und Jugendlichen ist unbekannt. Die 26 Pavillons der Anstalt Am Steinhof waren für 3.700 Patientinnen und Patienten konzipiert.[250]

Die Relation zwischen der Zahl der InsassInnen der genannten Anstalten und der Zahl der Verfahren ist aufgrund der teilweise fehlenden Angaben zwar nicht errechenbar, doch erklären allein diese Eckdaten, warum der Großteil der Frauen und Männer zum Zeitpunkt der Beschlussfassung des Erbgesundheitsgerichts in der Anstalt Am Steinhof war – obwohl sich insbesondere die Jugendlichen der Jugendfürsorgeanstalt und die Frauen in der Arbeitsanstalt aufgrund der ihnen zugeschriebenen *Asozialität* in Zeiten des eingeschränkten Vollzugs des GzVeN ganz besonders im „Fadenkreuz der Sterilisationsbürokratie“[251] befanden.

Vormundschaft und Vertretung in den Verfahren

Minderjährige bzw. entmündigte Frauen und Männer wurden in GzVeN-Verfahren von einem Vormund vertreten, und jene Erwachsenen, bei denen die Richter Zweifel hatten, ob sie selber ihre Anliegen vertreten konnten, entsprechend der Bestimmungen des GzVeN durch eine dazu beauftragte Person.[252]

---

246 Ab März 1942 ‚Heilpädagogische Klinik der Stadt Wien am Spiegelgrund‘, ab Ende 1942, nach einer Teilung ‚Wiener Städtische Nervenklinik für Kinder am Spiegelgrund‘, vgl. Czech, Erfassung, 92f.

247 Vgl. Czech, Erfassung, 92f.

248 Vgl. Baumgartner/Mayer, Arbeitsanstalten, 28.

249 Vgl. Neugebauer, „Spiegelgrund“, 294.

250 Vgl. Mende, Heilanstalt, 62.

251 Nitschke, Erbpolizei, 232.

252 Vgl. § GzVeN, Gütt/Rüdin/Ruttke, Kommentar, 187f.

Am Erbgesundheitsgericht Wien war dies in 1.100 der 1.697 Verfahren (65 %) der Fall. Ein Vergleich mit anderen Erbgesundheitsgerichten im *Altreich* zeigt, dass dieser hohe Anteil keineswegs unüblich war: Hella Birk nannte für das Erbgesundheitsgericht Kempten 63 %, Monika Daum und Hans-Ulrich Deppe rekonstruierten für Frankfurt/Main 70 % und Horst Heitzer für Passau errechnete sogar knapp 80 %.[253]

Der Anteil der Frauen und Männer in Wien, die als Unterstützung entweder einen Vormund oder eine Vertretung hatten, entspricht jenem der Verfahren insgesamt – es bestanden somit keine geschlechtsspezifischen Unterschiede.

Weit überwiegend, nämlich in 894 der 1.100 Verfahren (81 %), übernahm die Vormundschaft bzw. die Vertretung im Verfahren ein Elternteil, der/die EhepartnerIn oder ein Familienmitglied. In 133 Verfahren (12 %) sind zwar Namen angeführt, nicht jedoch, ob es sich um Familienmitglieder handelt. In einigen Akten ist nur ersichtlich, dass die betreffenden Frauen und Männer sich nicht selber vertraten – ohne weitere Angaben dazu. Lediglich in 13 Verfahren (1 %) übernahm ein Rechtsanwalt die Begleitung im Verfahren und nur in 8 (1 %) eine Pflegerin bzw. ein Pfleger. (Siehe Diagramm EGG 11.)

Diagramm EGG 11, Grundgesamtheit: 1.100 Verfahren

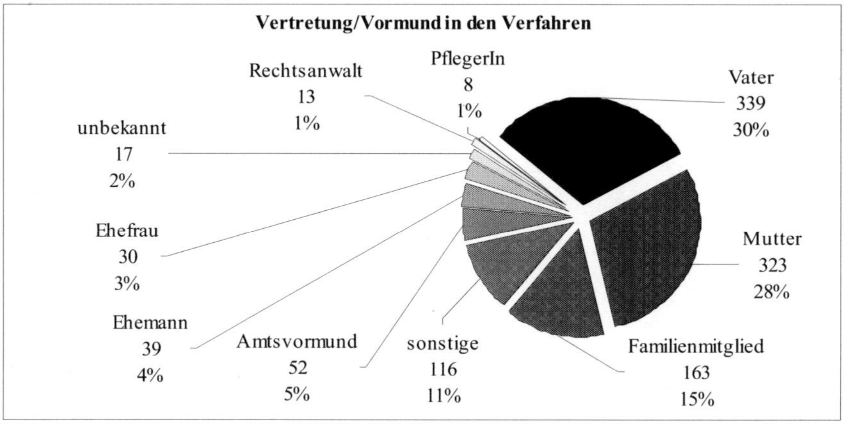

253 Vgl. Birk, Schwaben, 148, Daum/Deppe, Frankfurt/Main, 115f, und Heitzer, Passau, 400. Braß geht davon aus, dass der Anteil im Saarland „geringer als in Frankfurt" war, ders., Saarland, 133. Vgl. auch Hennig, Offenbach/Main, 71.

Wie die Bestellung der Vertretungspersonen am Erbgesundheitsgericht Wien erfolgte, kann aufgrund der derzeitigen Quellenlage nicht nachvollzogen werden, ebenso, ob – anders als beispielsweise am Erbgesundheitsgericht Kempten – alle dafür vorgesehenen Formalitäten auch während des Krieges erfüllt wurden, obwohl ein Erlass zur Vereinfachung der Verwaltung von Ende August 1939 „einzelne Behörden nach eigenem Ermessen Verwaltungsarbeit und bürokratische Hemmnisse einschränken ließ“.[254] Offen bleibt auch, ob auf die Familienmitglieder bei der Bestellung Druck ausgeübt worden war, den Antrag auf eine Zwangssterilisation zu stellen bzw. nach deren Beschluss noch während der Sitzung auf das Recht der Beschwerde zu verzichten.[255] Wie sehr sich zahlreiche Familienmitglieder als Vertretungspersonen für die von der Zwangssterilisation bedrohten Frauen und Männer einsetzten und versuchten, den Zwangseingriff abzuwenden, ist im Kapitel zu den Beschwerdeverfahren am Erbgesundheitsobergericht ausführlich dokumentiert.

WEHRMACHT

In 59 der 804 Verfahren (7 %) von Männern geht aus dem vorhandenen Aktenbestand des Erbgesundheitsgerichts Wien eine Zugehörigkeit zur Wehrmacht vor dem Verfahren oder auch noch während dessen hervor, da neben Gutachten, Befragungen und anderen *Beweismitteln* zur Entscheidungsfindung auch Lazarettberichte genannt waren. Bereits seit Juni 1937 wurden im *Altreich* Anzeigen auf Zwangssterilisation vom Gesundheitsamt an die zuständigen Kreispolizeibehörden gemeldet, die dafür zu sorgen hatten, dass als *erbkrank* geltende Männer bei der Musterung als *untauglich* ausgeschlossen wurden. Die zuständigen Leiter der Kommandobehörden der Wehrmacht mussten vom Erbgesundheitsgericht über die angeordneten Zwangssterilisationen umgehend informiert werden, waren für deren Durchführung mitverantwortlich[256] und hatten auch für deren Entlassung zu sorgen.

254 Birk, Schwaben, 151. Zum Erlass vom 28. August 1939, RGBl. 1939, S. 1560, siehe ebd.

255 Vgl. Birk, Schwaben, 147–152.

256 Runderlass des Reichsjustizministeriums vom 18. Jänner 1938, in: Gesetz, 110.

Der Kaufmann Eugen D. wurde, „weil geisteskrank nicht zur Wehrmacht eingezogen".[257] Andere Akten verdeutlichen jedoch, dass als *erbkrank* kategorisierte Männer trotzdem einberufen bzw. nicht entlassen wurden:

Karl R., zum Zeitpunkt der Antragstellung in der Jugendfürsorgeanstalt, sollte laut Beschluss der ärztlichen Beisitzer Kittinger und Windholz unter dem Vorsitz Tomanetz' im Juni 1942 wegen *Schwachsinn* zwangssterilisiert werden. Außerdem galt er als „leicht schlecht beeinflussbar".[258] Er weigerte sich, zur Zwangssterilisation ins Spital zu gehen und wurde neuerlich in die Ende 1942 aus der Jugendfürsorgeanstalt hervorgegangenen Wiener Städtischen Nervenklinik Am Spiegelgrund zwangsweise eingewiesen. Da er, wie sich im Zuge der Untersuchung bei der Aufnahme herausstellte, an Gonorrhöe erkrankt war, musste die Zwangssterilisation verschoben werden. Karl R. gelang wenige Tage später die Flucht aus der Anstalt, wurde offenbar nicht polizeilich gesucht, sondern vielmehr zur Wehrmacht eingezogen. Im Mai 1943 erfuhr das Erbgesundheitsgericht, dass „seine Freigabe vom Wehrdienst nicht erwirkt werden [konnte]". Obwohl Richter Rolleder im Juni 1944, also mehr als ein Jahr später, in einem Schreiben an den Standortarzt der Heeresstaffel festhielt, dass „die Zugehörigkeit des Unfruchtbarzumachenden keinen Grund zur Aufschiebung seiner Unfruchtbarmachung bilden kann", und im September und Oktober 1944 nochmals nachfragte, dürfte Karl R. nicht von der Wehrmacht entlassen und auch nicht zwangssterilisiert worden sein.

Auch Franz L.[259] blieb bei der Wehrmacht, obwohl er aufgrund der GzVeN-Diagnose *Alkoholismus* zwangssterilisiert werden sollte. Er erschien Anfang Juli 1942 jedoch nicht in der I. Chirurgischen Universitätsklinik zur Operation. Richter Rolleder, der nach dem Erhalt der ärztlichen Bestätigung über die Durchführung des Zwangseingriffs den Verfahrensakt abschließen wollte, urgierte und erfuhr vom Gesundheitsamt, dass sich die Operation wegen eines Furunkels am Hals um acht bis zehn Tage verzögern würde. In diesen Zeitraum fiel jedoch die Einberufung Franz L.s zur Wehrmacht, woraufhin das Gesundheitsamt das Wehrmeldeamt umgehend über dessen *Erbkrankheit* in-

257 Schreiben der Wehrmachtskommandantur an das Bezirksgesundheitsamt Wien 16 vom 28. Oktober 1944, 1 XIII 57/44.

258 2 XIII 307/41.

259 2 XIII 110/41.

formierte. Franz L. blieb jedoch eingerückt. Rolleder fragte Anfang Mai 1944 nochmals nach, und nach einer weiteren Urgenz teilte ihm das Gesundheitsamt, das nach dem Beschluss des Erbgesundheitsgerichts für die Durchführung der Zwangssterilisation verantwortlich war, zwei Monate später mit, dass das Verfahren während seines Wehrdienstes eingestellt worden sei. Franz L. entging also vorerst dem Zwangseingriff, weil er nicht zum vorgeschriebenen Zeitpunkt in der Klinik erschien, offenbar auch nicht mit polizeilicher Gewalt gesucht und eingewiesen wurde und vermutlich auch deshalb, weil sein Kriegsdienst selbst als *erbkranker Alkoholiker* zu diesem Zeitpunkt wichtiger war als seine Zwangssterilisation.

Johann M. galt nicht nur als *erbkranker Alkoholiker*, sondern auch als „asozial mit dissozialen Zügen, arbeitsscheu, volksfremd (Protektoratsangehöriger)“[260], wie der antragstellende Anstaltsleiter der Trinkerheilstätte der Anstalt Am Steinhof, Alfred Hackel, feststellte. Dass er letztlich nicht zwangssterilisiert wurde, lag an einem Zusammentreffen verschiedenster Faktoren: Er entwich im September 1942 aus der Anstalt, doch erst im Jänner 1944 fragte Richter Hämmerle vom Erbgesundheitsgericht beim Bezirkspolizeikommissariat nach und erfuhr, dass Johann M. im März 1943 zur Wehrmacht eingerückt war. Während der Truppenarzt der Wiener Albrechtskaserne von einer *Lebensbewährung* Johann M.s ausging, bezeichnete der dortige Kompagniechef Johann M. in einem Schreiben an das Erbgesundheitsgericht vom Februar 1944 als „asozialen, minderwertigen Charakter, als Subjekt übelster Sorte, der auf seine Kameraden sowohl soldatisch als auch politisch schlechtesten Einfluss ausübt. Dienstliche Kenntnisse und Leistungen unerhört ungenügend“. Nicht nur bei den ärztlichen Beisitzern, auch innerhalb der Wehrmacht konnte die Wahrnehmung der *Lebensbewährung* der Soldaten sehr unterschiedlich sein. Im März 1944 wurde Johann M. nach Znaim versetzt, vermutlich hatte er deshalb die Ladung des Erbgesundheitsgerichts nicht rechtzeitig erhalten. Aufgrund seines Desertionsversuchs war Johann M. ab Mai 1944 im Gefängnis in der Wiener Rossauer Kaserne inhaftiert. Die Zustellung der Vorladung erfolgte auch dorthin nicht rechtzeitig, und erst im Juni 1944 erschien er vor Gericht und erklärte umgehend, seinen Antrag auf Unfruchtbarmachung zurückzuziehen – ein unerheblicher Einwand, da sich der Anstaltsleiter diesem ange-

260 Zu diesem und den folgenden Zitaten siehe 2 XIII 292/42.

schlossen hatte. Er habe ihn wohl unterschrieben, gab Johann M. an, aber er halte ihn nicht aufrecht, da er „nicht abnormal" sei. Richter Rolleder ordnete an, Johann M.s Lebensgefährtin vorzuladen, wenn diese mit ihren Kindern von der *Kinderlandverschickung* wieder zurückgekehrt sei – ein eindrückliches Beispiel dafür, dass die korrekte Verfahrensführung, in diesem Fall: die Befragung von Angehörigen, wichtiger war, als ein schneller Abschluss des Verfahrens eines Mannes, dessen Verhalten sehr negativ bewertet worden war. Im Zuge der kriegsbedingten Einschränkungen der Erbgesundheitsgerichtsbarkeit ab Mitte 1944 erklärte der zuständige Amtsarzt, er lege „derzeit keinen besonderen Wert" auf die Fortsetzung des Verfahrens, und Johann M. entging der Zwangssterilisation. Unbekannt ist jedoch, wann er aus der Haft entlassen wurde.

Franz V., SA-Mitglied seit 1941, galt als *erbkranker Fallsüchtiger.* Um möglichst schnell wieder zur Wehrmacht zu kommen, ersuchte er das Erbgesundheitsgericht um schnelle Durchführung des Zwangseingriffs. Dieser erfolgte im Juli 1942 und Franz V. blieb bei der Wehrmacht, wurde jedoch eineinhalb Jahre später, im Jänner 1944, als *erbkrank* entlassen. Franz V. wehrte sich gegen diese Kategorisierung und stellte einen Antrag auf Wiederaufnahme des Verfahrens. Die ärztlichen Beisitzer Breuning und Neusser, die den Großteil der Verfahren ab Mitte 1944 entschieden, genehmigten diesen unter dem Vorsitz Richter Rolleders im August 1944 – „hauptsächlich aus dem Bestreben heraus, einem Frontdienstwilligen angesichts des herrschenden äußersten Kriegseinsatzes die Möglichkeit zu geben, bei der Wehrmacht wieder aufgenommen und dort in die Front eingeteilt zu werden".[261] Im Zuge dieses neuerlichen Verfahrens konnte Franz V. nun beim Erbgesundheitsobergericht gegen den ursprünglichen Beschluss zur Zwangssterilisation Beschwerde einbringen. Das Verfahren verzögerte sich um einige Wochen, da Richter Viktor Zenker vom Erbgesundheitsobergericht den Akt an das Erbgesundheitsgericht zurückschickte, weil von Breuning und Neusser die Unterschrift auf dem Beschluss fehlte – eines von vielen Beispielen dafür, dass seitens der Richter auf Formalitäten beim Vollzug des GzVeN großer Wert gelegt wurde, unabhängig von äußeren Rahmenbedingungen wie der Notwendigkeit, möglichst viele Soldaten an die Front zu bringen. Das Erbgesundheitsobergericht lehnte

261 2 XIII 76/44.

die Beschwerde Ende Oktober 1944 ab, Franz V. galt weiterhin als *erbkrank* und wurde vermutlich auch nicht mehr eingezogen. Ergänzend sei noch angemerkt, dass Franz V. der einzige der vielen Frauen und Männer vor dem Erbgesundheitsgericht war, bei dem aus den Verfahrensakten eine Mitgliedschaft bei einer nationalsozialistischen Organisation hervorgeht.

RELIGIÖSES BEKENNTNIS

Das religiöse Bekenntnis geht nur in knapp der Hälfte der Verfahren (48 %) aus den Akten hervor. In 732 Verfahren (43 %) gehörten die Frauen und Männer der römisch-katholischen Kirche an, in 40 (2 %) der evangelischen Kirche, in 24 (1 %) bezeichneten sie sich als gottgläubig, in den wenigen verbleibenden als konfessionslos. (Siehe Anhang Diagramm EGG 12.)

Diagramm EGG 12, Religiöses Bekenntnis der Frauen und Männer vor dem Erbgesundheitsgericht Wien, Grundgesamtheit: 1.695 Verfahren

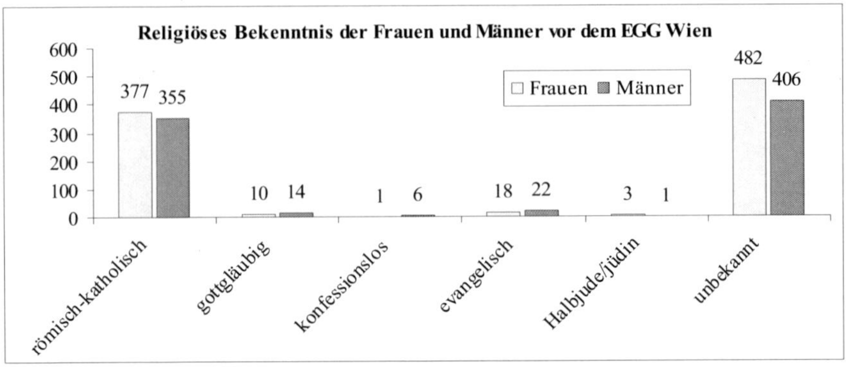

GzVeN-VERFAHREN VON PERSONEN, DIE ALS *HALBJÜDISCH* GALTEN

Drei Frauen und ein Mann, PatientInnen in der Anstalt Am Steinhof, galten als *halbjüdisch* im Sinne der Nürnberger Gesetze. Sie sollten aufgrund der GzVeN-Diagnose *Schizophrenie* zwangssterilisiert werden. Die Kategorisierung als *halbjüdisch* war zwar bei der Religionszugehörigkeit angeführt, diente jedoch nicht als Argument für oder gegen eine Zwangssterilisation. Wie aus den folgenden Beispielen hervorgeht, unterschieden sich die Beschlüsse der ärztlichen Beisitzer nicht von jenen zu anderen Frauen und Männern, die als *schizophren* diagnostiziert worden waren: Stimmenhören, Halluzinationen, Affektstörungen – finden sich darin ebenso wie soziale Werturteile, betreffend *Arbeitsunlust*, *Sippenbelastung* und *Wandertrieb*.

Kurt H. sei, so die Ausführungen im Beschluss von den ärztlichen Beisitzern Bruha und Krzizek unter dem Vorsitz Rolleders im Juli 1943, „1940 [...] wegen eines akuten Verwirrtheitszustandes durch über drei Monate in der Heilanstalt Am Steinhof gewesen. Er habe dann seinen Posten wegen Arbeitsunlust wiederholt gewechselt. Seit [...] November 1942 befinde er sich – diesmal mit einer sicheren Schizophrenie [...] [in der Anstalt Am Steinhof, Anm. CS]. Aus der Sippe sei nur bekannt, dass eine mutterseitige Grosstante in einer Anstalt interniert gewesen sein soll. [...] Die gerichtliche Vernehmung des Vaters ergab noch, dass der Beantragte sein Musikstudium wegen seiner Eigenschaft als jüdischer Mischling I. Grades (mutterseits) aufgeben musste. Vor Gericht benahm sich Beantragter ziemlich unauffällig. Er war in seinem Denken geordnet, antwortete sinngemäss auf Fragen. Er gab zu, verwirrt gewesen zu sein und Stimmen gehört zu haben. Er vermeinte aber, nunmehr völlig gesund zu sein, möchte entlassen werden, um wieder zu arbeiten. Denkstörungen waren bei ihm nicht sicher feststellbar, doch fiel er durch eine Starre und Unbeweglichkeit der Mimik, durch eine affektive Leere und Unbeteiligtheit auf, die umso bemerkenswerter war, als er sich der Bedeutung der augenblicklichen Situation bewusst sein musste. Er sass während der ganzen Verhandlung regungslos still. Nach den Krankheitsgeschichten [...] hat er bisher zweimal manische Erregungen mit Zerfahrenheit mitgemacht (1940 und 1942), welche den Stempel schizophrener Schübe tragen.

Namentlich bei der zweiten Internierung finden sich Aussprüche des Beantragten vermerkt, die für schizophrenes Denken und entsprechende Ausdrucksstörungen charakteristisch sind. Auch Wortneubildungen kommen vor. [...] Vermutlich zum Teil durch Schock- und Fieberbehandlung wurde zweimal eine erhebliche Remission erzielt, so dass für Laien offenkundige und greifbare Erscheinungen seelischer Störung gegenwärtig bei ihm nicht vorliegen. Trotzdem muss die derzeit noch nachweisbare Störung des Affektes und Antriebes im Zusammenhalt mit den aus den Krankheitsgeschichten [...]

hervorgehenden seinerzeit bestandenen schweren Denkstörungen (zerfahrene, bizarre, wahnhafte Äusserungen) als beweisend für das Vorliegen einer schizophrenen Geistesstörung angesehen werden, zumal die schweren Erscheinungen schon zweimal in Schüben deutlichst hervorgetreten sind. Eine Verursachung oder Auslösung durch äussere Einflüsse war nicht anzunehmen, da das dargebotene Bild einer aus innerer Anlage entstandenen Geistesstörung entspricht."[262] Demzufolge sollte Kurt H. zwangssterilisiert werden.

Emilie M. galt aufgrund ihrer *Sippe* nach Ansicht des Erbgesundheitsgerichts als *schwer belastet*, stellten Bertha und Breuning unter dem Vorsitz Hämmerles im Jänner 1944 fest: „Der mütterliche Großvater der Emilie M. [...] war ein Trinker und ist an Alkoholvergiftung gestorben. Der väterliche Großvater hat durch Selbstmord geendet. Emilie M. [...] war bereits als Kind zurückgeblieben. So hat sie erst mit 5 Jahren zu reden begonnen. Heute zeigt sie, wie aus der Krankengeschichte [...] feststeht, das ausgeprägte Krankheitsbild einer Schizophrenen. Sie leidet während der Schübe an Sinnestäuschungen, wie verfehlte Geruchsempfindungen. Die höhere Macht, die sie aus sich sprechen fühlt, lässt einen Beziehungswahn erkennen. Sie will die Einwirkung merkwürdiger Keime verspüren. Selbst die Zeit- und Raumorientierung ist nicht immer vorhanden. Eine allfällige Stirnhöhleneiterung im 15. Lebensjahre und Stürze als Kind, die keineswegs von der Mutter als auffällig geschildert wurden, können, nach der Überzeugung der Kammerärzte, nicht die Ursache des Krankheitsbildes sein. Die schwere Sippenbelastung, Verlauf und Symptome der Krankheit lassen keinen Zweifel an der Diagnose Schizophrenie."[263] Emilie M.s als *arisch* geltende Mutter brachte Beschwerde beim Erbgesundheitsobergericht ein, doch unter dem Vorsitz Viktor Zenkers lehnten Josef Schicker und Otto Hamminger diese im März 1944 ab, auch wenn sie, anders als das Erbgesundheitsgericht, nicht von einer *schweren Sippenbelastung* ausgingen: „Die persönliche Einvernahme der Beantragten, der Inhalt der Akten und die Angaben der Mutter ergeben deutlich, dass es sich bei der Beantragten um eine Schizophrenie handelt. Schon das Grimassieren beim Hereintreten in das Ver-

262 Vgl. 1 XIII 62/43.

263 Vgl. 2 XIII 202/43. Bertha war zu diesem Zeitpunkt bereits Leiter der Anstalt Am Steinhof, das Verfahren hatte jedoch spätestens 1943 begonnen, wie aus der Aktenzahl ersichtlich ist, d.h., er hatte den Antrag nicht gestellt.

handlungszimmer und ihr weiteres Verhalten während der Verhandlung zeigen, dass sie auch gegenwärtig noch nicht frei von ihrer Krankheit ist. Halluzinationen bestehen hauptsächlich auf dem Gebiete des Geruchssinnes [...]. Dass eine höhere Macht aus ihr spricht dürfte eine Anschauung ihrer eigenen Gedanken sein, die sich dann in Selbstgesprächen äußern. Die Sippenbelastung ist wohl nicht sehr stark, doch ist die Sippe väterlicherseits, da es sich um Juden handelt, sehr wenig erforscht. Die Beschwerde bringt auch Wesentliches gegen die Annahme der Erbkrankheit nicht vor. Auf Grund der obigen Feststellungen ist aber kein Zweifel, dass bei der Beantragten Schizophrenie vorliegt und war aus diesen Gründen der Beschwerde der Erfolg zu versagen."[264]

Bei Margarethe P. kamen die ärztlichen Beisitzer Lakatha und Müller unter dem Vorsitz von Richter Tomanetz im August 1943 zu folgendem Ergebnis: „Aus der heutigen Vernehmung und aus der Aktenlage ist zu ersehen, dass die P.[...] Judenmischling ersten Grades ist. Der Mutter-Vater beging Selbstmord durch Erhängen. Als Kind war sie eine mittelmässige Schülerin, absolvierte auch die Hauptschule und erlernte dann die Schneiderei. Sie kam in die Anstalt, weil sie wegen ihres Wandertriebes, der zur Zeit der Menses [Menstruation, Anm. CS] feststellbar ist, aufgegriffen wurde. Zur Zeit der Menses ist sie unruhig, erregt und neigt zu triebhaften Handlungen. So kam sie auch zweimal mit der Polizei wegen Verdachtes der geheimen Prostitution und weil sie einen Mantel entwendet hatte, in Konflikt. Bei der Einvernahme gibt sie diese Dämmerzustände zu, sie sagt auch, sie wäre deswegen im Kloster in Theresienfels interniert gewesen und will wieder in diese Anstalt zurück, damit sie nicht zur Zeit der Menses, wenn sie solche Dämmerzustände habe, und nicht wisse, was sie tue, wieder unbeaufsichtigt ihren triebhaften Neigungen nachgeben könne. Bei der Intelligenzprüfung können gröbere Intelligenzdefekte nicht gefunden werden. Das Schulwissen ist leidlich. Bei der Besprechung ist sie zugänglich und freundlich, nimmt an der Unterhaltung regen Anteil. Sinnestäuschungen oder Wahnideen lassen sich nicht nachweisen. Das Gericht konnte nicht zur Überzeugung kommen, dass es sich bei Margarethe P.[...] um eine Erbkrankheit im Sinne des Gesetzes handelt."[265] Auch die ärztlichen Beisitzer des Erbgesundheitsobergerichts, Robert Fischer und Josef Schicker

264 2 XIII 202/43.

265 2 XIII 143/43.

(unter dem Vorsitz von Richter Tomanetz), bestätigten im Jänner 1944 den erstinstanzlichen Beschluss – Margarethe P. wurde nicht zwangssterilisiert.

Auch wenn dies nur Einzelfälle sind, ist unübersehbar, dass für Erbgesundheitsgericht und auch Erbgesundheitsobergericht die Bestimmungen des GzVeN ausreichten und sie nicht auf antisemitische Argumente zurückgriffen – weder in der Anordnung noch in der Ablehnung einer Zwangssterilisation. Zum Zeitpunkt der zuvor beschriebenen Verfahren waren Jüdinnen und Juden bereits einige Jahre systematisch und umfassend ausgegrenzt, zur Auswanderung gezwungen, verfolgt und viele schon in die Konzentrations- und Vernichtungslager deportiert worden. Kinder von *Halbjüdinnen* und *Halbjuden* waren keinesfalls erwünscht für die *Volksgemeinschaft*, trotzdem entschieden die ärztlichen Beisitzer nicht aufgrund dieser Kategorisierung nach den Nürnberger Gesetzen, sondern aufgrund einer GzVeN-Diagnose – im Fall von Margarethe P. sogar in beiden Instanzen gegen eine Zwangssterilisation.[266]

Einbringung der Anträge auf Zwangssterilisation beim Erbgesundheitsgericht

Von der Anzeige zum Antrag

Grundlage eines Verfahrens vor dem Erbgesundheitsgericht bildete eine Anzeige durch Ärztinnen oder Ärzte, LehrerInnen, Hebammen, Krankenschwestern oder Fürsorgerinnen bzw. aller „mit der Heilbehandlung, Untersuchung oder Beratung von Kranken" befassten Personen. Zusätzlich zu diesen Berufsgruppen, die durch ihre Anzeigepflicht von als *erbkrank verdächtigten* Frauen und Männern maßgeblich an der Umsetzung des GzVeN mitwirkten, waren auch Mitarbeiter des Sanitätswesens der Wehrmacht, Staatsbeamte und Mitglieder der NSDAP bzw. deren Parteiorganisationen anzeigepflichtig.[267]

---

266 Vgl. zusätzlich noch 1 XIII 149/42, Verfahren von Margarethe G. Sie wandte sich 1965 – vergebens – an das Sozialamt der Stadt Wien um eine *Entschädigungszahlung* im Sinne des Opferfürsorgegesetzes für die gesundheitlichen Folgen der Zwangssterilisation, vgl. Bailer, Wiedergutmachung, 187.

267 Vgl. 1. Verordnung zur Ausführung des GzVeN vom 5. Dezember 1933 RGBl. S. 1021 Art. 3, in: Gütt/Rüdin/Ruttke, Kommentar, 204 sowie 210 ff.

Die Bestimmungen des GzVeN veränderten die ärztliche Versorgung der Bevölkerung nachhaltig, da die ärztliche Schweigepflicht im Kontext der Erbgesundheitsgerichtsbarkeit aufgehoben wurde[268] und dies das Vertrauensverhältnis zwischen Ärztin/Arzt und Patientin/Patient nachhaltig beeinträchtigte bzw. beendete. Den Angezeigten gegenüber bestand jedoch unbedingte Schweigepflicht: Sie erfuhren nur durch Zufälle, von wem die folgenschwere Kategorisierung als *erbkrank* stammte. Nach massiven Protesten in den ersten Jahren des Vollzugs des GzVeN im *Altreich* vor allem von frei praktizierenden Ärztinnen und Ärzten, die einen Prestige- und Einnahmenverlust fürchteten, wenn die von ihnen behandelten PatientInnen davon erfuhren, lagen die Anzeigen nicht mehr den Verfahrensakten bei und die Betroffenen hatten kein Recht auf diese Auskunft.[269] Dass ökonomische, ideologische und medizinische Motive zur teils sehr unterschiedlichen Erfüllung der Anzeigepflicht führten, konnten Josef Goldberger für den Gau Oberdonau, Astrid Ley für den bayrischen Gerichtsbezirk Schwabach und Jürgen Simon für den Oberlandesgerichtsbezirk Düsseldorf eindrücklich aufzeigen.[270]

Auch nicht anzeigepflichtige Personen brachten Anzeigen beim Gesundheitsamt ein – aus ideologischen Gründen, aber auch als Möglichkeit zur Denunziation und Rache im Fall von Konflikten mit den Betroffenen.[271] Gisela Bock schätzte die Zahl der zwischen 1934 und 1945 im Reichsgebiet angezeigten Frauen und Männer auf annähernd eine Million.[272] Wer in welchem Ausmaß in Wien zwischen 1940 und 1945 der Anzeigepflicht von als *erbkrank* kategorisierten Personen nachkam, kann mangels bis dato aufgefundener Quellen nicht geklärt werden. Aus den Direktionsakten der Anstalt Am Steinhof geht hervor, dass Ende April 1940 bereits 204 Anzeigen an das Gesundheitsamt Wien Hietzing/Penzing übermittelt worden waren, Ende Mai weitere 117 und Anfang Juni nochmals 220, d.h. innerhalb weniger Wochen insgesamt 541.

---

268 Vgl. Artikel 1 Absatz 3 der zweiten Ausführungsverordnung zum GzVeN vom 29. Mai 1934 in: Gütt/Rüdin/Ruttke, Kommentar, 93.

269 Vgl. Ley, Zwangssterilisation, 71f.

270 Vgl. Goldberger, Oberdonau, 115, Ley, Zwangssterilisation, 131–168, v.a. 149–158, und Simon, Kriminalbiologie, 236f.

271 Vossen nannte dies aufgrund seiner Quellen als „große Ausnahme", ders., Gesundheitsämter, 277. Bock bewertete deren Dimension als „verbreitet", dies., Zwangssterilisation, 266.

272 Bock, Zwangssterilisation, 232.

Weitere 300 Personen waren schon im Juli 1939 in der Abteilung Erb- und Rassenpflege des Hauptgesundheitsamts vorgemerkt, um ihr Verfahren nach dem Inkrafttreten des GzVeN einleiten zu können.[273]

Dass auch in anderen Einrichtungen eine große Zahl von Anzeigen geplant und administrativ vorbereitet war, geht aus einem im Mai 1940 verfassten Schreiben Richard Günthers, Referent der Abteilung Erb- und Rassenpflege des Hauptgesundheitsamts Wien und gelegentlicher ärztlicher Beisitzer am Erbgesundheitsobergericht Wien, an die Direktion des Allgemeinen Krankenhauses hervor, in dem er 2.000 Anzeigeformulare für dessen Kliniken übermittelte.[274] Ebenfalls im Mai 1940 regelte eine Weisung des Hauptgesundheitsamts Wien, dass alle als *erbkrank verdächtigten* Personen angezeigt werden sollten, „gleichgültig, in welchem Alter der Erbkranke steht, ob er die Anstalt voraussichtlich nicht mehr verlässt, nicht mit einem anderen Geschlecht in Berührung treten kann oder sich nur kurze Zeit in der Anstalt aufhält".[275] Offenbar aufgrund von Auffassungsunterschieden bezüglich der Notwendigkeit einer Anzeige wies Günther im Juli 1942 die Direktion des AKH nochmals auf die Anzeigepflicht hin: „Seitens der Bezirksgesundheitsämter wird berechtigte Klage darüber geführt, daß Anzeigen erbkranker Personen durch die in Frage kommenden Kliniken nicht erstattet werden."[276] Günter betonte, dass „in allen Fällen in denen der Verdacht der Mitbeteiligung einer Erbanlage beim Zustandekommen der fraglichen Erkrankung besteht, die Anzeige zu erstatten [sei]".[277] Anlass dafür war, dass ein in der orthopädischen Klinik behandeltes Kind mit einer beidseitigen Dysplasie nicht als *erbkrank* angezeigt worden war. Zwar war der Vollzug eingeschränkt, nämlich die Einbringung eines Antrags beim Erbgesundheitsgericht, nicht aber die Sammlung von Information und vor allem Anzeigen. Nicht nur Erwachsene, auch Kinder wurden angezeigt – vermutlich nicht, um noch während des Krieges ein Verfahren

273 Vgl. die Direktionsakten der Anstalt Am Steinhof, Dir. Reg. Nr. 1343/40, zit. nach Mende, Steinhof, 79. Zum Gesundheitsamt vgl. Czech, Ärzte, 165.

274 Vgl. WSTLA, M.Abt. 209, Günther an die Direktion des AKH, 17.5.1940.

275 WSTLA, M.Abt. 209, Weisung des Hauptgesundheitsamtes, 18. Juli 1940.

276 WSTLA, M.Abt. 209, Schreiben Günthers vom Hauptgesundheitsamt an die Direktion des AKH, 17. Juli 1942.

277 WSTLA, M.Abt. 209, Schreiben Günthers vom Hauptgesundheitsamt an die Direktion des AKH, 17. Juli 1942, Hervorhebung im Original.

einzubringen, sondern um weitere Maßnahmen zur *Gesundung des Volkskörpers* nach Kriegsende uneingeschränkt weiterführen zu können. Dies dokumentiert auch Stefan Lechner für den Reichsgau Tirol-Vorarlberg, wo bis Kriegsende mindestens 3.000 Frauen und Männer aus diesen beiden Bundesländern sowie *UmsiedlerInnen* aus Südtirol angezeigt worden waren.[278] Für Verstöße gegen die Anzeigepflicht war eine Geldstrafe von bis zu 150 Reichsmark vorgesehen. Zum Vergleich: Gutachterhonorare für das Erbgesundheitsgericht oder Erbgesundheitsobergericht betrugen je nach Umfang zwischen 30 und 90 Reichsmark – es war also eine mäßig hohe Strafe.[279]

Während sowohl Frauen als auch Männer durch ihre Anzeigepflicht an der Umsetzung des GzVeN mitwirkten, blieb die Entscheidung über die Einbringung eines Verfahrens beim Erbgesundheitsgericht, den Beschluss des Zwangseingriffs und dessen Ausführung ausschließlich Männern vorbehalten, wie Gisela Bock aufzeigte: Amtsärzte der Gesundheitsämter und Anstaltsleiter von Heil-, Pflege- und Strafanstalten sowie die gemäß GzVeN in ihrem Wirkungsbereich als Amtsärzte geltenden und somit antragsberechtigten Kreis- und Bezirksärzte, weiters Sanitätsoffiziere der Wehrmacht, hauptamtlich tätige SS-Ärzte, Ärzte von Polizeidienststellen und, ab 1940, auch die Ärzte des Reichsarbeitsdienstes[280] stellten nach entsprechender Überprüfung der Anzeigen einen Antrag auf Durchführung des Verfahrens. Richter und ärztliche Beisitzer der für den Gesetzesvollzug neu geschaffenen Erbgesundheits- und Erbgesundheitsobergerichte beschlossen die Zwangssterilisation, Chirurgen und Gynäkologen führten die Operation durch.[281]

Wann und warum Ärzte aus einer Anzeige einen Antrag auf ein Verfahren am Erbgesundheitsgericht Wien erstellten, wie sie zur Einschätzung der *Fortpflanzungsgefährlichkeit* gelangten und ob sich ihre Entscheidungskriterien im Verlauf des Krieges veränderten, muss für Wien quellenbedingt unbeantwor-

---

278 Vgl. Lechner, Tirol-Vorarlberg, 139.

279 Vgl. XIII 72/45 (Pötzl, 36,54 RM), 2 XIII 313/42 (Bertha, 50 RM), 1 XIII 138/43 (Illing, 85,20 RM), 1 XIII 230/42 (Berze, 54 RM).

280 Vgl. Gütt/Rüdin/Ruttke, Kommentar, 181, und Ley, Zwangssterilisation, 74.

281 Zum sogenannten Historikerinnenstreit, der Kontroverse um die geschlechtsspezifische Dimension der pro- und antinatalistischen Bevölkerungspolitik des NS-Regimes vgl. Gehmacher, Kein Historikerinnenstreit, 109–123.

tet bleiben – ebenso wie die Frage, in welchem Ausmaß die Ärzte ihre Entscheidungsmöglichkeit zugunsten oder zuungunsten der Angezeigten nutzen konnten.[282] Wie unterschiedlich Ärzte dabei vorgingen, zeigten Stefan Lechner für den Reichsgau Tirol-Vorarlberg, Johannes Vossen für Westfalen und Hella Birk für das bayrische Schwaben auf.[283]

Voraussetzung für die Entscheidung von Amtsärzten und Anstaltsleitern für einen Verfahrensantrag war die Überprüfung der Angaben über die als *erbkrank* kategorisierten Frauen und Männer und die Auswertung der *Erbkartei* des Gesundheitsamts. Diese systematische Sammlung und Vernetzung *erbbiologischer* Informationen über die Bevölkerung durch die zur Anzeige verpflichteten Berufsgruppen hatte das Gesundheitsamt Wien, wie die Gesundheitsämter im *Altreich* schon ab 1935, seit dem *Anschluss* mit großem personellem und finanziellem Aufwand aus eigenen Aufzeichnungen und jenen von Polizei, diversen Fürsorgeeinrichtungen, NSDAP-Dienststellen, Hilfs- und Sonderschulen, Kliniken und insbesondere der größten psychiatrischen Anstalt Wiens, der Anstalt Am Steinhof, zusammengestellt. Bis Kriegsende enthielt die Wiener *Erbkartei* Informationen zu mindestens 767.000 Menschen.[284] Familiäre Beziehungen, Krankheiten, Schulleistungen, Arbeitsstellen, Arbeitslosigkeit, Vorstrafen, etwaige Bezüge von Renten oder sonstigen Unterstützungen – diese Informationen sollten möglichst umfangreich sein, um daraus den *Erbwert* bzw. *Wert* der jeweiligen Person ableiten zu können.[285]

Waren diese Aufzeichnungen noch nicht ausreichend, agierten zumeist die Fürsorgerinnen als „Aussenposten des Gesundheitsamtes“[286]: Während

---

282 Elisabeth Fenner konnte aufgrund ihrer Quellen belegen, dass am Erbgesundheitsgericht Hamburg nur etwas mehr als 2 % aller Anzeigen (73 von 3.186) zwischen 1934 und 1942 vom Gesundheitsamt nicht zu einem Antrag führten – der Großteil davon bei der nicht im GzVeN enthaltenen Kategorisierung *moralischer Schwachsinn*, vgl. dies., Hamburg, 58.

283 Vgl. Lechner, Tirol-Vorarlberg, 140, Vossen, Gesundheitsämter, 288–291, und Birk, Schwaben, 57.

284 Vgl. Czech, Erfassung, 41–59, und Czech, Inventur, 284–311. Zum Schutz vor Fliegerangriffen wurde die Karte im März/April 1944 in einen Nebenraum des Jugendstiltheaters der Anstalt Am Steinhof untergebracht, seither ist ihr Verbleib unbekannt. Dass sie vernichtet wurde, ist wenig wahrscheinlich, ob die umfangreichen Informationen nach 1945 weiter verwendet wurden, ist, so Herwig Czech, nicht nachweisbar, aber auch nicht auszuschließen, vgl. ders., Inventur, 300.

285 Vgl. Simon, Kriminalbiologie, 240–244.

286 Vossen, Gesundheitsämter, 281.

sie einerseits Familien in ökonomisch schwierigen Verhältnissen unterstützten, trugen sie andererseits zur Vervollständigung des amtlichen Wissens über diese bei, indem sie durch ihren engen Kontakt auch im Rahmen von Hausbesuchen ihre unmittelbaren Eindrücke von deren Lebensbedingungen weitergaben.[287]

ANTRAGSGUTACHTEN

Entschieden sich Amtsärzte oder Anstaltsleiter nun für einen Antrag, erstellten sie für das Erbgesundheitsgericht ein Antragsgutachten, zu dem die *Beantragten*, wie die von der Zwangssterilisation bedrohten Frauen und Männer in den Akten genannten wurden, auch zwangsweise ins Gesundheitsamt bzw. in der Anstalt vorgeführt werden konnten. Der Inhalt des Gutachtens war von zentraler Bedeutung für den Beschluss des Erbgesundheitsgerichts, daher sollte es keinesfalls, wie es im Gesetzeskommentar von Gütt, Rüdin und Ruttke hieß, von Hilfskräften erstellt werden. Von besonderer Relevanz für die Erstellung war „die ärztliche Bewertung des ganzen Verhaltens der befragten Personen, [...] die Art der Antworten, nicht bloß [...] die Richtigkeit oder Unrichtigkeit und die mechanische Eintragung der auf die Fragen erfolgten Antworten [...]. Befangenheit, Trotz und andere seelische Verfassungen, insbesondere Dialektschwierigkeiten oder andere Zufälle, welche das wahre Prüfungsergebnis verschleiern können, müssen nach Möglichkeit ausgeschaltet und berücksichtigt werden."[288]

Wie Untersuchungen zu deutschen Erbgesundheitsgerichten aufzeigen, die quellenmäßig auf zahlreichen Gutachten beruhen, folgten die Gutachter dem vorgegebenen Rahmen des standardisierten, sechsseitigen Formulars und waren wenig einfallsreich bei ihren Fragen,[289] weshalb das Reichsjustizministerium und das Reichsministerium des Innern wiederholt betonten, dass die jeweiligen Fragen nur zur Orientierung dienten und es den Ärzten „unbe-

287 Vgl. Lehnert, Fürsorgerinnen, 225–263, sowie Hix, Fürsorgerinnen, 255–260.

288 Gütt/Rüdin/Ruttke, Kommentar, 124.

289 Vgl. dazu grundlegend Einhaus, Bonn, insb. 64–105.

nommen ist, die Fragen dem Einzelfall anzupassen".[290] Für Wien ist mangels Quellen keine fundierte Aussage dazu möglich – im Bestand des Erbgesundheitsgerichts Wien finden sich nur einige wenige Gutachten aus dem Jahr 1944.

Das Formular zur Begutachtung umfasste folgende Bereiche: Vorerst die wichtigsten biografischen Informationen über die von der Zwangssterilisation bedrohten Frauen und Männer sowie Angaben zu ihren Eltern und gegebenenfalls auch ihrer Partnerin/ihrem Partner – vor allem im Hinblick darauf, ob an diesen eine der im GzVeN genannten Krankheiten diagnostiziert worden war. Zu beantworten war auch die Frage, ob in der Familie noch andere „körperliche oder geistige Leiden oder Abnormitäten erblicher oder nichterblicher Natur vorgekommen [sind]? (Z.B.: Giftsüchtigkeit, Selbstmorde, Selbstmordversuche, auffallende Charaktere, verbrecherische oder asoziale Veranlagungen, Psychopathien, andere Geisteskrankheiten, Stoffwechselstörungen usw.)".[291]

Der zweite Teil des Gutachtens enthielt die Anamnese der als *erbkrank* angesehenen Person. Neben Fragen zu früheren körperlichen Krankheiten und der geistigen Entwicklung galt eine Frage dem Sexualleben und, bei Frauen, auch dem Verlauf von Menstruation und Schwangerschaft(en). Angaben zum Verlauf der diagnostizierten *Erbkrankheit*, zu bisherigen Behandlungen und zu möglichen weiteren Auskunftspersonen ergänzten diesen Teil. Dann folgte der Befund: zuerst ein körperlicher Befund mit Angaben zu Allgemeinzustand, Organbefunden und Nervensystem, gefolgt von einem psychischen Befund mit sieben Fragen und möglichen Antworten, aus denen die Amtsärzte und Anstaltsleiter auswählen konnten. Frage eins betraf das allgemeine Verhalten: Wurden die Untersuchten als „zugänglich, freundlich, misstrauisch, ablehnend, befangen" wahrgenommen? Frage zwei die „Stimmungs- und Affektlage": Waren die von der Zwangssterilisation bedrohten Frauen und Männer während der Untersuchung „heiter, zornig, läppisch, albern, leer, stumpf, traurig, ängstlich, ratlos, erregt, sexuell-zudringlich"? Frage drei sollte einen Eindruck der „Willensphäre" geben: Mögliche Antworten waren unter an-

290 Erlasse des Reichministeriums des Innern, IV a 17718/36/1079 vom 7. Jänner 1937, Gesetz, 97. Zur Kritik vgl. auch Birk, Schwaben, 127f.

291 Zu den vorangegangenen Zitaten siehe das amtsärztliche Gutachten in: 2 XIII 49/44. Ein Vergleich mit dem Standardformular der Gutachten aus dem *Altreich* zeigt, dass diese unverändert übernommen worden waren, vgl. Einhaus, Bonn, 170ff.

derem „Hemmung, Sperrung, Stupor, […] Negativismus […] Erregung, Bewegungsdrang, impulsive Handlungen, sinnlose Handlungen“. Frage vier behandelte die Bewusstseinslage: „Auffassung, Besonnenheit, Aufmerksamkeit […] Verwirrtheit“. Frage fünf den Gedankenablauf: „Denkhemmung, […] Aufmerksamkeit […] Denkträgheit, inhaltliche Störungen […] Zwangsvorstellungen“ waren hier als Antworten vorgegeben. Frage sechs galt ergänzend möglichen *sexuellen Perversionen* der Untersuchten – ohne angeführte Beispiele. Einige Gutachten aus dem Bestand des Erbgesundheitsgerichts Wien waren ausgefüllt mit „Angeblich Nein“, „negiert“ oder auch „Bis zum 18. Lbjh [Lebensjahr] Onanie, dann Aufnahme des norm[alen] Geschlechtsverk[ehrs] mit vereinzelten Rückfällen.“[292] Abschließend sollten die Ärzte auch Informationen zu Anfällen festhalten. Die vorgeschlagenen Antworten verdeutlichen, dass epileptische Anfälle gemeint waren, ein Wiener Amtsarzt trug jedoch auch „seltene Zornanfälle“ ein.[293]

Wenn Amtsärzte oder Anstaltsleiter ein Verfahren aufgrund der GzVeN-Diagnose *Schwachsinn* beim Erbgesundheitsgericht einbrachten, mussten sie zusätzlich zum Antragsgutachten auch einen *Intelligenzprüfungsbogen* über die von der Zwangssterilisation bedrohten Frauen und Männer ausfüllen. Die erste Frage galt der geografischen und zeitlichen Orientierung, die zweite dem Schulwissen (Grundrechnungsarten, aber auch Fragen zu den fünf Kontinenten, zur biblischen Schöpfungsgeschichte sowie zum Kriegsverlauf),[294] die dritte dem allgemeinen Lebenswissen (die Kosten von Grundnahrungsmitteln, Post und Transport, aber auch Fragen wie „Wo geht die Sonne auf? Warum gehen Kinder in die Schule?“), die vierte dem ausgeübten Beruf, die fünfte der Urteilsfähigkeit (Frage nach Unterschieden, beispielsweise zwischen Leiter und Stiege, Borgen und Schenken, Rechtsanwalt und Staatsanwalt, aber auch Fragen wie „Warum darf man sein Haus nicht anzünden?“), die sechste der Kombinationsfähigkeit (als Antwort sollten Sätze zu vorgegebenen Begriffen wie Soldat-Krieg-Vaterland, aber auch Frühling-Wiese-Blumen ge-

---

292 2 XIII 92/44, XIII 133/45, zum letzten Zitat siehe 2 XIII 49/44.

293 Vgl. 2 XIII 49/44. Die Unterschrift des Arztes ist unleserlich.

294 Diese und die folgenden Fragen sind den Akten 1 XIII 239/41 und 1 XIII 143/42 entnommen. Quellenbedingt finden sich im Bestand der Wiener Akten nur sehr vereinzelt *Intelligenzprüfungsbögen*, vgl. den Abschnitt zu den Quellen in der Einleitung.

bildet werden), die siebte zu Geschichtserzählung und Sprichworterklärung („Hunger ist der beste Koch", „Lügen haben kurze Beine") und die achte zu Gedächtnis und Merkfähigkeit, bei der zuvor genannte Themen nochmals abgefragt wurden. Die abschließende Frage galt dem Verhalten der Frauen und Männer bei der Untersuchung, das ebenfalls in die Begutachtung einbezogen werden sollte.

Anamnesen können eine wichtige Grundlage für die medizinische Behandlung von Patientinnen und Patienten sein – insofern war es naheliegend, diese auch in Erbgesundheitsgerichtsverfahren zu erheben. Als besonders folgenschwer erwies sich jedoch nicht nur die Kategorisierung als *erbkrank* aufgrund einer GzVeN-Diagnose, sondern auch die implizite Bewertung des sozialen Status' und des sozialen Verhaltens der untersuchten Personen, weil sie wesentlich zur Einschätzung der – nach den damaligen Normen – festgestellten *Lebensbewährung* beitrug. Diese wiederum konnte gerade in Zeiten des eingeschränkten GzVeN für den Beschluss des Erbgesundheitsgerichts oder Erbgesundheitsobergerichts ausschlaggebend sein, wie noch zu sehen sein wird. Selbst das Verhalten der von der Zwangssterilisation bedrohten Frauen und Männer bei der ärztlichen Untersuchung wurde von den „mit absoluter Definitionsmacht ausgestatteten"[295] Ärzten vermerkt. Wie aus dem folgenden Verfahren exemplarisch hervorgeht, zogen sie allgemeine Schlüsse daraus:

Alfred Hackel, Leiter der Trinkerheilstätte der Anstalt Am Steinhof, füllte in seinem Antragsgutachten über den 38-jährigen Hilfsarbeiter Johann M., Vater zweier Kinder, die zuvor aufgelisteten Fragen nur kurz aus, hielt aber bezüglich dessen sozialer Entwicklung ausführlich fest: „Lernte das Goldarbeiter-Gewerbe [...] nicht aus, trieb sich als Fechter und Strassenmusikant herum, ließ sich von seiner Großmutter im übrigen erhalten, später von seiner Lebensgefährtin. Arbeitete auch nach dem Umbruch nichts, die vermittelten Arbeitsplätze verließ er nach kürzester Zeit, lebte vom Schleichhandel und illegalen Gewürzhandel, verdiente dabei sehr viel Geld. Legte das gesamte Geld in Alkohol an. [...] Er ist wegen Diebstahl und Betrug vorbestraft. P[flegling] ist der Typus eines arbeitsscheuen trunksüchtigen Menschen, der sich der Gemeinschaft nicht einfügen will." Johann M. zeigte sich bei der Untersuchung

295 Vossen, Gesundheitsämter, 285.

offenbar wenig kooperativ, wie sich aus Hackels ausführlicher Darstellung unter dem Punkt allgemeines Verhalten schließen lässt: „überlegen, frech, präpotent, tut alles mit einem überlegenen Lächeln ab, tut so, als wenn ihn die ganze Sache nichts anginge, bagatellisiert die ganze Angelegenheit, versucht, den untersuchenden Arzt zum Narren zu halten, wird dann unwillig und meint: ‚Was fragens denn da lang umananda? […] Wann's mi sterilisieren wolln, so tuans es, i unterschreibs eh, aber fragens mi net wegen dem Krieg, der Krieg interessiert mi net.' Seine vorhandene Debilität ist er bestrebt, durch Unwilligkeit und Gleichgültigkeit zu tarnen. So stellt er sich absichtlich als Trottel hin, um dem untersuchenden Arzt Schwierigkeiten zu machen. Der Pat[ient] ist der Typus eines gemeinschaftsfremden und arbeitsscheuen Individuums, egozentrisch ohne irgendwelcher altruistischer Tendenzen. Er ist eine parasitäre Natur, welche zuerst seine Großmutter, später seine um zehn Jahre ältere Lebensgefährtin ausgenutzt hat. Irgendwelche Gemeinschaftsgedanken sind ihm fremd. Er lebte vom Schleichhandel und betrog die leichtgläubige Bevölkerung durch illegalen Pfefferhandel. Bezeichnend sind seine Aussprüche: ‚I ruck nit ein, i bin ja a Böhm! Warum soll i arbeiten, wann i mit a paar Zigaretten mehr verdien' im Tag als sonst in einer Wochen!' Dabei ist der Pat[ient] hemmungslos dem Trunk ergeben […] ist kriminell und moralisch depraviert."[296] Der Jurist und Mediziner Hackel bewegte sich hier nicht auf dem Boden seiner medizinischen Ausbildung, versuchte auch keine Klärung, ob der an Johann M. diagnostizierte Alkoholismus unter die Bestimmungen des GzVeN falle oder nicht, sondern versah sein Gutachten mit zahlreichen sozialen Werturteilen und zog allein daraus den Schluss der *mangelnden Lebensbewährung* von Johann M. und die Notwendigkeit eines Antrags auf Zwangssterilisation.

VERTEILUNG DER EINGEBRACHTEN ANTRÄGE

Mit 949 (56 %) bzw. 625 (37 %) Anträgen auf Zwangssterilisation brachten Amtsärzte und Anstaltsleiter insgesamt 93 % beim Erbgesundheitsgericht ein.[297] (Siehe Diagramm EGG 13.)

296 2 XIII 292/42. Zu Johann M. vgl. auch die vorherigen Ausführung im Abschnitt zur Wehrmacht.

297 Die Zahl der Frauen und Männer (661), die zum Zeitpunkt der Beschlussfassung des Erb-

Diagramm EGG 13, Grundgesamtheit: 1.695 Verfahren

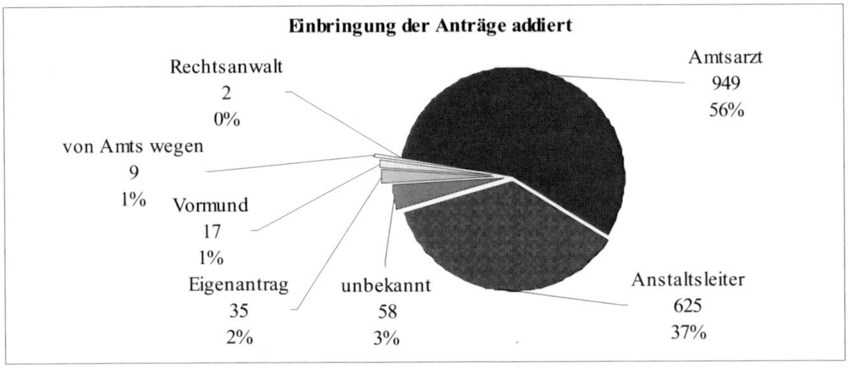

Amtsärzte und Anstaltsleiter waren verpflichtet, einen Antrag auf ein Verfahren beim Erbgesundheitsgericht einzubringen, wenn sie zum Schluss kamen, dass die angezeigten Frauen und Männer *erbkrank* wären und bei ihnen eine *dringende Fortpflanzungsgefahr* bestünde. Zur Wahrung des Anscheins von Freiwilligkeit sah das GzVeN jedoch auch einen sogenannten Eigenantrag bzw. den eines Vormunds oder einer Vertretungsperson vor. Der Amtsarzt bzw. Anstaltsleiter sollte, so die Bestimmung im GzVeN, „dahin wirken, dass der Unfruchtbarzumachende selbst oder aber sein gesetzlicher Vertreter den Antrag stellt".[298] Dass bei dieser *Einwirkung* Zwang ausgeübt wurde, ist naheliegend und geht exemplarisch auch aus dem Verfahren von Therese W. hervor, deren Ehemann nachdrücklich darauf hinwies, dass Amtsarzt Haidinger großen Druck auf ihn und seine Frau ausgeübt habe.[299] Um auszuschließen, dass Frauen und Männer diese Eigenanträge, gestellt „in dankenswerter Bereitschaft, ihre Blutsfolge dem Volkswohle aufzuopfern"[300], wie es in einem Akt des Erbgesundheitsgerichts Wien hieß, im Verlauf des Verfahrens zurücknah-

gesundheitsgerichts in einer Anstalt untergebracht waren, ist nicht gleichzusetzen mit der Antragstellung durch einen Anstaltsleiter (625), da einige von ihnen erst im Verlauf des Verfahrens in eine Anstalt eingewiesen wurden und demnach noch der Amtsarzt den Antrag eingebracht hatte.

298 1. Verordnung zur Ausführung des GzVeN vom 5. Dezember 1933 RGBl. S. 1021 Art. 3, in: Gesetz, 11.

299 Vgl. 2 XIII 74/44 und Spring, Restitution, 367–392.

300 Vgl. 1 XIII 28/40.

men, schlossen sich Amtsärzte und Anstaltsleiter diesen fast ausnahmslos an. Dadurch wurde das Verfahren in jedem Fall durchgeführt und die Betonung der Freiwilligkeit blieb eine rein propagandistische Maßnahme zur erhofften Akzeptanz in der Bevölkerung.[301] Schon in Schulbüchern wurde hingewiesen auf die „Pflicht des Erbkranken, sich damit einverstanden zu erklären. Ja, es ist ein Zeichen für seinen Einsatz für das deutsche Volk, wenn er freiwillig damit einverstanden ist. Wer das tut, erweist sich selbst und dem deutschen Volke einen großen Dienst. Und dafür ist ihm das deutsche Volk zu Dank verpflichtet.“[302]

Eines der in den 35 Eigenanträgen (2 %) genannten Motive gab Friedrich B. in seiner Beschwerde gegen die vom Erbgesundheitsgericht beschlossene Zwangssterilisation an: „Ich habe seinerzeit den Unfruchtbarmachungsantrag nur deshalb unterschrieben, weil man mir damals sagte, ich käme schneller aus der Anstalt heraus, wenn ich unterschreiben würde.“[303] Da er in seiner Beschwerde versuchte, sich gegen den Zwangseingriff zu wehren, hatte er diesen kaum freiwillig beantragt. Sie weist aber auch auf ein nachvollziehbares Motiv bei den Eigenanträgen hin – die Hoffnung, nach einem abgeschlossenen Verfahren aus der Anstalt entlassen zu werden.[304] Ein Motiv, das insbesondere in den Anstalten Am Steinhof und Gugging für manche PatientInnen auch aus realer Furcht vor ihrer Tötung in der Anstalt aber auch der Deportation in die Tötungsanstalt Hartheim ausschlaggebend gewesen sein könnte. Dass Deportationen und Tötungen nicht verborgen geblieben waren, geht nicht nur aus Berichten von Zeitzeuginnen und Zeitzeugen hervor, sondern auch aus den Akten des Erbgesundheitsgerichts selbst: Der Psychiater Josef Berze vermerkte in einem Gutachten über Arnulf U. dessen Aussage, die Anstalt Am Steinhof sei „für Leute, die zu beseitigen sind, [...] [die] ein Pulver [...] bekommen und nicht mehr leben können, weil sie nicht zu gebrauchen sind“.[305]

Stefan Lechner erklärt den hohen Anteil von knapp einem Viertel Eigenanträgen in seiner Untersuchung zur Erbgesundheitsgerichtsbarkeit im Gau

301 Bock, Zwangssterilisation, 270–278.

302 Tornow/Weinert, Erbe, 208.

303 1 XIII 43/41.

304 Vgl. dazu auch den Eigenantrag von Margarethe P., 2 XIII 193/43.

305 2 XIII 199/43, zum Bericht von Zeitzeuginnen und Zeitzeugen vgl. Lehmann/Schmidt, Gross, 61 und 68.

Tirol und Vorarlberg außerdem mit dem Wunsch nach Eheschließungen als *erbkrank* geltender Frauen und Männer, die ohne vorherige Zwangssterilisation nicht möglich war[306] – ein Hinweis, dem in Wien mangels entsprechender Quellen nicht nachgegangen werden kann.

17 Verfahren (1 %) wurden von Vertretungspersonen eingebracht. Einige von ihnen übten ihr Amt nicht für, sondern gegen die ihnen überantworteten Frauen und Männer aus: Maria Barton, Fürsorgerin am Kreisjugendamt Bruck/Leitha und Vormund von Hedwig R.,[307] brachte im Zuge der Erstellung des umfangreichen *Sippenbogens* für das Erbgesundheitsgerichtsverfahren gleichzeitig einen Antrag auf deren Zwangssterilisation ein. Das Erbgesundheitsgericht folgte ihrem Antrag. Franziska J.[308] hatte Glück, denn das Erbgesundheitsgericht lehnte den Antrag ihres Vormunds, den dieser offenbar ohne Wissen des Anstaltsleiters direkt beim Gericht eingebracht hatte, im März 1943 mangels Vollständigkeit aus formalen Gründen ab. Primarius Hubert Umlauf, ihr behandelnder Arzt in der Anstalt Am Steinhof, gab an, sie sei zwar eine *schizoide Psychopathin*, er sehe aber keine Notwendigkeit für ein Verfahren.

Fallweise dürften auch Eltern aus Sorge, künftig nicht nur ihre Kinder, sondern auch deren Kinder betreuen zu müssen, einen Antrag auf Zwangssterilisation gestellt haben. Die 32-jährige Theresia M.[309] sollte, gemäß des Antrags ihrer Mutter, aufgrund von *Taubheit* und *Schwachsinn* zwangssterilisiert werden, doch das Erbgesundheitsgericht bezog sich auf das vom Psychiater Otto Pötzl eingeholte Gutachten und lehnte den Zwangseingriff mangels *Erbkrankheit* ab. Beim 20-jährigen Raimund L. trugen vermutlich seine wiederholten Aufenthalte in Erziehungsanstalten und Kliniken zur Entscheidung seines Vaters und Vormunds bei und das Erbgesundheitsgericht beschloss seine Zwangssterilisation.[310]

---

306 Lechner, Zwangssterilisationen, 239. Zum Verbot der Ehe zwischen *erbkranken* und *erbgesunden* Menschen siehe das Ehegesundheitsgesetz vom 18. Oktober 1935 (RGBl. I, 1935, S. 1246). Vgl. auch Braß, Saarland, 61f.

307 Vgl. 2 XIII 35/44 und zur letztlich nicht durchgeführten Zwangssterilisation die Ausführungen zu Hedwig R. im Abschnitt zur Dauer der Verfahren.

308 Vgl. 1XIII 134/43 bzw. 1 Nc 9/43.

309 Vgl. 2 XIII 263/41. Zu Pötzl vgl. weiter unten.

310 Vgl. 2 XIII 259/42.

13 der 35 Eigenanträge und sieben der 17 von einer Vertretungsperson eingebrachten Anträge waren solche auf eine Wiederaufnahme des Verfahrens, die die von der Zwangssterilisation bedrohten Frauen und Männer bzw. ihre Vertretung nach einem bereits abgeschlossenen Verfahren durch die Angabe neuer Informationen anstrebten: Karoline R.[311] beantragte 1943, nach der bereits beschlossenen Zwangssterilisation, eine ärztliche Begutachtung – die im Wiederaufnahmeverfahren auch erfolgte. Sie entging dem bereits beschlossenen Zwangseingriff, da sie demnach nicht mehr als *erbkrank* galt. Die als *schwachsinnig* diagnostizierte Therese W.[312] war bereits zwangssterilisiert. Sie führte in ihrem Antrag aus, dass das Erbgesundheitsgericht ihre Zwangssterilisation mangels *Erbkrankheit* abgelehnt, das Erbgesundheitsobergericht diese jedoch angeordnet habe. Therese W. argumentierte, dass sich aufgrund der gegenteiligen Beschlüsse eines der beiden Gerichte geirrt haben müsse und das Erbgesundheitsobergericht sie ohne Begutachtung als *erbkrank* kategorisiert habe. Das Erbgesundheitsgericht nahm das Verfahren wieder auf und der Psychiater Alfred Auersperg kam im Zuge seiner ausführlichen Begutachtung zum Schluss, Therese W. sei nicht *erbkrank*. Kurz darauf, im Februar 1945, erfolgte ein operativer Versuch zur Wiederherstellung ihrer Fertilität.

Diese Wiederaufnahmeverfahren verdeutlichen zweierlei: Einerseits waren sich die Ärzte des Erbgesundheitsgerichts und Erbgesundheitsobergerichts in ihrer ersten Beurteilung offenbar so sicher, dass sie übereinstimmend eine Zwangssterilisation anordneten. Andererseits gestand das Erbgesundheitsgericht – zumindest vereinzelt – den als *erbkrank* kategorisierten Frauen und Männern zu, Beschlüsse nochmals zu hinterfragen, durch eine aufwändige und teure Begutachtung eine neuerliche Entscheidungsgrundlage zu erhalten und auch gegenteilig zum ersten Beschluss zu entscheiden. Selbst in den letzten Kriegsmonaten, als die Erbgesundheitsgerichtsbarkeit zunehmend eingeschränkt und Wiederaufnahmen auf die Zeit nach Kriegsende verschoben werden sollten und auch die medizinische Versorgung fallweise wichtiger war als die Durchführung einer Zwangssterilisation, sollte eine nach einem neuerlichen Beschluss nun als *erbgesund* geltende Frau umgehend die Möglichkeit haben, Mutter zu werden.[313]

311 Vgl. 2 XIII 288/41.

312 Vgl. 2 XIII 74/44 und Spring, Restitution, 367–392.

313 Vgl. Kap. 4.

Die neun von Amts wegen aufgenommenen Verfahren waren vom Erbgesundheitsgericht nach der Einstellung des Erbgesundheitsobergerichts im Dezember 1944 oder aus sonstigen Gründen beschlossene Wiederaufnahmeverfahren.

Nur Rudolf K. und Karoline H. hofften mithilfe eines Rechtsanwalts auf ein Wiederaufnahmeverfahren, beide Anträge wurden abgelehnt.[314] Dies zeigt, wenn auch nur in Einzelfällen, dass Argumente eines Rechtsanwalts nicht von vornherein mehr galten als beispielsweise jene der zuvor genannten als *schwachsinnig* geltenden Therese W., die ohne Unterstützung eines Rechtsanwalts ein Wiederaufnahmeverfahren erreichte.

Diagramm EGG 14, Grundgesamtheit: 1.697 Verfahren

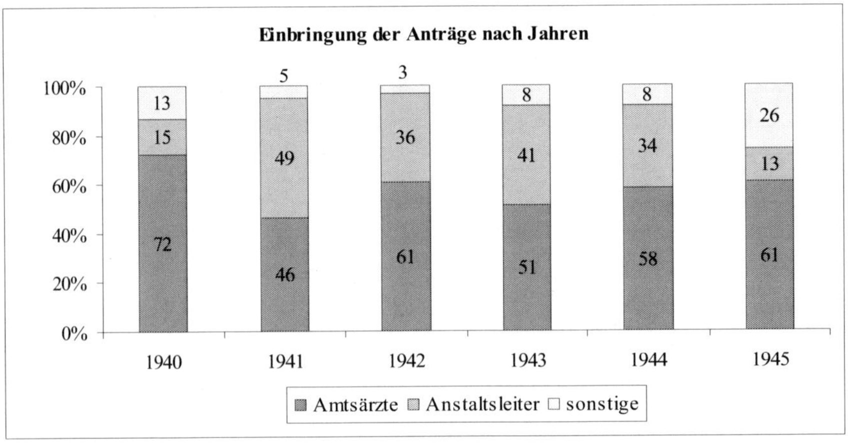

Abschließend noch zur Verteilung der Anträge zwischen 1940 und 1945. Wie bereits aufgezeigt, wurden insgesamt 56 % aller Wiener Erbgesundheitsgerichtsverfahren von Amtsärzten des Gesundheitsamts und weitere 37 % von den Direktoren der drei genannten Anstalten, davon wiederum 80 % von der

314 Vgl. 2 XIII 206/43 und 1 XIII 35/42.

Anstalt Am Steinhof, in Gang gebracht.[315] Aufgeschlüsselt nach Jahren, lag die Antragstellung mit Ausnahme des Jahres 1941 überwiegend bei den Amtsärzten. 1940 betrug der Anteil der Amtsärzte sogar mehr als 70 %, 1942 noch über 60 %, bis 1945 blieb er deutlich über 50 %. Bedenkt man die aufwändige *erbbiologische Bestandsaufnahme* die erst mit August 1940 begonnen hatte,[316] die ebenfalls aufwändige Vorbereitung der Verfahren und die gleichzeitige Organisation der Deportation von fast 2.700 PatientInnen allein in der zweiten Hälfte des Jahres 1940, zeigt dies den immensen ‚Einsatz' der Akteure der Anstalt bei den Zwangssterilisationen und der NS-Euthanasie in diesen Monaten.[317] (Siehe Anhang Diagramm EGG 14.)

IN DEN VERFAHREN GENANNTE GzVeN-DIAGNOSEN

Die Verfahren konnten auf einer oder auch mehreren GzVeN-Diagnosen beruhen die am häufigsten genannten Kombinationen waren *Fallsucht*, *Schizophrenie*, *Taubheit* oder *Blindheit* mit der Diagnose *Schwachsinn*. (Siehe Diagramm EGG 15.)

In 774 (42 %) und somit den meisten Beschlüssen war die Diagnose *Schwachsinn* genannt, gefolgt von *Schizophrenie* in 473 Verfahren (26 %) und *Fallsucht* in 299 (16 %). Diese insgesamt 84 % liegen im Bereich der Verteilung der Diagnosen in den Beschlüssen des *Altreichs*.[318] 67 Verfahren (4 %) lag die GzVeN-Diagnose *Missbildung* zugrunde, 62 (3 %) *manisch-depressives Irresein*

---

315 Einbezogen waren hier auch jene Anträge, wo sich Amtsärzte und Anstaltsleiter Eigenanträgen bzw. jenen von Vormündern anschlossen. Die restlichen Prozent verteilen sich auf jene Verfahren, die von Amts wegen, d.h. vom Erbgesundheitsgericht, eingeleitet wurden, aus denen die Antragstellung nicht ersichtlich ist oder die erst nach der Zusammenlegung der Gerichtsbezirke Ende 1944 zum Erbgesundheitsgericht Wien kamen. Zur Verteilung der Anträge vgl. Spring, Antragstellung, 181–199.

316 Vgl. Mende, Steinhof, 78.

317 Vgl. Czech, Erfassung, 37, und Mende, Steinhof, 67.

318 Quellenmäßig vergleichbar u.a.: Hennig, Offenbach/Main, 111 (1934–1944: 94 %), Daum/Deppe, Frankfurt/Main, 110 (1934–1939: 80 %), Rothmaler, Hamburg, 28 (1934–1944: 86 %), Goldberger, Linz und Oberdonau, 881 (Linz: 1940–1944: 90 %), Nitschke, Erbpolizei, 225 (Bremen: 1934–1944: 95%), Birk, Schwaben, 117 (Kempten: 1934–1944: 8 1%) und 118 (Günzburg: 1934–1944: 87 %).

Diagramm EGG 15, Grundgesamtheit: 1.834 genannte GzVeN-Diagnosen in 1.697 Verfahren

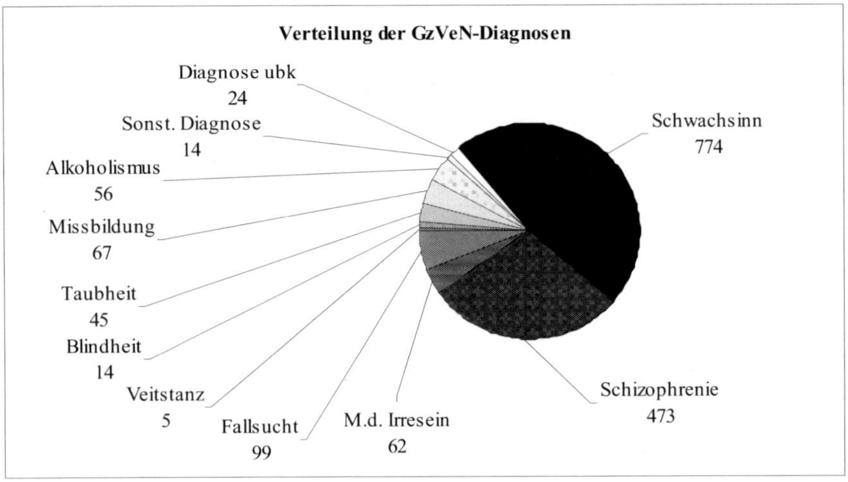

und 56 (3 %) *Alkoholismus. Taubheit* und *Blindheit* waren in 45 Verfahren (2 %) bzw. 14 (1 %) Gegenstand der Beschlussfassung, *Veitstanz* in 5 Verfahren (statistisch: 0 %). In 24 Verfahren (1 %) geht die Diagnose nicht aus den Akten hervor, und in 14 Verfahren (1 %) waren „Zeichen einer Pyromanie", „schwere seelische Abartigkeit" „Rauschgiftsucht", aber auch „Schwerhörigkeit" ergänzend zu den GzVeN-Diagnosen genannt.

Die Verteilung der jeweiligen Diagnosen im Verlauf des Vollzugs von 1940 bis 1945 veränderte sich nicht wesentlich. Ausnahme war die Nennung der Diagnosen *Schizophrenie* im Jahr 1945 und *Alkoholismus* im Jahr 1941 – hier ist die niedrige Gesamtzahl der jeweiligen Verfahren mitzubedenken: 1945 endeten nur noch 30 Verfahren, in insgesamt 56 Verfahren der Jahre 1940–1945 war die Diagnose *Alkoholismus* genannt. (Siehe Diagramm EGG 16.)

Unterschiede bestehen jedoch zwischen Frauen und Männern, am deutlichsten ist dies bei der GzVeN-Diagnose *Schwachsinn:* In den Verfahren wurden Frauen häufiger als *schwachsinnig* diagnostiziert, nämlich in 443 von 961 Verfahren (46 %) und Männer in 331 von 872 (39 %). *Manisch-depressives Irresein, Taubheit* und *Missbildung* betraf, wenngleich auch in geringerer Differenz,

Diagramm EGG 16, Grundgesamtheit: 1.834 genannte GzVeN-Diagnosen in 1.697 Verfahren

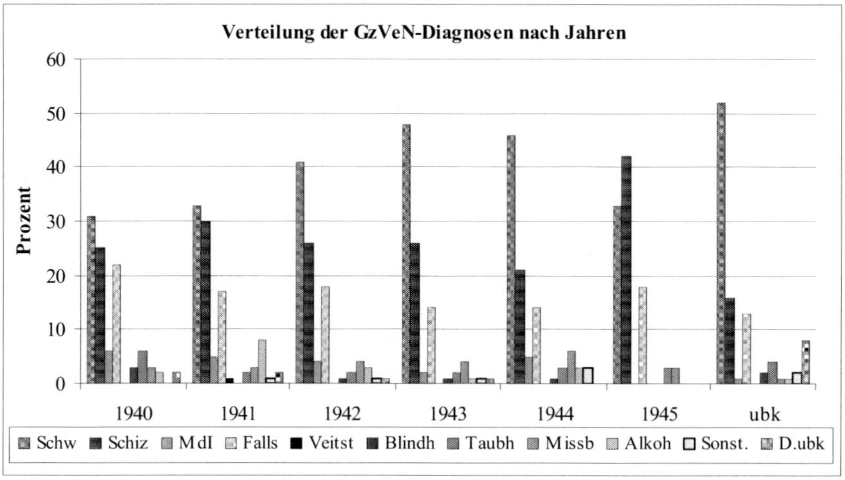

Diagramm EGG 17, Grundgesamtheit: 1.833 genannte GzVeN-Diagnosen in 1.695 Verfahren

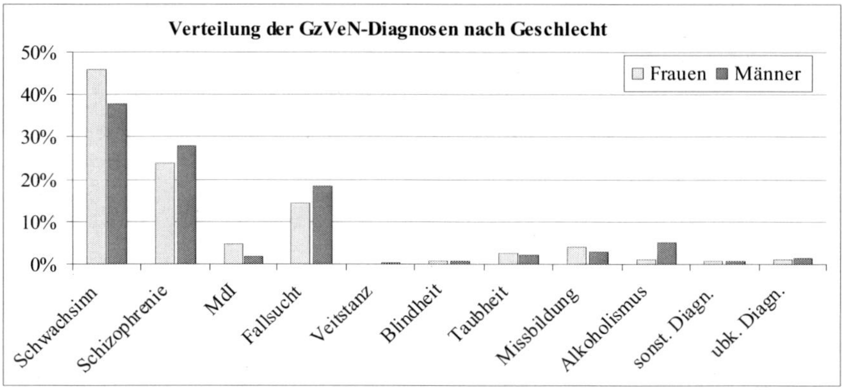

ebenfalls mehr Frauen als Männer, hingegen wurde *Alkoholismus* überwiegend bei Männern diagnostiziert. (Siehe Diagramm EGG 17.)

ÄRZTLICHE GUTACHTER AM ERBGESUNDHEITSGERICHT WIEN

Anders als am Erbgesundheitsobergericht Wien, wo nur elf Gutachter tätig waren, beauftragten die Richter des Erbgesundheitsgerichts insgesamt 25 Ärzte aus verschiedenen Fachrichtungen. Die beiden Psychiater Josef Berze und Otto Pötzl erstellten mehr als die Hälfte der Gutachten – auch am Erbgesundheitsobergericht trugen sie im Großteil der Verfahren maßgeblich zur Entscheidungsfindung bei. (Siehe Diagramm EGG 18.)

Diagramm EGG 18, Grundgesamtheit: 288 Verfahren mit 298 Gutachten (in zehn Verfahren wurden zwei erstellt)

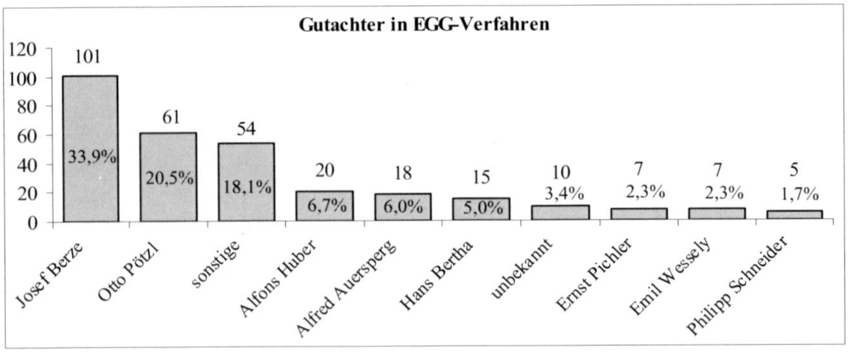

Josef Berze (1866–1957) war seit 1907 Primarius in der Anstalt Am Steinhof und übernahm, nachdem er von 1912 bis 1918 Direktor der psychiatrischen Anstalt in Klosterneuburg war, die Leitung der Anstalt Am Steinhof bis zu seiner Pensionierung im Jahr 1928.[319] Berzes langjährige psychiatrische Erfahrung und seine Forschungstätigkeit, die er auch nach seiner Pensionierung

319 Hubenstorf sieht Berze als Schüler Wagner-Jaureggs, vgl. ders., Netzwerke, 408f. Berze verstand sich nach eigenen Angaben als Schüler von Theodor Meynert, vgl. dazu Berze, Geschichtliches und Kritisches zur Theorie der Schizophrenie, in: Zeitschrift für die gesamte Neurologie und Psychiatrie 175 (1942), 256–282. In seinem Habilitationsgutachten vermerkte Wagner-Jauregg, dass Berze keiner, auch nicht seiner eigenen Schule angehörte. Ich danke Eberhard Gabriel für diese beiden Hinweise. Zu Berze vgl. weiters Gabriel, Baumgartner Höhe, 160f.

fortführte,[320] trugen – neben kriegsbedingten Problemen bei der Akquirierung von Gutachtern – wohl mit zu seiner Bestellung als Gutachter bei, obwohl er bei Inkrafttreten des GzVeN Anfang 1940 bereits 74 Jahre alt war. Abgesehen vom finanziellen Ertrag der Begutachtungen und seinem wissenschaftlichen Interesse stand Berze dem GzVeN vermutlich unkritisch gegenüber, sonst hätte er nicht bis Kriegsende insgesamt 108 Gutachten in beiden Instanzen erstellt. Aus seinen Personalakten ist keine Mitgliedschaft bei der NSDAP ersichtlich, jedoch findet sich auf einer Karteikarte der NS-Reichsärztekammer der Vermerk seiner Antragstellung an den NS-Ärztebund.[321]

Otto Pötzl (1877–1962), seit 1928 Leiter der Neurologisch-Psychiatrischen Klinik der Universität Wien, fertigte ein Fünftel der Gutachten für das Erbgesundheitsgericht und ein Drittel jener für das Erbgesundheitsobergericht an, aber auch andere Erbgesundheitsgerichte aus seinem Gerichtssprengel wandten sich an ihn.[322] Das NSDAP-Mitglied Pötzl, der nach 1945 angab, seine Frau habe ohne sein Wissen Anfang der 1930er-Jahre für ihn einer Hausgehilfin Mitgliedsbeiträge für die NSDAP übergeben,[323] bewertete das GzVeN 1938 in der *Wiener Klinischen Wochenschrift* als „überaus wichtigen Schritt zur Sicherung einer gesunden und starken Entwicklung des deutschen Volkes. [...] Die Anordnungen, die es enthält, stellen ein vernünftiges und weises Mindestmaß dar, das aber für sich allein die zahlreichen Probleme noch keineswegs erschöpfen kann, die sich der Psychiatrie und der Neuropathologie für die möglichst weitgehende Verhütung erbkranken Nachwuchses von jeher gestellt haben."[324] Als weitere *Problemlösung* forderte Pötzl die Ausweitung des GzVeN auf *Gewohnheitsverbrecher* und ging damit weit über dessen Intentio-

320 Vgl. Gabriel, Wiener Beiträge, 68f. Zu Berzes Publikationen vgl. Hubenstorf, Netzwerke, 290 und 314, sowie Voswinckel, Lexikon, 114.

321 Vgl. u.a. WSTLA, M.Abt. 202, A 5, Personalakt Berze. Information von Michael Hubenstorf vom 6. November 2007 und 28. Februar 2008. Ich danke Michael Hubenstorf für den Hinweis zu dieser Karteikarte, die mir beim Verfassen der bisherigen Publikationen zum Erbgesundheitsgericht Wien noch nicht bekannt war.

322 Vgl. u.a. XIII 8/45.

323 Pötzl war von 1930 oder 1931 bis 1934 und dann ab 1943 mit Wirkung von 1. Jänner 1941 [sic] NSDAP-Mitglied, vgl. ÖStA/AdR, 04, BKA/ENA Kt. 1, Pötzl. Zu Pötzl vgl. weiters ausführlich Hüttl, Pötzl.

324 Wiener Klinische Wochenschrift, 11. November 1938, Jg. 51, Nr. 45, 1205.

nen und Bestimmungen hinaus.[325] Bezüglich der Frage nach der Rolle Pötzls in der NS-Euthanasie kam Michael Hubenstorf zum Schluss, Pötzl versuchte „eine Beteiligung an der ‚Euthanasie-Aktion' zu umgehen".[326] Doch bestand zweifellos ein Naheverhältnis zu wichtigen Akteuren wie Hans Bertha, einem „Scharfmacher in der ‚Euthanasie'",[327] und Max de Crinis, einem der Hauptverantwortlichen.[328]

So hatte sich Pötzl – gemeinsam mit dem bis 1940 in Breslau tätigen Neurologen Oskar Gagel (1899–1978),[329] der für beide Instanzen der Erbgesundheitsgerichtsbarkeit fallweise Gutachten erstellte – 1944/45 für Berthas Professur an der Medizinischen Fakultät in Wien eingesetzt.

Und Max de Crinis, der „mächtigste medizinische Wissenschaftspolitiker des Nationalsozialismus ab 1940",[330] erhielt von Pötzl im Februar 1944 folgenden Brief: „Nach Wien zurückgekehrt, fühle ich nach der Erledigung der dringendsten Agenden das lebhafte Bedürfnis, Ihnen zu danken für den so herzlichen Empfang in Berlin, für die unverdienten Ehrungen, die Berlin mir durch Sie zuteil werden liess, und für die Freude, in den akademischen Kreis der grossen führenden Gelehrten unseres Faches persönlich eingeführt zu sein. All das macht mir die Tage in Berlin unvergesslich und zu einer der schönsten Erinnerungen meines Lebens. Ueber alles das hinaus aber noch danke ich Ihnen für die wahrhaft freundschaftlichen Worte, die Sie mir gewidmet haben und für so vieles andere, was ich hier nicht besprechen will, weil es in meinem Herzen lebt. [...] Ich erinnere Sie nun daran, dass Sie ja am 17. März in Wien sein werden und dass Sie mir versprochen haben, mit Ihrer Frau Gemahlin einen Mittag bei mir zu verbringen. [...] In der Vorfreude, Sie hier zu begrüssen, und im Nachhall meiner grossen Eindrücke aus Berlin, bleibe ich in steter Hochschätzung und Verbundenheit Ihr ergebener Dr. Otto Pötzl"[331]

325 Vgl. Hubenstorf, Netzwerke, 293.
326 Hubenstorf, Netzwerke, 293.
327 Baader, Patientenmord, 221.
328 Vgl. Klee, Personenlexikon, 97.
329 Vgl. Hubenstorf, Netzwerke, 268 und 302, sowie Hubenstorf, Fakultät, 251.
330 Hubenstorf, Netzwerke, 324.
331 BDC Otto Pötzl (= DÖW E 21159), Pötzl an de Crinis, 19. Februar 1944. Zu weiteren Briefen siehe ebd.

Wen Pötzl in Berlin kennenlernte, ist unbekannt – dass namhafte Psychiater aus dem Umfeld von de Crinis wie Werner Heyde, Paul Nitsche, Ernst Rüdin und Carl Schneider an der NS-Euthanasie maßgeblich beteiligt waren, ist dokumentiert.[332]

Der Psychiater Alfons Huber, der, soweit bisher bekannte Quellen zeigen, der NSDAP nicht angehörte, war in der Anstalt Am Steinhof tätig. Von ihm ist bis dato wenig bekannt. Er war nach Kriegsende Mitangeklagter in einem Volksgerichtsverfahren wegen Mord und Misshandlung, das jedoch im Mai 1949 eingestellt wurde.[333]

Alfred von Auersperg (1899–1968) war nach mehrjähriger Tätigkeit in der Neurologisch-Psychiatrischen Klinik der Universitätsklinik Wien von 1940 bis 1945 Leiter der Heilanstalt Döbling (des ehemaligen Maria-Theresien-Schlössels), weiters in einem Luftwaffenlazarett tätig und, wie es in einer politischen Beurteilung anerkennend hieß, nicht nur „politisch und menschlich [...] einwandfrei", sondern auch zusätzlich zu seiner Tätigkeit „im Erbgesundheitsamt [sic]".[334]

Hans Bertha wurde bereits im Abschnitt zu den ärztlichen Beisitzern des Erbgesundheitsgerichts genannt.

Der Psychiater Ernst Pichler (1907–1977) arbeitete an der Universitätsklinik für Neurologie und Psychiatrie, war illegales Mitglied der NDSAP und gehörte, wie Auersperg, der SS an.[335]

Wie schon bei den ärztlichen Beisitzern des Erbgesundheitsgerichts war der Anteil der NSDAP- und auch SS-Mitglieder zwar sehr hoch, jedoch, wie das Beispiel von Alfons Huber zeigt, nicht unbedingte Voraussetzung für die Beauftragung als Gutachter – vermutlich auch deshalb nicht, weil sich die Verfahren durch den kriegsbedingten Ärztemangel ohnehin schon verzögerten und die fachliche Qualifikation wichtiger war als die Verankerung in der NSDAP.

332 Vgl. Friedlander, Genozid, 123f, 255f.

333 Vgl. Gabriel, Baumgartner Höhe, 168. Zum Prozess vgl. WSTLA, VG 8 c 160/50 sowie Garscha, Euthanasie-Prozesse, 55. Zu Hubers Anklage und Aussage zur Zwangssterilisation von Leopold W., die in diesem Verfahren ebenfalls verhandelt wurde, vgl. die Ausführungen im Ausblick am Ende dieser Arbeit.

334 ÖStA/AdR, 04, Gauakt Auersperg, politische Beurteilung 1942. Zum Maria-Theresien-Schlössl vgl. Gabriel, Baumgartner Höhe, 155–159.

335 Vgl. Hubenstorf, Netzwerke, 413.

Dass die externen Gutachter großteils Psychiater waren, erklärt sich aus der großen Zahl von Verfahren, die auf den GzVeN-Diagnosen *Schwachsinn, Schizophrenie* und *Fallsucht* beruhten. Weitere, nur fallweise beauftragte Gutachter waren die HNO-Ärzte Emil Wessely, Siegfried Unterberger, Karl Biehl und Konrad Falkenberg, die Augenärzte Karl Lindner, Anton Pibus und Fritz Rössler, weiters die Psychiater Ernst Bischoff, Ernst Gabriel, Oskar Gagel, Ernst Illing und Erwin Jekelius, der Röntgenologe Josef von Palugyay und der Orthopäde Gerhard von Haberler. Eine weitere Fragestellung für die ärztlichen Beisitzer, unabhängig von der Diagnose, war die Feststellung der Empfängnis- bzw. Zeugungsfähigkeit der von der Zwangssterilisation bedrohten Frauen und Männer. Mit der Klärung wurden die Gynäkologen Isidor Amreich, Ludwig Kraul, Otto Planner-Plann, Hermann Siegmund und Hans Tasch beauftragt sowie der Gerichtsmediziner Philipp Schneider, der darüber hinaus auch als Gutachter in Verfahren zur sogenannten *freiwilligen Entmannung* von straffällig gewordenen homosexuellen Männern tätig war, die in ihrem Strafverfahren, um der Todesstrafe zu entgehen, nach § 14 2 GzVeN einen solchen Antrag stellen konnten.[336]

Die meisten der hier genannten Ärzte waren entweder Vorstände oder aber hochrangige Ärzte aus Wiener Universitätskliniken oder Krankenhäusern wie beispielsweise der Frauenklinik Gersthof oder der Krankenanstalt Rudolfsstiftung.

Die Gutachten hatten bei der Entscheidungsfindung eine zentrale Bedeutung – ablesbar ist dies auch daran, dass sich Auszüge daraus oft wörtlich in der Beschlussfassung der Gerichte wiederfinden. Dass diese Tätigkeit für häufig beauftragte Gutachter nicht nur finanziell ertragreich war (die Honorare betrugen je nach Aufwand zwischen 30 und 90 Reichsmark), sondern auch verwertbare Ergebnisse für ihre wissenschaftliche Arbeit bringen konnte, sei an dieser Stelle nochmals erwähnt.[337]

Zwei Besonderheiten bei der Beauftragung von Gutachtern durch das Erb-

336 Vgl. Spring, *Entmannung*, 251–269.

337 Zu den Honorarnoten, die nur vereinzelt im Bestand des Erbgesundheitsgerichts Wien vorhanden sind, vgl. u.a. 1 XIII 92/42 (Berze, 66,50 RM), 1 XIII 80/42 (Berze, 56 RM), 1 XIII 19/43 (Gabriel, 57 RM), 1 XIII 36 (Berze, 36 RM) und 1 XIII 4/43 (Bertha, 20 RM).

gesundheitsgericht Wien sollen nicht unerwähnt bleiben. Die erste Besonderheit: Die Erbgesundheitsgerichtsbarkeit war – von der Antragstellung über die Beschlussfassung bis zur Ausführung – ausschließlich Männern vorbehalten. Umso überraschender ist das Verfahren von Katharina S., die als *schwachsinnig* galt und zwangssterilisiert werden sollte.[338] Sie wurde von der Kinderärztin Valerie Bruck-Biesold begutachtet, obwohl sie zum Zeitpunkt des Verfahrens bereits 26 Jahre alt war. Da der Akt nur den Beschluss des Erbgesundheitsgerichts enthält, kann über die Gründe dafür nur spekuliert werden. Der Verweis auf einen Bericht der Kinderklinik zu Katharina S. könnte bedeuten, dass Valerie Bruck-Biesold Katharina S. dort behandelt hatte und deshalb auch das Gutachten erstellen sollte. Allerdings trug dieses Gutachten nicht zur endgültigen Klärung bei, da das Erbgesundheitsgericht zusätzlich den Psychiater Ernst Bischoff beauftragte, vermutlich auch deshalb, weil die ärztlichen Beisitzer, Josef Egermann und Karl Windholz, beide keine Psychiater waren. Die Einholung eines zweiten Gutachtens erfolgte nur sehr selten, zwischen 1940 und 1945 in 10 von 284 Verfahren.

Die zweite Besonderheit ist die Beiziehung von Ernst Rüdin als Gutachter in einem Verfahren – ein Hinweis darauf, wie wichtig dem Erbgesundheitsgericht Wien die genaue Diagnostik vor der Beschlussfassung war, die in diesem Fall nach Ansicht des Gerichtes durch keinen Wiener Arzt erfolgen konnte. Rüdins Gutachten verdeutlicht die Ungewissheit bei Fragen der *Vererbung*, den Entscheidungsspielraum von Ärzten und die unterschiedliche Spruchpraxis von Erbgesundheitsgerichten. Es zeigt aber vor allem auch, dass niemand zwangssterilisiert werden sollte, bevor nicht im Hinblick auf ihre/seine *Erbkrankheit* Gewissheit vorlag.

Der in einer Molkerei tätige Ingenieur Georg K. sollte wegen *schwerer Missbildung* (er hatte eine Gaumenspalte) zwangssterilisiert werden. Im *Sippenbogen* war angeführt, einer seiner Brüder wäre an *paranoider Schizophrenie* erkrankt und ein weiterer hätte Suizid verübt. Nach damaligem Wissensstand galten sowohl diese *Missbildung* als auch die *Schizophrenie* als „Schädigung von Organen, die sich aus dem äußeren Keimblatt entwickelt haben".[339] Daher, so die ärztlichen Beisitzer Alois Kittinger und August Krzizek im Dezember

338 Vgl. 2 XIII 109/41.

339 Zu diesem und den folgenden Zitaten aus dem Verfahren von Georg K. siehe 2 XIII 176/43.

1943, „liegt somit anscheinend eine manifest gewordene Erbschädigung […] vor, welche den Schluss zu rechtfertigen scheint, dass auch die Nachkommenschaft nicht nur im Erbbild, sondern auch im Erscheinungsbild erblich geschädigt ist". Trotzdem war es ihrer Ansicht nach „aber doch immerhin zweifelhaft, ob diese Annahme schon dazu berechtigen würde, eine Unfruchtbarmachung anzuordnen". Ernst Rüdin bestätigte den Zusammenhang zwischen der Schädigung des äußeren Keimblatts und der an Georg K. diagnostizierten *schweren Missbildung*, hielt jedoch fest: „Ob das auch für die Schizophrenie zutrifft, wissen wir aber nicht. Es kann sich ebensogut um eine primäre, erblich verankerte Störung im Mesoderm [das mittlere Keimblatt, Anm. CS] handeln mit sekundären Auswirkungen in einem Erfolgsorgan (Zentralnervensystem), das ein Derivat des äußeren Keimblattes ist", und gestand trotz seiner jahrelangen Forschungen am Kaiser-Willhelm-Institut für Genealogie und Demographie ein, dies seien „spekulative Erwägungen, eventuell […] Arbeitshypothesen, mit denen aber praktisch, vor allem auch in der Unfruchtbarmachungsfrage, nichts anzufangen ist", Rüdin ging davon aus, es handle sich bei den genannten Diagnosen um zwei „Erbstörungen, [die] durch Heirat […] zusammengeführt worden sind". Die *Erblichkeit* einer Gaumenspalte sah Rüdin als „in der Regel, wenn nicht ausnahmslos" als gegeben an, obwohl „der genaue Erbgang freilich […] noch nicht ganz sicher fest[steht]". Rüdin ergänzte: „Ich bin daher persönlich, auch auf Grund der Originalforschungen, die ich in meinem Institut habe vornehmen lassen, der Ansicht, dass bei dem vorliegenden schweren Fall von erblicher körperlicher Missbildung die Voraussetzungen der Unfruchtbarmachung gegeben sind. Dagegen vertreten manche Ärzte den Standpunkt, dass der Beweis der generellen Erblichkeit der Lippen-, Kiefer-, Gaumenspalte noch nicht so lückenlos erbracht worden sei, dass man ohne Zuhilfenahme des Nachweises gleicher Erkrankungen in der in Rede stehenden Sippe auskommen könne. Demnach sterilisieren wohl die meisten Gerichte erst, wenn noch ein zweiter Fall in der betreffenden Sippe nachgewiesen werden kann. Ja, es gibt Autoren, die, freilich ohne genügende Berechtigung, sogar zwei weitere Fälle in der Blutsverwandtschaft verlangen." Wie umstritten die *Vererbung* dieser *Missbildung* war und welche widersprüchlichen Konsequenzen die beschlussfassenden Ärzte am Erbgesundheitsgericht daraus zogen, ist unübersehbar und wurde selbst von Rüdin eingestanden.

In ihrer Anfang Februar 1944 getroffenen Entscheidung gegen die Zwangssterilisation von Georg K. sicherten sich Kittinger und Krzizek, unter dem Vorsitz Rolleders, gleich mehrfach ab, indem sie ausführlich aus Rüdins Gutachten zitierten und auch ein Beschwerdeverfahren für möglich hielten: „Da die Vererbungswissenschaft [...] trotz ihrer grossen sonstigen Fortschritte in der Richtung des vorliegenden Falles durchaus keine einheitliche Ansicht darbietet und auch die Gerichtspraxis nach dem Bericht des Sachverständigen außerordentlichen Schwankungen unterliegt, musste das Gericht wegen des vollkommenen Mangels einer gleichsinnigen Belastung vorsichtshalber auf die Anordnung einer Unfruchtbarmachung verzichten, es sieht aber ohne weiters einer weiteren Überprüfung seiner Ansicht im allenfalls zu gegenwärtigen Beschwerdewege entgegen." Eine Beschwerde erfolgte nicht – ein Grund dafür könnte sein, dass niemand das Gutachten Rüdins hinterfragen wollte.

BEGUTACHTUNGEN IN ERBGESUNDHEITSGERICHTSVERFAHREN

In 284 (17 %) der 1.697 Verfahren am Erbgesundheitsgericht Wien waren sich die ärztlichen Beisitzer offenbar vorerst unschlüssig, ob die Diagnostizierung einer der im GzVeN genannten *Erbkrankheiten* bei den von der Zwangssterilisation bedrohten Frauen und Männern zutraf oder nicht. Um einerseits zu vermeiden, dass als *erbgesund* geltende Frauen und Männer von der Reproduktion ausgeschlossen werden würden und andererseits als *erbkrank* Geltende Eltern werden konnten, sollte ein externes Gutachten zur Entscheidungsfindung beitragen.

Ein Vergleich mit der Erbgesundheitsgerichtsbarkeit im *Altreich* ist dabei kaum möglich, weil im *Altreich* nach Kriegsbeginn kaum noch Verfahren stattfanden und die Frage des jeweiligen Anteils der Begutachtungen in den vorhandenen Publikationen nur selten aufgegriffen wurde. Lediglich Hella Birk weist nach, dass in den zwischen 1934 und 1941 durchgeführten Verfahren am Erbgesundheitsgericht Kempten in 17 % und am Erbgesundheitsgericht Günzburg in 27 % eine Begutachtung angeordnet wurde. Birk betont dabei, dass insbesondere ab 1938 die Verfahren sorgfältiger geführt worden waren – was sich auch bei der Zahl der Gutachten auswirkte.[340]

340 Vgl. Birk, Schwaben, 130.

Die Begutachtung konnte ambulant, aber auch während eines bis zu sechswöchigen Anstaltsaufenthalts erfolgen. Für die von der Zwangssterilisation bedrohten Frauen und Männer bedeutete dies nicht nur, in dieser Zeit außerhalb ihres sozialen und beruflichen Umfelds zu sein, sondern auch, dass das Verfahren und die damit verbundene Stigmatisierung diesem nicht unbekannt blieb. Für den etwaigen Verdienstentgang, bedingt durch die mehrwöchige Abwesenheit vom Arbeitsplatz, sah das GzVeN ab 1936 eine finanzielle Unterstützung aus staatlichen Geldern vor: Johannes Vossen wies jedoch darauf hin, dass EmpfängerInnen über deren geringe Höhe und späte Auszahlung klagten.[341]

Aufgrund kriegsbedingter Engpässe bei der Heranziehung von Ärzten in der Erbgesundheitsgerichtsbarkeit läge die Vermutung nahe, dass sich das auch auf die Bestellung der Gutachter auswirkte. Das Gegenteil war der Fall: waren es 1940 fünf von 60 Verfahren (8 %), in denen eine Begutachtung erfolgte, stieg dieser Anteil 1943, dem Jahr, in dem der Großteil der Verfahren stattfand, auf 96 von 394 Verfahren (24 %) und 1944 auf 49 von 171 Verfahren (29 %). Selbst in den ersten Monaten des Jahres 1945, in denen der Vollzug schon sehr eingeschränkt war, wurden in acht der 30 noch abgeschlossenen Verfahren (27 %) Gutachten eingeholt. Unabhängig von äußeren Rahmenbedingungen wurden bei der Klärung, ob eine *Erbkrankheit* vorläge oder nicht, keine Kosten gespart und kein Aufwand vermieden. (Siehe Anhang Diagramm EGG 19.)

Von den 284 Verfahren mit Begutachtung betrafen 130 Frauen (46 %) und 154 Männer (54 %), dieses Verhältnis blieb während der Jahre 1940 bis 1945 annähernd gleich.

Aufschlussreich ist auch das Verhältnis zwischen den in den Verfahren genannten Diagnosen und dem Anteil der eingeholten Gutachten. Die ärztlichen Beisitzer waren sich bei jenen Frauen und Männern, die als *taub*, *blind* oder *fallsüchtig* galten, anteilsmäßig am häufigsten uneinig, erstere Diagnose betraf 18 von 45 Verfahren (40 %), zweitere 5 von 14 (36 %) und letztere 96 von 299 (32 %). (Siehe Anhang Diagramm EGG 20.)

341 Vgl. Vossen, Gesundheitsämter, 297.

Diagramm EGG 19, Grundgesamtheit: 1.697 Verfahren

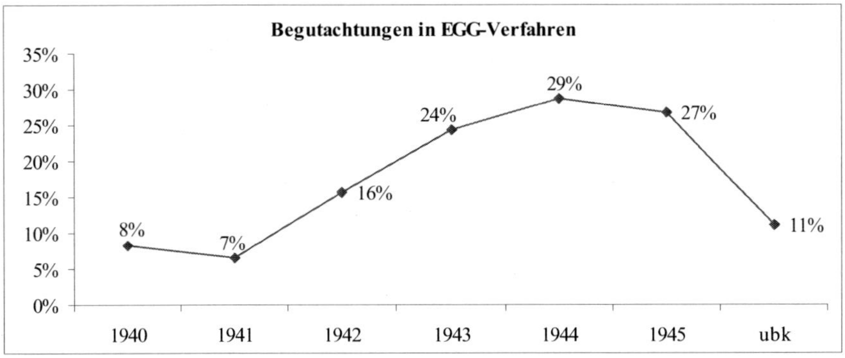

Diagramm EGG 20, Grundgesamtheit: 284 Verfahren mit Begutachtung

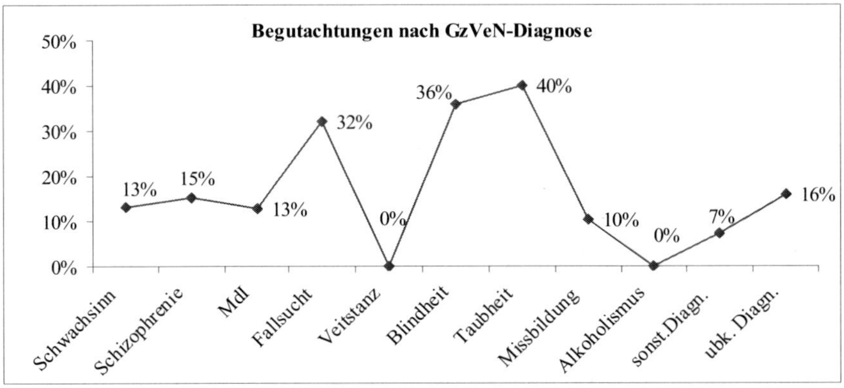

Die im GzVeN genannten Krankheiten *Schwachsinn*, *Schizophrenie* und *manisch-depressives Irresein* galten als *angeboren* und standen daher bezüglich ihrer *Vererbbarkeit* – zwar nicht im medizinischen Diskurs, jedoch für die Autoren des Kommentars – außer Zweifel. Die ärztlichen Beisitzer am Erbgesundheitsgericht mussten daher lediglich entscheiden, ob sie die externen Ursachen, die die von der Zwangssterilisation bedrohten Frauen und Männer für die an ihnen diagnostizierten Krankheiten nannten, als solche anerkannten oder nicht. Dementsprechend beträgt der Anteil der Begutachtungen bei diesen Diagnosen nur zwischen 13 und 15 %. Dass dieser bei *Fallsucht* so hoch war,

Diagramm EGG 21, Grundgesamtheit: 284 Verfahren mit Begutachtung

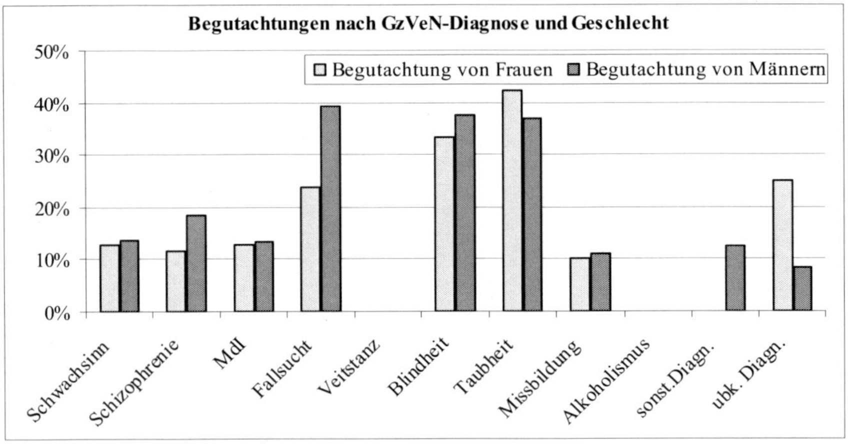

erklärt sich aus der Schwierigkeit der Diagnostizierung, aber auch daraus, dass am Erbgesundheitsgericht nur wenige Psychiater als ärztliche Beisitzer tätig waren und daher die Einholung eines Fachgutachtens für die Entscheidungsfindung vielfach nötig war.

Ähnliches galt bei den GzVeN-Diagnosen *Blindheit* und *Taubheit* – die ärztlichen Beisitzer waren keine Fachärzte und eine eindeutige Beschlussfassung konnte nur in jenen Verfahren erfolgen, wo die antragstellenden Ärzte an den von der Zwangssterilisation bedrohten Frauen und Männern Augen- oder Ohrenleiden diagnostiziert hatten, die auch Nicht-Fachärzten im Detail bekannt waren bzw. deren *Erblichkeit* in den umfangreichen Ausführungen des Kommentars als gesichert genannt wurden.[342]

Dass 56 der 1.697 Verfahren, in denen die von der Zwangssterilisation bedrohten Frauen und Männer als *AlkoholikerInnen* galten, ohne Begutachtung erfolgten, weist darauf hin, dass sich die ärztlichen Beisitzer in der Anordnung bzw. Ablehnung der Zwangssterilisation jeweils einig waren.

Bis auf die Diagnose *Fallsucht*, zu der anteilsmäßig in etwas mehr Verfahren von Männern ein Gutachten erstellt worden war, war das Geschlechterverhältnis ausgewogen. Bei den Diagnosen *Blindheit* und *Taubheit* ist die

342 Vgl. Gütt/Rüdin/Ruttke, Kommentar, 146–159.

Grundgesamtheit mit 10 bzw. 30 Verfahren zu niedrig für eine diesbezügliche Aussage. (Siehe Diagramm EGG 21.)

BESCHLÜSSE DES ERBGESUNDHEITSGERICHTS WIEN

Das Zustandekommen eines Beschlusses durch das Erbgesundheitsgericht war im Kommentar zum GzVeN eindeutig geregelt: Die ärztlichen Beisitzer gaben ihr Votum ab, anschließend der Richter – wobei dieser de facto kein Stimmrecht hatte, denn im Fall unterschiedlicher Auffassung „kann es nicht die Aufgabe des Vorsitzenden als Rechtswahrer sein, etwa bestehende Meinungsverschiedenheiten der ärztlichen Beisitzer auf ärztlichem Gebiet durch seine Stimme zur Entscheidung zu bringen. Dagegen wird es sehr wohl möglich sein, dass der Rechtswahrer durch klare Herausstellung der Grundgedanken des Gesetzes oder auch durch den Hinweis auf bestimmte Tatbestände, die dem an Akten geschulten Augen des Rechtswahrers weniger leicht entgehen als dem des Arztes, seinerseits einen Beitrag zur Klärung der Meinungen liefert, so daß nun auf keiner Seite mehr Zweifel bestehen, wie der Beschluss zu lauten hat. Rechtswahrer und Ärzte haben sich eben in diesem Verfahren gerade unter Berücksichtigung ihrer verschiedenen Vorbildung und ihrer verschiedenen Betrachtungsweise der Lebensvorgänge zu einer schöpferischen Einheit zu ergänzen.“[343] Mit Worten wie diesen wurden Richter aufgefordert, ihre richterliche Kompetenz Nicht-Juristen zu übertragen und sich lediglich auf die Verfahrensführung oder Hinweise auf von den Ärzten übersehene und ihrer Ansicht nach nicht entsprechend berücksichtigte Informationen aus den Verfahren zu beschränken.

Auch die Form der Beschlüsse war vorgegeben und wurde, wie die Verfahrensakten verdeutlichen, vom Wiener Erbgesundheitsgericht befolgt: „Die Entscheidungsgründe sind in bündiger Kürze unter strenger Beschränkung auf den Gegenstand der Entscheidung und tunlicher Vermeidung von Fremdwörtern und nicht allgemeinüblichen Ausdrücken abzufassen. […] Der Betroffene muss aus den Gründen ersehen können, welche Gesichtspunkte für das

343 Gütt/Rüdin/Ruttke, Kommentar, 243f.

Diagramm EGG 22: Grundgesamtheit: 1.697 Verfahren

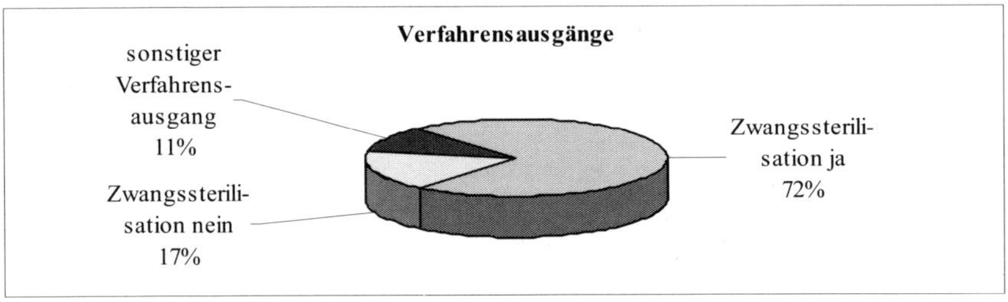

Gericht entscheidend gewesen sind, um zu seinem Beschluss zu gelangen."[344] Die Möglichkeit der Beschwerde wurde ebenfalls bedacht: „Das Obergericht muss aus den Gründen des Erbgesundheitsgerichts ersehen können, von welchen Erwägungen sich dieses hat leiten lassen."[345]

Und schon im Kommentar war festgelegt, dass eine Zwangssterilisation nicht angeordnet werden bzw. das Verfahren ausgesetzt, d.h. unterbrochen werden sollte, wenn Zweifel am Vorliegen einer *Erbkrankheit* bei den von der Zwangssterilisation bedrohten Frauen und Männern bestand: „Wenn die vorhandenen Ermittlungsergebnisse nicht ausreichen, um eine Unfruchtbarmachung zu beschließen, so ist die Unfruchtbarmachung abzulehnen."[346] Allerdings wiesen Gütt, Rüdin und Ruttke auf die Möglichkeit eines Wiederaufnahmeverfahrens, basierend auf neuen Informationen von Amtsärzten und Anstaltsleitern hin, welche „die Unfruchtbarmachung rechtfertigen".[347]

Von den 1.697 rekonstruierbaren Verfahren wurde die Zwangssterilisation in 1.223, also in fast drei Viertel, angeordnet und in 292 abgelehnt. Die restlichen endeten ohne einen Beschluss dafür oder dagegen – vor allem in den ersten Monaten des Jahres 1940, als das Erbgesundheitsgericht Anträge mangels Bestellung der ärztlichen Beisitzer zurückwies, sowie ab Herbst 1944, da infolge eines Erlasses des Reichsministeriums des Innern nicht *kriegswichtige* Verfahren bis Kriegsende eingestellt wurden.[348] In einigen Akten findet sich ab Anfang 1945 der Vermerk Rolleders, dass das Verfahren nach Kriegsende

344 Gütt/Rüdin/Ruttke, Kommentar, 244.
345 Gütt/Rüdin/Ruttke, Kommentar, 244.
346 Gütt/Rüdin/Ruttke, Kommentar, 244.
347 Gütt/Rüdin/Ruttke, Kommentar, 244.
348 Vgl. Schreiben Lindens vom 23. Oktober 1944, zit. nach Bock, Zwangssterilisation, 237.

weitergeführt bzw. der Verfahrensakt am 1. Oktober 1945 [sic] wieder vorgelegt werden sollte. Bei *kriegswichtigen* Verfahren machten im Winter 1944/45 Probleme eine Beschlussfassung unmöglich: Wegen Schneeverwehungen brach im Jänner 1945 der Straßenbahn- und Postverkehr zusammen, weshalb gerichtliche Vorladungen nicht fristgemäß zugestellt werden bzw. die von der Zwangssterilisation bedrohten Frauen und Männer nicht zu den Verhandlungen kommen konnten.[349] Diesen und allen eingestellten Verfahren setzte die Aufhebung des GzVeN im Mai 1945 ein Ende. (Siehe Diagramm EGG 22.)

Quellenmäßig vergleichbare Untersuchungen zeigen für das Erbgesundheitsgericht in Frankfurt am Main ein Verhältnis von 79 % zu 21 %, in Passau 84 % zu 16 % und in Hamburg, einer Stadt mit „besonders rigoros[er]"[350] Erbgesundheitsgerichtsbarkeit, 85 % zu 10 %. (In 5 % der Verfahren wurde die Zwangssterilisation trotz diagnostizierter *Erbkrankheit* nicht angeordnet.)[351] Der Unterschied zu Wien erklärt sich vor allem durch die 11 % sonstige Verfahrensausgänge.

Aufgeschlüsselt nach Jahren zeigt die Auswertung der Akten darüber hinaus, dass das Verhältnis zwischen den Beschlüssen zur und gegen die Zwangssterilisation weitgehend unverändert blieb, bezieht man die sonstigen Verfahrensausgängen der Jahre 1940, 1944 und 1945 ein. (Siehe Diagramm EGG 23.)

In 93 % der ablehnenden Beschlüsse galten die Frauen und Männer vor dem Erbgesundheitsgericht entweder als nicht (80 %) oder als nicht sicher (13 %) *erbkrank*, in 7 % war die *besondere Fortpflanzungsgefahr* nach Ansicht der ärztlichen Beisitzer nicht gegeben.[352] Letzteres zeigt zweierlei: Zwischen Gesundheitsamt und Erbgesundheitsgericht gab es Auffassungsunterschiede, wie diese zu verstehen sei, gleichzeitig entschieden sich die ärztlichen Beisitzer zumindest in einigen Fällen aus diesem Grund gegen den Zwangseingriff.

---

349 Vgl. 2 XIII 98/44, 2 XIII 28/44, 2 III 34/44 und XIII 82/45.

350 Bock, Zwangssterilisation, 247.

351 Vgl. Daum/Deppe, Frankfurt/Main, 120, Heitzer, Passau, 293, und Rothmaler, Hamburg, 128.

352 Mit der zunehmenden Einschränkung des Personenkreises, der trotz des Krieges zwangssterilisiert werden sollte, wuchs auch die Bedeutung der angenommenen *Fortpflanzungsgefahr* bei der Entscheidung zur Antragstellung. Vgl. dazu Bock, Zwangssterilisation, 235–237.

Diagramm EGG 23, Grundgesamtheit: 1.697 Verfahren

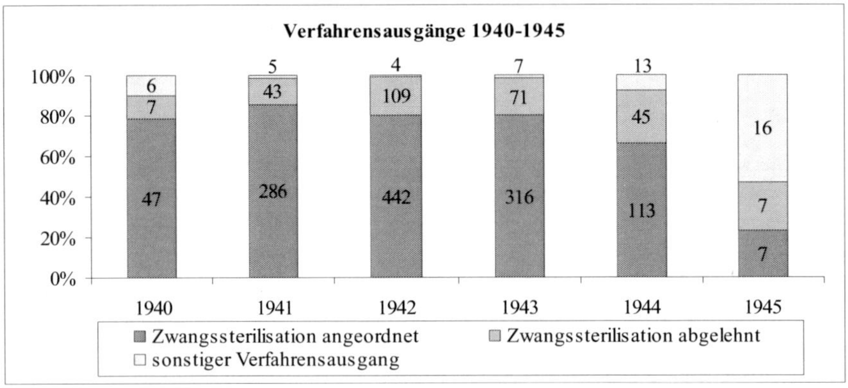

Dieser Auffassungsunterschied lässt sich exemplarisch auch an zwei wichtigen Akteuren festmachen: Obwohl sich der „erbbiologische Hardliner“[353] Hermann Vellguth bei der Einrichtung des Erbgesundheitsgerichts für Anton Rolleder als Richter eingesetzt hatte (nicht zuletzt, weil Rolleder ein *alter Parteigenosse* und in *Abstammungsfragen* sehr versiert war), erfüllte dieser Vellguths Erwartungen, die Zwangssterilisationen in Wien zügig voranzubringen, offenbar so wenig, dass Vellguth im Februar 1942 an Ministerialrat Linden vom Reichsministerium des Innern schrieb: „Leider hat uns Rolleder [...] schwer enttäuscht.“ Es folgte eine detaillierte Schilderung aller formalen „Versäumnisse“ Rolleders, aus der hervorgeht, dass das Gesundheitsamt offenbar wiederholt unvollständige Anträge an das Erbgesundheitsgericht weitergeleitet hatte, weshalb Rolleder diese – sehr zu Vellguths Ärger – zurückschickte. Dies war jedoch weniger ein Spezifikum Rolleders als vielmehr übliche Praxis auch zwischen Erbgesundheitsobergericht und Erbgesundheitsgericht. Vellguths Klage stieß zwar auf offene Ohren, denn Linden stimmte ihm zu, dass „Menschen, die nicht Kleines und Großes auseinanderhalten können, nicht als Erbgesundheitsgerichts-Richter tätig sein können“,[354] Rolleder blieb je-

353 Malina, „Führen“ statt Heilen, 149.

354 Zu diesem und den vorangegangenen Zitaten siehe DÖW Signatur 20.486/2 und WSTLA, M.Abt. 212, A 7/8, 152.312. Ich danke Herwig Czech für diese Information.

doch bis Kriegsende maßgeblicher Richter am Erbgesundheitsgericht Wien. Weitere Quellen dazu fehlen, es liegt jedoch der Schluss nahe, dass angesichts des eingangs erwähnten Richtermangels, der stark angestiegenen Zahl der Verfahren, des häufigen Wechsels der ärztlichen Beisitzer, die den kontinuierlichen Vorsitz eines erfahrenen Richters wie Rolleder umso wichtiger machten, und nicht zuletzt die Verankerung Rolleders in der NSDAP wesentlich dazu beigetragen haben.

Bei der Auswertung der in den Beschlüssen genannten Argumente der ärztlichen Beisitzer für oder gegen eine Zwangssterilisation ist auffällig, dass sich der Hinweis auf die Anhörung der von der Zwangssterilisation bedrohten Frauen und Männer vor dem Erbgesundheitsgericht in 1.436 der 1.678 Verfahren (86%), die mit einem Beschluss endeten, findet – etwa gleich oft in jenen von Frauen und Männern.[355] Deutlich weniger sind das Antragsgutachten und der *Sippenakt* angeführt. Bezieht man nun noch die Nennung der Befragung der Vertretungspersonen (Vormund und VerfahrenspflegerInnen) ein, so zeigt sich, dass der persönliche Eindruck der Betroffenen sowie ihrer Angehörigen oder Begleitpersonen für die ärztlichen Beisitzer offenbar von großer Bedeutung für ihre Entscheidung war. In weniger als 5 % der Verfahren waren Berichte von den Arbeitsstellen oder Fürsorgerinnen genannt, ebenso wie Pflegschafts- oder sonstige Gerichtsakten, aber auch Strafregisterauszüge – ein Hinweis darauf, dass diese Informationen im Rahmen der systematischen *erbbiologischen Bestandsaufnahme*, auf die Amtsärzte und Anstaltsleiter bei ihren Antragsgutachten zurückgreifen konnten, schon einbezogen worden waren. (Siehe Anhang Diagramm EGG 24.)

Die Praxis der Vorladungen am Erbgesundheitsgericht Wien unterschied sich deutlich von jener im *Altreich*: Am Erbgesundheitsgericht Kempten hatten die von der Zwangssterilisation bedrohten Frauen und Männer in nur 15 % der Verfahren die Möglichkeit, persönlich vor dem Erbgesundheitsgericht zu erscheinen, am Erbgesundheitsgericht Frankfurt/Main waren es 37 %.[356]

355 In 87 % der Verfahren von Frauen und 82 % der Verfahren von Männern.

356 Vgl. Birk, Schwaben, 153, und Daum/Deppe, Frankfurt/Main, 119. Deren Angabe bezieht sich auf die erste Verhandlung, in der der Großteil der Beschlüsse gefasst wurde.

Diagramm EGG 24, Grundgesamtheit: 1.678 Verfahren (ohne jene 19 Verfahren, in denen durch Kriegsende kein Beschluss mehr erfolgte). Mehrfachnennungen sind berücksichtigt.

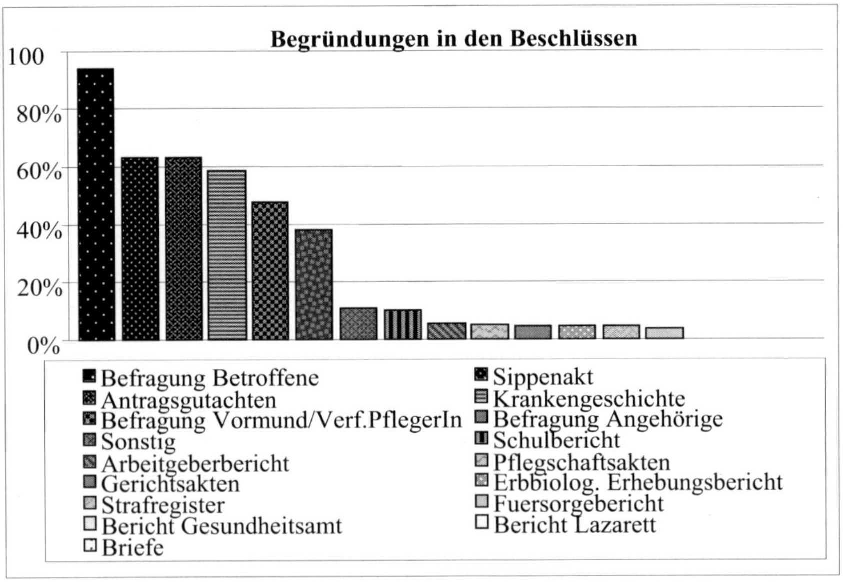

Trotz der dadurch entstehenden Kosten – den Vorgeladenen und ihren Begleitpersonen wurden die Fahrtkosten ersetzt – luden die Richter und ärztlichen Beisitzer des Erbgesundheitsgerichts Wien die von der Zwangssterilisation bedrohten Frauen und Männer vor, unabhängig davon, ob sie aus Wien oder aus der Umgebung Wiens anreisen mussten. Auch Überstellungen von PatientInnen in die Anstalt Am Steinhof sollten gewährleisten, dass die Betroffenen vor Gericht erscheinen konnten: So informierte der Leiter der Heilanstalt Gugging, Josef Schicker, Mitte Oktober 1944 Richter Anton Rolleder vom Erbgesundheitsgericht Wien, Charlotte H. könne „wegen ihres wechselnden, häufig ganz ungeordneten und sinnlos erregten Verhaltens […] nicht nach Wien zur Verhandlung“ gebracht werden.[357] Kurz darauf veranlasste Schicker ihre Überstellung in die Anstalt Am Steinhof, wo das Erbgesundheitsgericht

357 1 XIII 62/44. Vgl. auch Spring, Schicker, 111 f.

regelmäßig Sitzungen abhielt. Wurden die Betroffenen nicht vorgeladen, lagen dafür nahezu ausnahmslos formale Gründe vor: Es handelte sich dabei um jene Verfahren aus den ersten Monaten des Jahres 1940, in denen mangels ärztlicher Beisitzer noch keine Beschlussfassung stattfand, aber auch um jene, die nach der Zusammenlegung der Gerichtsbezirke Anfang 1945 an das Erbgesundheitsgericht Wien übergeben wurden und in denen von Richter Rolleder noch keine Sitzung mit den ärztlichen Beisitzern vereinbart worden war.

Hella Birk zeigte aufgrund der noch vorhandenen Akten der Erbgesundheitsgerichte Kempten und Günzburg auf, dass die Betroffenen zumeist im Verlauf des Verfahrens nur vom Richter, nicht aber in der Sitzung selbst befragt worden waren.[358] Dies stand im Widerspruch zu den Vorgaben im Kommentar zum GzVeN, betonten doch Gütt, Rüdin und Ruttke darin, dass die Befragung der von der Zwangssterilisation bedrohten Frauen und Männer von den ärztlichen Beisitzern erfolgen sollte.[359] In den umfangreicheren Akten des Erbgesundheitsgerichts Wien, die auch Protokolle der Verfahren enthalten, sind die ärztlichen Beisitzer immer angeführt.[360] Wie aus einigen Akten hervorgeht, verschob das Erbgesundheitsgericht Wien Sitzungen, wenn die von der Zwangssterilisation bedrohten Frauen und Männer, aber auch weitere Personen, die befragt werden sollten, nicht vor dem Erbgesundheitsgericht erscheinen konnten.[361] Die Gründe dafür reichten von zunehmenden Einschränkungen beim öffentlichen Verkehr, vor allem gegen Kriegsende, über die verspätete Zustellung der Vorladungen durch die Post, Bombenschäden bei Bahnhöfen und Zuggleisen bis zu den Bitten von Angehörigen, den Sitzungstermin wegen der einzubringenden Ernte zu verschieben.[362]

358 Vgl. Birk, Schwaben, 152–159.

359 Vgl. Gütt/Rüdin/Ruttke, Kommentar, 222.

360 Vgl. u.a. 2 XIII 272/41, 1 XIII 138/43, 2 XIII 19/44, 1 XIII 65/44 und 1 XIII 9/44.

361 Auch am Erbgesundheitsobergericht waren in 85 % der Verfahren die von der Zwangssterilisation bedrohten Frauen und Männer persönlich anwesend, unabhängig davon, wer die Beschwerde eingebracht hatte. Vgl. Kap. 3. Zur Verschiebung von Sitzungen vgl. u.a. das oben beschriebene Verfahren von Johann M., 2 XIII 292/42.

362 Vgl. u.a. 2 XIII 28/44 sowie XIII 27/45.

Diagramm EGG 25, Grundgesamtheit: 1.695 Verfahren

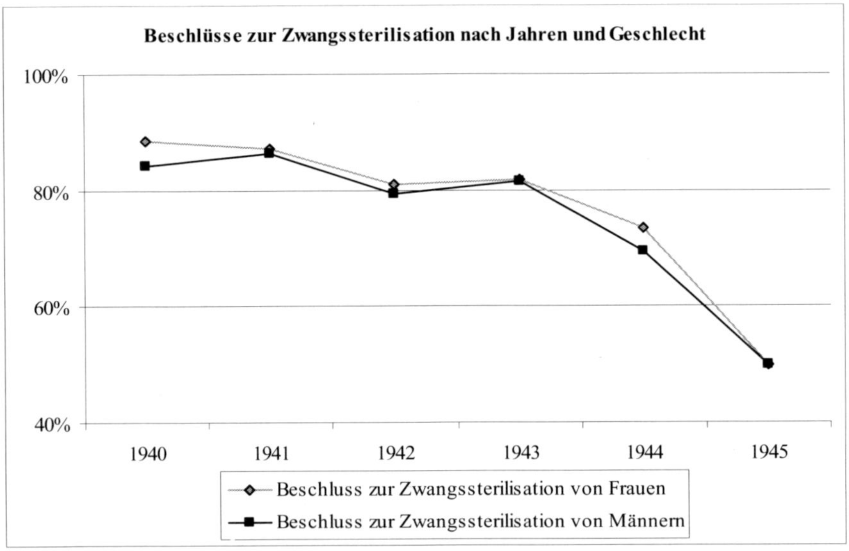

Diagramm EGG 26, Grundgesamtheit: 1.695 Verfahren

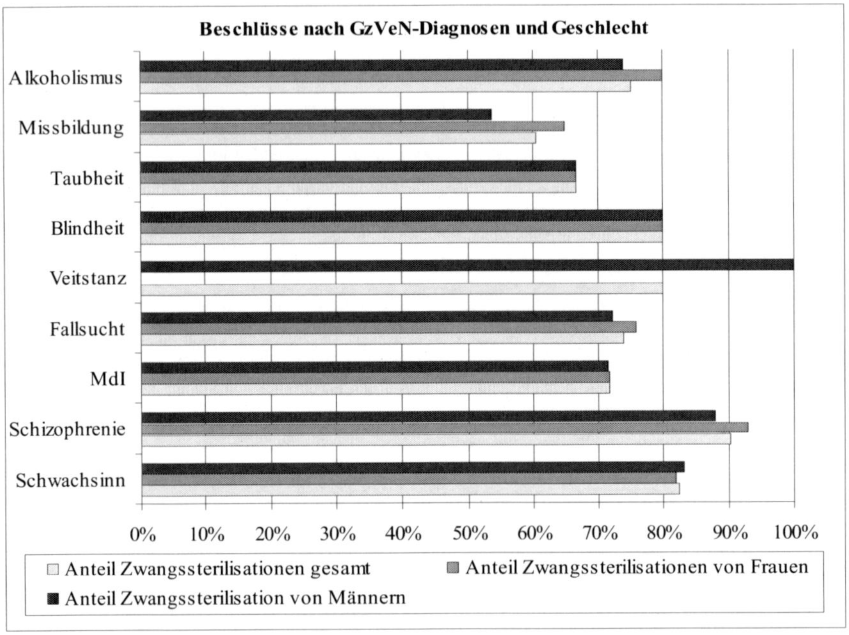

Die Verteilung der Verfahren zwischen 1940 bis 1945 wurde bereits dargestellt. Bezüglich der Beschlüsse für eine Zwangssterilisation ist ersichtlich, dass diese im Verlauf der Jahre prozentuell weniger wurden, wobei bei den Jahren 1940 und vor allem 1945 die vergleichsweise geringere Anzahl der Verfahren (1940 waren es 60 und 1945 nur noch 30) mitzubedenken ist. Deutlich ist jedoch, dass es diesbezüglich keine geschlechtsspezifischen Unterschiede gab. (Siehe Diagramm EGG 25.)

Die Auswertung der Verteilung der Beschlüsse zwischen 1940 und 1945, aufgeschlüsselt nach Diagnosen, ist zwar möglich, jedoch nicht aussagekräftig: einerseits aufgrund der wenigen abgeschlossenen Verfahren in den Jahren 1940 und 1945, andererseits, weil nur die Verfahren, in denen GzVeN-Diagnosen *Schwachsinn, Schizophrenie und Fallsucht* genannt wurden, einen fundierteren Vergleich zulassen – der jedoch nur für die Jahre 1941 bis 1944 wenig aussagekräftig ist. (Siehe Diagramm EGG 26.)

SCHLUSSFOLGERUNGEN AUS DEN ERBGESUNDHEITSGERICHTSVERFAHREN

Ob sich Richter und Ärzte am Erbgesundheitsgericht Wien formal und inhaltlich an die Bestimmungen des GzVeN und auch an die 1939 erfolgten Einschränkungen hielten und wie sich Letztere auf den Vollzug auswirkten, soll nun zusammenfassend beantwortet werden, ebenso wie Fragen zu geschlechtsspezifischen Unterschieden in den Verfahren, nach Auswirkungen des Krieges und der NS-Euthanasie, der Kooperation mit dem vom NS-Regime eingerichteten ‚Reichsausschuss zur Erfassung erb- und anlagebedingter schwerer Leiden' in Berlin und nicht zuletzt auch zur Nutzung von Handlungsspielräumen durch Richter und Ärzte, ihrem Selbstverständnis und ihrer Rechtfertigungsstrategie nach 1945.

„Weil ich seit jeher genaueste Arbeit leiste“[363]: Formale und inhaltliche Aspekte

Am Erbgesundheitsgericht Wien herrschte mit den beiden Richtern Anton Rolleder und Alfred Tomanetz personelle Kontinuität. Beide waren bei ihrer Bestellung als Erbgesundheitsrichter etwa 60 Jahre alt, hatten in vielen Berufsjahren ihre richterliche Identität in einer rechtspositivistischen Tradition entwickelt und darüber hinaus war ihnen der Umgang mit gesellschaftlich ausgegrenzten Menschen aufgrund ihrer langjährigen richterlichen Tätigkeit in Entmündigungsverfahren vertraut. Ihre kontinuierliche Verfahrensführung war auch deshalb von besonderer Bedeutung, da zwischen 1940 und April 1945 mehr als 40 ärztliche Beisitzer bestellt worden waren, die sich in die für sie neue gesetzliche Materie einarbeiten mussten.

Ein Novum für Richter und Ärzte war auch die Beschlussfassung als solche – waren es ja nicht die Richter, sondern die ärztlichen Beisitzer, die über die Anträge auf eine Zwangssterilisation entschieden, während die Richter lediglich für die formale Führung des Verfahrens zuständig waren. Auffällig bei der Besetzung des Erbgesundheitsgerichts Wien ist, dass der Anteil an Psychiatern und leitenden Amtsärzten der Gesundheitsämter unter den ärztlichen Beisitzern relativ gering war, obwohl mehr als 80 % aller in den Beschlüssen genannten GzVeN-Diagnosen auf psychiatrischen Krankheitsbildern beruhten. Die große Zahl von praktischen Ärzten aus verschiedenen Gemeinden der Umgebung Wiens, die im *eugenischen* Netzwerk Wiens vielfach unbekannt waren, können ein Indiz für kriegsbedingte Schwierigkeiten sein, genügend, wie im GzVeN verlangt, mit der *Erbgesundheitslehre* vertraute Ärzte zu finden. Dies noch dazu unter Zeitdruck, da nach dem langsamen Beginn der Erbgesundheitsgerichtsbarkeit im Mai 1940 die Zahl der Verfahren ab 1941 deutlich anstieg und gleichzeitig Ärzte zunehmend zur Wehrmacht eingezogen oder in *kriegswichtigeren* Bereichen der Gesundheitsversorgung eingesetzt wurden.

Der hohe Anteil der – großteils schon seit Anfang der 1930er-Jahre und somit während der Jahre der austrofaschistischen Diktatur illegalen – NSDAP-Mitglieder unter den Akteuren der Erbgesundheitsgerichtsbarkeit Wien ist unübersehbar. Die Parteizugehörigkeit war jedoch, vor allem vor dem genannten

363 Aussage von Anton Rolleder, 10. Oktober 1946, in: DÖW E 22232.

Hintergrund kriegsbedingter Engpässe bei der Akquirierung von Richtern und Ärzten, nicht unbedingte Voraussetzung, denn Alfred Tomanetz und auch einige Ärzte wie Josef Berze und Alfons Huber gehörten nicht der NSDAP an.

Die zuvor zitierte Einschätzung Richter Rolleders zu seiner „genauesten Arbeit" am Erbgesundheitsgericht lässt sich in zahlreichen Verfahrensakten nachvollziehen, und auch Richter Tomanetz legte großen Wert darauf, die Verfahren formal korrekt zu führen: Beide schickten unvollständige Anträge an das Gesundheitsamt zurück, selbst wenn die antragstellenden Ärzte auf die *Dringlichkeit* eines schnellen Verfahrens von schwangeren Frauen hinwiesen. Da der Abbruch, wie im GzVeN festgeschrieben, bis zum Ende des sechsten Schwangerschaftsmonats, jedoch nur nach dem Beschluss des Erbgesundheitsgerichts, dass die betroffene Frau *erbkrank* sei, erfolgen konnte, entgingen durch diese Verzögerung zumindest einige wenige Frauen dem Eingriff. Die strikte Auslegung des GzVeN durch die beiden Richter konnten auch die von der Zwangssterilisation bedrohten Frauen und Männer und sogar jene, die bereits zwangssterilisiert worden waren, erfahren: Wenn sie sich in der Hoffnung auf ein Wiederaufnahmeverfahren an das Erbgesundheitsgericht wandten, erhielten sie ausführliche schriftliche Informationen über die dafür notwendigen Unterlagen und die einzelnen Verfahrensschritte, und es wurden auch einige Wiederaufnahmeverfahren durchgeführt.

In den Verfahren folgten Rolleder und Tomanetz der Aufforderung Gütt, Rüdins und Ruttkes, den Kommentatoren des GzVeN, die ärztlichen Beisitzer einen Beschluss nicht nur aufgrund des Studiums der Verfahrensakten fassen zu lassen, sondern die von der Zwangssterilisation bedrohten Frauen und Männer sowie ihre etwaigen gesetzlichen Vertreterinnen und Vertreter persönlich zur Verhandlung am Erbgesundheitsgericht vorzuladen, trotz der damit verbundenen Kosten. Um deren Anwesenheit zu gewährleisten, verschoben Rolleder und Tomanetz – wiederholt – Sitzungstermine, wenn die Betroffenen oder auch ihre Angehörigen nicht erscheinen konnten, selbst wenn laut Antragsgutachten von Amtsärzten und Anstaltsleitern *dringende Fortpflanzungsgefahr* bestand. Aufgrund der zunehmend schlechter funktionierenden Infrastruktur bei Post und öffentlichem Verkehr, vor allem ab Herbst 1944, kam es fallweise durch solche Verschiebungen nicht mehr zur Beschlussfassung, weshalb einige Frauen und Männer der Zwangssterilisation entgingen.

Eine für den Vollzug zentrale Bestimmung in der 1939 erfolgten Änderung des GzVeN war die Einschätzung der *Fortpflanzungsgefahr*, die den großen Ermessensspielraum von antragstellenden und beschlussfassenden Ärzten deutlich aufzeigt: Erstere erachteten zahlreiche Frauen und Männer unter 20, einige sogar unter 15, aber auch Frauen über 40 Jahren als *dringend fortpflanzungsgefährdet* und brachten dementsprechend Anträge auf ihre Zwangssterilisation ein. Die ärztlichen Beisitzer lehnten diese wiederholt ab, wenn sie die Annahme der *dringenden Fortpflanzungsgefahr* nicht teilten – unabhängig davon, ob sie die betroffenen Frauen und Männer als *erbkrank* ansahen oder nicht. Teilten sie die Ansicht der Antragsteller, zögerten sie aber nicht, auch die Zwangssterilisation von Jugendlichen anzuordnen – der jüngste war zwölf, die jüngste 13 Jahre alt.

Die Beschlüsse des Wiener Erbgesundheitsgerichts verliefen entsprechend der inhaltlichen Bestimmungen des GzVeN entlang der Trennlinie zwischen pro- und antinatalistischer Bevölkerungspolitik: Die ärztlichen Beisitzer lehnten Zwangssterilisationen ab, wenn die vor Gericht stehenden Frauen und Männer ihrer Ansicht nach nicht *erbkrank* waren. Entsprechend der Vorgaben Gütt, Rüdins und Ruttkes sprachen sie sich auch dann gegen eine Zwangssterilisation aus, wenn für sie, selbst nach der Beiziehung eines externen Gutachters, dies *nicht mit Sicherheit* klärbar war. Wiederholt fassten die ärztlichen Beisitzer auch einen ablehnenden Beschluss, wenn sie die von den Antragstellern angeführten GzVeN-Diagnosen nicht bestätigen konnten.

Besonders deutlich wird die Trennlinie zwischen *erbkrank* und *erbgesund* in den Verfahren von jenen Frauen und Männern, die als *asozial* diffamiert wurden: Die ärztlichen Beisitzer lehnten Zwangssterilisationen ab, wenn sie zwar *Asozialität*, nicht jedoch eine im GzVeN genannte Diagnose, beispielsweise *Schwachsinn* oder *Alkoholismus*, feststellen konnten. Allerdings findet sich in den Beschlüssen oft der ausdrückliche Hinweis, dass bei einer geänderten Gesetzeslage ein Wiederaufnahmeverfahren und der Beschluss zur Zwangssterilisation möglich wäre – und auch erfolgen sollte. Gerade vor dem Hintergrund der umfassenden Verfolgungsmaßnahmen von als *asozial* stigmatisierten Frauen und Männern, zu der neben Zwangssterilisationen auch Entmündigungen, Eheverbote, Haftstrafen, Einweisungen in Erziehungs- und Arbeitsanstalten sowie Konzentrationslager zählten, überrascht es nicht, dass beim Vollzug des GzVeN eine Unterscheidung zwischen *erbkranken* und *erbgesunden asozialen* Frauen und Männern erfolgte – war doch die Zwangssterilisation nur eine der Möglichkeiten zur erhofften *Lösung des Asozialenproblems*.

Nicht nur bei der Einschätzung der *Fortpflanzungsgefährlichkeit* und der Zuschreibung von *Asozialität*, sondern vor allem auch beim Bewerten exogener Ursachen von Krankheiten war der Ermessensspielraum der Ärzte sehr groß – was sowohl zu Ablehnungen der Anträge von Amtsärzten und Anstaltsleitern als auch gegenteiligen Beschlüssen der ärztlichen Beisitzer von Erbgesundheitsgericht und Erbgesundheitsobergericht führte, wie im folgenden Kapitel noch zu sehen sein wird.

GESCHLECHTSSPEZIFISCHE ASPEKTE

Insgesamt wurden sowohl im *Altreich* als auch in Wien annähernd gleich viele Frauen und Männer zwangssterilisiert. Ausnahme waren die ersten Beschlüsse im Jahr 1940, wo deutlich mehr Frauen – weil sie schwanger waren – vor dem Erbgesundheitsgericht standen.

Im Hinblick auf formale und inhaltliche Aspekte des Vollzugs, also die Dauer der Verfahren, den Anteil der Vorladungen, die Zahl der Begutachtungen, aber auch die Verfahrensausgänge, gab es kaum geschlechtsspezifische Unterschiede zwischen Frauen und Männern.

Die Kategorisierung als *erbkrank* oder *erbgesund* war in Wien beim Vollzug des GzVeN zentraler als die Geschlechtszugehörigkeit – trotzdem war dieser nicht geschlechtsneutral: Zwar wirkten Frauen und Männer bei der Erfassung und der Anzeige von als *erbkrank Verdächtigten* mit, doch die Entscheidung über die Einbringung des Verfahrens beim Erbgesundheitsgericht, die Beschlussfassung in beiden Instanzen, die Begutachtung und die Ausführung der Zwangssterilisationen war ausschließlich Männern vorbehalten – selbst in Zeiten größter kriegsbedingter Engpässe waren Frauen diese Funktionen aufgrund ihrer Geschlechtszugehörigkeit verschlossen.[364] Und nicht zuletzt

364 Einzige Ausnahme war die Kinderärztin Valerie Bruck-Biesold, die in einem Verfahren für das Erbgesundheitsgericht ein Gutachten erstellte, das jedoch durch ein zweites ergänzt wurde – ein höchst seltener Vorgang, wurde doch in nur zehn von 284 Verfahren ein zweites Gutachten eingeholt.

war der Zwangseingriff bei Frauen wesentlich schwieriger und gefährlicher als bei Männern – Gisela Bock zählt die mindestens 4.500 Frauen und die etwa 500 Männer, die ihre Zwangssterilisation nicht überlebten, zu den ersten und bis heute kaum als solche wahrgenommenen Opfern der NS-Erbgesundheitspolitik.[365]

KRIEGSBEDINGTE AUSWIRKUNGEN

Innerhalb des Erbgesundheitsgerichts Wien agierten Richter und Ärzte unbeirrt von kriegsbedingten Veränderungen, wenngleich aufgrund personeller Engpässe bei den Ärzten die Verfahren mit sechs bis zwölf Monaten wesentlich länger dauerten als im *Altreich*. So zögerten sie nicht, trotz zunehmend schlechter funktionierender Infrastruktur und kriegsbedingter Schwierigkeiten bei der medizinischen Versorgung der Bevölkerung im Fall von unterschiedlichen Einschätzungen, ob die von der Zwangssterilisation bedrohten Frauen und Männer *erbkrank* seien oder nicht, ein ärztliches Gutachten zur Klärung einzuholen – selbst dann nicht, als das Erbgesundheitsgericht Wien durch die Zusammenlegung von Gerichtsbezirken und die Einstellung der Tätigkeit des Erbgesundheitsobergerichts Wien zusätzliche Verfahren durchführen sollte. Trotz der im Herbst 1944 erfolgten Anordnung des Reichsministeriums des Innern, *nicht kriegswichtige Verfahren* einzustellen, wurde in Wien der überwiegende Teil weitergeführt, ja sogar Wiederaufnahmeverfahren neu verhandelt, obwohl diese generell bis nach Kriegsende aufgeschoben werden sollten: Selbst wenn bereits als *erbkrank* geltende, zwangssterilisierte Menschen neue Angaben machen konnten, um dem Gericht ihre *Erbgesundheit* zu beweisen, wurden diese überprüft und, zumindest in einem solchen Verfahren, kurz vor Kriegsende vom Erbgesundheitsgericht ein operativ aufwändiger Refertilisierungsversuch bei einer nun als *erbgesund* geltenden Frau angeordnet – sie sollte keineswegs länger unfruchtbar bleiben.

365 Zur Kontroverse um geschlechtsspezifische Aspekte sowohl im Hinblick auf die Mitverantwortung von Frauen und Männern bei der Umsetzung des GzVeN als auch die Folgen des Zwangseingriffs für Frauen und Männer und der damit verbundenen, über das GzVeN hinausgehenden Fragen nach Opfern und Täterinnen im NS-Regime vgl. Gehmacher, Kein Historikerinnenstreit, 109–123.

Außerhalb des Erbgesundheitsgerichts wurde die Umsetzung der Beschlüsse zunehmend schwieriger bzw. *kriegswichtigeren Interessen* untergeordnet – vermutlich auch, um die ohnehin geringe Akzeptanz des GzVeN in der Bevölkerung nicht zusätzlich zu verringern und die Heimatfront zu destabilisieren. Dass die Stimmung in der Bevölkerung aufmerksam wahrgenommen wurde und das GzVeN keineswegs auf ungeteilte Zustimmung stieß, verdeutlichen die regelmäßigen Berichte der Oberlandesgerichtspräsidenten der *Ostmark* an das Reichsjustizministerium in Berlin. So schrieb Friedrich Meldt, Präsident des Oberlandesgerichts Graz: „Die Bevölkerung, vor allem die ländliche, erblickt in der vielfach mit Kastration verwechselten Sterilisierung eine capitis deminutio [d.i. die Minderung oder der Verlust der Rechts- oder Handlungsfähigkeit, Anm. CS]. Anscheinend wird diese Ansicht von kirchlichen Kreisen tatkräftigst unterstützt. Dazu tritt die ebenfalls von Aussenstehenden genährte Ansicht, dass die Unfruchtbargemachten in ihrer menschlichen Ehre und Würde gekränkt, für ihre Berufsausübung unbrauchbar gemacht werden und an ihrer Gesundheit Schaden erleiden. Hier wird bei Ausschaltung gewisser Einflüsse noch eine weitgehende Aufklärungsarbeit zu leisten sein."[366] Die zahlreichen propagandistischen Maßnahmen durch Filme, Zeitungen und auch Schulbücher, in denen die *Notwendigkeit* der Zwangssterilisation nicht nur im *Altreich,* sondern seit dem *Anschluss* auch in der *Ostmark* drastisch dargestellt wurde, hatten offenbar nicht den gewünschten Erfolg.

Zumindest in Einzelfällen unterblieb die Entlassung und auch die Zwangssterilisation von als *erbkrank* geltenden Männern aus der Wehrmacht – entgegen den gesetzlichen Bestimmungen – weil ihr Kriegsdienst selbst als *erbkranke Alkoholiker* oder auch als *Schwachsinnige* vor allem in den letzten Monaten des Krieges wichtiger war. Einige der von der Zwangssterilisation bedrohten Männer konnten aus Anstalten wie der Trinkerheilstätte Am Steinhof, aber auch der dortigen Jugendfürsorgeanstalt entweichen und einige erschienen nicht zum vorgegebenen Zeitpunkt in der Klinik zur Durchführung des Zwangseingriffes, ohne dass sie polizeilich gesucht wurden.

366 BAB, R 3001/23365, Bericht des Präsidenten des Oberlandesgerichts Graz an Reichsjustizminister Thierack, 26. November 1942, fol. 32.

Vereinzelt genehmigte das Erbgesundheitsgericht ab Sommer 1944 auf Bitte der Betroffenen oder ihrer Angehörigen den Aufschub der bereits beschlossenen Zwangssterilisation bis nach der Erledigung der Erntearbeiten, oder verfügte ihn selber, weil die Infrastruktur zunehmend schlechter funktionierte und auch die Spitäler immer weniger Kapazitäten für die Durchführung der Operationen hatten.

GzVeN – NS-Euthanasie – ‚Reichsausschuss zur Erfassung erb- und anlagebedingter schwerer Leiden'

Richter und Ärzte hielten sich buchstabengetreu an das GzVeN. Dieser Befund erklärt sich durch die Rahmenbedingungen des Vollzugs – praktizierten doch die Ärzte außerhalb des Gesetzes zahlreiche Maßnahmen zur *Gesundung des Volkskörpers:* durch die Entscheidung zur Deportation in Tötungsanstalten wie Hartheim oder die Tötung innerhalb von psychiatrischen Anstalten – unter anderem in den Anstalten Am Steinhof, Gugging und der Jugendfürsorgeanstalt –, aber auch durch die Zusammenarbeit mit dem ‚Reichsausschuss zur Erfassung erb- und anlagebedingter schwerer Leiden' in Berlin. Diese aus dem Ende 1937 gegründeten Reichsausschuss für Erbgesundheitsfragen hervorgegangene Einrichtung war ursprünglich die Schiedsinstanz für Genehmigungen zur Beendigung von für das NS-Regime *unerwünschten* Schwangerschaften, wenn dies nach dem GzVeN nicht möglich war, für Entscheidungen bei strittigen Beschlüssen der Erbgesundheitsgerichtsbarkeit und strittigen Entscheidungen zu Ehestandsdarlehen und Eheverboten. Ab August 1939 war der nunmehrige Reichsausschuss die „zentrale Planungs- und Leitungsinstanz"[367] bei der Tötung von Kindern und Jugendlichen, die aufgrund von körperlichen oder geistigen Behinderungen als *lebensunwert* galten.

Nicht nur Ärzte aus dem *Altreich*, sondern auch aus der *Ostmark* wandten sich an den Reichsausschuss in Berlin, wenn beispielsweise der Partner einer schwangeren Frau, nicht jedoch die Frau selbst als *erbkrank* galt oder auch

367 Ebbinghaus/Dörner, Ärzteprozess, 301. Zum Reichsausschuss vgl. u.a. Oelschläger, Schwangerschaftsunterbrechungen, und Neugebauer, „Spiegelgrund".

wenn die Schwangerschaft einer als *erbkrank* geltenden Frau schon zu weit fortgeschritten war.

Exemplarisch für die gesetzesgetreue Auslegung des GzVeN und die gleichzeitige außergesetzliche Möglichkeit der *Verhinderung unerwünschten Nachwuchses* ist das Verfahren von Gisela B., die wegen *juveniler Paralyse* in der Anstalt Am Steinhof behandelt, und, vermutlich nach der Vergewaltigung durch einen als *schwachsinnig* kategorisierten ehemaligen Patienten der Anstalt, schwanger wurde. Obwohl ihr Vater als ihr gesetzlicher Vertreter den Antrag auf Zwangssterilisation und auch den Abbruch der Schwangerschaft beim Erbgesundheitsgericht einbrachte, schloss sich der Anstaltsleiter nicht an, da die Diagnose, aufgrund derer sie in der Anstalt behandelt wurde, nicht unter die Bestimmungen des GzVeN fiel.[368] Gisela B.s Schwangerschaft entsprach jedoch keinesfalls dem nationalsozialistischen Ziel der *Schaffung eines gesunden Volkskörpers*. Daher wandte sich der für Gesundheit zuständige Stadtrat Max Gundel infolge des Antrags von Richard Günther, dem damaligen Beauftragten für die *erbbiologische Bestandsaufnahme* in der Anstalt, noch vor Abschluss des Verfahrens am Erbgesundheitsgericht direkt an den Reichsausschuss. Die ärztlichen Beisitzer am Erbgesundheitsgericht Wien lehnten mangels *Erbkrankheit* beide Eingriffe ab, doch kurze Zeit später erteilten die Ärzte des Reichsausschusses „nach eingehender fachärztlicher Überprüfung der Angelegenheit“[369] die Zustimmung zur Abtreibung, nicht jedoch zur Zwangssterilisation.

Gisela B.s Verfahren verdeutlicht, dass zwar die Bestimmungen des GzVeN innerhalb der Erbgesundheitsgerichte eingehalten wurden und gleichzeitig Ärzte wie Stadtrat Max Gundel, Hermann Vellguth und Otto Hamminger vom Hauptgesundheitsamt Wien bzw. Niederdonau diese außergesetzliche Möglichkeit zur *Verhütung unerwünschten Nachwuchses* nutzten. Von den Gynäkologen Emil Kiss, Otto Neumann und Willhelm Weibel ist nachweisbar, dass sie die vom Reichsausschuss genehmigten Schwangerschaftsabbrüche in Wiener Kliniken durchführten.[370]

368 Vgl. 1 XIII 1/41.

369 USHMM 2 RG-14.010M, Reel 2.

370 Vgl. die Anträge der Genannten an den Reichsausschuss, USHMM 2 RG-14.010M, Reel 2.

Die Vermutung, es könnte sich dabei um zwei Gruppen von Ärzten mit sich widersprechendem Berufsethos handeln, trifft nicht zu: So wandte sich beispielsweise der Gynäkologe Rudolf Stiglbauer, ein im Krankenhaus Wiener Neustadt zur Zwangssterilisation beauftragter Arzt und häufiger ärztlicher Beisitzer am Erbgesundheitsobergericht Wien direkt an den ‚Reichsausschuss zur Erfassung erb- und anlagebedingter schwerer Leiden', um ohne ein Verfahren vor dem Erbgesundheitsgericht die Zwangssterilisation einer von ihm als *erbkrank* diagnostizierten Frau zu erreichen, da, wie er argumentierte, bei der zu erwartenden Dauer des GzVeN-Verfahrens ihre Schwangerschaft bei der Beschlussfassung schon zu weit fortgeschritten wäre. Aber er lehnte auch den vom Erbgesundheitsgericht beschlossenen Schwangerschaftsabbruch bei einer anderen Frau ab, nachdem er bei der Untersuchung unmittelbar vor der Operation feststellte, dass diese nicht mehr im sechsten, sondern schon im siebten Monat schwanger war und der Abbruch demnach ungesetzlich gewesen wäre. Und für die Einschaltung des Reichsausschusses war es schon zu spät.[371]

Handlungsspielräume und Selbstverständnis von Richtern und Ärzten

Wie die Richter Rolleder und Tomanetz die Beschneidung ihrer Kompetenz in der Erbgesundheitsgerichtsbarkeit hinnahmen ist unbekannt; dass sie versuchten, das GzVeN buchstabengetreu umzusetzen – unabhängig von internen Schwierigkeiten wie bei der Bestellung der ärztlichen Beisitzer und äußeren, kriegsbedingten, ist an zahlreichen Beispielen ersichtlich. Sie zögerten nicht, ein Gesetz zu vollziehen, in dem ein Zwangseingriff mit lebenslangen Folgen vorgesehen war, und bei Richter Rolleder (Tomanetz starb Anfang 1944) ist, wie noch zu sehen sein wird, auch nach Kriegsende kein Unrechtsbewusstsein erkennbar.

Die Gutachter und die ärztlichen Beisitzer des Erbgesundheitsgerichts Wien waren sich bei ihrer Begutachtung und ihrer Beschlussfassung sicher: Sie bezogen in ihre Entscheidungsfindung nicht nur medizinische, sondern

371 Vgl. XIII 39/45 und Kap. 4.

vor allem auch soziale Erwägungen und Kriterien ein. Ihr Instrumentarium der Kategorisierung von Frauen und Männern als *erbkrank* und *erbgesund* erschien ihnen korrekt: Die zeitgenössischen Diskussionen über die Schwierigkeiten bei der Abgrenzung einzelner Krankheitsbilder zu den im GzVeN genannten Diagnosen und über deren wissenschaftlich kaum abgesicherte Vererbungswahrscheinlichkeit hielt sie nicht davon ab, den Zwangseingriff zu beschließen. Sie waren sich auch nach Kriegsende noch sicher, denn weder in den Publikationen, noch auf den Tagungen der Standesvertretung der Ärzte und der Gesellschaft der Gutachter finden sich selbstkritische Äußerungen dazu. Dies überrascht nicht angesichts der grundsätzlichen Zustimmung zur Verhinderung von als *unerwünscht* kategorisiertem Nachwuchs und des Denkens in *Erbwerten* auch in der Zweiten Republik – ablesbar an der Nicht-Anerkennung zwangssterilisierter Frauen und Männer im sogenannten Opferfürsorgegesetz bis 1995 bzw. 2005.[372]

Die Ärzte nutzten ihre Handlungsspielräume aus: Sie entschieden sich, aus welchen Anzeigen sie einen Antrag beim Erbgesundheitsgericht einbrachten, und sie entschieden sich als ärztliche Beisitzer, Zwangssterilisationen anzuordnen oder abzulehnen.

Die Frage, ob ihren ablehnenden Beschlüssen bzw. auch den Zustimmungen zu Wiederaufnahmeverfahren vor allem gegen Kriegsende eine Strategie der Rückversicherung für die Zeit danach zugrunde liegen könnte, muss verneint werden – zumindest bei den Ärzten, die sich wegen ihrer Mitwirkung an den Zwangssterilisationen in einem Volksgerichtsprozess verantworten mussten: Der ehemalige Gutachter Alfons Huber musste sich in einem Prozess, den der zwangssterilisierte Leopold W.[373] 1947 eingebracht hatte, wegen Verletzung der Menschlichkeit und Quälerei (§ 3 und 4 Kriegsverbrechergesetz) verantworten. In seinen Zeugenaussagen schilderte Huber zwar den genauen Ablauf der Verfahren, doch ohne Distanzierung von den Zwangseingriffen, ohne Rechtfertigungsversuch durch den Hinweis auf mangelnde Möglichkeiten zur Ablehnung der Eingriffe und vor allem auch ohne jegliches Unrechtsbewusstsein.[374] Das Verfahren wurde 1950 eingestellt, Huber

372 Vgl. dazu den Ausblick in dieser Arbeit.

373 Vgl. WSTLA, VG 8c Vr 160/50.

374 Vgl. Garscha, Euthanasie-Prozesse, 55f. Mitangeklagte Ärzte der Wiener Erbgesundheits-

arbeitete bis zu seiner Pensionierung im Jahr 1950 weiter als Primar in der Anstalt Am Steinhof.

Und Josef Schicker, wichtigster ärztlicher Beisitzer am Erbgesundheitsobergericht Wien und Anstaltsleiter in Gugging, der nicht als Angeklagter, sondern nur als Zeuge über die dortigen NS-Euthanasieverbrechen vor dem Volksgericht befragt wurde, berichtete lediglich davon, die *erbbiologische Bestandsaufnahme* von den PatientInnen der Anstalt zur vollsten Zufriedenheit seiner Vorgesetzten durchgeführt zu haben. Die von ihm als ärztlicher Beisitzer abgelehnten Zwangssterilisationen verwendete er nicht zu seiner Verteidigung oder gar Distanzierung vom GzVeN.[375]

Auch das Faktum, dass trotz der Anordnung des Reichsministeriums des Innern von Herbst 1944, *nicht kriegswichtige* Verfahren einzustellen, der Großteil der noch nicht abgeschlossenen Verfahren weitergeführt wurde, spricht gegen den Versuch einer Rückversicherung für die Zeit nach dem Ende des Krieges.

---

gerichtsbarkeit waren der ehemalige ärztliche Beisitzer Otto Hamminger, von dem keine Zeugenaussage im Akt liegt, sowie der ehemalige Anstaltsleiter Alfred Maucka. Vgl. dazu auch den abschließenden Ausblick zu 1945.

375 Vgl. Spring, Schicker, 133.

3. Beschwerdeverfahren am Erbgesundheitsobergericht Wien 1941–1944

„Es ist vielleicht nützlich [...] einmal darauf hinzuweisen, daß es kein ‚natürliches Recht auf Beschwerde' gibt. Dieses ‚bis zur höchsten Instanz gehen' ist nicht der Ausdruck einer wirklichen Staatsbürgermoral"[376], hielten Arthur Gütt, Ernst Rüdin und Falk Ruttke in ihrem 1936 erschienenen Kommentar zum GzVeN fest. Obwohl der NS-Staat die Legitimität des GzVeN wiederholt betonte und Frauen und Männer, die sich einem Verfahren vor dem Erbgesundheitsgericht unterziehen mussten, mittels umfangreicher propagandistischer Maßnahmen zu überzeugen versuchte, ihnen würde kein Unrecht widerfahren, sollten sie mit diesem moralischen Appell und seinem immanenten Vorwurf des mangelnden Bewusstseins für die von ihnen geforderte *Opferbereitschaft* davon abgehalten werden, das in der Rechtspraxis zentrale Recht der Beschwerde gegen einen Gerichtsbeschluss auch für sich in Anspruch zu nehmen.[377]

Die folgenden Ausführungen beleuchten die Tätigkeit des Erbgesundheitsobergerichts Wien, der Beschwerdeinstanz des Erbgesundheitsgerichts Wien von 1941 bis zu dessen Einstellung im Dezember 1944.

Nach einer quellenbedingt nur lückenhaften Darstellung zur Einrichtung und Besetzung dieses Gerichts mit Richtern und ärztlichen Beisitzern werden die aus dem Wiener Bestand noch rekonstruierbaren 266 Beschwerdeverfahren quantitativ und qualitativ dargestellt und analysiert. Aufgezeigt werden die Eckdaten zur Tätigkeit des Gerichts, zu den handelnden Richtern und Ärzten, aber auch zu den Frauen und Männern, über deren Zwangssterilisation nun endgültig entschieden wurde – vor allem im Hinblick auf deren Verlauf während des Krieges und die zunehmend eingeschränkteren Ressourcen.[378]

376 Gütt/Rüdin/Ruttke, Kommentar, 250.

377 Vgl. Makowski, NS-Parteipresse, 121–231, und Tornow/Weinert, Erbe, 208.

378 Grundlage der statistischen Auswertung sind, wenn nicht anders vermerkt, wie schon beim Erbgesundheitsgericht nicht die Personen, sondern die Verfahren, da sechs Personen nach einem Wiederaufnahmeverfahren (durchgeführt nach dem Beschluss des Erbgesundheitsobergerichts) gegen den zweiten Beschluss des Erbgesundheitsgerichts nochmals beriefen.

Um der Frage nachzugehen, ob das Erbgesundheitsobergericht Beschwerden unterschiedlich behandelte, folgt die Aufschlüsselung der Verfahren. Begonnen wird mit den Beschwerden der Betroffenen und den wichtigsten Angaben zu ihren Verfahren und deren Ausgang. Einige der von der Zwangssterilisation bedrohten Frauen und Männer kommen auch selber ausführlich zu Wort, denn 29 der 266 Verfahrensakten bestehen nicht nur aus dem Beschluss des Erbgesundheitsobergerichts, sondern enthalten neben Unterlagen zum erstinstanzlichen Verfahren fallweise auch die Briefe der Betroffenen, in denen sie versuchten, den drohenden Zwangseingriff abzuwenden und auch die Diffamierung als *erbkrank* oder *asozial* zurückzuweisen. Wie sehr ihre Aussagen den Zuschreibungen der Ärzte und Richter in den Gutachten und Gerichtsbeschlüssen widersprechen, geht aus den genannten Beispielen deutlich hervor. Auch die Beschwerdeverfahren, eingebracht von Anstaltsleitern und Amtsärzten, die einen ablehnenden Beschluss des Erbgesundheitsgerichts nicht akzeptieren wollten, sind in einem eigenen Abschnitt zusammengefasst. Ergänzt werden diese Ausführungen von grundsätzlichen Fragen zur Praxis des Erbgesundheitsobergerichts – jeweils aufgeschlüsselt nach Verfahrensart: ob die von der Zwangssterilisation bedrohten Frauen und Männer persönlich vorgeladen wurden, welche GzVeN-Diagnosen ausschlaggebend waren, welche Bedeutung den Begutachtungen in strittigen Verfahren zukam und ob es in all diesen Fragen erkennbare geschlechtsspezifische Unterschiede für Frauen und Männer gab. Breiter Raum gilt weiters jenen Verfahren, in denen das Erbgesundheitsobergericht anders als das Erbgesundheitsgericht entschied. Hier wird, um die Entscheidungsfindung beider Instanzen zu dokumentieren, ausführlich aus den jeweiligen Beschlüssen zitiert. Nachdem die kriegsbedingte Einstellung des Erbgesundheitsobergerichts im Dezember 1944

Bei den 266 Verfahren handelt es sich um eine Mindestzahl, denn einige wenige Male ist bei Wiederaufnahmeverfahren ein Beschwerdeverfahren ersichtlich, dessen Akten jedoch nicht im vorhandenen Bestand sind, weshalb auch die Eckdaten nicht rekonstruiert werden konnten. Weiters ist nicht auszuschließen, dass sich neben den Akten, die Horst Seidler in seinen Publikationen zitierte und trotz mehrfacher Urgenz nicht dem WSTLA übergab, auch noch solche des Erbgesundheitsobergerichts bei ihm befinden. Auch übergab Roland Staudinger Teile des von ihm in seinem Buch Rassenrecht, 292, Fn. 519 zitierten Beschwerdeverfahrens von Johann Z., 2 XIII 19/42 trotz mehrfacher Nachfragen nicht an das WSTLA, vgl. dazu den Abschnitt zu den Quellen in der Einleitung.

in krassem Widerspruch zum propagierten Selbstverständnis der NS-Justiz stand, in der Erbgesundheitsgerichtsbarkeit Rechtssicherheit für die Betroffenen zu gewährleisten, sollen hier auch die an das Erbgesundheitsgericht zurückgestellten Verfahren genauer untersucht werden.[379] Wo es quellenbedingt möglich ist, erfolgt jeweils ein Vergleich mit anderen Untersuchungen zur Erbgesundheitsgerichtsbarkeit im *Altreich,* obwohl diese, wie schon ausgeführt, ab 1939 sehr eingeschränkt war und sich die bisher vorliegenden Untersuchungen großteils auf die Jahre von 1934 bis 1939 beziehen. Abschließend wird der Frage nachgegangen, ob sich der Krieg und die zunehmende Radikalisierung im Umgang mit als *minderwertig* bzw. als *erbkrank* definierten Menschen, die in deren Tötung endete, auch in der Spruchpraxis des Erbgesundheitsobergerichts auswirkte.

RICHTER UND ÄRZTE AM ERBGESUNDHEITSOBERGERICHT WIEN

Das Erbgesundheitsobergericht Wien, wie das Erbgesundheitsgericht ein spezifisch nationalsozialistisches Gericht, wurde beim Oberlandesgericht Wien (Wien 1, Museumstraße 12) eingerichtet. Es behandelte Beschwerden gegen Beschlüsse der Erbgesundheitsgerichte von Wien, Korneuburg, Krems, St. Pölten, Wiener Neustadt und Znaim.[380] Arbeitsweise und Zusammensetzung war wie am Erbgesundheitsgericht: Unter dem Vorsitz eines Richters, der für den formalen Ablauf des Verfahrens zuständig war, lag die Entscheidungsfindung für oder gegen eine Zwangssterilisation bei zwei ärztlichen Beisitzern, davon ein beamteter Arzt. Die Rechtssprechung oblag demnach wie schon in der Erstinstanz nicht den dafür ausgebildeten Juristen, sondern Medizinern. Waren Letztere uneins, gab nicht die Stimme des Richters den

379 Vgl. 7. Verordnung zur Durchführung des GzVeN vom 14. November 1944, RGBl 1944 I, S. 330. Damit wurde das Erbgesundheitsobergericht mit 1. Dezember 1944 „bis auf weiteres" eingestellt, Kramer, Celle, 103.

380 Vgl. BAB, R 3001/21936 fol. 109, weiters Kalender für Reichsjustizbeamte für das Jahr 1941, Teil 2, zit. nach Stadler, Richter, 37. Insgesamt gab es in den *Alpen- und Donaureichsgauen* vier Oberlandesgerichte. Verwaltung und Dienstaufsicht des Erbgesundheitsobergerichts oblag dem jeweiligen Oberlandesgericht, vgl. Stadler, Richter, 37.

Ausschlag – dieser konnte lediglich versuchen, einen Konsens der beiden Ärzte zu erreichen oder ein medizinisches Gutachten als Entscheidungshilfe einzuholen.[381]

Den Vorsitz des Erbgesundheitsobergerichts Wien übten während dessen gesamter Funktionsdauer zwei Richter aus: Viktor Zenker und Franz Hais, Zenker in 214 und somit dem Großteil der Verfahren (80,5 %) und Hais in 48 (18 %). In 4 Verfahren (1,5 %) geht der Name des Richters nicht aus den Akten hervor.[382]

Viktor Zenker (1883–1948) gehörte seit Februar 1934 der NSDAP an, war Richter an verschiedenen Wiener Bezirksgerichten und seit 1936 am Oberlandesgericht Wien. Oberlandesgerichtspräsident Friedrich Schober hielt in seiner Begründung zur Beförderung Zenkers zum Senatspräsidenten im Februar 1940 fest, dieser sei „ein ungemein befähigter Richter von gründlichen Kenntnissen, fleissig und gewissenhaft, von überlegener Ruhe und allseitig verwendbar". Ergänzend hob Schober noch Zenkers „Gabe, sich schnell in ihm auch ganz fremde Rechtsgebiete einzuarbeiten"[383] hervor. Neben seiner Funktion als Erbgesundheitsobergerichtsrichter war Zenker seit Jänner 1940 auch stellvertretender Vorsitzender des Erbhofgerichts und ab November 1942 Vorsitzender des Prüfungsausschusses für die Rechtspflegerprüfung der Oberlandesgerichtsbezirke Wien, Innsbruck, Linz und Graz und blieb zur „Erfüllung kriegswichtiger behördlicher Aufgaben vom Wehrdienst freigestellt".[384] Sein Kollege Franz Hais (1884–?), NSDAP-Mitglied ab Jänner 1941, war wie Zenker mehrere Jahre Bezirksrichter in Wien bzw. Mattighofen und seit 1937 am Oberlandesgericht Wien als Referent in zivilrechtlichen Angelegenheiten. Wann Hais als Mitglied des Erbgesundheitsobergerichts eingesetzt worden war, geht aus den vorhandenen Akten nicht hervor, das erste von ihm geleitete Verfahren endete im September 1941.[385] Ab Juni 1943 war er zusätzlich auch

381 Vgl. Gütt/Rüdin/Ruttke, Kommentar, 221–224.

382 Im Handbuch des Reichsgaus Wien aus dem Jahr 1941 ist auch Max Engel als Richter genannt, er ist jedoch in keinem der Verfahren genannt, vgl. ebd., 687 und 690, zit. nach Stadler, Richter, 38. 97 % aller Beschlüsse wurden von Justizinspektor Luhastik verschriftlicht.

383 ÖStA/AdR, RJM, Personale Viktor Zenker.

384 ÖStA/AdR, RJM, Personale Viktor Zenker.

385 Vgl. 2 XIII 38/41.

Mitglied der sogenannten Dienststrafkammer, in der Verfahren gegen Justizbeamte, Notare und Rechtsanwälte verhandelt wurden.[386]

Die Bedeutung des Erbgesundheitsobergerichts innerhalb der Wiener Institutionen zur nationalsozialistischen *Erbpflege* drückte sich auch in der Besetzung durch die ärztlichen Beisitzer aus – waren es doch hochrangige Funktionäre aus Gesundheitsverwaltung und großen psychiatrischen Anstalten sowie Angehörige der Universität Wien: Vierzehn Ärzte trafen am Erbgesundheitsobergericht die endgültige Entscheidung für oder gegen eine Zwangssterilisation, allen voran der Psychiater Josef Schicker (1879–1949), Leiter der Heilanstalt Gugging von 1939 bis Kriegsende sowie Otto Hamminger (1889–?), im selben Zeitraum Amtsarzt des Hauptgesundheitsamtes Niederdonau.[387] Schicker und Hamminger kannten sich spätestens seit ihrer Zusammenarbeit bei der *erbbiologischen Bestandsaufnahme* in der Heilanstalt Gugging, und sie hatten nicht nur als ärztliche Beisitzer, sondern auch als Antragsteller maßgeblichen Einfluss beim Vollzug des GzVeN.[388] Da die Auswahl für die ärztlichen Beisitzer – noch dazu in Zeiten des Krieges – eingeschränkt war, erfolgte die Besetzung des Erbgesundheitsobergerichts auch durch Ärzte aus dem Gau Niederdonau, denn das GzVeN bestimmte, dass Ärzte nicht im selben Verfahren mehrfache Funktionen ausüben durften: Jene, die den Antrag stellten, konnten nicht gleichzeitig Gutachter oder ärztliche Beisitzer sein und im Beschwerdeverfahren mussten andere Ärzte entscheiden als im erstinstanzlichen. Vielbeschäftigte ärztliche Beisitzer waren auch Ambros Singer, Gauärzteführer im Gau Niederdonau, Paul Trüb, leitender Medizinaldezernent in der Unterabteilung für Volksgesundheit und Volkspflege beim Reichsstatthalter Wien, sowie der Gynäkologe Rudolf Stiglbauer. Letzterer scheint auch als die Zwangseingriffe durchführender Arzt im Krankenhaus Wiener Neustadt auf.[389] Gelegentlich übten auch Richard Günther, Hermann Vellguth und (in

---

386 Vgl. ÖStA/AdR, 04, Gauakt Hais und ÖStA/AdR, 04, PK, BMJ GZ. 6730/57.

387 Ähnlich war dies beispielsweise am Erbgesundheitsobergericht Hamm, wo ebenfalls hochrangige Ärzte tätig waren, vgl. Vossen, Gesundheitsämter, 299.

388 Hamminger wird in den Akten fallweise auch „Haminger“ geschrieben, aufgrund der Zuschreibung der jeweiligen Funktionen ist er jedoch eindeutig als dieselbe Person erkennbar. Zu Hamminger vgl. ÄK Wien, Personalakt Hamminger.

389 Vgl. dazu Kap. 4.

einem Verfahren) auch Arend Lang vom Wiener Hauptgesundheitsamt sowie Mitglieder der Universität Wien, nämlich Lothar Löffler vom Rassenbiologischen Institut sowie Philipp Schneider vom Institut für Gerichtsmedizin, das Amt des ärztlichen Beisitzers aus. Schneider war darüber hinaus Gutachter in den Verfahren nach § 14 2 GzVeN, in denen die *freiwillige Entmannung* von straffällig gewordenen homosexuellen Männern verhandelt wurde.[390] (Siehe Diagramm EOG 1.)

Diagramm EOG 1, Grundgesamtheit: 266 Beschwerdeverfahren mit jeweils zwei ärztlichen Beisitzern

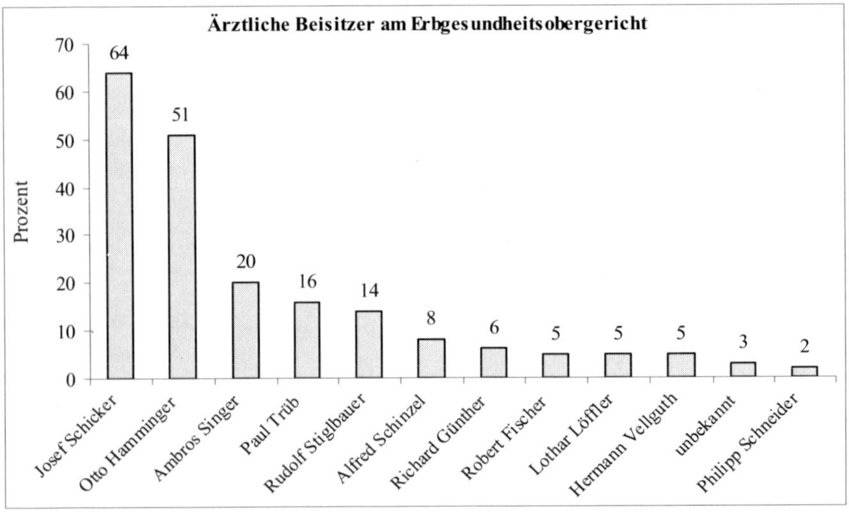

Während für die Bestellung der Richter vor allem überprüft wurde, ob sie „jederzeit rückhaltlos für den nationalsozialistischen Staat eintreten"[391] würden, trugen bei den Ärzten ihre profunden *erbbiologischen Erfahrungen,* die sie sich unter anderem als Anstaltsleiter oder Amtsärzte im Zuge der *erbbiologischen Erfassung* der Bevölkerung angeeignet hatten, entscheidend zur Bestellung als

390 Vgl. Spring, *Entmannung*, 251–269. Zu Löfflers Stellungnahme in der Kontroverse, wo diese Eingriffe durchzuführen wären, vgl. ebd. Weiters fungierten noch Adolf Beza und Hermann Lenz in je einem Verfahren als ärztliche Beisitzer.

391 Schorn, NS-Gesetzgebung, 77.

Beisitzer bei. Die Parteizugehörigkeit dürfte wichtig, jedoch nicht ausschlaggebend gewesen sein. Zwar gehörten Schicker und Schneider bereits seit 1932 bzw. 1933 der NSDAP an und Stiglbauer trat 1937, also noch während der Verbotszeit bei, doch Singer beantragte erst 1940 seine Mitgliedschaft und Hamminger 1941. Aber auch Nicht-Parteimitglieder waren in verantwortungsvollen Positionen tätig: Alfred Tomanetz, der zweite Richter des Erbgesundheitsgerichts Wien neben Anton Rolleder, der Psychiater Josef Berze, wichtigster Gutachter der Erbgesundheitsgerichtsbarkeit, und auch sein Kollege Alfons Huber.[392] Einige der genannten ärztlichen Beisitzer sind auch in Forschungen zur NS-Euthanasie genannt: Von Oktober 1943 bis Kriegsende, einer Zeit, als Schicker in der Heilanstalt Gugging nur mehr „rein administrative Agenden“[393] erfüllte, tötete der dort von Hamminger neu installierte ärztliche Direktor Emil Gelny gemeinsam mit Pflegerinnen und Pflegern, denen er die Verabreichung von tödlich wirkenden Medikamenten und Giftinjektionen anordnete, zahlreiche Patientinnen und Patienten der Anstalt.[394] Schicker war im Volksgerichtsprozess gegen Bedienstete der Anstalt nicht mitangeklagt und sagte aus, die Tötungen nicht bemerkt, sondern davon „nur von den Pflegern erfahren [zu] haben“.[395] Otto Hamminger musste – so die Anklageschrift im Volksgerichtsprozess gegen Emil Gelny – „von den Vorgängen [...] zumindest gewußt haben“, sein Name war „eng verknuepft mit den Anordnungen auf Massenverschickungen und Liquidierungen in der Heil- und Pflegeanstalt Gugging“.[396] Zum Zeitpunkt der Verhandlung des Prozesses gegen Gelny war das Verfahren gegen Hamminger bereits eingestellt. Auch Paul Trüb (1894–1981), NSDAP-Mitglied seit 1933, war nach seiner Übersiedlung von Berlin nach Wien nicht nur ein wichtiger ärztlicher Beisitzer beim Erbgesundheitsobergericht, sondern spätestens ab 1940 beim Reichsstatthalter Wien sowohl

392 Vgl. WSTLA, M.Abt. 202, A 5, Personalakt Berze. Berze beantragte 1940 die Mitgliedschaft in den Reichsärztebund. Information von Michael Hubenstorf vom 6. November 2007. Ich danke Michael Hubenstorf für diesen Hinweis. Zu Huber vgl. Gabriel, Baumgartner Höhe, 168.

393 Fürstler/Malina, Dienst, 262.

394 Vgl. Fürstler/Malina, Dienst, 259–299, und Neugebauer, „Rassenhygiene“, 280.

395 Fürstler/Malina, Dienst, 260.

396 Vgl. WSTLA, VG 8a, Vr 455/46, (= DÖW 18860). Gelny gelang 1945 die Flucht nach Syrien, 1950 wurde sein Volksgerichtsverfahren eingestellt, er starb 1961 in Bagdad, wo er als praktischer Arzt tätig gewesen war. Vgl. Neugebauer, „Rassenhygiene“, 279 f., und Neugebauer, „Euthanasie“, 636–639, sowie Fürstler/Malina, Dienst, 260.

für die *Ermächtigung* der Ärzte zuständig, die die Zwangssterilisationen vornehmen sollten, als auch für die organisatorische Durchführung der Deportationen von PatientInnen psychiatrischer Einrichtungen in die Tötungsanstalt Hartheim.[397]

DIE *BEANTRAGTEN:* FRAUEN UND MÄNNER VOR DEM ERBGESUNDHEITSOBERGERICHT

Aus dem Bestand der 1.697 Verfahren am Erbgesundheitsgericht Wien sind insgesamt 266 Beschwerdeverfahren von 260 Personen, 109 Frauen (42 %) und 151 Männern (58 %) rekonstruierbar.[398] 177 der Frauen und Männer (68 %) waren ledig, ein Fünftel verheiratet, die restlichen 10 % entweder geschieden, verwitwet, verlobt oder in einer Lebensgemeinschaft.[399] 33 Frauen (13 %) und sieben Männer (3 %) hatten bereits eines oder mehrere Kinder, drei Frauen waren während ihres Beschwerdeverfahrens schwanger. (Siehe Tabelle EOG 1.)

Tabelle EOG 1, Grundgesamtheit: 260 Personen

Familienstand	Frauen		Männer		gesamt	
ledig	70	64%	107	71%	177	68%
verheiratet	27	25%	26	17%	53	20%
unbekannt	3	3%	12	8%	15	6%
geschieden	3	3%	4	3%	7	3%
verlobt	3	3%	1	1%	4	2%
verwitwet	1	1%	1	1%	2	1%
Lebensgemeinschaft	2	2%	0	0%	2	1%
Gesamt	109	100%	151	100%	260	100%

397 Vgl. Pross, Wiedergutmachung, 192f.

398 Die hier genannten Angaben gehen nur aus den erstinstanzlichen Beschlüssen hervor, im Beschluss des Erbgesundheitsobergerichts sind nur das Geburtsdatum und fallweise der Beruf genannt. In die personenbezogene Auswertung wurde jeweils das letzte Beschwerdeverfahren herangezogen.

399 In einigen Verfahren geht der Familienstand nicht aus den Akten hervor.

Das durchschnittliche Alter der Frauen und Männer war zum Zeitpunkt der Beschlussfassung des Erbgesundheitsobergerichts fast gleich, nämlich 29 bzw. 30 Jahre. Der Großteil von ihnen war zwischen 21 und 40 Jahre alt, doch auch der Anteil der 16- bis 20-Jährigen, die also zum Zeitpunkt ihres Verfahrens noch minderjährig waren, ist relativ hoch. Über 40-jährige Frauen galten nicht mehr als *fortpflanzungsgefährdet,* dementsprechend standen nur noch drei vor dem Erbgesundheitsobergericht, auch Männer dieses Alters waren vergleichsweise wenig vertreten. (Siehe Diagramm EOG 2.)

Diagramm EOG 2, Grundgesamtheit: 260 Personen

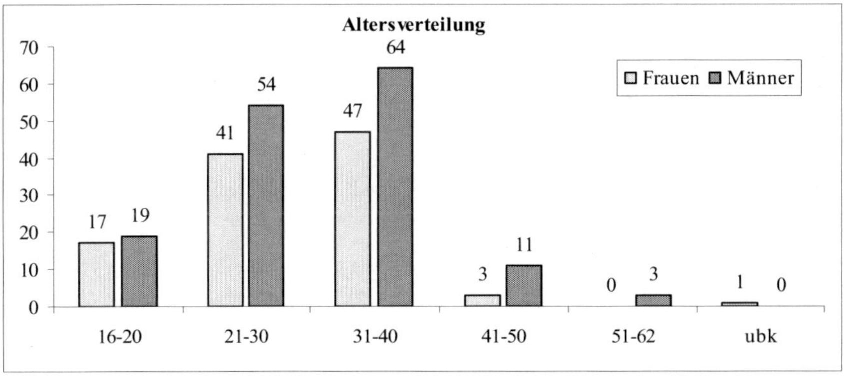

65 der 109 Frauen und 82 der 151 Männer, also jeweils mehr als die Hälfte, waren im Beschwerdeverfahren auf einen Vormund bzw. eine/n VerfahrenspflegerIn angewiesen – weil sie entweder noch minderjährig oder aber entmündigt waren.[400] (Siehe Diagramm EOG 3.)

68 Frauen und 57 Männer, insgesamt 48 % der BeschwerdeführerInnen, gehörten der katholischen Kirche an, insgesamt 7 % waren entweder *gottgläubig*, evangelisch oder konfessionslos, eine Frau galt im Sinne der Nürnberger Gesetze als *Halbjüdin.* In den übrigen Verfahren war kein religiöses Bekenntnis angeführt. (Siehe Tabelle EOG 2.)

Abschließend noch zu den leider nur schwer rekonstruierbaren beruflichen Tätigkeiten der Frauen und Männer. Diese sind zwar vielfach genannt, doch

400 Zur Vormundschaft in Verfahren vgl. Birk, Schwaben, 147–155.

Diagramm EOG 3, Grundgesamtheit: 260 Personen

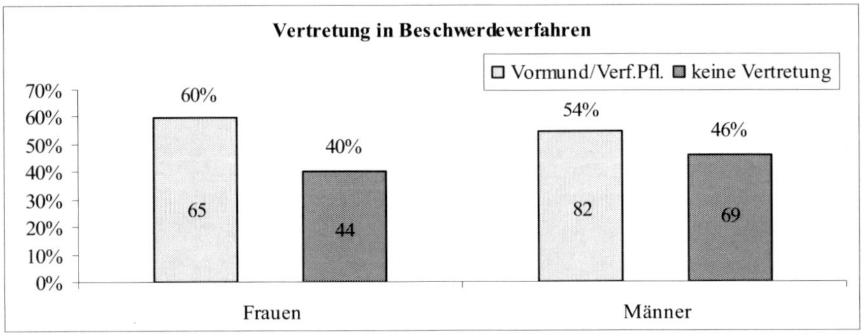

Tabelle EOG 2, Grundgesamtheit: 260 Personen

religöses Bekenntnis	Frauen		Männer		gesamt	
r. katholisch	57	52%	68	75%	125	48%
unbekannt	45	41%	73	48%	118	45%
gottgläubig	3	3%	3	2%	6	2%
evangelisch	2	2%	4	3%	6	2%
anderes	1	1%	2	1%	3	1%
konfessionslos		0%	1	1%	1	0%
„Halbude/jüdin	1	1%		0%	1	0%
Gesamt	109	100%	151	100%	260	100%

wird bei Bezeichnungen wie beispielsweise Schneiderin oder Tischler, aber auch Drogistin oder Betriebstechniker nicht deutlich, ob sie diesen Beruf selbständig oder unselbständig ausübten bzw. auf welcher hierarchischen Ebene, weshalb sie nach Berufsgruppen bzw. Dienstverhältnissen zusammengefasst wurden. Lediglich bei einer Frau und einem Mann ist ein akademischer Grad in den Akten angeführt, nämlich Dr. und Dr. med. Aufschlussreich ist jedenfalls, dass die Zahl derjenigen, die ohne (abgeschlossene) Ausbildung als HilfsarbeiterInnen in Gewerbebetrieben und Fabriken, aber auch der Landwirtschaft tätig waren, weit überwiegt. Zählt man noch jene dazu, bei denen in den Akten vermerkt war, dass sie keinen Beruf ausübten, ist anzunehmen, dass fast 60 % der Frauen und Männer vor dem Erbgesundheitsobergericht berufliche Tätigkeiten mit nur geringem gesellschaftlichen Status ausübten oder gar nicht erwerbstätig waren – ein Befund, der, wie schon im Kapitel zum Erbgesundheitsgericht ausgeführt,

Diagramm EOG 4, Grundgesamtheit: 260 Personen

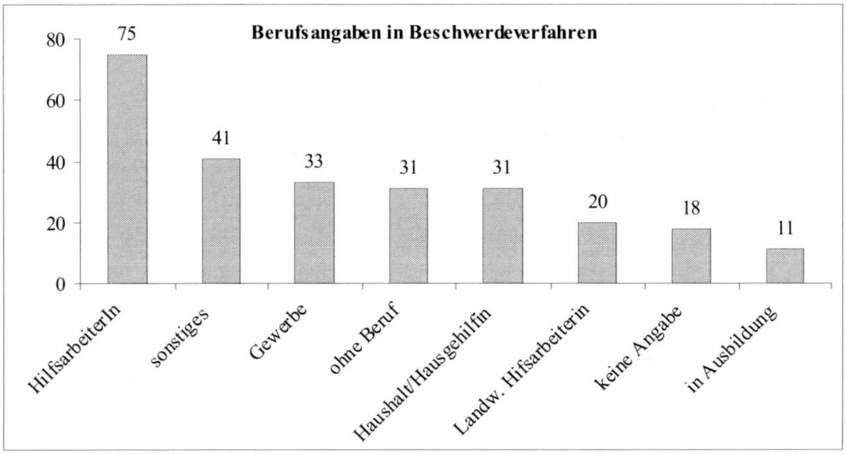

die Forschungsergebnisse von Gisela Bock und auch der Regionalstudien zur Erbgesundheitsgerichtsbarkeit in Regionen wie Schwaben und Städten des *Altreichs* wie beispielsweise Hamburg, Frankfurt/Main, Offenbach/Main und Passau auch für Wien bestätigt.[401] (Siehe Diagramm EOG 4.)

ALLGEMEINES ZU DEN BESCHWERDEVERFAHREN

In 1.223 Verfahren (72 %) der 1.697 rekonstruierbaren Verfahren aus dem Bestand des Erbgesundheitsgerichts Wien fiel der Beschluss zur Zwangssterilisation, in 292 (17 %) dagegen und 182 Verfahren (11 %) endeten ohne einen solchen Beschluss. Zu letzteren zählen die mangels Bestellung der ärztlichen Beisitzer zurückgewiesenen Verfahren der ersten Monate des Jahres 1940, aber auch jene, die ab Herbst 1944 kriegsbedingt eingestellt worden waren.[402] Ge-

401 Vgl. Bock, Zwangssterilisation, 301–368, sowie Birk, Schwaben, 136–139, Daum/Deppe, Frankfurt/Main, 103–106, Rothmaler, Hamburg, 29, Heitzer, Passau, 132–136, Hennig, Offenbach/Main, 69–70.

402 Vgl. Kap. 2. Ebenfalls einbezogen sind jene 24 Verfahren, wo ein Erbgesundheitsgericht aus dem Gerichtssprengel des Erbgesundheitsobergerichts Wien den Beschluss fällte und die Verfahrensakten Anfang 1945 durch die Zusammenlegung der Gerichtsbezirke und die Ein-

gen 266 (15,7 %) der 1.697 erstinstanzlichen Beschlüsse wurde eine Beschwerde eingebracht. Das Erbgesundheitsobergericht als zweite Instanz hatte über die Beschwerden „in tatsächlicher und rechtlicher Hinsicht“[403] zu entscheiden, dessen Beschlüsse waren endgültig – eine weitere Beschwerdeinstanz, analog zum Verwaltungsgerichtshof oder Obersten Gerichtshof gab es nicht. Eine beschlossene Zwangssterilisation sollte innerhalb von zwei Wochen durchgeführt werden.[404] Als letzte rechtliche Möglichkeit, dem Zwangseingriff zu entgehen, konnte beim Erbgesundheitsgericht die Wiederaufnahme des Verfahrens beantragt werden, wenn „eine nochmalige Prüfung des Sachverhaltes“[405] angebracht war. Am Erbgesundheitsgericht Wien beruhten nur 34 Verfahren (2 %) auf solchen Anträgen.

Gisela Bock rekonstruierte für das Jahr 1934, dem ersten Jahr der Gültigkeit des GzVeN, reichsweit eine Beschwerderate von 14,6 %. Untersuchungen zur Erbgesundheitsgerichtsbarkeit im *Altreich* zeigen für die Jahre 1934–1944 sehr unterschiedliche Ergebnisse. In Celle erfolgte, ähnlich wie in Wien, gegen 15 % der erstinstanzlichen Beschlüsse eine Beschwerde, im bayrischen Kempten gegen 15,9 %, deutlich höher war der Anteil im bayrischen Günzburg mit 24,2 %.[406] Vermutlich aufgrund des hohen katholischen Bevölkerungsanteils und der von dieser Religion stark geprägten Ablehnung jeglichen Eingriffs in die als gottgewollt verstandene Fortpflanzung lag der Prozentsatz der Beschwerden beim für den Gerichtsbezirk Passau zuständigen Erbgesundheitsobergericht München bis 1939 sogar bei knapp 39 %.[407] Gänzlich anders war dies in vom Protestantismus geprägten Regionen wie beispielsweise Bremen, wo nur knapp 12 % der erstinstanzlichen Beschlüsse beeinsprucht wurden.[408]

Grundsätzlich waren sowohl die von der Zwangssterilisation bedrohten Frauen und Männer und ihre gesetzlichen VertreterInnen, aber auch Amtsärzte und

stellung des Erbgesundheitsobergerichts vom Erbgesundheitsgericht übernommen wurden. Vgl. dazu weiter unten.

403 GzVeN, § 10, in: Gütt/Rüdin/Ruttke, Kommentar, 257.

404 Vgl. Gütt/Rüdin/Ruttke, Kommentar, 275.

405 GzVeN, § 12 Abs 2, in: Gütt/Rüdin/Ruttke, Kommentar, 272. Vgl. dazu ebd., 272–274.

406 Vgl. Bock, Zwangssterilisation, 281, Kramer, Celle, 106, und Birk, Schwaben, 163f.

407 So die These Heitzers, vgl. ders., Passau, 214–225 und 306f.

408 Nitschke, Erbpolizei, 225f.

Anstaltsleiter berechtigt, innerhalb von zwei Wochen nach der Zustellung des Beschlusses schriftlich eine Beschwerde beim zuständigen Erbgesundheitsgericht oder Erbgesundheitsobergericht einzubringen.[409] Bei der Einführung des GzVeN im *Altreich* waren es noch vier Wochen, doch schon im Juni 1935 wurde diese mit dem Ziel der Reduktion der Beschwerden auf zwei Wochen verkürzt.[410] Fallweise war das Erbgesundheitsgericht Wien bereit, trotz Fristversäumnis eine sogenannte „Wiedereinsetzung in den vorherigen Stand" und somit die Beschwerde zu genehmigen, wie das Beispiel von Karl S. zeigt, der angab, er habe den Gerichtsbeschluss erst nach Ablauf der zweiwöchigen Frist bekommen, weil seiner Mutter seine Feldpostadresse unbekannt war.[411]

Von den genannten 1.223 erstinstanzlichen Beschlüssen zur Zwangssterilisation wurden 176 Beschlüsse (14,4 %) beeinsprucht, von den 292 gegen eine Zwangssterilisation 69 (23 %). Prozentuell versuchten also die von der Zwangssterilisation bedrohten Frauen und Männer deutlich seltener, diese mittels Beschwerde abzuwenden, als die Amtsärzte und Anstaltsleiter, die hofften, doch noch eine Zwangssterilisation zu erreichen.

Auffällig sind hier die geschlechtsspezifischen Unterschiede: Das Erbgesundheitsgericht beschloss in 662 (54 %) Verfahren die Zwangssterilisation einer Frau und in 561 (46 %) die eines Mannes. Doch nur 65, also knapp ein Drittel der 176 Beschwerdeverfahren, wurden von Frauen bzw. ihren Vertretungspersonen eingebracht.

Amtsärzte und Anstaltsleiter brachten vergleichsweise häufiger, nämlich gegen 69 (23 %) der 292 vom Erbgesundheitsgericht abgelehnten Anträge eine Beschwerde ein. 57 %, also etwas mehr als die Hälfte dieser Verfahren, betrafen Frauen. (Siehe Diagramm EOG 5.)

Nun zu den 21 Beschwerdeverfahren, in denen sich die Erstinstanz weder für noch gegen eine Zwangssterilisation entschieden hatte, sondern beispielsweise ein Wiederaufnahmeverfahren genehmigte oder ablehnte (sonstige Verfahrensausgänge). Diese wurden je nach Relevanz in der Auswertung berück-

409 Vgl. Gütt/Rüdin/Ruttke, Kommentar, 248.

410 Vgl. § 9 GzVeN, Erstes Gesetz zur Änderung des GzVeN vom 26. Juni 1935, weiters Gütt/Rüdin/Ruttke, Kommentar, 248, und Rothmaler, Hamburg, 158.

411 Vgl. 2 XIII 272/41.

Diagramm EOG 5, Grundgesamtheit: 266 Beschwerdeverfahren

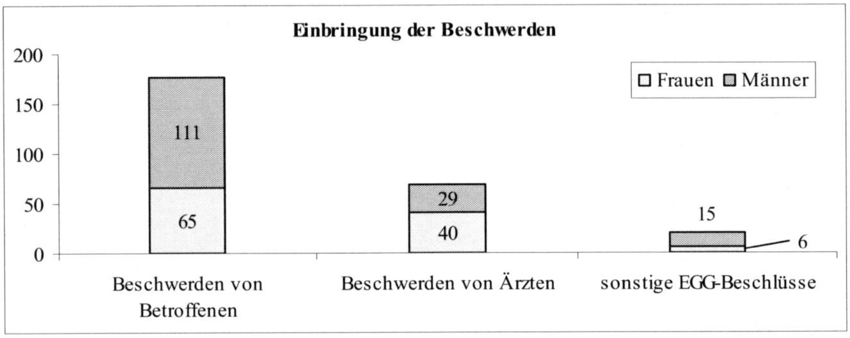

Diagramm EOG 6, Grundgesamtheit: 266 Beschwerdeverfahren

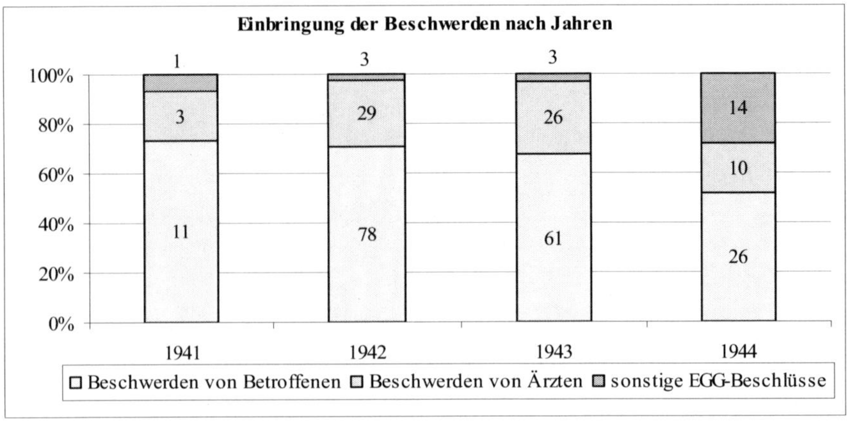

sichtigt, ebenso wie die sieben der insgesamt 14 Verfahren des Jahres 1944, in denen ein anderes Erbgesundheitsgericht aus dem Gerichtssprengel des Erbgesundheitsobergerichts Wien den Beschluss fällte, das Beschwerdeverfahren durch die Einstellung des Erbgesundheitsobergerichts endete und, auch aufgrund der Zusammenlegung der Gerichtsbezirke Anfang 1945 dem Erbgesundheitsgericht Wien übergeben worden war.

Aufgeschlüsselt nach erstinstanzlichen Beschlüssen für und gegen eine Zwangssterilisation zeigt sich, dass pro Jahr der prozentuelle Anteil der Beschwerden der Amtsärzte und Anstaltsleiter im Vergleich zu jenen der Frauen und Männer, die sich gegen ihre Zwangssterilisation wehrten, zwar leicht, aber doch stetig zunahm. Umgekehrt bedeutete dies, dass im Verlauf des Krieges immer weniger Frauen und Männer hofften, den drohenden Zwangseingriff mit dem juristischen Mittel der Beschwerde verhindern zu können. (Siehe Diagramm EOG 6.)

Der erste Beschluss des Erbgesundheitsobergerichts ist mit 13. März 1941 datiert,[412] der zweite mit 29. Mai. Warum 1940 keine Beschwerdeverfahren endeten, zeigt ein Blick auf das Erbgesundheitsgericht, das trotz der lange vorbereiteten Einführung des GzVeN wegen Verzögerungen bei der Bestellung der ärztlichen Beisitzer erst im Mai 1940 seine Tätigkeit aufnahm.[413] 1940 endeten weniger als 5 % der erstinstanzlichen Verfahren, 1941 waren es schon 20 %. Dies war keineswegs auf Wien beschränkt, Birgit Poier zeigte für den Gau Steiermark auf, dass auch dort die Erbgesundheitsgerichtsbarkeit nur langsam begann, Josef Goldberger kam für den Gau Oberdonau zum selben Schluss.[414] (Siehe Diagramm EOG 7.)

Insgesamt fasste das Erbgesundheitsobergericht 1941 nur 15 Beschlüsse. Danach stieg deren Zahl sprunghaft an: Mehr als 40 % der Verfahren endeten 1942, ein Drittel 1943, und 1944 waren es noch 18 %.[415] (Siehe Diagramm EOG 8.)

Die Sitzungstage des Erbgesundheitsobergerichts fanden jeweils im Abstand von mehreren Wochen statt, zum letzten Beschluss traten Richter und ärztliche Beisitzer am 17. November 1944 zusammen. Im Dezember 1944 gab es zwar noch sechs Sitzungstage zu acht Verfahren, diese endeten jedoch mit der Anordnung der Übergabe der Akten zur weiteren Entscheidung an das Erbgesundheitsgericht. Bezüglich der Zahl der Sitzungen pro Tag unterscheidet

412 Vgl. 1 XIII 9/40. Aufgrund der Quellenlage können für Wien keine Aussagen darüber gemacht werden, wie viele Sitzungen bis zur Beschlussfassung notwendig waren.

413 Vgl. den Brief Rolleders an das Gesundheitsamt Wien-Favoriten, 16. Februar 1940, 1 XIII 1/40. Warum es in Wien so lange dauerte, die Beisitzer zu bestellen, ist mangels Quellen nicht klärbar. Erst am 10. Mai 1940 fand eine beschlussfähige Sitzung des Erbgesundheitsgerichts statt, vgl. 2 XIII 3/40. Ähnlich war es im Gau Steiermark, wo die Landeshauptmannschaft und der Gauärzteführer zwar die ärztlichen Beisitzer für das Erbgesundheitsgericht schon ausgesucht, allerdings auf die Einholung der Genehmigung durch das Reichsministerium des Innern in Berlin vergessen hatten. Vgl. Ladinig, NS-Gesundheitswesen, 81.

414 Vgl. Poier, Gesundheitspolitik, 211, und Goldberger, Oberdonau, 194.

415 Bei zwei Beschwerdeverfahren ist das Datum des Beschlusses unbekannt.

Diagramm EOG 7, Grundgesamtheit: 1.697 erstinstanzliche Verfahren

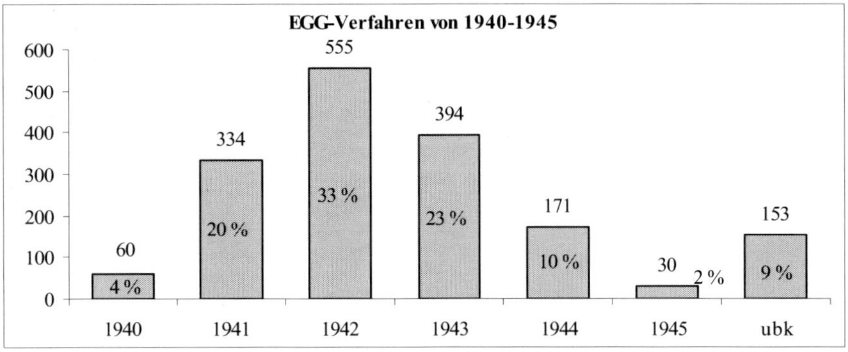

Diagramm EOG 8, Grundgesamtheit: 266 Beschwerdeverfahren

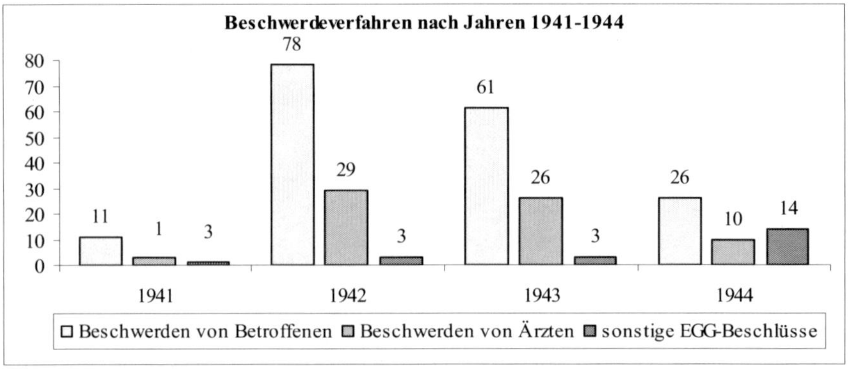

sich Wien wesentlich von anderen Städten im *Altreich*: Sabine Kramer zeigte für das Erbgesundheitsobergericht Celle auf, dass im Jahr 1934 bis zu 40 Verfahren allein während eines Nachmittags durchgeführt wurden.[416] Am Erbgesundheitsobergericht Wien waren es während der gesamten Tätigkeit maximal vier Sitzungen pro Tag, mit einer Ausnahme: Am 2. April 1942 waren es elf. Allerdings fällte das Erbgesundheitsobergericht an diesem Tag keine inhaltlichen Entscheidungen, sondern wies die Beschwerden aus rein formalen Gründen ab und übergab die Verfahren zur weiteren Entscheidung dem

416 Vgl. Kramer, Celle, 140f.

Erbgesundheitsgericht.[417] Konkrete Angaben zur Dauer der einzelnen Sitzungen gehen aus den wenigen umfangreicheren Akten nicht hervor, lediglich bei den Brüdern Johann und Josef R. findet sich der Vermerk, dass sie jeweils eine knappe Dreiviertelstunde in der Verhandlung anwesend waren.[418]

Unabhängig davon, ob die von der Zwangssterilisation bedrohten Frauen und Männer oder die Amtsärzte bzw. Anstaltsleiter berufen hatten, war die durchschnittliche Dauer der Beschwerdeverfahren annähernd gleich lang: 128 bzw. 126 Tage, also etwas mehr als vier Monate. Auch in Hamburg waren diese, wie Christiane Rothmaler rekonstruierte, im Zeitraum eines halben Jahres großteils abgeschlossen, die Hälfte davon innerhalb von zwei bis sechs Monaten.[419]

154 (58 %) der 266 Beschwerdeverfahren endeten mit dem Beschluss zur Zwangssterilisation und 91 (34 %) mit deren Ablehnung. In 12 Verfahren (5 %) wiesen Richter und ärztliche Beisitzer u.a. wegen Nichtigkeit oder Formfehlern die Beschwerden zurück, wodurch der erstinstanzliche Beschluss rechtskräftig wurde. Neun Verfahren (3 %) wurden nach der Einstellung des Erbgesundheitsobergerichts im Dezember 1944 an das Erbgesundheitsgericht zur weiteren Behandlung übergeben.[420] (Siehe Anhang Diagramm EOG 9.)

Gliedert man die Beschlüsse danach auf, wer die Beschwerde eingebracht hat, so zeigt sich, dass das Erbgesundheitsobergericht zwei Drittel der erstinstanzlichen Beschlüsse zur Zwangssterilisation bestätigt hatte und ein Drittel nicht – diese von der Zwangssterilisation bedrohten Frauen und Männer entgingen durch ihr Beschwerdeverfahren dem Zwangseingriff. In den von den Amtsärzten und Anstaltsleitern eingebrachten Beschwerdeverfahren bestätigte das Erbgesundheitsobergericht etwas häufiger die erstinstanzliche Ablehnung der Zwangssterilisation als deren Anordnung. (Siehe Anhang Diagramm EOG 10.)

Eine weitere Aufschlüsselung verdeutlicht, dass, anders als bei der zuvor beschriebenen Einbringung der Beschwerden, bei den Verfahrensausgän-

417 In diesen Verfahren hatte das Erbgesundheitsgericht mangels *Fortpflanzungsgefahr* eine Zwangssterilisation abgelehnt. Vgl. dazu weiter unten.

418 Vgl. XIII 78/45.

419 Vgl. Rothmaler, Hamburg, 164f.

420 Zu diesen Verfahren vgl. weiter unten.

Diagramm EOG 9, Grundgesamtheit: 266 Beschwerdeverfahren

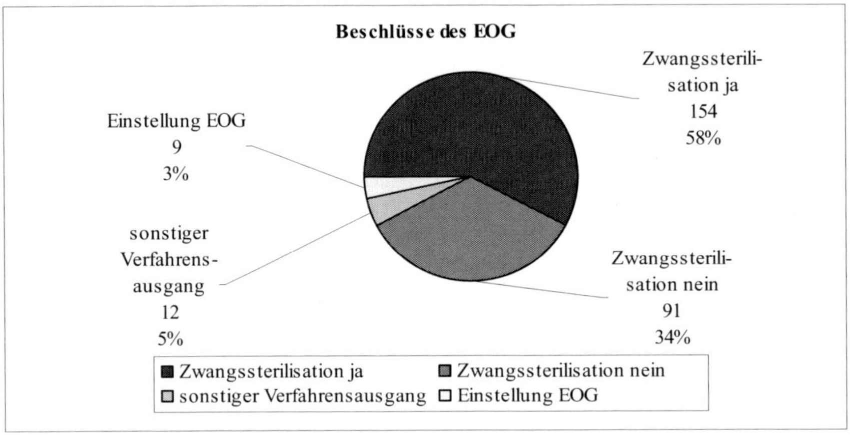

Diagramm EOG 10, Grundgesamtheit: 266 Beschwerdeverfahren

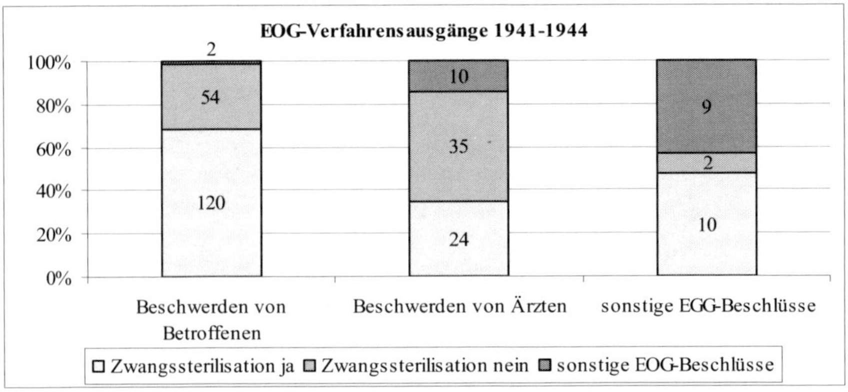

gen kaum geschlechtsspezifische Unterschiede ersichtlich sind. (Siehe Diagramm EOG 11.). Bezieht man nun die Beschlüsse des Erbgesundheitsobergerichts auf die erstinstanzlichen, verringert sich die Anzahl der angeordneten Zwangssterilisationen geringfügig. Insgesamt sind für Wien nach Abschluss auch der jeweiligen Beschwerdeverfahren 1.203 Beschlüsse zur Zwangssterilisation nachweisbar.[421]

421 Von den 1.223 Beschlüssen des Erbgesundheitsgerichts zur Zwangssterilisation wurden in

Diagramm EOG 11, Grundgesamtheit: 266 Beschwerdeverfahren

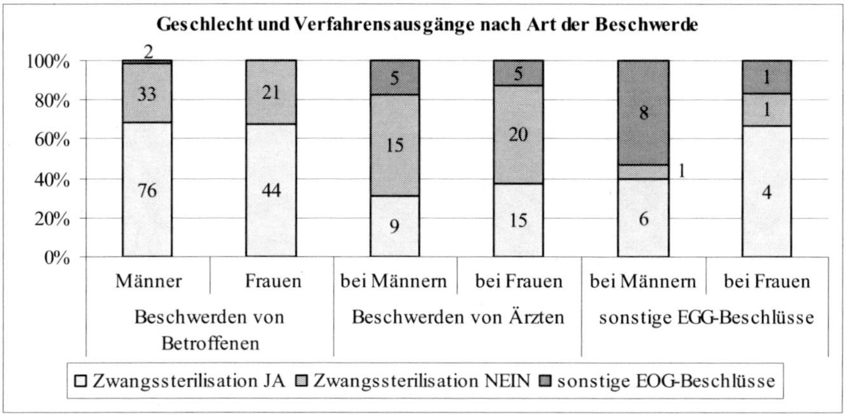

Wenig überraschend sind die Begründungen des Erbgesundheitsobergerichts. In 147 (96 %) der 154 Beschlüsse zur Zwangssterilisation sahen Richter und ärztliche Beisitzer die *Erbkrankheit* der Frauen und Männer, deren Zwangssterilisation sie beschlossen hatten, als nachgewiesen an, in den restlichen führten formale Gründe wie Fristversäumnis oder auch die Einbringung der Beschwerde durch eine nicht dazu berechtigte Person zu deren Abweisung und somit der Bestätigung des erstinstanzlichen Beschlusses zur Zwangssterilisation bzw. gingen die Gründe nicht aus den Akten hervor.

Die Auswertung der 91 nun abgelehnten Zwangssterilisationen zeigt, dass 77 (85 %) davon deshalb abgelehnt worden waren, weil die betroffenen Frauen und Männer nach Ansicht des Erbgesundheitsobergerichts nicht *erbkrank* waren.

In immerhin acht Verfahren (9 %) entschied sich das Erbgesundheitsobergericht auch dagegen, weil eine *Erbkrankheit* nicht mit Sicherheit angenommen werden konnte. Dies erfolgte jedoch nicht, um die Betroffenen vor den lebenslangen Folgen des Zwangseingriffs zu bewahren, sondern um zu gewährleisten, dass als *erbgesund* geltende Menschen – im Sinne der pronata-

den Beschwerdeverfahren 54 abgelehnt, dafür entschied das Erbgesundheitsobergericht in 24 Verfahren anders als die Erstinstanz auf Zwangssterilisation. Ergänzt um die sonstigen erstinstanzlichen Verfahrensausgänge, wo nun das Erbgesundheitsobergericht eine Zwangssterilisation anordnete, ergeben sich für Wien insgesamt 1.203 angeordnete Zwangssterilisationen. Zur Durchführung der Zwangseingriffe vgl. Kap. 4.

Diagramm EOG 12, Grundgesamtheit: 91 Beschlüsse des Erbgesundheitsobergerichts gegen eine Zwangssterilisation

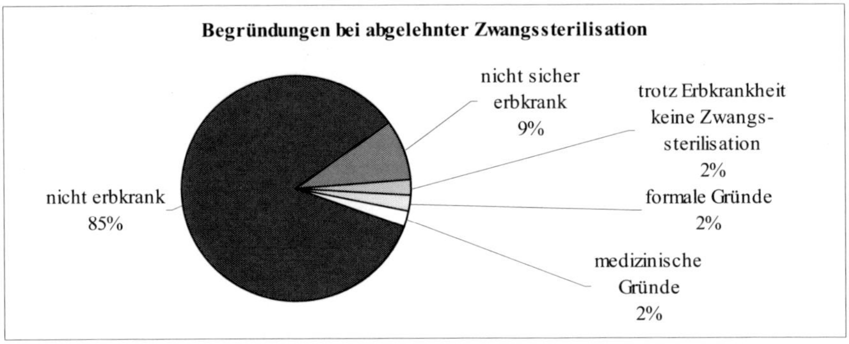

listischen Bevölkerungspolitik des NS-Regimes, das selbstbestimmte Sterilisationen und Abtreibungen kriminalisierte – keineswegs an ihrer Fortpflanzung gehindert werden sollten. Zwar sind diese acht Verfahren in quantitativer Hinsicht nicht aussagekräftig, sie ermöglichen jedoch einen Einblick in die Spruchpraxis des Erbgesundheitsobergerichts. Zwei Frauen und sechs Männer sollten zwangssterilisiert werden, drei von ihnen aufgrund der GzVeN-Diagnose *Taubheit*, drei wegen *Schwachsinn* und zwei wegen *Fallsucht:* Diagnosen, die in der medizinischen Fachwelt im Hinblick auf ihre *Erblichkeit* schon vor Inkrafttreten des GzVeN kontrovers eingeschätzt worden waren. In drei der erstinstanzlichen Verfahren sollte ein Gutachten zur Entscheidungshilfe beitragen, ebenso in drei der Beschwerdeverfahren. Bezüglich des Zeitraums, in dem das Erbgesundheitsobergericht diese Entscheidungen traf, fällt auf, dass diese gleichmäßig auf die Jahre 1941 bis 1944 verteilt sind. Das Erbgesundheitsobergericht fasste diese Beschlüsse also weder am Anfang, als die Erbgesundheitsgerichtsbarkeit erst langsam in Gang kam, noch gegen Ende seiner Tätigkeit im Jahr 1944, wo manche Akteure der NS-Justiz und NS-Verwaltung – in der Hoffnung auf eine etwaige Rückversicherung für die Zeit nach Kriegsende – in ihren Entscheidungen fallweise vorsichtiger wurden.

In den restlichen sechs (6 %) waren formale (Fristversäumnis seitens der Amtsärzte und Anstaltsleiter) bzw. medizinische Gründe (bereits bestehende Unfruchtbarkeit) ausschlaggebend. (Siehe Diagramm EOG 12.)

BESCHWERDEN GEGEN EINE ANGEORDNETE ZWANGSSTERILISATION

Wie bereits ausgeführt, endeten 1.223 der insgesamt 1.697 rekonstruierbaren Verfahren vor dem Erbgesundheitsgericht Wien mit dem Beschluss zur Zwangssterilisation und 176 (14,4 %) davon wurden beeinsprucht.

Die als *erbkrank* kategorisierten Frauen und Männer konnten bei dem Versuch, sich gegen den Zwangseingriff zu wehren, kaum auf Unterstützung anderer hoffen – lebten sie doch als stigmatisierte Menschen in einer Diktatur. Trotz der gesetzlich verankerten Geheimhaltungspflicht – die so wenig eingehalten wurde, dass sich in den Gerichtsakten wiederholt Aufforderungen dazu finden – wussten selbst in der vergleichsweise größeren Anonymität der Großstadt viele aus dem sozialen Umfeld der betroffenen Frauen und Männer allein durch die eingeholten Informationen von Familienmitgliedern, von Schulen und am Arbeitsplatz von den Verfahren und der drohenden Zwangssterilisation. Auch in kleineren Orten und Gemeinden mussten sie befürchten, dass der drohende Zwangseingriff nicht geheim bleiben würde – noch dazu, wenn im Zuge der Verfahren Dorfpriester, Bürgermeister, behandelnde Ärzte und Fürsorgerinnen zur Auskunft über die *Lebensbewährung* der Betroffenen aufgefordert worden waren.

Die Argumente, die die von der Zwangssterilisation bedrohten Frauen und Männer – ohne Rücksicht auf die von Gütt, Rüdin und Ruttke geforderte *Staatsbürgermoral* – in ihren Beschwerden gegen den drohenden Zwangseingriff vorbrachten, waren, wie selbst aus den wenigen umfangreicheren Akten des Wiener Bestandes hervorgeht, sehr unterschiedlich.[422] Häufigstes Motiv war die Zurückweisung der Kategorisierung als *erbkrank*. „Ich bin […] mit diesem Beschluss nicht einverstanden […] Ich fühle mich selbst durchaus gesund und halte auch meine Kinder dafür. Daher sehe ich keinen Grund, mich unfruchtbar zu machen“[423], schrieb Therese P. in ihrer Beschwerde, und Anton S. gab an, dass niemand in seiner Familie an *Fallsucht* erkrankt sei und er nur noch selten Krampfanfälle habe. Auch einen medizinischen Irrtum hielt

422 Eine quantitative Auswertung der jeweiligen Begründungen, wie sie Heitzer für Passau vornahm, ist für Wien mangels Quellen nicht möglich, vgl. Heitzer, Passau, 313.

423 XIII 117/44.

er für möglich, er fürchtete, dass diese Anfälle „aus Gründen der Ähnlichkeit in diese Krankheitsgruppe einbezogen werden“[424], weshalb er ersuchte, „eine eingehende Überprüfung und eine ev[entuelle] Nachuntersuchung vorzunehmen“.[425]

Vielfach wurden exogene Ursachen für die diagnostizierten Krankheiten angeführt: Der Vater von Josef Z. wies nachdrücklich darauf hin, dass sein Sohn nicht *schwachsinnig* sei, er habe sich nach einem Blitzschlag zwar verändert, würde aber trotzdem zu seiner vollsten Zufriedenheit mit ihm in der Landwirtschaft arbeiten. Er ließ sich nicht vom Gegenteil überzeugen: „Ich bleibe trotz Belehrung dabei, dass er erst später krank geworden ist.“[426]

Doch nicht nur die mögliche Ursache einer im GzVeN genannten Krankheit, auch die GzVeN-Diagnose als solche stieß auf heftigen Widerspruch: „Mein Sohn Franz ist doch nicht blödsinnig, er ist geistig ganz normal“[427], schrieb der Vater von Franz Sch. in seiner Beschwerde und stimmte der angeordneten Zwangssterilisation nicht zu.

Stefanie L. gab an, sie sei katholisch und deshalb sexuell enthaltsam,[428] auch der Vater von Josef Z. hielt dessen „Unfruchtbarmachung [für] nicht notwendig, da er sich ohnehin um keine Mädchen kümmert“.[429]

Die Angst vor den Folgen des Zwangseingriffs ist unübersehbar: „Ich will unbedingt, dass die Unfruchtbarmachung an mir nicht durchgeführt wird, weil bei mir eine derartige Massnahme ohnehin nicht notwendig ist und ich dann nicht mehr unter die Leute gehen könnte“[430], schrieb Franz Sch., und Alois P. bat das Erbgesundheitsgericht, „meinen Fall neuerlich zu überprüfen, da es mich bei der Art dieses Eingriffes seelisch sehr hart träfe ohne absolut zwingende Gründe das geforderte Opfer, den Verzicht auf Nachkommenschaft, zu bringen“.[431] Der Vater von Josef und Johann R. begründete seinen Einspruch mit der großen Sorge um seine Söhne, denn er wisse von „zwei

424 2 XIII 108/41.
425 2 XIII 108/41.
426 XIII 114/45.
427 XIII 75/45.
428 Vgl. 2 XIII 39/44.
429 XIII 114/45.
430 XIII 75/45.
431 2 XIII 109/44.

Burschen aus seinem Bekanntenkreis, daß diese bald nach dem Eingriff gestorben seien".[432]

Letztere Begründungen verdeutlichen, dass die langjährige Propaganda zur *Notwendigkeit* und vor allem der *Harmlosigkeit* des Zwangseingriffs nicht den gewünschten Erfolg hatte – wehrten sich doch einige Männer auch deshalb, da sie annahmen, kastriert statt sterilisiert zu werden.[433] Und, trotz aller gegenteiligen Beteuerungen, herrschte in der Bevölkerung weiterhin die Annahme, das GzVeN sollte für Straftäter angewandt werden, wie der Brief des Vaters von Josef Z. zeigt, in dem dieser nachdrücklich festhielt: „Ich bin auf keinen Fall mit der Unfruchtbarmachung meines Sohnes einverstanden, da derselbe sich noch in keiner Weise gegen die Gesetze vergangen hat."[434] Nicht zuletzt gab es auch formale Argumente: Rudolf H. versuchte in seiner Beschwerde geltend zu machen, er hätte nie einen Antrag auf Unfruchtbarmachung gestellt – ein Einwand, der vom Erbgesundheitsobergericht als unerheblich abgewiesen wurde, da sich der wohnsitzzuständige Amtsarzt dem Antrag angeschlossen hatte.[435] Dies verdeutlicht, dass die im GzVeN verankerte Möglichkeit eines *Eigenantrags zur Unfruchtbarmachung* zwar propagandistisch der Legitimation des GzVeN dienen sollte, in der Vollzugspraxis jedoch unerheblich war.

Die Beschwerdeverfahren stehen „in einer Zeit, in der das Recht und das Leben des Einzelnen nicht viel galt",[436] für den Widerstand gegen Maßnahmen der nationalsozialistischen *Erbgesundheitspolitik* – von den direkt davon betroffenen Frauen und Männern, die sich gegen die Diffamierung als *minderwertig* wehrten, gegen die soziale Stigmatisierung und vor allem gegen den Zwangseingriff mit seinen schwerwiegenden und lebenslangen Folgen.[437] Umgekehrt

---

432 XIII 78/45.

433 Vgl. dazu ausführlich Rost, Sterilisation, 59–83, und Makowski, NS-Parteipresse, insb. 184–185.

434 XIII 114/45.

435 1 XIII 37/44. Zu häufig genannten Beschwerden über unzureichende medizinische Gutachten, unfreundliche Behandlung bei den Vorerhebungen und die mangelhafte Aufklärung über das Verfahren und die Folgen der Zwangssterilisation vgl. Rothmaler, Hamburg, 162.

436 Rothmaler, Hamburg, 160.

437 Ob sich manche Frauen und Männer in der Hoffnung auf Abwendung ihrer Zwangssterilisation auch mit einem Gnadengesuch an die Kanzlei des Führers wandten, geht aus den Akten des Erbgesundheitsgerichts Wien nicht hervor. Zu solchen Schreiben im Gau Steiermark vgl. Poier, Gesundheitspolitik, 213f, zu Schwaben vgl. Birk, Schwaben, 167f.

kann jedoch aus dem Faktum des Rechtsmittelverzichts nicht geschlossen werden, dass sich die betroffenen Frauen und Männer mit der gerichtlich beschlossenen Zwangssterilisation einverstanden erklärten – selbst wenn sie bzw. ihre Vertretungspersonen in 435 Verfahren (35 %), also in mehr als einem Drittel, noch während der Sitzung auf die Möglichkeit der Beschwerde verzichteten.

Die mit den Verfahren verbundenen Vorerhebungen, die ausführlichen Befragungen über sehr persönliche Angelegenheiten durch Amtsärzte und Anstaltsleiter und die Begutachtungen in strittigen Verfahren, zu denen die Betroffenen bis zu sechs Wochen in einer Klinik angehalten werden konnten, dürften mit ausschlaggebend gewesen sein. Ebenso die Erwartungshaltung von Richtern und ärztlichen Beisitzern, im Sinne der eingangs genannten *staatsbürgerlichen Moral,* den soeben verkündeten Gerichtsbeschluss widerspruchslos und *opferbereit* für die *Gesundung des Volkskörpers* zur Kenntnis zu nehmen. Nicht zuletzt kann auch die Hoffnung, nach der Zwangssterilisation vor weiteren Verfolgungsmaßnahmen verschont zu bleiben, zur Entscheidung des Beschwerdeverzichts geführt haben.

Für PatientInnen von Heilanstalten, insbesondere der Anstalt Am Steinhof, kann es noch einen weiteren, gewichtigen Grund gegeben haben: Galten sie als *erbkrank*, wäre ohne ihre Zwangssterilisation keine Entlassung möglich gewesen. Es ist also nicht auszuschließen, dass einige auch aus realer Furcht vor der drohenden Tötung in der Anstalt, aber auch der Deportation in die Tötungsanstalt Hartheim notgedrungen der Zwangssterilisation zustimmten bzw. von ihren Angehörigen dazu gedrängt worden waren. Dass Deportationen und Tötungen den PatientInnen nicht verborgen geblieben waren, geht, wie schon beschrieben, indirekt aus einem Gutachten des Erbgesundheitsgerichts und aus Berichten von Zeitzeuginnen und Zeitzeugen hervor.[438]

Von den 568 Frauen und Männern, die in einer Anstalt unterbracht waren, als das Erbgesundheitsgericht ihre Zwangssterilisation beschloss, haben 50 (8,8 %) berufen, von den 655, die nicht in einer Anstalt lebten, 126 (19,2 %) – mehr als doppelt soviel. (Siehe Diagramm EOG 13.)

60 (34 %), also rund ein Drittel der 176 Beschwerden, stammten von den

438 Vgl. 2 XIII 199/43 und Lehmann/Schmidt, Gross, 61 und 68. Zur Anhaltung in einer Anstalt vgl. Ley, Zwangssterilisation, 89, und Rothmaler, Hamburg, 158.

Diagramm EOG 13, Grundgesamtheit: 176 Beschwerden gegen erstinstanzliche Beschlüsse zur Zwangssterilisation

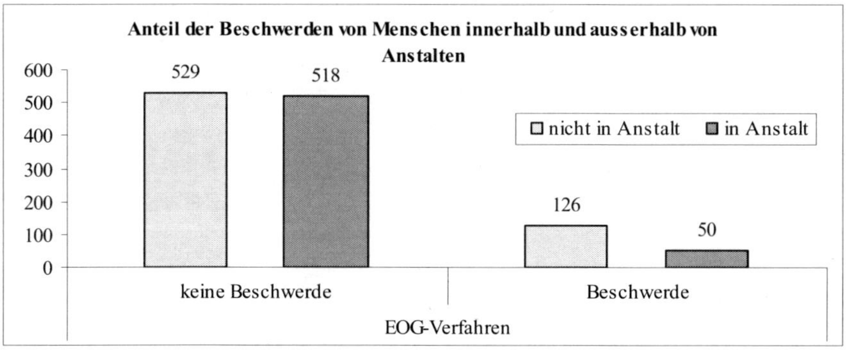

Diagramm EOG 14, Grundgesamtheit: 176 erstinstanzliche Beschlüsse zur Zwangssterilisation

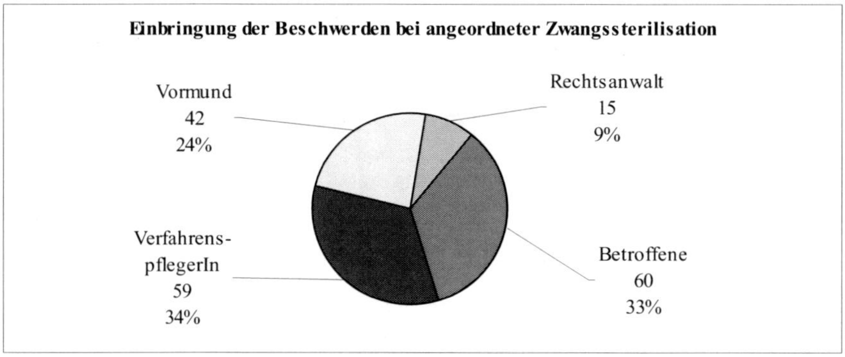

Betroffenen selbst, 101 (58 %) von VerfahrenspflegerInnen bzw. Vormündern und 18 (8 %) von einem Rechtsanwalt.[439] Deren niedriger Anteil erklärt sich

439 Die Hälfte der 18 Verfahren, wo ein Rechtsanwalt die Beschwerde eingebracht hatte, endete mit dem Beschluss zur Zwangssterilisation, in sieben mit deren Ablehnung, in zwei sollte das Erbgesundheitsgericht nochmals entscheiden. Die Beschlüsse zu den von einem Rechtsanwalt vertretenen Personen unterscheiden sich nicht von anderen: Das Erbgesundheitsobergericht ordnete in neun Verfahren eine Zwangssterilisation an, Die Frage, ob auch den Wiener Anwälten, wie es Sabine Kramer für das Erbgesundheitsobergericht Celle aufzeigte, das grundlegende Recht der Akteneinsicht verwehrt wurde, muss mangels Quellen unbeantwortet bleiben, vgl. Kramer, Celle, 154.

vor allem dadurch, dass ein solcher für viele Frauen und Männer finanziell nicht leistbar war. (Siehe Diagramm EOG 14.)

Wie entschied nun das Erbgesundheitsobergericht über die Beschwerden gegen die von der Erstinstanz beschlossenen Zwangssterilisationen? In 120 Verfahren (68 %) erfolgte eine Bestätigung, in 54, also knapp einem Drittel, lehnte es diese im Gegensatz zum Erbgesundheitsgericht ab – die von der Zwangssterilisation bedrohten Frauen und Männer bzw. ihre gesetzlichen Vertretungspersonen hatten diese erfolgreich abgewehrt. Zwei Verfahren endeten durch die Einstellung des Erbgesundheitsobergerichts im Dezember 1944. (Siehe Diagramm EOG 15.)

Diagramm EOG 15, Grundgesamtheit: 176 erstinstanzliche Beschlüsse zur Zwangssterilisation

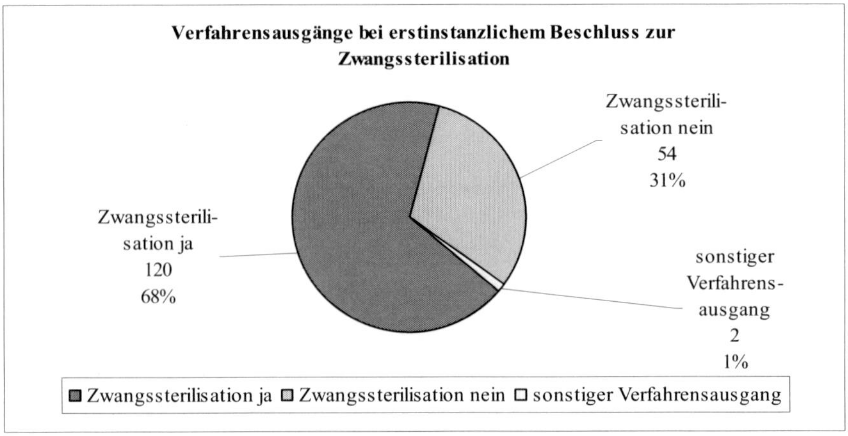

Der Anteil der erfolgreichen Beschwerden der betroffenen Frauen und Männer ist in Wien mit knapp einem Drittel und auch in Linz mit knapp 14 % wesentlich höher als an einigen Erbgesundheitsobergerichten des *Altreichs,* auch am Erbgesundheitsobergericht Linz doppelt so hoch.[440]

440 Leider ist diese Fragestellung in den sonst so detaillierten Untersuchungen nicht erwähnt bzw. kein Vergleich möglich. Vgl. u.a. Heitzer, Passau, 316, Birk, Schwaben, 199–201, Hennig, Offenbach/Main, 183–189, Daum/Deppe, Frankfurt/Main, 140–146. Zu Linz vgl. Goldberger, Oberdonau, 196.

Nitschke berichtete vom Erbgesundheitsobergericht Bremen, dass dieses „nur in wenigen Fällen“ den erstinstanzlichen Beschluss zur Zwangssterilisation revidierte;[441] Braß nannte für Saarbrücken für die Jahre 1935, 1936 und 1938 einen Anteil von 10 %, wo sich das Erbgesundheitsobergericht nun gegen eine Zwangssterilisation entschied;[442] Link führte für den Bezirk Baden eine Rate von 7,4 % und für Karlsruhe 7 % für die Jahre von 1934 bis 1941 an und wies darauf hin, dass dort der Anteil der zurückgewiesenen Beschwerden von 1934 bis 1941 kontinuierlich von 96 % auf 86 % sank.[443] Der untersuchte Zeitraum des Vollzugs des GzVeN im *Altreich* (bis 1939) und der *Ostmark* (ab 1940) macht einen Vergleich schwierig – Faktum ist jedoch, dass die Verfahren in beiden Instanzen im Verlauf der Jahre zunehmend sorgfältiger geführt worden waren und vermutlich auch deshalb das Erbgesundheitsobergericht häufiger anders als das Erbgesundheitsgericht entschied.

BESCHWERDEN GEGEN ABLEHNENDE BESCHLÜSSE DES ERBGESUNDHEITSGERICHTS

Um das Verfahren zu verkürzen, erklärten Amtsärzte und Anstaltsleiter zumeist schon bei dessen Einleitung ihren Verzicht auf eine Beschwerde, wenn das Erbgesundheitsgericht ihrem Antrag folgen und eine Zwangssterilisation beschließen würde.[444] 292 der 1.697 rekonstruierbaren Beschwerdeverfahren endeten jedoch mit der Ablehnung des Antrags: Amtsärzte und Anstaltsleiter hatten also trotz aller aufwändigen Untersuchungen bei der Aufnahme des Verfahrens nach Ansicht des Erbgesundheitsgerichts fälschlicherweise eine *vererbbare* Krankheit an den Frauen und Männern, deren Zwangssterilisation sie angestrebt hatten, diagnostiziert. Brachten sie nun keine Beschwerde ein, so verwehrten sie sich nicht gegen die gerichtliche Feststellung ihres Irrtums, entschieden sie sich dazu, dann stellten sie als Repräsentanten einer öffentlichen Einrichtung wie dem Gesundheitsamt oder einer Heil- und Pflege-

441 Nitschke, Erbpolizei, 226. Der Zeitraum ist hier nicht genannt.

442 Vgl. Braß, Saarland, 138.

443 Vgl. Link, Freiburg, 415 und 418f.

444 Vgl. beispielsweise im Verfahren von Lorenz G., 1 XIII 148/43.

anstalt einen Gerichtsbeschluss in Frage und riskierten darüber hinaus dessen neuerliche Bestätigung. Dieses Risiko war offenbar vielen zu hoch: Mehr als drei Viertel der Amtsärzte und Antragsteller akzeptierten den erstinstanzlichen Beschluss, nur in 69 Verfahren (23,6%) erfolgte eine Beschwerde – in der Hoffnung, durch die Anordnung einer Zwangssterilisation die *Gesundung des Volkskörpers* voranzutreiben. Aufschlussreich ist, dass Gütt, Rüdin und Ruttke in ihrem Gesetzeskommentar die Rahmenbedingungen der Beschwerdemöglichkeit der Frauen und Männer, die zwangssterilisiert werden sollten, ausführlich beschrieben, aber jene von Amtsärzten und Anstaltsleitern unerwähnt ließen. Diese war offenbar nicht vorgesehen – ein nationalsozialistisches Gericht irrte nicht und sollte auch keineswegs von einem Repräsentanten des Staates infrage gestellt werden.[445]

In einem der 69 Verfahren ist nicht ersichtlich, wer die Beschwerde einbrachte, in zwei weiteren waren es überraschenderweise ein Vormund und ein Verfahrenspfleger, also Vertretungspersonen von Menschen, die durch den ablehnenden erstinstanzlichen Beschluss einer Zwangssterilisation entgangen wären: Bei der 22-jährigen Karoline B.[446] kamen Richter Anton Rolleder und die ärztlichen Beisitzer Ernst Illing und Heinrich Lakatha vom Erbgesundheitsgericht Wien im Februar 1944 zum Schluss, der vom Amtsarzt des 10. Bezirks an Karoline B. diagnostizierte *Schwachsinn* sei nicht angeboren, sondern erworben. Karoline B.s Vater, Pensionist bei der Reichsbahn, brachte Beschwerde ein, doch Richter Viktor Zenker und die ärztlichen Beisitzer Josef Schicker und Paul Trüb stimmten nach Anhörung von Karoline B. mit der Erstinstanz überein und lehnten im April 1944 ihre Zwangssterilisation endgültig ab. Bei Hildegard W.,[447] deren vom Gugginger Anstaltsleiter Josef Schicker beantragte Zwangssterilisation von Richter Alfred Tomanetz und den ärztlichen Beisitzern August Krzizek und Franz Schmidt abgelehnt worden war, holte das Erbgesundheitsobergericht zur Klärung ein Gutachten des Psychiaters Otto Pötzl ein. Richter Franz Hais und die ärztlichen Beisitzer Robert Fischer und Rudolf Stiglbauer folgten dessen Ansicht, der von Schicker

---

445 § 9 GzVeN, vgl. Gütt/Rüdin/Ruttke, Kommentar, 248–256.

446 Vgl. 1 XIII 77/43.

447 Vgl. 2 XIII 211/41.

bei Hildegard W. angenommene *Schwachsinn* sei nicht angeboren. Die Beschwerde ihres Vaters wurde daher als unbegründet zurückgewiesen. Diese Vorgehensweise des Erbgesundheitsobergerichts verdeutlicht, dass selbst Beschwerden der Angehörigen nicht Folge gegeben wurde, wenn die betroffene Person, erhärtet durch ein zusätzliches Gutachten, nach Auffassung des Gerichtes nicht als *erbkrank* galt, denn *erbgesunde* Menschen durften keinesfalls an der Fortpflanzung gehindert werden.

Über die Gründe, warum die Väter ihre Töchter sterilisieren lassen wollten, kann nur gemutmaßt werden, möglicherweise sahen sie sich außerstande, neben der Betreuung ihrer Töchter auch für etwaige Enkelkinder zu sorgen – ein Motiv, das auch noch in den 1990er-Jahren häufig von Eltern genannt wurde, die die Sterilisation ihrer behinderten Töchter forcierten, oft auch ohne deren Wissen und deren Zustimmung.[448]

Wie begründeten die Amtsärzte und Anstaltsleiter ihre Beschwerden? Zumeist kritisierten sie, dass die Frage der *erblichen Belastung* der Frauen und Männer, die sie zwangssterilisiert wissen wollten, nicht ausreichend behandelt worden war.[449] Vor allem bei jenen mit der GzVeN-Diagnose *Schwachsinn* wiederholten die Beschwerdeführer die Inhalte ihrer bei der Einleitung des Verfahrens verfassten Gutachten,[450] zitierten aus den *Sippenbögen* und den für das Verfahren eingeholten Stellungnahmen, um die Notwendigkeit der Zwangssterilisation zu verdeutlichen – und diffamierten damit die Betroffenen neuerlich: So beschrieb der Amtsarzt von Wien-Schwechat, Karl Windholz, Therese J., die 19-jährige Mutter einer Tochter, als „willensschwach, sexuell triebhaft, zu keiner ständigen Arbeit fähig“[451] und begründete damit die *Dringlichkeit* ihrer Zwangssterilisation. Auch die angeblich falsche Einschätzung der *Lebensbewährung* der Betroffenen war in den Beschwerden genannt. Mauermann, Amtsarzt im 16. Bezirk, bezog sich ausführlich auf den Beschluss des Erbgesundheitsgerichts zur Zwangssterilisation des 19-jährigen Leopold H., der sich zum Zeitpunkt des Verfahrens in der Jugendfürsorgeanstalt Am Spiegelgrund befand: „Die Feststellung des Erbgesundheitsgerichtes

448 Vgl. Tiesler/Kirchler-Kohlmann, Pädagogische Überlegungen, 20f.

449 Vgl. die Beschwerde von Ernst Illing, Leiter der Jugendfürsorgeanstalt Am Spiegelgrund im Verfahren von Franz T., 2 XIII 250/42.

450 Vgl. XIII 76/45.

451 1 XIII 138/43. Vgl. dazu ausführlich Spring, Therese J.

Wien, dass eine Erbkrankheit bei dem Obgenannten nicht festgestellt werden kann, erscheint als widersprechend mit der vom Gericht selbst festgestellten Tatsache, dass der Beantragte 6 Hilfsschulklassen besucht und keinen Beruf erlernte. Selbst bei der Berücksichtigung der Tatsache, dass der Beantragte fast ständig in Anstalten untergebracht war, kann daraus nicht geschlossen werden, dass er späterhin Lebensbewährung zeigen wird. Zumindest hätte das Gericht sich mit der Frage auseinander setzen müssen, warum H[...] fast ständig in Anstalten untergebracht werden musste. Da die Beschlussbegründung das Fehlen eines angeborenen Schwachsinns nicht hinreichend widerlegt, wird Beschwerde eingelegt."[452]

Wie entschied nun das Erbgesundheitsobergericht über diese Beschwerden? 35, also die Hälfte der beeinspruchten 69 ablehnenden erstinstanzlichen Beschlüsse, wurden vom Erbgesundheitsobergericht bestätigt, in etwas mehr als einem Drittel, 35 % (24), wurde die Entscheidung aufgehoben und nun eine Zwangssterilisation angeordnet. (Siehe Diagramm EOG 16.)

Diagramm EOG 16, Grundgesamtheit: 69 erstinstanzliche Beschlüsse gegen eine Zwangssterilisation

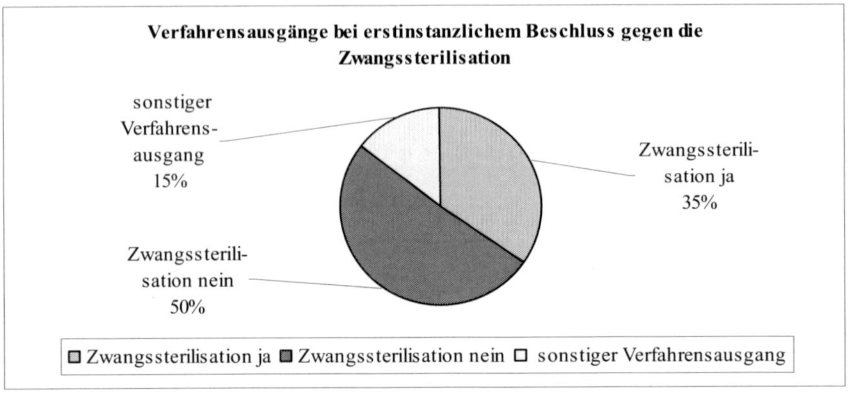

Abschließend noch zu jenen zehn Beschwerdeverfahren, die weder mit dem Beschluss zur noch gegen eine Zwangssterilisation endeten.

452 1 XIII 100/42.

Drei wurden aufgrund der Einstellung des Erbgesundheitsobergerichts zur weiteren Entscheidung an das Erbgesundheitsgericht übergeben.[453] Eines endete wegen Fristversäumnis: Der Amtsarzt des Gesundheitsamtes für den 8. Bezirk hatte gegen den Beschluss des Erbgesundheitsgerichts im Verfahren von Karl L. erst zwei Tage nach Ende der Beschwerdefrist seine Beschwerde eingebracht, und trotz Nachfrage des Erbgesundheitsobergerichts „[e]inen Wiedereinsetzungsantrag, zu dem ihm Gelegenheit geboten wurde, [...] nicht eingebracht. Die Beschwerde war daher als verspätet zu verwerfen."[454] Der erstinstanzliche Beschluss blieb somit gültig, Karl L. wurde nicht zwangssterilisiert.

In den restlichen sechs stellte das Erbgesundheitsobergericht das Verfahren aus formalen Gründen an das Erbgesundheitsgericht zurück: Bei Margarethe G. sollte entschieden werden, ob ihre *Fallsucht erblich* sei und ihre Schwangerschaft abgebrochen werden sollte. Wegen der fortgeschrittenen Schwangerschaft lehnte das Erbgesundheitsgericht den Antrag des Amtsarztes für den 18. Bezirk ab, dieser berief umgehend mit dem Hinweis, dass das Erbgesundheitsgericht sich nicht mit der „Frage der Unfruchtbarmachung, die allein in seine Kompetenz gefallen wäre [befasst hatte,] dafür aber lediglich mit der Frage einer allfälligen Schwangerschaftsunterbrechung".[455] Das Erbgesundheitsobergericht gab dem Amtsarzt Recht und hob den erstinstanzlichen Beschluss als nichtig auf – das Erbgesundheitsgericht sollte nach der Geburt des Kindes von Margarethe G. und nach Ablauf der Stillzeit über deren Zwangssterilisation entscheiden. Margarethe G.s Verfahren wurde später kriegsbedingt eingestellt, sie entging dadurch der Zwangssterilisation.

Der Grund der Rückstellung der übrigen Verfahren war die im August 1939 beschlossene Änderung des GzVeN: Amtsärzte und Anstaltsleiter sollten nur mehr bei der Annahme einer *besonderen Fortpflanzungsgefahr* einen Antrag auf Zwangssterilisation einbringen. Ihnen und nicht dem Erbgesundheitsgericht oblag die Entscheidung darüber. Dementsprechend hatte Richter Anton Rolleder Anträge als „derzeit gesetzlich unzulässig zurückgewiesen", wenn er

453 Vgl. dazu weiter unten.

454 2 XIII 162/43.

455 Vgl. 1 XIII 73/43. Zum Verfahren von Margarethe G. vgl. Kap. 2.

nicht von einer *großen Fortpflanzungsgefahr* ausging.[456] Die Antragsteller beriefen dagegen mit den Hinweis, dass ausschließlich sie über die Dringlichkeit entscheiden könnten und „der Vorsitzende eines Erbgesundheitsgerichts [...] nicht berufen ist, allein ohne ärztliche Beisitzer über den Antrag auf Unfruchtbarmachung zu entscheiden, auch dann nicht, wenn er die Meinung vertritt, dass der Antrag ungesetzlich eingebracht sei. Die Entscheidung hätte jedenfalls im vollbesetzten Erbgesundheitsgericht erfolgen müssen."[457] Einzige Ausnahme für die Entscheidungskompetenz des Gerichtes wäre, wenn „infolge körperlicher Beschaffenheit eine Fortpflanzung nicht möglich ist".[458] Das Erbgesundheitsobergericht stellte dazu fest, dass das Erbgesundheitsgericht nur in voller Besetzung, d.h. Richter und ärztliche Beisitzer, Beschlüsse fassen könne, hob daher diese Beschlüsse auf und stellte diese fünf Verfahren an das Erbgesundheitsgericht zurück. Dieses beschloss zweimal eine Zwangssterilisation, ebenso oft bekräftigte es die Ablehnung, einmal ist der Ausgang in den Akten nicht ersichtlich.

DIE VOLLZUGSPRAXIS DES ERBGESUNDHEITSOBERGERICHTS

Soweit dies anhand der vorhandenen Quellen möglich ist, soll nun die Tätigkeit des Erbgesundheitsobergerichts Wien genauer untersucht werden. Wie agierte dieses nationalsozialistische Gericht, das ein nationalsozialistisches Gesetz vollzog? Erfüllte es die Vorgaben des Gesetzes? Behandelte es Beschwerden unabhängig davon, ob Amtsärzte und Anstaltsleiter oder die von der Zwangssterilisation bedrohten Frauen und Männer diese eingebracht hatten? Entschieden sie bei Frauen und Männern unterschiedlich? Änderte sich der Vollzug im Verlauf des Krieges – im Hinblick auf die persönliche Anhörung der Frauen und Männer, über deren Zwangssterilisation entschieden wurde, die Zahl der eingeholten Gutachten und die Verfahrensausgänge? Wie ent-

456 Vgl. 1 XIII 250/41. In zwei der sechs Verfahren geht der Name des Richters nicht aus den Akten hervor.

457 1 XIII 250/41. Zu den rechtlichen Rahmenbedingungen vgl. §§ 5ff GzVeN und Gütt/Rüdin/Ruttke, Kommentar, 112, 113, 180.

458 1 XIII 250/41.

schieden ärztliche Beisitzer und Gutachter? Forcierten sie die Zwangssterilisation von als *erbkrank* und demnach als *minderwertig* diffamierten Menschen um jeden Preis, selbst wenn eine im GzVeN genannte *Erbkrankheit* nicht eindeutig festgestellt werden konnte? Ist vor dem Hintergrund der zunehmenden Radikalisierung im Umgang mit als *minderwertig* definierten Menschen, die zu ihrer Tötung in Hartheim und den psychiatrischen Anstalten Am Steinhof, Gugging und der Jugendfürsorgeanstalt Am Spiegelgrund führte, auch in der Spruchpraxis des Erbgesundheitsobergerichts eine solche Radikalisierung erkennbar? Noch dazu, wo wichtige Akteure der NS-Euthanasie wie Hans Bertha und Ernst Illing durch ihre Gutachten wesentlich zur Entscheidungsfindung beitrugen, ebenso wie die ärztlichen Beisitzer Josef Schicker und Otto Hamminger, die von den Tötungen in der Heilanstalt Gugging durch den Arzt Emil Gelny zumindest gewusst haben mussten, und wie Paul Trüb, der in seiner Funktion beim Reichsstatthalter Wien die Deportationen nach Hartheim mitverantwortete.[459]

PERSÖNLICHE ANHÖRUNG VOR GERICHT

Seit einem Erlass des Reichsjustizministeriums aus dem Jahr 1935 hatten die von der Zwangssterilisation bedrohten Frauen und Männer ein Anhörungsrecht in beiden Instanzen der Erbgesundheitsgerichtsbarkeit, damit „der Erbkranke nach Abschluss des Verfahrens nicht das Gefühl hat, daß ihm nicht in ausreichendem Umfange Gelegenheit gegeben worden sei, seine Belange vor dem Erbgesundheitsgericht zu vertreten".[460] Nicht nur die Betroffenen, auch KritikerInnen des GzVeN sollten so den Eindruck eines rechtmäßigen Verfahrens haben und den Zwangscharakter des Gesetzes übersehen.

Anders als bei den Erbgesundheitsobergerichten in Celle und München, die ihre Beschlüsse nahezu ausnahmslos allein aufgrund des Akteninhalts trafen, hatten die von der Zwangssterilisation bedrohten Frauen und Männer in 216 (80 %) der 266 Beschwerdeverfahren die Möglichkeit, persönlich vor dem Erbgesundheitsobergericht Wien zu erscheinen, wobei hier kein quantitati-

459 Zu deren Biografien vgl. weiter unten.

460 Erlass des Reichsjustizministeriums IV b 3796 vom 9. Mai 1935 in: Gesetz, 62.

ver Unterschied zwischen Frauen und Männern erkennbar ist.[461] Die beiden Wiener Richter handelten annähernd gleich, Hais lud in 85 % und Zenker in 80 % der Verfahren die betroffenen Frauen und Männer persönlich vor. Beim Erbgesundheitsgericht Wien waren es sogar noch etwas mehr, nämlich 86 %.[462] Die Vorladungen waren nicht auf Frauen und Männer aus dem Wiener Raum beschränkt, sondern betrafen auch BeschwerdeführerInnen aus den zum Erbgesundheitsobergericht Wien gehörenden Gerichtsbezirken St. Pölten, Krems und Wiener Neustadt, denen die Fahrtkosten nach Wien ebenso ersetzt wurden wie etwaigen Begleitpersonen.[463]

Hella Birk zeigte aufgrund der noch vorhandenen Akten des Erbgesundheitsgerichts Kempten und Günzburg auf, dass die Betroffenen zumeist nicht in der Sitzung selbst, sondern im Verlauf des Verfahrens ausschließlich vom Richter befragt worden waren.[464] Für Wien ist dies quellenmäßig nicht eindeutig klärbar, jedoch deutet der Vermerk „Der Betroffene wurde vom erkennenden Senat nochmals gehört", der sich in zahlreichen Beschlüssen findet, darauf hin, dass dieser aus dem Richter und den ärztlichen Beisitzern bestand und die Anhörung während der Sitzung des Erbgesundheitsobergerichts erfolgte.

Die Zahl der Vorladungen veränderte sich im Verlauf des Krieges in Wien: Während 1941 in 93 % der Verfahren Richter und ärztliche Beisitzer zur Beschlussfassung ihren persönlichen Eindruck der Frauen und Männer, über

---

461 Zum *Altreich* vgl. Kramer, Celle, 140, und Heitzer, Passau, 317f. Letzterer ging davon aus, dass das Erbgesundheitsobergericht München neun von zehn Beschlüssen nur aufgrund des Akteninhalts fällte. Rothmaler wies zwar auf die hohe Anwesenheitsrate der betroffenen Frauen und Männer vor Gericht hin, differenzierte jedoch nicht zwischen Erst- und Beschwerdeinstanz, vgl. dies., Hamburg, 124. Und Link berichtete von nur zwei Personen, die persönlich vor dem Erbgesundheitsobergericht erschienen waren, vgl. ders., Freiburg, 426.

462 Diese Angaben beziehen sich nur auf die explizite Nennung der Anhörung im Beschluss und sind somit Mindestzahlen. Zum Erbgesundheitsgericht vgl. Kap. 2.

463 Diese Akten befinden sich im Bestand des Erbgesundheitsgerichts Wien, wohin ab Anfang 1945 sämtliche nicht abgeschlossenen Verfahren der genannten Erbgesundheitsgerichte übergeben wurden. Im Jahr 1944, nach der Zusammenlegung der Gerichtsbezirke, verhandelte das Erbgesundheitsobergericht Wien acht dieser Beschwerden, drei Verfahren endeten durch dessen Einstellung, in drei der restlichen fünf lud das Erbgesundheitsobergericht die beiden Frauen und den Mann, über deren Zwangssterilisation entschieden werden musste, zur Anhörung und kam für ihre Reisekosten und jene von etwaigen Begleitpersonen auf.

464 Vgl. Birk, Schwaben, 152–159.

Diagramm EOG 17, Grundgesamtheit: 265 Beschwerdeverfahren (in einem Verfahren ist das Datum des Beschlusses nicht ersichtlich)

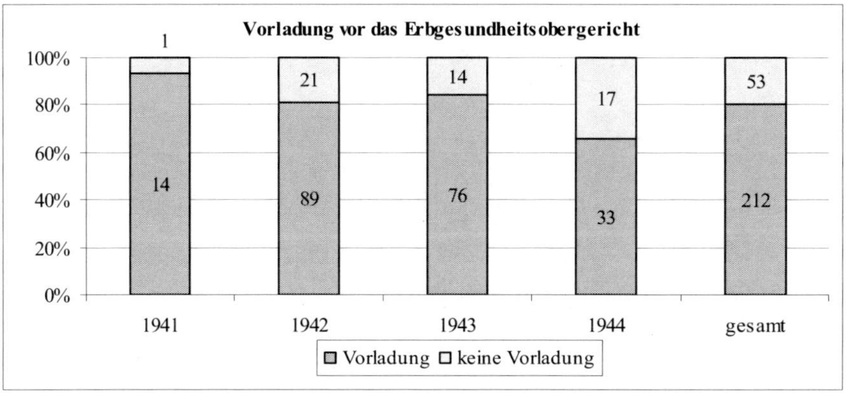

deren Zwangssterilisation sie entscheiden sollten, einbezogen, waren es 1944 deutlich weniger, nämlich 66 %. Untersucht man dieses Jahr jedoch genauer, fällt auf, dass die Gründe dafür großteils formaler Art sind: Von den insgesamt 49 Verfahren des Jahres 1944 fanden 16 ohne persönliche Anhörung der betroffenen Frauen und Männer statt, allein sechs davon, weil das Erbgesundheitsobergericht im Dezember 1944 nur noch die Akten an das Erbgesundheitsgericht überstellte. In einem Verfahren hatte der Amtsarzt seine Beschwerde nicht rechtzeitig eingebracht und war auch der entsprechenden Aufforderung des Erbgesundheitsobergerichts, einen Grund für die Verspätung zu nennen, nicht nachgekommen, weshalb sie das Erbgesundheitsobergericht schon aus formalen Gründen zurückwies.[465] In einem weiteren Verfahren wurde die betroffene Frau nicht vorgeladen, da bereits aus den erstinstanzlichen Verfahrensakten hervorging, dass sie aus medizinischen Gründen nicht empfängnisfähig war.[466] Obwohl sich die Zahl der Vorladungen zwischen 1941 und 1944 also verringerte, bestand für die betroffenen Frauen und Männer trotz zunehmender Ausweitung des Krieges weiterhin die Möglichkeit, sich gegen die drohende Zwangssterilisation persönlich vor dem Erbgesundheitsobergericht zu verwehren. Dass der persönliche Eindruck positive, aber auch negative Folgen

465 Vgl. 2 XIII 162/43.
466 Vgl. 1 XIII 14/40.

für sie haben konnte und für Richter und ärztliche Beisitzer fallweise mehr zählte als Krankengeschichten und Gutachten, belegen die oben angeführten Fallbeispiele. (Siehe Diagramm EOG 17.)

VERTEILUNG DER GzVeN-DIAGNOSEN IN DEN VERFAHREN

Von den im GzVeN aufgelisteten Krankheiten galten, wenngleich im zeitgenössischen Diskurs sehr umstritten, *Schwachsinn*, *Schizophrenie* und *manisch-depressives Irresein* grundsätzlich als *ererbt* und demnach *vererbbar*. Die solchermaßen kategorisierten Frauen und Männer konnten nur versuchen, exogene Ursachen aufzuzeigen.[467] Ausschlaggebend für die Entscheidung zur Zwangssterilisation bei einer diagnostizierten *Erbkrankheit* war zusätzlich die *Fortpflanzungsgefahr*. Die Richter und Ärzte des Erbgesundheitsobergerichts hatten zu klären, ob die in den Beschwerden angeführten Gründe, die sich vielfach auf die GzVeN-Diagnosen bezogen, zutrafen oder nicht, und dementsprechend die Zwangssterilisation anzuordnen oder abzulehnen.

Im Folgenden wird, ausgehend von den erstinstanzlichen Verfahren mit einem Beschluss zur Zwangssterilisation, untersucht, bei welchen GzVeN-Diagnosen wie oft eine Beschwerde eingebracht wurde.[468] Prozentuell gesehen erfolgte diese am häufigsten gegen einen Beschluss zur Zwangssterilisation aufgrund der Diagnose *Taubheit*, nämlich in einem Viertel. Zwischen 16 % und 18 % waren es bei den GzVeN-Diagnosen *Alkoholismus*, *Körperliche Missbildung*, *Schizophrenie* und *manisch-depressives Irresein*. Lediglich ein Zehntel der Verfahren folgte Beschwerden von als *schwachsinnig* kategorisierten Frauen und Männern. Die wenigen erstinstanzlichen Beschlüsse zur Zwangssterilisation von Menschen, an denen *Veitstanz* und *Blindheit* diagnostiziert worden war, blieben unbeeinsprucht.[469] (Siehe Diagramm EOG 18.)

467 Ley, Zwangssterilisation, 45–63. Zu den Diagnosen vgl. Kap. 1.

468 Ein Vergleich mit der Erbgesundheitsgerichtsbarkeit Hamburg und Frankfurt/Main ist mangels Aufschlüsselung der Beschwerdeverfahren nach Art der Einbringung leider nicht möglich, vgl. Rothmaler, Hamburg, 155–160, und Daum/Deppe, Frankfurt/Main, 121–123.

469 In acht der insgesamt 14 (0,8 % aller Verfahren) erstinstanzlichen Verfahren wurde aufgrund der GzVeN-Diagnose *Blindheit* eine Zwangssterilisation angeordnet, in vier der insgesamt fünf (0,2 % aller Verfahren) aufgrund der GzVeN-Diagnose *Veitstanz*.

Diagramm EOG 18, Grundgesamtheit: 1.320 genannte GzVeN-Diagnosen in 1.223 erstinstanzlichen Beschlüssen zur Zwangssterilisation (mehrfache Diagnosen waren möglich)

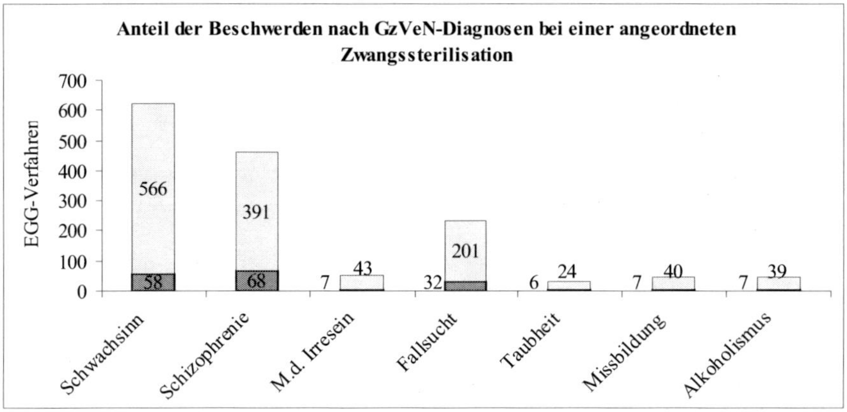

Diagramm EOG 19, Grundgesamtheit: 310 genannte GzVeN-Diagnosen in 292 erstinstanzlichen Beschlüssen gegen eine Zwangssterilisation (mehrfache Diagnosen waren möglich)

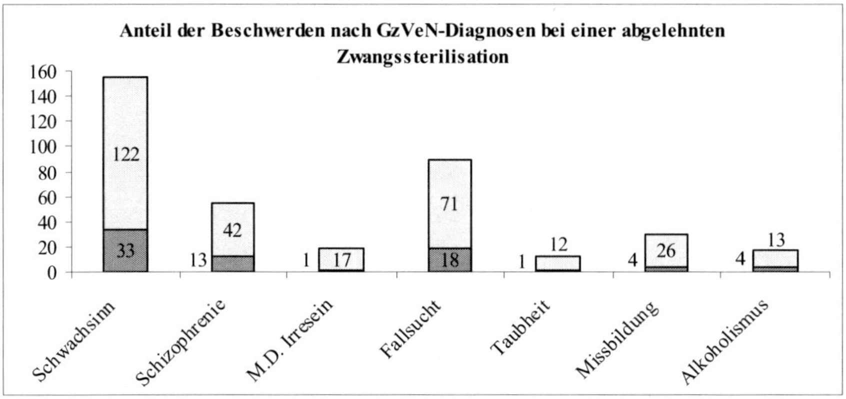

Betrachtet man nun jene Verfahren, in denen Amtsärzte und Anstaltsleiter gegen einen ablehnenden Beschluss des Erbgesundheitsobergerichts beriefen, zeigt sich ein anderes Bild: abgesehen von einem statistisch unberücksichtigten Verfahren, in dem die abgelehnte Zwangssterilisation einer Frau, an der *Veitstanz* diagnostiziert worden war, beeinsprucht wurde, brachten sie am häufigsten, nämlich in 31 %, bei abgelehnten Beschlüssen zu den GzVeN-Diagnosen *Schizophrenie* und *Alkoholismus* Beschwerde ein, gefolgt von *Schwachsinn* mit 27 % und *Fallsucht* mit 25 %. 15 % der Beschwerden richteten sich gegen Beschlüsse, in denen eine *Missbildung* der betroffenen Frauen und Männer als erworben und als nicht erblich galt, unter 10 % richtete sich gegen jene mit den GzVeN-Diagnosen *Taubheit* (8 %) und *manisch-depressives Irresein* (6 %.) Die beiden ablehnenden erstinstanzlichen Beschlüsse zur GzVeN-Diagnose *Blindheit* wurden nicht beeinsprucht. (Siehe Anhang Diagramm EOG 19.)

ANFORDERUNG VON GUTACHTEN DURCH DAS ERBGESUNDHEITSOBERGERICHT

In mehr als vier Fünftel der 266 Beschwerdeverfahren entschieden Richter und ärztliche Beisitzer lediglich aufgrund der in den Akten festgehaltenen Erkenntnisse der Erstinstanz und ihres eigenen persönlichen Eindrucks der Frauen und Männer, deren Zwangssterilisation sie beschließen oder ablehnen sollten: Nur in 50 Verfahren (18,7 %) beauftragten die beiden Richter Zenker und Hais einen Gutachter zur Klärung strittiger Fragen, beispielsweise, ob die Frauen und Männer an einer im GzVeN genannten Krankheit litten, ob diese angeboren war oder auf exogenen Ursachen beruhte, aber auch, ob eine Fortpflanzung aus medizinischen Gründen – beispielsweise anatomischen – ohnehin nicht möglich sei. Zur Begutachtung konnten die Betroffenen bis zu sechs Wochen in einer Anstalt festgehalten werden und somit über einen längeren Zeitraum ihren familiären und beruflichen Verpflichtungen nicht nachkommen – Letzteres trug entscheidend dazu bei, dass das Gerichtsverfahren und die drohende Zwangssterilisation in ihrem Umfeld nicht unbekannt blieb.[470]

Elf Gutachter waren für das Erbgesundheitsobergericht Wien tätig, allen voran der Psychiater Otto Pötzl, der auch vom Erbgesundheitsgericht Wien und anderen Erbgesundheitsgerichten aus dem Sprengel des Erbgesundheitsobergerichts Wien zur Begutachtung beauftragt worden war.[471] Weitere Gutachten

470 Vgl. Rothmaler, Hamburg, 116.

471 Vgl. Kap. 2 sowie u.a. XIII 8/45.

erstellten Hans Bertha, Josef Berze, Ernst Illing und Alfred von Auersperg – auch sie waren wichtige Gutachter am Erbgesundheitsgericht. Je ein Gutachten erstellten die Gynäkologen Isidor Amreich und Ludwig Kraul, der HNO-Arzt Emil Wessely, der Orthopäde Gerhard von Haberler und ein Psychiater namens Ruffin. (Siehe Diagramm EOG 20.)

Diagramm EOG 20, Grundgesamtheit: 50 Beschwerdeverfahren, in denen ein Gutachten eingeholt wurde. Unter den sonstigen Gutachtern sind die Gynäkologen Isidor Amreich und Ludwig Kraul, der HNO-Arzt Emil Wessely, der Orthopäde Gerhard von Haberler und ein Psychiater namens Ruffin zusammengefasst, die jeweils ein Gutachten erstellten.

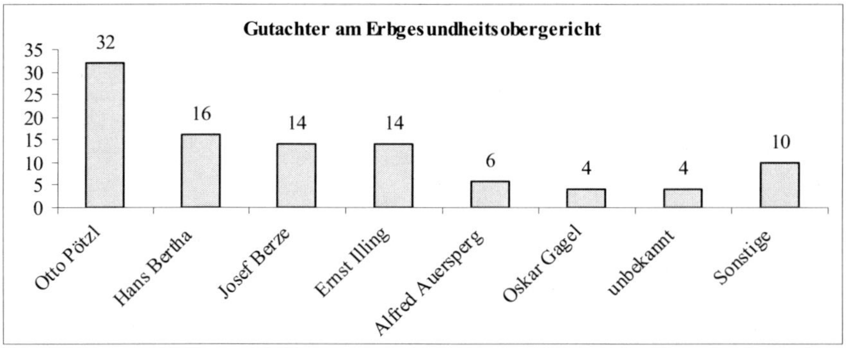

Sie begutachteten Frauen und Männer in etwa gleichem Ausmaß: Von den 111 Beschwerdeverfahren von Frauen sollte in 19 (17 %) ein Gutachten strittige Fragen klären, ebenso in 31 (20 %) der 155 Beschwerdeverfahren von Männern. Aus den Akten des Erbgesundheitsobergerichts Wien geht hervor, dass die Gutachter ihre Aufgabe sehr ernst nahmen: Nicht die Zwangssterilisation um jeden Preis war das Ziel, sondern die genaue Abklärung, ob eine *Erbkrankheit* vorläge. Wer nicht als *erbkrank* galt, durfte nicht unfruchtbar gemacht werden, doch wer als *erbkrank* und *fortpflanzungsgefährdet* galt, musste unfruchtbar gemacht werden. Zur Klärung dienten umfangreiche somatische und psychiatrische Untersuchungen, die Schlussfolgerungen daraus finden sich zumeist wörtlich in der Beschlussfassung der Gerichte wieder. Dass die Begutachtungen nicht nur finanziell ertragreich waren, sondern auch wissenschaftlich verwertbare Ergebnisse für die Gutachter bringen konnten, versteht sich von selbst.

Die Zahl der eingeholten Gutachten in den Beschwerdeverfahren wurde nicht, wie aufgrund kriegsbedingter Engpässe anzunehmen wäre, von Jahr zu Jahr niedriger, sondern deutlich höher – im Jahr 1944 mit fast 35 % sogar am höchsten.[472] (Siehe Diagramm EOG 21.)

Diagramm EOG 21, Grundgesamtheit: 266 Beschwerdeverfahren

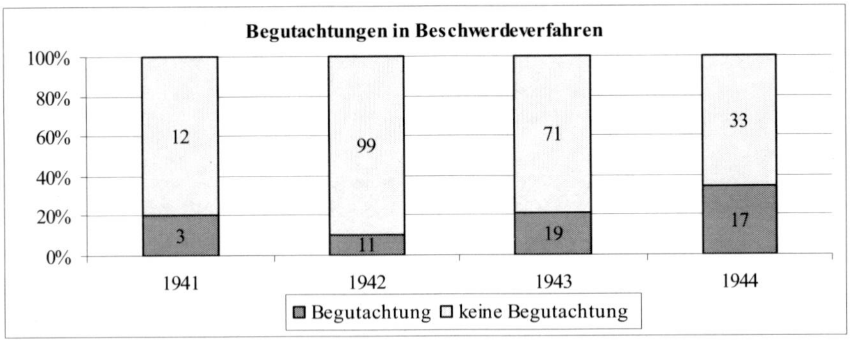

Im Hinblick darauf, wer die Beschwerde eingebracht hatte, besteht kein wesentlicher Unterschied: bei 32 Gutachten (18 %) waren es die betroffenen Frauen und Männer, bei 15 Gutachten (21 %) Amtsärzte und Anstaltsleiter.[473] Betrachtet man den zeitlichen Verlauf, fällt jedoch auf, dass sich das Verhältnis je nach Verfahrensart von 1941 bis 1944 veränderte und vor allem 1944 deutlich mehr in jenen Beschwerden, die die betroffenen Frauen und Männer eingebracht hatten, das Vorliegen einer *Erbkrankheit* durch ein Gutachten geklärt werden sollte.[474] (Siehe Diagramm EOG 22.)

472 1940 betrug der Prozentsatz der erstinstanzlichen Verfahren, in denen eine Begutachtung stattfand, 8%, 1942 16%, 1943 25%, 1944 sogar 29% und selbst 1945 noch 27%.

473 Die restlichen drei der 50 Gutachten wurden in Beschwerdeverfahren eingeholt, wo die erstinstanzlichen Beschlüsse nicht vom Erbgesundheitsgericht Wien, sondern einem anderen Erbgesundheitsgericht stammten, dessen Verfahrensakten nach der Zusammenlegung der Gerichtsbezirke an das Erbgesundheitsgericht Wien überstellt wurden. Vgl. A.V. des Reichsjustizministeriums vom 16. November 1944 über die Zusammenlegung der Gerichtsbezirke ab 1. Jänner 1945.

474 Von den drei sonstigen erstinstanzlichen Beschlüssen im Jahr 1944 erfolgte in einem der Beschluss zur Wiederaufnahme des Verfahrens, die beiden anderen erklären sich durch die Weiterführung der Verfahren nach der Zusammenlegung der Gerichtsbezirke: Die Geschwister Maria und Franz M. sollten nach dem Beschluss des Erbgesundheitsobergerichts von März

Diagramm EOG 22, Grundgesamtheit: 50 Gutachten in 266 Beschwerdeverfahren, gegliedert nach erstinstanzlichen Beschlüssen

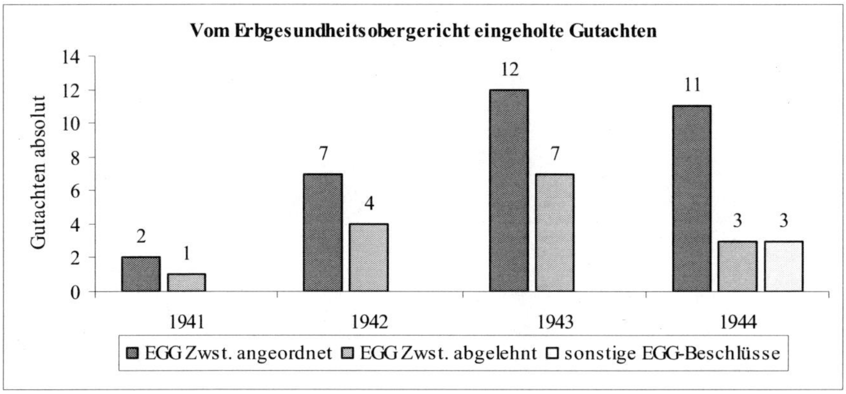

Das Erbgesundheitsobergericht nahm also nicht nur die Beschwerden der Ärzte, die eine Zwangssterilisation erreichen wollten, ernst, sondern auch der Frauen und Männer, die bereits von zwei Ärzten des Erbgesundheitsgerichts als *erbkrank* erklärt worden waren, und, weil sich die beiden ärztlichen Beisitzer uneinig waren, holte zur endgültigen Klärung ein Gutachten ein – unabhängig von kriegsbedingten personellen und strukturellen Problemen.

BESCHLÜSSE DES ERBGESUNDHEITSOBERGERICHTS IM ZEITLICHEN VERLAUF

Wie veränderte sich die Spruchpraxis des Erbgesundheitsobergerichts im Verlauf des Krieges? Änderte sich das Verhältnis zwischen angeordneten und abgelehnten Zwangssterilisationen? Zögerten Richter und ärztliche Beisitzer

1944 zwangssterilisiert werden, das Gesundheitsamt Oberpullendorf genehmigte jedoch mehrfach den Aufschub des Zwangseingriffs, weil die beiden „in den Arbeitsprozess eingeschaltet sind und ihr Ausfall von Bedeutung wäre. Im Monat November würde es diesbezüglich keine Schwierigkeiten geben. Ausserdem sind die Kinder harmlos und es besteht keine Gefahr." XIII 27/45. Ihre Verfahrensakten gingen an das Erbgesundheitsgericht Wien, und Richter Anton Rolleder erhielt auf seine Nachfrage die Information, dass die Geschwister Anfang Februar 1945 im Krankenhaus Oberpullendorf zwangssterilisiert worden waren, vgl. XIII 28/45.

Diagramm EOG 23, Grundgesamtheit: 245 Beschwerdeverfahren (ohne jene 21 sonstigen erstinstanzlichen Beschlüsse)

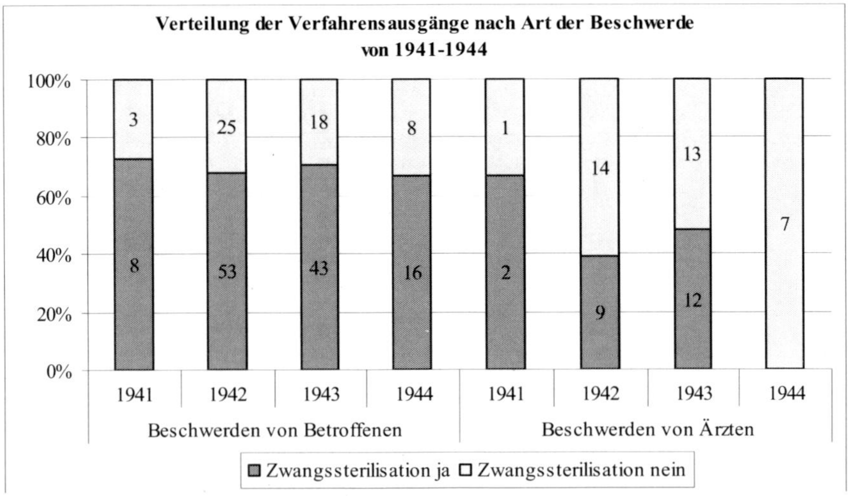

gegen Ende des Krieges, eher eine Zwangssterilisation anzuordnen oder forcierten auch sie zunehmend *ausmerzende Maßnahmen* zur Erhaltung des *gesunden Volkskörpers*, je länger der Krieg dauerte?

Wie bereits aufgezeigt, bestätigte das Erbgesundheitsobergericht in etwa zwei Drittel (68 %) der Verfahren einen Beschluss des Erbgesundheitsgerichts zur Zwangssterilisation, ein Drittel der Frauen und Männer entging durch ihre Beschwerde dem Zwangseingriff. Amtsärzte und Anstaltsleiter erreichten nicht in dem von ihnen gewünschten Ausmaß, aber immerhin in einem Drittel der Verfahren (35 %) nun doch die Anordnung einer Zwangssterilisation.

Im Hinblick auf den zeitlichen Verlauf der Beschlüsse des Erbgesundheitsobergerichts wird deutlich, dass sich die Bestätigung der erstinstanzlichen Beschlüsse zur Zwangssterilisation zwar von Jahr zu Jahr leicht veränderte, jedoch immer über 60 % blieb. Zu bedenken sind hier jedoch die absoluten Zahlen: 1941 war die Zahl der Beschwerden der Amtsärzte mit insgesamt drei sehr gering, zwei Beschwerden wurde stattgegeben und die Zwangssterilisation angeordnet. 1942 wurden 46 % der erstinstanzlichen Ablehnungen der Zwangssterilisation auch im Beschwerdeverfahren bestätigt, 1943 waren es 50 % und 1944 70 %.

Auf den ersten Blick überraschen die sieben erfolglosen Beschwerden aus dem Jahr 1944. In einem Verfahren war eine Fristversäumnis des Amtsarztes ausschlaggebend, und in den anderen folgten die Richter und ärztlichen Beisitzer jeweils der Argumentation des Erbgesundheitsgerichts, dass die an den Frauen und Männern festgestellten GzVeN-Diagnosen nicht *erblich* seien.[475] Die Vermutung einer zunehmend vorsichtigeren Spruchpraxis des Erbgesundheitsobergerichts widerlegen die in diesem Jahr zahlreich bestätigten erstinstanzlichen Beschlüsse zur Zwangssterilisation. (Siehe Diagramm EOG 23.)

UNTERSCHIEDLICHE BESCHLÜSSE VON ERBGESUNDHEITSGERICHT UND ERBGESUNDHEITSOBERGERICHT

Auch wenn die in der Folge beschriebenen Verfahren verdeutlichen, dass die Richter und ärztlichen Beisitzer des Erbgesundheitsobergerichts bestrebt waren, das GzVeN buchstabengetreu auszulegen, und die jeweils angeführten Beschwerdegründe – mehr oder weniger ausführlich – in der Entscheidungsfindung berücksichtigten, hatten sie doch in 188 (70 %), also in fast drei Viertel der 266 Beschwerdeverfahren, den erstinstanzlichen Beschluss für oder gegen eine Zwangssterilisation bestätigt.

In 78 (29 %) der 266 Verfahren erfolgte jedoch ein gegenteiliger Beschluss. In 54 lehnte das Erbgesundheitsobergericht eine Zwangssterilisation ab, in 24 ordnete es diese an. Nun soll der Frage nachgegangen werden, wie das Erbgesundheitsobergericht die gegenteiligen Beschlüsse begründete, welchen Stellenwert zusätzliche Gutachten bei der Entscheidungsfindung hatten und ob der 1949 von Karl Bonhoeffer, dem namhaften deutschen Psychiater und langjährigen Leiter der Charité in Berlin, erstellte Befund, die Erbgesundheitsgerichte hätten dazu geneigt, „mehr und mehr abzulehnen, was irgendwie zu Zweifeln [sic] an der Erblichkeit Anlaß gab",[476] auch für die Spruchpraxis des Erbgesundheitsobergerichts Wien zutraf.

---

475 Vgl. beispielsweise 2 XIII 187/43.

476 Bonhoeffer, Rückblick, 5. Zur kritischen Auseinandersetzung mit Karl Bonhoeffers Beteiligung an den Zwangssterilisationen vgl. Baader, Patientenmord, 219, sowie Grell, Bonhoeffer, 207–217, sowie Gerrens, Bonhoeffer.

Die widersprüchlichen Entscheidungen hatten vielfältige Gründe: Neben der konträren Einschätzung der *Fortpflanzungsgefährlichkeit* der betroffenen Frauen und Männer stellte das Erbgesundheitsobergericht fallweise fest, dass sie nicht an den diagnostizierten Krankheiten litten bzw. wenn doch, bewerteten Richter und ärztliche Beisitzer mögliche exogene Ursachen unterschiedlich, ebenso wie *Asozialität*, *Lebensbewährung* und nicht zuletzt auch die angenommene *Sippenbelastung*.

Die Frage, ob die Ärzte in ihrer Diagnostik irrten, ist hier weder sachlich noch inhaltlich angebracht: Der Versuch einer Antwort darauf würde eine weitere Diffamierung bedeuten – lägen dieser doch Akteneintragungen von Medizinern über Menschen zugrunde, die sie nur nach einem angeblichen *Erbwert* beurteilten und nicht davor zurückschreckten, daraus Schlüsse zu ziehen, die für die solcherart kategorisierten Frauen und Männer eine Zwangssterilisation, also einen Eingriff mit lebenslangen schwerwiegenden Folgen, bedeuten konnte. Ebenso wenig kann es hier darum gehen, ob die im GzVeN genannten Krankheiten wirklich *vererbbar* wären – eine Diskussion in der medizinischen Fachwelt ohne breiten Konsens, die sowohl die Vorbereitung zur Einführung als auch den Vollzug des GzVeN begleitete.[477] Vielmehr gilt das Interesse der Frage, wie die Richter und ärztlichen Beisitzer ihre jeweiligen, in diesem Fall gegenteiligen Entscheidungen begründeten, welche Werthaltungen dabei einflossen und ob sie sich in ihrer Beurteilung einig waren oder zur weiteren Klärung ärztliche Gutachten einholten. Da die Beschlüsse zumindest indirekt von den betroffenen Frauen und Männern – aus der Perspektive von Richtern und ärztlichen Beisitzern und den formalen Vorgaben des Gesetzes – vor Gericht erzählen, sind diese hier auch ausführlich zitiert. Sie verdeutlichen, mit welcher Knappheit die Entscheidung begründet wurde, wie die Richter und ärztlichen Beisitzer das GzVeN auslegten und welche weit reichenden Folgen die Zuschreibung von *Asozialität* und *Lebensbewährung* und nicht zuletzt die Einbeziehung des sozialen und familiären Umfelds der von der Zwangssterilisation bedrohten Frauen und Männer bei der Entscheidungsfindung hatte.

Von den 54 Verfahren, in denen das Erbgesundheitsgericht eine Zwangssterilisation angeordnet und das Erbgesundheitsobergericht diese abgelehnt hatte, waren 28, also etwas mehr als die Hälfte, aus Sicht der beteiligten Richter und

477 Vgl. dazu ausführlich Link, Freiburg, 221–344.

Ärzte so eindeutig, dass sie den gegenteiligen Beschluss einstimmig trafen. Bei den 24 erstinstanzlichen Entscheidungen gegen eine Zwangssterilisation wurden im Beschwerdeverfahren neun Gutachten eingeholt. Mit anderen Worten: Beim Erbgesundheitsgericht bestand Einigkeit, dass die betroffenen Frauen und Männer als *erbkrank* bzw. *erbgesund* anzusehen seien. Und das Erbgesundheitsobergericht war, wenn kein Gutachten eingeholt wurde, jeweils vom Gegenteil überzeugt. Dies traf, wie die folgenden Beispiele zeigen, nicht nur bei den in der medizinischen Fachwelt bezüglich ihrer Erblichkeit besonders umstrittenen GzVeN-Diagnosen *Schizophrenie* und *Fallsucht* zu, sondern auch bei *Taubheit*, *Schwachsinn*, *manisch-depressivem Irresein* und *Alkoholismus*.

WIDERSPRÜCHLICHE EINSCHÄTZUNG DER *Fortpflanzungsgefährlichkeit*

Wie bereits erwähnt, wurde mit der Änderung des GzVeN im August 1939 und auch durch spätere Bestimmungen während des Krieges der Personenkreis, über dessen Zwangssterilisation entschieden werden sollte, deutlich eingeschränkt – Verfahren vor dem Erbgesundheitsgericht durften nur noch bei besonders großer *Fortpflanzungsgefahr* beantragt werden. Amtsärzte und Anstaltsleiter mussten darüber also vor der Einbringung des Verfahrens beim Erbgesundheitsgericht Gewissheit haben. Dem war jedoch nicht immer so, wie das folgende Verfahren zeigt.

Keine *Fortpflanzungsgefährlichkeit* aus medizinischen Gründen

Josefine D.,[478] eine 36-jährige Büroangestellte, die aufgrund der GzVeN-Diagnose *manisch-depressives Irresein* zwangssterilisiert werden sollte, bewahrte ein gynäkologisches Gutachten vor der Zwangssterilisation. Sie berief gegen den von Richter Anton Rolleder und den ärztlichen Beisitzern Erich Breuning und Karl von Chiari verantworteten Beschluss mit dem Hinweis, sie sei bereits aus medizinischen Gründen empfängnisunfähig – eine Information, die

478 Zu den folgenden Zitaten siehe 1 XIII 122/42.

schon im erstinstanzlichen Verfahren durch eine Begutachtung verifizierbar gewesen wäre. Aus den Akten geht jedoch nicht hervor, warum diese nicht erfolgte. Richter Viktor Zenker forderte ein Gutachten von Isidor Amreich von der Zweiten Universitätsfrauenklinik an.[479] Die ärztlichen Beisitzer Alfred Schinzel und Rudolf Stiglbauer entschieden daraufhin, die Zwangssterilisation – vorläufig – nicht durchführen zu lassen: Infolge einer chronischen Entzündung der Ovarien sei „derzeit das Zustandekommen einer Schwangerschaft sehr unwahrscheinlich. Nach diesem Gutachten sowie nach der allgemeinen ärztlichen Facherfahrung kann die Betroffene als unfruchtbar bezeichnet werden, allerdings mit der Einschränkung, dass eine Besserung ihres Zustandes eine gewisse, allerdings ganz geringe Möglichkeit der Schwangerschaftsfähigkeit entwickeln könnte. Allerdings steht die Betroffene in einem Alter, in dem erfahrungsgemäss in rasch fortschreitendem Masse die natürliche Fruchtbarkeit der Frau nachlässt." Gleichzeitig beauftragte das Erbgesundheitsobergericht jedoch den zuständigen Amtsarzt, „in gewissen Abständen, das ist zirka alle halben Jahre, eine Untersuchung der Betroffenen in der Richtung zu veranlassen, ob die genannte Durchgängigkeitsprüfung der Eileiter zulässig sein wird und im Falle der nachgewiesenen Durchlässigkeit der Eileiter (höchst unwahrscheinlich) einen neuerlichen Antrag zu stellen". Im vorhandenen Bestand des Erbgesundheitsgerichts Wien findet sich kein weiterer Verfahrensakt, sehr wahrscheinlich entging Josefine D. ihrer Zwangssterilisation.

Keine *Fortpflanzungsgefährlichkeit* nach langjähriger Kinderlosigkeit

Im erstinstanzlichen Verfahren von Leopoldine E.[480] entschieden sich Richter Anton Rolleder und die ärztlichen Beisitzer Alfred Auersperg und August Krzizek gegen die Zwangssterilisation: „Die Ermittlungen, insb[esondere] die durchaus glaubwürdige Aussage des Ehemannes, vor allem aber auch die Tatsache, dass die Ehe bereits 18 Jahre besteht und immer noch kinderlos geblieben ist, brachten das Gericht zur Überzeugung, dass von einer ‚besonders grossen' Fortpflanzungsgefahr der Beantragten […] keine Rede sein kann. Es

479 Zu Amreichs Rolle bei den Zwangssterilisationen vgl. Kap. 4.

480 Zu den folgenden Zitaten siehe 1 XIII 9/42.

war demnach der vorliegende Unfruchtbarmachungsantrag derzeit abzuweisen, ohne dass die Notwendigkeit bestanden hätte, auf die Fragen des Vorliegens einer Erbkrankheit überhaupt einzugehen."

Alfred Mauczka, der Anstaltsleiter der Anstalt Am Steinhof, blieb in seiner Beschwerde bei seiner schon im Antrag genannten Überzeugung der bestehenden *Fortpflanzungsgefahr* bei Leopoldine E. Richter Viktor Zenker, die ärztlichen Beisitzer Otto Hamminger und Josef Schicker, die den Großteil der Beschwerdeverfahren gemeinsam entschieden, folgten Mauczkas Argumentation und widersprachen der Argumentation des Erbgesundheitsgerichts auch im Hinblick auf die von Mauczka diagnostizierte *Schizophrenie:* „[Die] Betroffene wurde […] vor dem Senate gehört, wobei ein persönlicher Eindruck über sie gewonnen werden konnte. Sie war bei ihrer Vernehmung nur über eindringliche Aufforderung zum Reden zu bringen und konnte [sic] der persönliche Kontakt mit ihr nur schwer hergestellt werden. Auf Grund der persönlichen Einvernahme, der langen Dauer der Erkrankung seit Beginn des Jahres 1938, des Vorliegens von Wahnvorstellungen und bestimmten Gehörstäuschungen, ihrer Zerfahrenheit und der Art und Weise, wie die Betroffene zum Beispiel die Frage ihrer Unfruchtbarmachung aufnahm, kam das Erbgesundheitsobergericht zu dem Ergebnisse, dass es sich bei ihr um eine Schizophrenie […] handelt. Dazu kommt, dass die Entscheidung der Frage, ob […] besonders grosse Fortpflanzungsgefahr vorliegt, Sache des Antragstellers und nicht des Erbgesundheitsgerichts ist." Leopoldine E.s Verhalten war nach Ansicht Zenkers, Hammingers und Schickers wenig kooperativ und ihre Reaktion auf die angeordnete Zwangssterilisation inadäquat – Letzteres verfestigte offenbar auch in der Wahrnehmung der Richter die Diagnose. Leopoldine E. wurde im Oktober 1942 in der Wiener Städtischen Frauenklinik Gersthof zwangssterilisiert. Sie reagierte nach 1945 auf die „Spezialbehandlung durch getreue Diener der Jahre 1938–45", wie sie es nannte, und hoffte, für ihr „total ruiniertes Leben"[481] auf eine zumindest symbolische *Entschädigungsleistung* nach dem Opferfürsorgegesetz. Vergeblich, denn ihr Antrag wurde in den 1950er-Jahren vom Sozialamt der Stadt Wien und dem Bundesministerium für soziale Verwaltung, der Beschwerdeinstanz, abgelehnt.

481 Vgl. Sozialamt der Stadt Wien, Opferfürsorgeantrag E 488/52, zu Leopoldine E. vgl. ausführlich Spring, Verdrängte Überlebende, 302–306.

Keine *Fortpflanzungsgefährlichkeit* wegen homosexueller Orientierung

Dass Ignaz K.,[482] ein 32-jähriger Zeitungsausträger, homosexuell war, sollte ihn – trotz der angenommenen *Erblichkeit* der an ihm festgestellten GzVeN-Diagnosen *Schwachsinn* und *Fallsucht* – vorerst vor der Zwangssterilisation bewahren. Richter Anton Rolleder und die ärztlichen Beisitzer Alfred Auersperg und August Krzizek hielten fest: „Es handelt sich zwar um einen typischen Fall von Angeborenem Schwachsinn mit einer Charakterveränderung, wie man sie bei Erblicher Fallsucht häufig findet (süsslich, klebrig, bigott, reizbar). Seine Mutter soll an den Folgen eines epileptischen Anfalles gestorben sein. [...] Es ist somit nicht zweifelhaft, dass bei dem Beantragten eine Störung des Geistes-Gemütsleben besteht, welche als Erbkrankheit i.S. des Gesetzes beurteilt werden muss. Dagegen ging aber aus seinen eigenen Angaben, aus den Angaben des Kurators, sowie insbesondere aus der Krankengeschichte hervor, dass K.[...] homosexuell veranlagt ist und den Verkehr mit Mädchen seit jeher ablehnt. Die Wahrscheinlichkeit einer Fortpflanzung ist mithin derart gering, dass von einer ‚besonders grossen Fortpflanzungsgefahr' [...] keine Rede sein kann."

Viktor Zenker und die ärztlichen Beisitzer Otto Hamminger und Ambros Singer folgten den Ausführungen des Erbgesundheitsgerichts, kamen aber bezüglich der *Fortpflanzungsgefährlichkeit* zum gegenteiligen Schluss: „Die persönliche Einvernahme des Beantragten vor dem Senat des Erbgesundheitsobergerichts ergibt Imbezilität, vor allem aber Charakterabweichungen und Psychopathie. Die Sippe zeigt starke Belastung, insbesondere ist die Mutter Epileptikerin, ein Bruder ist Hilfsschüler, der zweite Bruder anlässlich der Unruhen am 15.7.1927 vorbestraft. [...] Der Ansicht des Erstgerichtes [...], dass bei Homosexuellen keine Wahrscheinlichkeit einer Fortpflanzung besteht, kann das Erbgesundheitsobergericht nicht folgen, weil auch Homosexuelle Geschlechtsverkehr mit Frauen pflegen können. Da die Gefahr einer Fortpflanzung im gegenständlichen Falle daher nicht durch eine rein körperliche Eigenschaft des Beantragten ausgeschlossen werden kann, war der Beschluss des Erstgerichtes aufzuheben." Überraschend ist, dass die homosexuelle Orientierung Ignaz K.s keine weitere Erörterung fand, waren doch homosexuelle Männer in der NS-Zeit besonderen Schikanen und Verfolgungsmaß-

482 Zu den folgenden Zitaten siehe 1 XIII 204/41.

nahmen ausgesetzt. Im Falle ihrer Straffälligkeit beantragten einige von ihnen im Strafverfahren aus Furcht vor der drohenden Todesstrafe die sogenannte *freiwillige Entmannung* nach dem GzVeN. Zumindest vier solche Verfahren waren am Erbgesundheitsgericht Wien anhängig.[483]

Während bei Josefine D. medizinische Gründe ausschlaggebend waren, zeigen die Verfahren von Leopoldine E. und Ignaz K. eindrücklich die Beliebigkeit bei der Einschätzung der für die Entscheidung zur Antragstellung bzw. Zwangssterilisation ausschlaggebenden *Fortpflanzungsgefährlichkeit* durch die Antragsteller und die ärztlichen Beisitzer in beiden Instanzen – selbst bei jahrelanger Kinderlosigkeit und homosexueller Orientierung.

DIFFERENZEN BEI DEN GENANNTEN GzVeN-DIAGNOSEN

Verständlicherweise wehrten sich die von der Zwangssterilisation bedrohten Frauen und Männer entschieden gegen die an ihnen festgestellten Krankheiten und nannten bezüglich der GzVeN-Diagnosen exogene Ursachen wie Unfälle, Infektionskrankheiten und Geburtstraumata oder auch Schicksalsschläge, um zumindest nicht als *erbkrank* zu gelten. Einige Male kamen beide Instanzen zu unterschiedlichen Schlussfolgerungen. Umstritten war sowohl die Bewertung exogener Ursachen im Hinblick auf das Vorliegen einer *Erbkrankheit* als auch die GzVeN-Diagnose selbst – fallweise stellte das Erbgesundheitsobergericht stattdessen auch andere Krankheiten bei den betroffenen Frauen und Männern fest.

Wie beliebig die Diagnosen der Ärzte und die Urteile beider Gerichte aus heutiger Sicht sind, geht aus den folgenden Beispielen hervor, ebenso dass die Entscheidungsträger des Erbgesundheitsobergerichts unbeeindruckt selbst von ausführlicheren Krankengeschichten, erstinstanzlichen Gutachten und der Argumentation des Erbgesundheitsgerichts oft allein durch das Aktenstudium und ihren persönlichen Eindruck der Frauen und Männer in der Verhandlung ihre Entscheidung trafen.

483 Zur Verfolgung homosexueller Männer und den *freiwilligen Entmannungen* nach dem GzVeN vgl. Spring, *Entmannung*, 251–269.

„Nach Ansicht des Erbgesundheitsobergerichts kann die Diagnose nicht aufrecht erhalten werden“

Die Heeresangestellte Maria K.[484] war 36 Jahre alt, als Alfred Tomanetz, Josef Egermann und August Krzizek ihre Zwangssterilisation beschlossen: „Die Beantragte machte im Jahre 1936 [...] einen manischen Schub durch. Sie war damals redselig, erregt, zerfahren, äusserte Grössenideen, war ideenflüchtig und heiter. Nach 6 Monaten trat eine vollständige Heilung ein. Ein zweiter ganz ähnlicher Schub trat im Jahre 1941 auf, der ebenfalls mit vollständiger Heilung endete. Auf Grund der Einsicht in die Krankengeschichte handelt es sich bei der Beantragten um zirkuläres Irresein, also um eine Erbkrankheit i.S. des Gesetzes.“

Maria K. brachte Beschwerde ein. Richter Viktor Zenker, die ärztlichen Beisitzer Otto Hamminger und Josef Schicker lehnten ihre Zwangssterilisation ab und korrigierten die erstinstanzliche Entscheidung in mehreren Punkten: „Die Anhörung der Beantragten sowie ihrer Eltern, sowie die Einsichtnahme in die eingeholten Krankengeschichten und das vorliegende Aktenmaterial ergaben, dass diese Diagnose nicht aufrecht erhalten werden kann. Gegen die Diagnose zirkuläres Irresein sprechen das vollkommene Freisein der Sippe, die bei der Dominanz der Erblichkeit des zirkulären Irreseins doch einigermaßen belastet sein müsste, ferner das Fehlen einer Depressionsphase. Die Erregtheitszustände, die zum zweimaligen Aufenthalt in einer Heilanstalt geführt haben, können daher nicht als zirkuläres Irresein aufgefasst werden. Auch für die Diagnose Schizophrenie, für die die manischen Zustandsbilder allenfalls gehalten werden könnten, fehlen, wie die Durchsicht der eingeholten Krankengeschichten ergibt, genügende Anhaltspunkte. So sind zum Beispiel keine sicheren Halluzinationen, keine katatonen Symptome vorhanden. Es zeigt sich lediglich das Bild einer Verwirrtheit, das vielfach sogar den Eindruck einer Simulation oder Aggravation macht. Da die Anhaltspunkte für die Diagnose Schizophrenie zu gering sind, kam der Senat zu der Überzeugung, dass bei der Beantragten eine Psychopathie vorliegt, die aber nicht unter die Erberkrankungen i.S. des Gesetzes zur Verhütung erbkranken Nachwuchses fällt.“ Maria K. galt demnach nicht mehr als *erbkrank* und entging dem Zwangseingriff.

484 Zu den folgenden Zitaten siehe 2 XIII 76/42.

Fallweise war die Einschätzung der Richter und ärztlichen Beisitzer so konträr, dass beide Instanzen ein Gutachten einholten, bevor sie entschieden. Josefine K.,[485] eine 25-jährige Postsparkassenbeamtin, galt nach Ansicht des Gutachters Josef Berze als *schizophren*. Richter Anton Rolleder und die ärztlichen Beisitzer Rudolf Hutter und Erich Neusser fanden Berzes Ausführungen als „durchaus schlüssig und klar" und hielten in Übereinstimmung fest, „dass die seinerzeitige geistige Erkrankung der Beantragten ein schizophrener Schub war. Damit ist das Bestehen einer Erbkrankheit i.S. des Gesetzes nachgewiesen, sodass es des Nachweises gewisser Restbestände nicht mehr bedurft hätte. Aber auch dieser Nachweis wurde erbracht, es war daher wie oben zu erkennen." Als Gründe für die ebenfalls entscheidungsrelevante *Fortpflanzungsgefährlichkeit* wurden das „jugendliche Alter" und die „normale Körperverfassung" Josefine K.s genannt.

Für Richter Viktor Zenker und die ärztlichen Beisitzer Otto Hamminger und Josef Schicker galt Josefine K. „als Grenzfall". Da weiters, wie im Beschluss des Erbgesundheitsobergerichts zu lesen ist, „das Gutachten des vom Erstgerichte gehörten Sachverständigen [...] nicht ganz schlüssig schien", holte Richter Viktor Zenker ein zweites Gutachten, diesmal von Otto Pötzl, ein. Auf Grund dieses Gutachtens und der Aufzeichnungen in den Akten „kam das Erbgesundheitsobergericht zu der Feststellung, dass die Beantragte nicht an Schizophrenie leidet, sondern dass es sich bei ihr vielmehr um eine symptomatische Psychose handelt." Diese fiel nicht unter die Bestimmungen des GzVeN, demzufolge konnte Josefine K. der Zwangssterilisation entgehen. Trotz dieses Infragestellens seines Gutachtens war Berze auch weiterhin für das Erbgesundheitsobergericht tätig.

Marie M. und Roman L. konnten das Erbgesundheitsobergericht persönlich davon überzeugen, dass ihr psychischer Zustand nicht eine *Erbkrankheit*, sondern eine Reaktion auf existenzbedrohende und traumatische Ereignisse war, obwohl ärztliche Aufzeichnungen in ihren Krankengeschichten dem widersprachen:

Marie M.,[486] eine 39-jährige Wiener Straßenbahnschaffnerin, sollte aufgrund der GzVeN-Diagnose *Schizophrenie* zwangssterilisiert werden. Richter

485 Zu den folgenden Zitaten siehe 1 XIII 110/41.

486 Zu den folgenden Zitaten siehe 2 XIII 81/41.

Alfred Tomanetz und die ärztlichen Beisitzer Heinrich Lakatha und Franz Schmidt legten ihrer Entscheidungsfindung zwei psychiatrische Krankengeschichten von der Anstalt Am Steinhof und der Neurologisch-Psychiatrischen Klinik des Allgemeinen Krankenhauses aus den Jahren 1936 und 1938 zugrunde und zitierten daraus: Marie M. „war erregt, abwehrend, hielt an ihren Wahnideen fest, fühlte sich verfolgt, war und ist bis zum heutigen Tage krankheitsuneinsichtig. Beide Anstalten kamen beide Male zur Diagnose Schizophrenie bzw. depressives paranoides schizophrenes Zustandsbild. Bei der Einvernahme ist Beantragte ziemlich erregt, kommt im Verlaufe ihrer Erzählungen immer mehr in Affekt, zeigt ein ausgesprochen hypomanisches Zustandsbild und bringt wieder ihre paranoiden Verfolgungsideen zum Ausdruck. Sie ist völlig uneinsichtig, je geisteskrank gewesen zu sein. Irgendwelche Halluzinationen können nicht aufgedeckt werden, obwohl sie remittiert [d.h. Krankheitszeichen nicht mehr merkbar sind, Anm. CS] ist, macht sie auch heute im Verlaufe der Verhandlung den Eindruck einer psychisch höchst labilen Persönlichkeit."

Marie M. konnte Richter Viktor Zenker und die ärztlichen Beisitzer Otto Hamminger und Ambros Singer jedoch davon überzeugen, nicht *erbkrank* zu sein: Sie fanden Marie M.s Argument, „sie [habe] nur wegen eines drohenden Vermögensverlustes an Aufregungszuständen gelitten [...], im übrigen sei sie geistig vollkommen gesund, was auch schon daraus hervorgehe, dass sie seit ihrem 12. Lebensjahre sich ihr Brot verdienen müsse und jetzt seit über einem Jahr bei der Wiener Strassenbahn anstandslos Dienst mache [...] sachlich begründet. Der persönliche Eindruck, den die Beantragte macht, zeigt zwar, dass es sich wohl um eine aufgeregte, leicht hypomanische und etwas psychopathische Persönlichkeit handelt. Auf Grund der beiden Krankengeschichten kam das Erbgesundheitsobergericht jedoch nicht zur Überzeugung, dass es sich bei der Beantragten um einen Fall von echter Schizophrenie handelt, sondern nur um eine leicht hypomanische Persönlichkeit in einer sonst einwandfreien Sippe." Frau M. wurde nicht zwangssterilisiert.

Der 22-jährige Landwirt Roman L.[487] wurde wegen angeblicher *Schizophrenie* im August 1941 in der Anstalt Am Steinhof behandelt. Richter Alfred Toma-

487 Zu den folgenden Zitaten siehe 2 XIII 11/42.

netz und die ärztlichen Beisitzer Hans Hickelsberger und Alois Kittinger, der im Krankenhaus Kittsee zahlreiche Zwangssterilisationen durchführte,[488] ordneten Roman L.s Zwangssterilisation an: „Es handelt sich bei dem Probanden um den ersten Schub einer Schizophrenie, welche […] als akute Psychose begann. Trotz Cardiazolkur trat […] ein neuerlicher Schub auf, sodass die akute Psychose nun als Schizophrenie feststeht. Es liegt somit eine Erkrankung i.S. des Gesetzes zur Verhütung erbkranken Nachwuchses vor; außerdem besteht eine erhöhte Fortpflanzungsfähigkeit, -gelegenheit und -gefährlichkeit wegen noch jugendlichen Alters." Roman L. reichte mit Unterstützung eines Rechtsanwaltes Beschwerde ein. Richter Viktor Zenker und die ärztlichen Beisitzer Otto Hamminger und Josef Schicker kamen zum gegenteiligen Schluss als die Erstinstanz: „Nach persönlicher Anhörung des Beantragten und genauem Studium der Krankengeschichten kann sich der Senat des Erbgesundheitsobergerichts den Feststellungen des Erbgesundheitsgerichts Wien nicht anschliessen. Die Diagnose Schizophrenie würde sich hauptsächlich auf das katatone Zustandsbild, das der Patient einen Tag lang geboten haben soll, stützen. Das Erbgesundheitsobergericht hält dieses Erscheinungsbild aber für einen Verwirrtheitszustand und die ganze Erkrankung für eine psychologische Reaktion auf die Erlebnisse des Beantragten im Krieg." Roman L. wurde nicht zwangssterilisiert. Was Roman L. erlebt hatte, geht aus dem Akt nicht hervor, Faktum ist jedoch, dass die ärztlichen Beisitzer Kriegsereignisse als solche benannten und deren Folgen in ihre Entscheidungsfindung zugunsten von Roman L. einbezogen.

Doch nicht nur bei erstinstanzlichen Beschlüssen, in denen eine Zwangssterilisation angeordnet wurde, kam das Erbgesundheitsobergericht im Hinblick auf die Diagnostizierung zum gegenteiligen Schluss, sondern auch bei Beschwerden von Amtsärzten und Anstaltsleitern, wie das Verfahren von Rudolf Z.,[489] einem 41-jährigen Soldaten, zeigt. Er war nach Ansicht des Erbgesundheitsgerichts, dessen Besetzung aus dem Akt nicht hervorgeht, nicht *chronisch alkoholkrank*. Der antragstellende Leiter der Anstalt Am Steinhof,

488 Vgl. Kap. 4.

489 Zu den folgenden Zitaten siehe 2 XIII 38/41. Von diesem Verfahren ist nur noch der Beschluss des Erbgesundheitsobergerichts vorhanden.

Alfred Mauczka, brachte dagegen Beschwerde ein, der das Erbgesundheitsobergericht unter Bezugnahme auf Mauczkas Antragsgutachten Folge gab: „Der Beantragte wurde im Termin nochmals gehört und untersucht. Es ergab sich dabei entsprechend den Feststellungen des ärztlichen Gutachtens, dass er eindeutig an chronischer Trunksucht leidet. Hinzu kommt die schwere Sippenbelastung desselben. Sein Verhalten nach seiner Entlassung aus der Trinkerheilstätte lässt ferner einen völligen Mangel an Einsicht erkennen. Da auch eine hohe Fortpflanzungsgefahr gegeben ist, erscheint die Vornahme der Unfruchtbarmachung notwendig.“ Zusätzlich zur GzVeN-Diagnose waren für die ärztlichen Beisitzer Robert Fischer und Rudolf Stiglbauer auch Rudolf Z.s *Sippenbelastung* und seine *Fortpflanzungsgefährlichkeit* ausschlaggebend für die Anordnung der Zwangssterilisation.

Von der Wahrscheinlichkeit zur Gewissheit – und wieder zurück

Im Verfahren des 37-jährigen Feinmesskontrollors Rudolf T.[490] zogen beide Instanzen gegensätzliche Schlüsse aus einem medizinischen Gutachten. Emil Wessely, der Leiter der HNO-Klinik des AKH Wien, stellte fest, dass Rudolf T.s Hörbehinderung „in Berücksichtigung des Stammbaumes mit großer Wahrscheinlichkeit als Erbkrankheit“ anzusehen sei. Diese konstatierte *große Wahrscheinlichkeit* reichte für Richter Alfred Tomanetz und die ärztlichen Beisitzer Alois Kittinger und Karl Windholz vom Erbgesundheitsgericht aus, um die Zwangssterilisation von Rudolf T. zu beschließen: „Der Beantragte ist weitgehend schwerhörig. Eine Verständigung gelingt nur durch Dolmetsch. [...] Im Verlaufe der Verhandlung und der Überprüfung des Erbganges konnte festgestellt werden, dass die Mutter taubstumm ist, so auch eine Schwester der Mutter. Das Gericht kommt zur Überzeugung, dass es sich hier um eine erbliche Taubheit i.S. des Gesetzes handelt.“ Richter Franz Hais und die ärztlichen Beisitzer Otto Hamminger und Josef Schicker griffen Wesselys Gutachten nochmals auf und hielten im Gegensatz zum Erbgesundheitsgericht fest: „Da dieses eine Erbkrankheit nicht mit Sicherheit, sondern nur mit grosser Wahrscheinlichkeit konstatierte, kann trotz der sippenmässigen Belastung

490 Zu den folgenden Zitaten siehe 2 XIII 326/42.

nicht festgestellt werden, ob es sich bei dem Beantragten um ein Erbleiden handelt. Dafür, dass es sich um kein Erbleiden handelt, spricht der Umstand, dass die 8 Kinder der taubstummen Schwester der Mutter des Beantragten alle normalhörend waren. Es musste daher der Beschwerde des Beantragten Folge gegeben und der angefochtene Beschluss dahin abgeändert werden, dass der Antrag des Amtsarztes der Stadt Wien auf Unfruchtbarmachung des Beantragten abgewiesen wird." Rudolf T. wurde nicht zwangssterilisiert.

Exogen versus angeboren

Von besonderer Bedeutung in den Verfahren war die Frage, ob eine diagnostizierte Krankheit angeboren war oder auf exogenen Ursachen beruhte. Vielfach nannten die BeschwerdeführerInnen körperliche Verletzungen oder traumatisierende Erlebnisse als Erklärung für epileptische Anfälle oder psychische Beeinträchtigungen, aber auch mangelnden Schulbesuch für intellektuelle Defizite. Wenn das Gericht dies nicht anerkannte, galten die betroffenen Frauen und Männer als *erbkrank*. Das Erbgesundheitsobergericht entschied fallweise nicht nur im Widerspruch zu ausführlichen Krankengeschichten, sondern auch zu vom Erbgesundheitsgericht eingeholten fachärztlichen Gutachten. Das folgende Beispiel verdeutlicht eindrücklich, wie unterschiedlich beide Instanzen diese bewerteten.

Die 33-jährige Kontoristin Margarethe U.[491] sollte, so der Beschluss von Richter Alfred Tomanetz und den ärztlichen Beisitzern August Krzizek und Felix Schindlmaisser, zwangssterilisiert werden – galt doch die an ihr diagnostizierte *Fallsucht*, so das Gutachten Josef Berzes, als *erblich*. Laut Beschluss, in dem dieses zitiert wurde, seien an Margarethe U. „abartige psychische Wesenszüge im Sinne einer epileptischen Persönlichkeitsveränderung festzustellen. Der frühe Beginn der Anfälle (5. Lebensjahr) und die ganze weitere Entwicklung spricht dafür, dass es sich um genuine Epilepsie handelt. Hingegen ergibt sich kein Anhaltspunkt für die Annahme, dass äußere Ursachen bei der Entstehung oder auch nur im Sinne der Auslösung mitgespielt haben, geschweige

491 Zu den folgenden Zitaten siehe 2 XIII 262/41.

denn dafür, dass die Epilepsie etwa als symptomatisch aufzufassen wäre. Insbesondere spricht nichts für eine Hirnverletzung, abgesehen davon, dass in der Vorgeschichte jede Andeutung einer solchen fehlt. Das gleiche gilt für eine Erkrankung im Kindesalter, die ursächlich in Betracht käme. Auch luetische Hirnveränderungen kommen nicht in Frage, die Gesamtuntersuchung des Blutes [...] ergab ein negatives Resultat."

Richter Viktor Zenker und die ärztlichen Beisitzer Otto Hamminger und Josef Schicker kamen jedoch „(n)ach Einvernahme der Betroffenen [...] zu der Überzeugung, dass es sich um keine genuine Fallsucht handelt. Die Gründe hiefür sind, dass die Anfälle der Beantragten seltener wurden und an Heftigkeit abnahmen (die in dem Schreiben der Firma [...] angeführten zwei Anfälle werden vom Erbgesundheitsobergericht als gewöhnliche Ohnmachtsanfälle infolge längeren Dienstes und bloß einmaliger Nahrungsaufnahme gewertet). Eine Charakterveränderung der Beantragten, von der im Gutachten des Sachverständigen Prof. Dr. Berze gesprochen wird, konnte das Erbgesundheitsobergericht nicht feststellen. Außerdem ist die Sippe einwandfrei." Margarethe U. wurde nicht zwangssterilisiert.

Insbesondere über die GzVeN-Diagnose *Schwachsinn* bestand vielfach Uneinigkeit zwischen Erbgesundheitsgericht und Erbgesundheitsobergericht, sowohl bei der Bewertung exogener Ursachen als auch bei der gleichzeitig festzustellenden *Lebensbewährung*, die wesentlich zur Entscheidung beitrug, wobei das Erbgesundheitsobergericht im folgenden Beispiel nicht zögerte, einem erstinstanzlichen Gutachten explizit zu widersprechen: Über den 22-jährigen Kontoristen Josef B.[492] hieß es im Beschluss von Richter Anton Rolleder und den ärztlichen Beisitzern Hans Hickelsberger und Max Tobis: „Nach dem Antragsbericht litt Beantragter an den meisten Kinderkrankheiten und legte 4 Volks-, 4 Haupt- und 2 Handelsschulklassen mit durchschnittlichem Erfolg zurück; auf dem Gebiete der Musik sei er begabt, er spiele Klavier und Orgel, er habe in seinem Berufsleben keine Misserfolge, er habe die Kaufmannsgehilfenprüfung abgelegt und von der deutschen Stenografengesellschaft wiederholt Auszeichnungen und Ehrenurkunden erhalten. Vom Heeresdienst von Dezember 1941 bis Ende April 1942 sei er im Mai 1942 wegen Schwach-

492 Zu den folgenden Zitaten siehe 1 XIII 19/43.

sinnes und endogener Nervenschwäche entlassen worden. Ein Bruder sei stark schwachsinnig, spreche nur wenig, bewege sich nur kriechend fort, dieser habe keinerlei Schulbildung. [...] Durch ergänzende Vorerhebungen kam heraus, dass drei seiner Geschwister, darunter ein Siebenmonat-Zwillingspaar nach kurzer Lebensdauer starben. Da das Gericht wegen der einigermassen auffälligen musikalischen Begabung des Beantragten an seinem Schwachsinn Zweifel hegen zu müssen glaubte, holte dieses ein Sachverständigengutachten beim Nervenarzt Dr. Ernst Gabriel ein und kam in Übereinstimmung mit seinen Schlussausführungen zu folgender Erkenntnis: schon sein Schulwissen weist grobe Lücken auf (Säugetiere bringen lebende Jungen zur Welt, z.B. ein Spatz! Kinder kommen von der Mutter durch den Samen des Mannes in ihre Brust! Ein Schiff sei das, was im Wasser drinnen ist! usw.) Sogar seine Einstellung zur Musik als einem Gebiete, auf dem er Talent haben soll, ist gleichfalls merkwürdig, da er auf die Frage, was er spiele, antwortete: ‚von Noten halt, am liebsten, was recht durcheinander geht'. Er stenografiert und kann Maschinschreiben, letzteres aber nur sehr schlecht nach Diktat, das der Chef korrigiert, worauf er es erst reinschreibt. Nacherzählen gelingt nur in ganz primitiver und schülerhafter Weise. Die erbbiologische Bedeutung der Idiotie und Littleschen Kinderlähmung seines Bruders Ludwig steht heute ausser Zweifel. Auf Grund all dieser Erwägungen kam das Gericht schliesslich zur Überzeugung, dass es sich bei dem Beantragten doch um einen Angeborenen Schwachsinn im Sinne des Gesetzes zur Verhütung erbkranken Nachwuchses handelt."

Entsprechend der Vorgaben von Josef Schicker und Paul Trüb hob Richter Franz Hais den beeinspruchten Beschluss auf: „Der Beantragte wurde vom erkennenden Senat nochmals gehört. Der Senat konnte nicht feststellen, dass bei dem Beantragten Schwachsinn leichten Grades vorliegt und ist gegensätzlicher Auffassung wie Nervenfacharzt Dr. Gabriel. Der Untersuchte ist zweifellos minderbegabt. Er verfügt jedoch über ausreichendes Berufswissen und hat auch allgemeine Lebensbewährung gezeigt. Seine Urteils- und Kombinationsfähigkeit ist nicht in einem solchen Grade beeinträchtigt, dass die Annahme eines angeborenen Schwachsinns gerechtfertigt sein würde. Die Voraussetzungen für die Anwendung des Gesetzes zur Verhütung erbkranken Nachwuchses sind nicht gegeben. Es war daher der Beschwerde Folge zu geben und der Beschluss des Erstgerichtes aufzuheben." Hier entschied das Erbgesundheitsobergericht gegen ein fachärztliches Gutachten und lehnte die

Zwangssterilisation aufgrund des Aktenstudiums und des persönlichen Eindrucks von Josef B. ab.

Ob die 38-jährige Magdalena St.[493] vorgeladen war, geht aus dem Beschluss des Erbgesundheitsobergerichts nicht hervor. Magdalena St., die den Lebensunterhalt für sich und ihren Sohn als Bedienerin verdiente, galt nach Ansicht des antragstellenden Amtsarztes für den 9. Bezirk als *schwachsinnig*. Richter Alfred Tomanetz und die ärztlichen Beisitzer Erwin Haidinger und Max Tobis stellten fest, „dass bei der Untersuchten [...] eine mangelhafte Schulbildung, die zum Teil durch eine langdauernde Erkrankung erklärt ist und ein geringes allgemeines Lebenswissen besteht. Die Urteilsfähigkeit ist herabgesetzt, jedoch ist Berufswissen und das allgemeine hauswirtschaftliche Wissen immerhin derart, dass eine Lebensbewährung als gegeben erachtet werden muss. Es besteht wohl höhergradige Unterintelligenz bei sehr mangelhafter Schulbildung, jedoch nicht das Erbleiden angeborener Schwachsinn." Offenbar bestand zwischen den ärztlichen Beisitzern Alfred Schinzel und Ambros Singer Uneinigkeit, daher beauftragte Richter Viktor Zenker Otto Pötzl mit der Begutachtung von Magdalena St. Bezug nehmend auf Pötzl stellten sie in ihrem Beschluss fest, es lägen bei Magdalena St. „Intelligenzdefekte vor, die den Rahmen einer mangelhaften Schulbildung weit übersteigen. Ihre Intelligenz entspricht etwa einer Altersstufe von 11 Jahren; während sie in gewissen primitiven Fragen des Alltages verhältnismäßig gut bewandert ist, zeigt sie schwere Lücken in der gesamten Geistesanlage, Urteilsfähigkeit und Kombinationsfähigkeit. Unter diesen Umständen handelt es sich nicht um das Zustandsbild der Infantilität, sondern des Schwachsinnes. Da exogene Ursachen des Schwachsinnes nicht zu finden sind, vielmehr eine eindeutige Belastung sowohl der Sippe als auch eine Belastung des außerehelichen Sohnes der Beantragten vorliegt, ist das Erbleiden angeborener Schwachsinn mit Recht anzunehmen." Hier folgte das Erbgesundheitsobergericht einer schon im Gesetzeskommentar verankerten Praxis zur Klärung der *Erblichkeit* der GzVeN-Diagnose *Schwachsinn* und zur Rechtfertigung des Zwangseingriffs: Konnten die beschwerdeführenden Frauen und Männer bzw. ihre gesetzlichen VertreterInnen keine exogenen Gründe nennen, die das Gericht darüber hi-

493 Zu den folgenden Zitaten siehe 2 XIII 293/42.

naus auch als solche anerkannte, galt der diagnostizierte *Schwachsinn* als *angeboren* und demnach *vererbbar*.[494]

Asozialität

Nicht nur bei Magdalena St., sondern auch in vielen anderen Verfahren hatte die Zuschreibung von *Asozialität* und *mangelnder Lebensbewährung* besonderes Gewicht in der Erbgesundheitsgerichtsbarkeit, obwohl diese Diffamierungen nicht als Diagnose im GzVeN verankert waren. Die beiden Instanzen entschieden aber, wie die bisherigen Beispiele zeigen, beim *Verdacht von Asozialität* nicht ausnahmslos auf Zwangssterilisation, sondern untersuchten jeden Fall einzeln und kamen dabei zu widersprüchlichen Ergebnissen.

Das erstinstanzliche Verfahren der 24-jährigen Elisabeth S.,[495] dessen Beschlüsse die Erwartungen an Frauen als Hausfrauen und Mütter verdeutlichen, wurde von Alfred Hackel, dem Leiter der NS-Arbeitsanstalt für asoziale Frauen, eingebracht. Hackel hatte in seinem Antragsgutachten „Debilität (Schwachsinn ab origine), gemeinschaftsfremden Charakter, Haltlosigkeit, sexuelle Triebhaftigkeit, Geheimprostitution“ vermerkt. Richter Alfred Tomanetz und die ärztlichen Beisitzer Leopold Breitenecker und Lothar Scholz teilten zwar Hackels Diffamierung von Elisabeth S., widersprachen jedoch bezüglich der *Erblichkeit* des an ihr diagnostizierten *Schwachsinns* und lehnten dementsprechend – in buchstabengetreuer Auslegung des GzVeN – den Antrag ab: „Es ergeben sich bei der Vornahme der Intelligenzprüfung Lücken im Schulwissen, sie zeigt sich aber über die Zeitgeschehnisse im allgemeinen informiert. Es handelt sich vielmehr um eine haltlose Person mit asozialen Tendenzen. Das Gegenwärtig [sic] in Kraft stehende Gesetz bietet für die Unfruchtbarmachung der Probandin keine Handhabe; es war daher der bezügliche Antrag abzuweisen, da aber Nachkommenschaft der Probandin trotzdem unerwünscht ist, würde bei einer Änderung der gesetzlichen Bestimmungen eventuell die Wiederaufnahme des Verfahrens in Betracht zu ziehen sein.“

494 Vgl. Gütt/Rüdin/Ruttke, Kommentar, 120.
495 Zu den folgenden Zitaten siehe 2 XIII 25/43.

Während also das Erbgesundheitsgericht die Gesetzeslücke bedauerte, schlossen Josef Schicker und Otto Hamminger aus der Elisabeth S. zugeschriebenen *Asozialität* auf eine dieser zugrunde liegenden *Erbkrankheit* und ordneten ihre Zwangssterilisation an: „Der Senat hat sich neuerlich mit der Frage eines angeborenen Schwachsinns in einer eingehenden Prüfung beschäftigt. Er kommt durch die persönliche Einvernahme der Betroffenen zum Ergebnisse, dass es sich bei der Betroffenen zweifellos um Debilität handelt, denn sie versagt bei den einfachsten Fragen über alltägliche Dinge. Nebenbei ist auch das Schulwissen mangelhaft und die Urteilsfähigkeit fast nicht vorhanden. Da sich ihr Schwachsinn überdies sehr stark in moralischer Hinsicht äussert, kommt der Senat zur Überzeugung, dass die Betroffene [...] an angeborenem Schwachsinn leidet, zumal äussere Ursachen fehlen.“ Mit diesen sehr kurzen Ausführungen beschloss das Erbgesundheitsobergericht die Zwangssterilisation von Elisabeth S. aufgrund ihrer persönlichen Anhörung und unter Einbeziehung einer sozialen Diagnose zusätzlich zu einer ohnehin bezüglich der *Erblichkeit* umstrittenen medizinischen.

Die hier genannten Beispiele der unterschiedlichen Spruchpraxis verdeutlichen eindrücklich den breiten Ermessenspielraum der Richter und Ärzte hinsichtlich der *Fortpflanzungsgefährlichkeit* und der Diagnostik, ebenso ihre persönlichen Wertvorstellungen, die in die Entscheidung einflossen sowie das Fehlen jeglichen Problembewusstseins: Sie zögerten nicht, die soziale Kategorie *Lebensbewährung* als entscheidendes Kriterium für einen Beschluss zur Zwangssterilisation zu verwenden und so eine – ohnehin umstrittene – medizinische Diagnostik zur sozialen zu machen. Sie entschieden sich nicht dazu, die wissenschaftlich nicht gesicherte Vererbung einzelner im GzVeN genannten Diagnosen als Begründung zur Ablehnung von Zwangssterilisationen zu verwenden. Sie waren inhaltlich mit dem Gesetz einverstanden – sie sahen sich an vorderster Front der NS-Bevölkerungspolitik und erfüllten einen wichtigen Auftrag zur Sicherung der *Gesundung des Volkskörpers*. Ihre Distanz zu den Frauen und Männern vor dem Erbgesundheitsobergericht ist unübersehbar: Viele galten in den Augen der Richter und Ärzte als wenig *kooperativ* und zeigten *inadäquate Reaktionen*, nachdem sie mit dem Beschluss zu ihrer Zwangssterilisation konfrontiert worden waren.

DIE EINSTELLUNG DES ERBGESUNDHEITS-OBERGERICHTS IM DEZEMBER 1944

Der Kriegsverlauf wirkte sich auch auf die Erbgesundheitsgerichte und -obergerichte im *Altreich* und den *Alpen- und Donaureichsgauen* aus. Nach der 1939 begonnenen und während des Krieges fortgeführten Einschränkung des Personenkreises, der zwangssterilisiert werden sollte, überlegten die Beamten des Reichsministeriums des Innern aufgrund der zunehmend schlechter funktionierenden Infrastruktur und auch des Ärztemangels ab Mitte 1944 die Einstellung der GzVeN-Verfahren bis Kriegsende. In Wien wurden jedoch nur 12 (7 %) der 171 erstinstanzlichen Verfahren des Jahres 1944 eingestellt (0,7 % aller rekonstruierbaren Verfahren vor dem Erbgesundheitsgericht Wien). Der Großteil der Verfahren galt als so kriegswichtig, dass sie fortgeführt werden sollten.[496] Die handelnden Richter und Ärzte konnten durch ihre Arbeit nicht nur vorgeben, die *Gesundung des Volkskörpers* voranzutreiben, sondern auch ihren eigenen Verbleib an der Heimatfront sichern. Die kriegsbedingte Einstellung der erstinstanzlichen Verfahren bedeutete für die betroffenen Frauen und Männer, dass sie dadurch der Zwangssterilisation entgingen.

Anders war es bei der Einstellung des Erbgesundheitsobergerichts: Obwohl dieses die erstinstanzlichen Beschlüsse überwiegend bestätigt hatte, bedeutete es doch eine grundlegende rechtliche Einschränkung, wenn durch dessen für die „Dauer des Krieges“[497] beendete Tätigkeit des Erbgesundheitsobergerichts mit 1. Dezember 1944 keine Möglichkeit zur Beschwerde mehr bestand. Zum Stichtag 1. Dezember noch anhängige Verfahren wurden an das Erbgesundheitsgericht Wien zurückgestellt, das im Zuge der Zusammenlegung der Gerichtssprengel ab Jänner 1945 auch für noch laufende Verfahren der Erbgesundheitsgerichte Krems, St. Pölten und Wiener Neustadt zuständig war.

Das Erbgesundheitsgericht Wien, konkret: Anton Rolleder, seit dem Tod seines Kollegen Alfred Tomanetz im Februar 1944 alleiniger Richter, und die jeweiligen ärztlichen Beisitzer, mussten nun von Amts wegen prüfen, ob durch die Begründung in der Beschwerde, aufgrund von Aussagen in den bisherigen Verhandlungen oder durch eine neuerliche Begutachtung Fakten aufgetreten

496 Vgl. dazu Kap. 2.

497 VII. Ausführungsverordnung zum GzVeN vom 14. November 1944 RGBl I S. 330: § 1 Abs 2.

waren, die eine sogenannte Wiederaufnahme des Verfahrens beim Erbgesundheitsgericht erforderten. Traf dies zu, wurde das Verfahren weitergeführt, ansonsten war der ursprüngliche Beschluss rechtskräftig. Die von der Einstellung des Erbgesundheitsobergerichts betroffenen Frauen und Männer mussten vom Richter des Erbgesundheitsgerichts über den Stand des Verfahrens informiert werden, konnten dazu Stellung nehmen und ebenfalls eine Wiederaufnahme beantragen.[498] Für fast alle von ihnen führte diese kriegsbedingte Maßnahme dazu, dass sie nicht zwangssterilisiert wurden, denn in den letzten Wochen des Krieges konnte jede zeitliche Verzögerung, wie die folgenden Fallbeispiele verdeutlichen, dazu führen, dass die Verfahren durch das Kriegsende und die kurz danach erfolgte Aufhebung des GzVeN endeten.

Von den 266 Beschwerdeverfahren wurden neun (3,3 %) nicht mehr vom Erbgesundheitsobergericht entschieden, acht davon an das Erbgesundheitsgericht überstellt, bei einem ist aus den Akten keine Beschlussfassung ersichtlich. Von diesen acht wurde in sieben entschieden, das Verfahren wieder aufzunehmen, also die bisherigen Unterlagen des Verfahrens bzw. die in der Beschwerde genannten Einwände einer nochmaligen Prüfung zu unterziehen und gegebenenfalls weitere Informationen und sogar Gutachten einzuholen. Sie sind hier ausführlich dargestellt, da sie vielfältige Einblicke in die Praxis der Erbgesundheitsgerichtsbarkeit in den letzten Kriegsmonaten geben – einem Zeitraum, der in den meisten Untersuchungen kaum Erwähnung findet, da die Erbgesundheitsgerichtsbarkeit im *Altreich* ab 1940 zumeist sehr eingeschränkt war. Sie zeigen auf, wie viele Jahre manche Frauen und Männer im „Fadenkreuz der Sterilisationsbürokratie“[499] gestanden haben. Und sie verdeutlichen vor allem, welche Zufälle zumindest einige wenige von ihnen in den letzten Wochen des Krieges vor der Zwangssterilisation bewahren konnten. Den aus der schlechter funktionierenden Infrastruktur resultierenden Problemen steht die unbeirrte Fortführung der Verfahren allen Widrigkeiten zum Trotz gegenüber – personifiziert durch Richter Anton Rolleder, der mit Ausnahme eines Verfahrens ab Februar 1944 alle Verfahren bis Kriegsende leitete.

498 Vgl. dazu Kap. 2.

499 Nitschke, Erbpolizei, 232.

Für die 19-jährige Therese J.,[500] die ihren Lebensunterhalt für sich und ihre Tochter als landwirtschaftliche Hilfsarbeiterin verdiente, bedeutete die Einstellung des Erbgesundheitsobergerichts, dass die erstinstanzliche Ablehnung ihrer Zwangssterilisation rechtskräftig blieb: Der Schwechater Amtsarzt Karl Windholz, ein vielbeschäftigter ärztlicher Beisitzer am Erbgesundheitsgericht, hielt Therese J. für *schwachsinnig* und begründete die Dringlichkeit des Verfahrens mit ihrem *Wandertrieb* und ihrer *Arbeitsscheu*. Anton Rolleder und die ärztlichen Beisitzer Hans Beckh und Franz Schmidt folgten einem Gutachten Alfons Hubers und lehnten den Antrag Ende Mai 1944 mangels Vorliegen einer *Erbkrankheit* ab. Windholz berief und zum ersten Sitzungstermin im August 1944 konnte Therese J. wegen Fliegeralarms nicht erscheinen, wie sie in einem Schreiben an das Erbgesundheitsobergericht ausführte. In der nächsten Verhandlung, Ende September, wurde Ernst Illing mit einem weiteren Gutachten zur Klärung, ob sie *erbkrank* sei, beauftragt. Therese J. war im fünften Monat schwanger, weshalb Illing gebeten wurde, das Gutachten innerhalb eines Monats fertigzustellen, doch in der ersten Untersuchung, die erst nach fünf Wochen stattfand, stellte Illing fest, dass Therese J. schon im siebten Monat schwanger war und die Schwangerschaft für eine Entscheidung über einen Abbruch somit schon zu weit fortgeschritten. Illing kam zum Schluss, Therese J. sei nicht *schwachsinnig* im Sinne des GzVeN. Die für 21. Dezember anberaumte Sitzung des Erbgesundheitsobergerichts fand nicht mehr statt und das Erbgesundheitsgericht entschied, das Verfahren nicht von Amts wegen wieder aufzunehmen, da die Gutachten von Alfons Huber und Ernst Illing übereinstimmten.

Bei dem 31-jährigen Hilfsarbeiter Anton St.[501] stellte Dr. Haidinger, ein ebenfalls vielbeschäftigter ärztlicher Beisitzer beim Erbgesundheitsgericht, bereits im November 1940 den Antrag auf Zwangssterilisation wegen der GzVeN-Diagnose *erbliche Fallsucht* und Josef Berze ging in seinem Gutachten von deren Erblichkeit aus. An der ersten Sitzung des Erbgesundheitsgerichts nahm Anton St. nicht teil, weil er seit Mai 1941 bei der Wehrmacht war, weshalb die Verhandlung vorerst auf unbestimmte Zeit vertagt wurde. Erst im Februar 1944 beschlossen die ärztlichen Beisitzer Alois Kittinger und Karl

500 Zu den folgenden Zitaten und Ausführungen vgl. 1 XIII 138/43.

501 Zu den folgenden Zitaten und Ausführungen vgl. 2 XIII 108/41.

Windholz unter dem Vorsitz von Richter Anton Rolleder seine Zwangssterilisation. Anton St. berief und das Erbgesundheitsobergericht ordnete im April 1944 seine stationäre Begutachtung an. Anton St. galt aber als unabkömmlich von seiner Dienststelle (einer Heeres-Wachabteilung mit Standort im Wiener Arsenal), weshalb Gutachter Oskar Gagel erst Ende Oktober die geforderte Entscheidungsgrundlage erstellen konnte. Gagel schloss sich Berzes Ansicht an. Die für 8. Dezember vorgesehene Sitzung fand wegen der Einstellung des Erbgesundheitsobergerichts nicht mehr statt. Das Erbgesundheitsgericht entschied, aufgrund der von Anton St. angegebenen Gründe – er sei nicht *erbkrank* und darüber hinaus aufgrund einer nicht näher genannten Spritzenkur nicht mehr zeugungsfähig – das Verfahren von Amts wegen wieder aufzunehmen. Gutachter Philipp Schneider, Leiter des gerichtsmedizinischen Instituts, bestätigte jedoch die Zeugungsfähigkeit von Anton St., worauf das Erbgesundheitsgericht Mitte Jänner 1945 seine Zwangssterilisation beschloss. Wie aus den ärztlichen Berichten, die fallweise den Akten des Erbgesundheitsgerichts beiliegen, hervorgeht, operierten die Ärzte trotz immer schwierigerer Infrastruktur zumindest bis Ende Februar, weshalb nicht ausschlossen werden kann, dass auch Anton St. wenige Wochen vor Kriegsende noch zwangssterilisiert wurde.[502]

Von der 24-jährigen Hilfsarbeiterin Gertrude M.,[503] die als *taubstumm* galt, trafen angeforderte Krankengeschichten und Gutachten nie beim Erbgesundheitsgericht ein, Rolleder urgierte im Februar 1945 wegen noch fehlender Unterlagen von der Universitäts-Kinderklinik und das Verfahren endete vermutlich durch das Ende des Krieges.

Nicht beigebrachte Unterlagen des Verfahrenspflegers bewahrten auch den 30-jährigen landwirtschaftlichen Hilfsarbeiter Josef Z.[504] sehr wahrscheinlich vor der Zwangssterilisation. Er sollte, so der Beschluss des Erbgesundheitsgerichts St. Pölten vom Mai 1944, wegen *Schwachsinn* zwangssterilisiert werden. Während seines Beschwerdeverfahrens endete die Tätigkeit des Erbgesundheitsobergerichts, sein Verfahrensakt gelangte im Zuge der Zusammenlegung

---

502 Vgl. XIII 132/45 und Kap. 4.

503 Zu den folgenden Zitaten und Ausführungen vgl. 2 XIII 9/44. Ob sich das Erbgesundheitsgericht zu einem Wiederaufnahmeantrag entschied, geht aus den Akten nicht hervor.

504 Vgl. XIII 114/45.

der Gerichtsbezirke Anfang 1945 an das Erbgesundheitsgericht Wien. Ende Februar 1945 forderte Richter Anton Rolleder Josef Z. bzw. seinen Verfahrenspfleger auf, weitere Unterlagen für die gerichtliche Entscheidungsfindung zu erbringen, dazu kam es jedoch durch das Ende des Krieges nicht mehr.

Die von Beschwerde- oder auch Erstinstanz vorgenommenen Recherchen, verbunden mit kriegsbedingten Einschränkungen bei Bahn und Post, und organisatorische Probleme Letzterer führten in den folgenden vier Verfahren ebenfalls sehr wahrscheinlich dazu, dass kein Beschluss mehr zustande kam:

Ob die Vorladung an den 36-jährigen landwirtschaftlichen Hilfsarbeiter Franz W.[505] bei der Post verloren ging oder das Erbgesundheitsobergericht diese nicht geschickt hatte, bleibt offen. Faktum ist jedoch, dass dies in seinem seit 1941 laufenden Verfahren mit dazu beitrug, dass er vermutlich nicht zwangssterilisiert wurde. Franz W. sollte, so der Beschluss des Erbgesundheitsgerichts Krems vom Juni 1944, wegen *Schwachsinn* zwangssterilisiert werden. Zur ersten Sitzung im Beschwerdeverfahren Anfang September 1944 erschien nur sein als Verfahrenspfleger bestellter Vater und gab an, dass der Bürgermeister des kleinen Ortes in *Niederdonau*, in dem er und sein Sohn lebten, mangels gerichtlicher Vorladung des Sohnes für diesen keine „Bestätigung für die Bahn“ ausstellen wollte. Das Erbgesundheitsobergericht verschob die Verhandlung, um Franz W. ebenfalls vorzuladen. Anfang Dezember erfolgte die Überstellung des Verfahrens an das Erbgesundheitsgericht Wien, dieses beschloss die Wiederaufnahme, da „die geltend gemachten Beschwerdegründe (Beantragter habe nicht erst mit 5–6 Jahren das Gehen erlernt und sein Vater sei kein Trinker gewesen) nicht als unstichhältig angesehen werden können.“ Zur weiteren Klärung schickte Rolleder Anfang März 1945 an den Vater von Franz W. einen sehr detaillierten Fragenkatalog zur Ergänzung der nur rudimentär ausgefüllten *Sippentafel* mit der Aufforderung, diesen innerhalb von zehn Tagen zu beantworten – seine Antwort findet sich nicht in dem umfangreichen Akt, es dürfte auch zu keinem Verfahren mehr gekommen sein.

Eine vergebliche Postzustellung und die mehrwöchige Verzögerung der Überstellung der Akten vom Erbgesundheitsobergericht an das Erbgesund-

505 Zu den folgenden Zitaten und Ausführungen vgl. 2 XIII 108/44.

heitsgericht dürfte Franz T.,[506] einen 17-jährigen Anlernling, wie es in den Akten heißt, vor der Zwangssterilisation bewahrt haben. Franz T. sei, so die Entscheidung von Richter Alfred Tomanetz und den ärztlichen Beisitzern Erwin Haidinger und Josef Zaussinger vom September 1943, nicht *schwachsinnig*. Ernst Illing, Leiter der Jugendfürsorgeanstalt Am Spiegelgrund, brachte Beschwerde ein und das Erbgesundheitsobergericht forderte ein Gutachten von Alfred Auersperg an. Infolge eines Irrtums bei der Post, die die Vorladung an einen anderen Mann desselben Namens zustellte, konnte Auersperg Franz T. erst im Mai 1944 untersuchen. Auersperg ging wie schon Illing in seinem Antragsgutachten davon aus, dass Franz T. *erbkrank* sei. In der Sitzung vom 1. Dezember beschlossen Richter Viktor Zenker und die ärztlichen Beisitzer Robert Fischer, ein Badener Amtsarzt,[507] und Josef Schicker zusätzliche Akten vom Jugendgericht einzusehen und schickten den Akt danach an das Erbgesundheitsgericht, wo dieser erst Mitte März 1945, nach mehreren Urgenzen Rolleders, auch tatsächlich einlangte. Zu einer Verhandlung finden sich keine Hinweise im Akt.

Die 21-jährige Kriegswitwe Anna H.,[508] Postfacharbeiterin und Mutter einer kleinen Tochter, galt als *moralisch minderwertig*, *haltlos* und *frech* und somit trotz aller kriegsbedingten Einschränkungen beim Vollzug des GzVeN als dringend *fortpflanzungsgefährdet*. Sie berief gegen den Beschluss zur Zwangssterilisation des Erbgesundheitsgerichts St. Pölten vom September 1944. Die Sitzung des Beschwerdeverfahrens war für den 8. Dezember angesetzt, fand aber nicht mehr statt. Wie Anna H. davon erfuhr, ist unklar, denn, wie aus einem Aktenvermerk hervorgeht, verweigerte die Post ein Telegramm mit der Absage des Termins „als nicht kriegswichtig". Das Schreiben ging an das im Dezember noch zuständige Erbgesundheitsgericht St. Pölten. Und nachdem die Akten im Zuge der Zusammenlegung der Gerichtsbezirke an das Erbgesundheitsgericht Wien überstellt waren, beschloss dieses Anfang März 1945, das Verfahren wieder aufzunehmen, und forderte sowohl Anna H. als auch den Amtsarzt zur Stellungnahme auf. Allerdings ging das Schreiben irrtüm-

506 Zu den folgenden Zitaten und Ausführungen vgl. 2 XIII 250/42 bzw. XIII 125/45. Vgl. auch das Verfahren von Josef Z., XIII 114/45.

507 Robert Fischer war Amtsarzt von Baden und in 14 Verfahren (knapp 3%) ärztlicher Beisitzer beim Erbgesundheitsobergericht.

508 Vgl. XIII 147/45.

lich zuerst an das Gesundheitsamt St. Pölten, und erst Ende März bekräftigte der zuständige Amtsarzt von Amstetten, dessen Name aus den Akten nicht hervorgeht, dass Anna H. „einen sehr schlechten Lebenswandel führt". Das Kriegsende dürfte auch Anna H. vor der Zwangssterilisation bewahrt haben.

Paradoxerweise trug also gerade auch die Unmöglichkeit, gegen den Beschluss des Erbgesundheitsgerichts zu berufen, gegen Ende des Krieges vielfach mit dazu bei, dass die betroffenen Frauen und Männer dem Zwangseingriff entgehen konnten. Die Akten wurden zur neuerlichen Bearbeitung an das Erbgesundheitsgericht überstellt, zu einem Zeitpunkt, wo Richter Anton Rolleder neben den Wiener Verfahrensakten zusätzlich jene des nun zusammengelegten Gerichtsbezirks, d.h. von Krems, St. Pölten und Wiener Neustadt, bearbeiten musste. Angesichts der immer weniger funktionierenden Infrastruktur konnte spätestens ab Jänner 1945 jede Woche entscheidend sein, ob noch ein Beschluss zur Zwangssterilisation gefällt wurde oder nicht: Interne Verzögerungen beim Aktentransfer vom Erbgesundheitsobergericht zurück an das Erbgesundheitsgericht, von diesem an die ärztlichen Beisitzer, Irrtümer bei der Post beim Zustellen von Vorladungen oder auch deren Weigerung, nicht als *kriegswichtig* angesehene Schreiben des Erbgesundheitsobergerichts anzunehmen,[509] führten dazu, dass zumindest einige wenige Menschen der Zwangssterilisation entgingen.

SCHLUSSFOLGERUNGEN AUS DEN BESCHWERDEVERFAHREN

Am Erbgesundheitsobergericht Wien herrschte von 1941 bis 1944 mit den beiden Richtern Franz Hais und Viktor Zenker, den fünf ärztlichen Beisitzern Otto Hamminger, Josef Schicker, Ambros Singer, Rudolf Stiglbauer und Paul Trüb, die den Großteil der Beschlüsse verantworteten, sowie den fünf Gutachtern Alfred Auersperg, Hans Bertha, Josef Berze, Ernst Illing und Otto Pötzl große personelle Kontinuität von hochrangigen Vertretern der NS-Gesundheitspolitik in Wien und im *Gau Niederdonau*. Unübersehbar ist der hohe Anteil an NSDAP-Mitgliedern und SS-Angehörigen unter den wichtigsten

509 Vgl. XIII 117/45; XIII 147/45.

Akteuren der Wiener am Erbgesundheitsobergericht und ebenso unübersehbar ist die Mitverantwortung einiger Ärzte an der NS-Euthanasie.

Die Auswertung der umfangreicheren Verfahrensakten des Erbgesundheitsobergerichts Wien lässt den Schluss zu, dass dieses in formaler Hinsicht den korrekten Vollzug des GzVeN anstrebte und dabei auch nicht unterschied, ob die Beschwerde von Frauen oder Männern bzw. gegen eine angeordnete oder abgelehnte Zwangssterilisation eingebracht worden war. So dauerten die Verfahren etwa gleich lange, unterscheiden sich kaum im Hinblick auf die persönliche Anhörung der betroffenen Frauen und Männer vor Gericht, Gutachten wurden annähernd gleich oft eingeholt – wobei in den Beschwerdeverfahren gegen eine angeordnete Zwangssterilisation der Anteil der Begutachtungen vor allem gegen Kriegsende stärker stieg als in jenen gegen eine erstinstanzlich abgelehnte. Wie die zahlreichen Fallbeispiele zeigen, maßen Richter und Ärzte den Argumenten von Amtsärzten und Anstaltsleitern nicht von vornherein größere Bedeutung bei als jenen von Personen, die sich gegen ihre drohende Zwangssterilisation wehrten.

Die Berücksichtigung formaler Kriterien zeigte sich in vielfacher Hinsicht: Die Richter Zenker und Hais schickten Akten an das Erbgesundheitsgericht zurück, wenn beispielsweise die Unterschrift der ärztlichen Beisitzer auf dem Beschluss fehlte, bevor sie ein Verfahren weiterführten.[510] Die Erstinstanz stand der Vorgehensweise hinsichtlich der buchstabengetreuen Umsetzung des GzVeN und der damit verbundenen Verordnungen um nichts nach, hatte es doch nach der Einstellung des Erbgesundheitsobergerichts ab Jänner 1945 jeden einzelnen Fall überprüft und sieben der acht übernommenen Verfahren wieder aufgenommen, um zu einer – im Sinnes des Gesetzes – korrekten Entscheidung zu kommen, anstatt die Verfahren kriegsbedingt einzustellen. Dies erfolgte in jenen Wochen des Krieges, in denen aufgrund von Fliegerangriffen, Schneeverwehungen und Kohlenmangel fallweise sogar Sitzungen abgesagt wurden und auch sonst die Infrastruktur zunehmend schlechter funktionierte.

510 Vgl. 2 XIII 76/44.

Das Erbgesundheitsobergericht vollzog das GzVeN weitgehend unbeeindruckt von kriegsbedingten Engpässen: Zenker und Hais luden die von der Zwangssterilisation bedrohten Frauen und Männer zumeist vor – ungeachtet der Kosten, die diesen dafür erstattet werden mussten. Trotz geringfügiger Unterschiede bezüglich der Zahl der Vorladungen zwischen den beiden Richtern konnten wesentlich mehr Menschen persönlich ihre Anliegen vertreten als in den Verfahren im *Altreich* vor 1939, als die Erbgesundheitsgerichtsbarkeit noch nicht durch den Krieg eingeschränkt war. Auch bezüglich der Verfahrensfristen agierte es buchstabengetreu: Das Erbgesundheitsobergericht genehmigte die sogenannte Wiedereinsetzung in den vorherigen Stand für einen Beschwerdeführer, der nicht rechtzeitig berufen hatte, weil er den Beschluss des Erbgesundheitsgerichts zu spät erhielt, lehnte aber auch die Beschwerde eines Amtsarztes, der trotz Urgenz seine Beschwerdegründe nicht rechtzeitig nannte, aufgrund des Fristversäumnisses ab.

Hinsichtlich der Gutachten ist ein Vergleich mit Erbgesundheitsobergerichten des *Altreichs* aufschlussreich: Während in Wien in knapp 19 % der Verfahren eine Begutachtung erfolgte, war dies, wie die AutorInnen der jeweiligen Untersuchungen hervorheben, in Freiburg, München, Hamburg und Frankfurt/Main nur sehr vereinzelt der Fall, wobei darin der Schwerpunkt auf den Jahren 1934 bis 1939 lag.[511] Die hohe Begutachtungsrate in Wien dürfte vor allem darauf zurückzuführen sein, dass nach der Einschränkung des GzVeN im August 1939 die Verfahren – in beiden Instanzen – vielfach sorgfältiger geführt worden waren: Die Akzeptanz des GzVeN sollte durch den Eindruck eines formal korrekten und rechtsstaatlichen Verfahrens erhalten bleiben, gleichzeitig untermauerten Richter, Beisitzer und Gutachter damit ihre eigene Bedeutung in der Erbgesundheitsgerichtsbarkeit und demzufolge auch ihre Unabkömmlichkeit an der Heimatfront.

Die Zahl der eingeholten Gutachten wurde auch nicht, wie aufgrund kriegsbedingter Engpässe anzunehmen wäre, von Jahr zu Jahr niedriger, sondern deutlich höher – und war im Jahr 1944 anteilsmäßig sogar am höchsten: Gerade in Kriegszeiten sollten Menschen, die infolge einer ausführlichen Be-

511 Vgl. Link, Freiburg, 426, Heitzer, Passau, 319, und Rothmaler, Hamburg, 165, Daum/Deppe, Frankfurt/Main, 122.

gutachtung als *erbgesund* gelten könnten, keinesfalls unfruchtbar gemacht werden. Bevor sich also die ärztlichen Beisitzer trotz unterschiedlicher Ansicht zur Beschleunigung des Verfahrens einigten oder eine Zwangssterilisation im Zweifelsfall ablehnten, sollte ein Gutachten eine eindeutige Entscheidung ermöglichen[512] – ganz im Sinne der GzVeN-Kommentatoren Gütt, Rüdin und Ruttke, dass „eine etwa zu Unrecht vorgenommene Unfruchtbarmachung einen nicht wieder gutzumachenden Generationenausfall für das deutsche Volk bedeuten würde, während eine zu Unrecht unterlassene Unfruchtbarmachung bei erneutem Auftreten der Erbkrankheit in den nachfolgenden Geschlechtern nachgeholt werden kann."[513]

Die zuvor ausführlich beschriebenen Beschlüsse, mit denen das Erbgesundheitsobergericht sich anders als das Erbgesundheitsgericht entschied, verdeutlichen das Selbstverständnis der Richter und ärztlichen Beisitzer des Erbgesundheitsobergerichts: Sie nutzten ihren Handlungsspielraum aus, zögerten nicht, erstinstanzliche Gutachten gegenteilig zu interpretieren oder noch zusätzliche einzuholen, sie verstanden sich als unabhängige, unbeeinflussbare und objektive Instanz und trafen Entscheidungen gegen erstinstanzliche Gutachten und Beschlüsse fallweise aufgrund eigener Gutachten, aber auch ausschließlich aufgrund des Aktenstudiums und ihres persönlichen Eindrucks von den Frauen und Männern während der Sitzung.

Wortwahl und Argumentation beider Instanzen unterscheiden sich nicht – aus den Beschlüssen geht dieselbe Sichtweise auf Menschen und ihre Kategorisierung je nach *Erbwert* und *Lebensbewährung* mit der daraus resultierenden Anordnung oder Ablehnung einer Zwangssterilisation deutlich hervor.

Die Gesamtzahl der von der Wiener Erbgesundheitsgerichtsbarkeit angeordneten Zwangssterilisationen sank nach den jeweiligen Beschwerdeverfahren von betroffenen Frauen und Männern bzw. Amtsärzten und Anstaltsleitern von 1.223 auf 1.203 (2,5 % weniger). Der hohe Anteil an gegenteiligen Entscheidungen – jeweils ein Drittel nun abgelehnter bzw. angeordneter Zwangssterilisationen – unterstreicht die Eigenständigkeit, mit der Richter und ärzt-

512 Vgl. auch Ley, Zwangssterilisation, 92.

513 Gütt/Rüdin/Ruttke, Kommentar, 274.

liche Beisitzer vorgingen, um die Beschwerden, wie im GzVeN vorgesehen, *tatsächlich* und *rechtlich* zu überprüfen.

Jedes der vier Erbgesundheitsobergerichte in den *Alpen- und Donaureichsgauen* agierte offenbar sehr autonom und, anders als im *Altreich,* bis 1939 wurden ausgewählte Beschlüsse auch nicht als Orientierungshilfe in strittigen Verfahren in juristischen Fachzeitschriften publiziert.[514] So kritisierte der Präsident des Oberlandesgerichtes Graz, Friedrich Meldt, im Juli 1942 in seinem Wahrnehmungsbericht an das Reichsjustizministerium, „dass die Gerichte verschiedener Bezirke sowohl hinsichtlich des Verfahrens als auch der Rechtssprechung verschiedene Wege gehen".[515] Er regte eine „engere Fühlungnahme der Erbgesundheitsobergerichte untereinander" an, weiters die „Schaffung einer einheitlichen Stelle zur Sammlung und Veröffentlichung von Entscheidungen".

Es dürfte jedoch nicht dazu gekommen sein, da er in seinen späteren Berichten nichts mehr davon erwähnte – und sich auch in den Berichten der Oberlandesgerichtspräsidenten von Wien, Linz und Innsbruck nichts zur Erbgesundheitsgerichtsbarkeit findet.[516]

Richter und ärztliche Beisitzer des Erbgesundheitsobergerichts Wien vollzogen ein NS-Unrechtsgesetz buchstabengetreu, und es finden sich keine Hinweise, dass sie in irgendeinem Widerspruch dazu standen: Von den Richtern und Ärzten in einem vielfach aufwändigen Verfahren als *erbkrank* kategorisierte Menschen mussten zwangssterilisiert werden. Gleichzeitig waren selbst in Zeiten des Krieges zur Sicherung der Fortpflanzung von als *erbgesund* geltenden Menschen keine Ressourcen zu knapp und keine Kosten zu hoch, wie die zu Beginn dieser Arbeit beschriebene Geschichte von Therese W. zeigt. Nach ihrer erfolglosen Beschwerde beim Erbgesundheitsobergericht 1941 zwangssterilisiert, erreichte sie 1944, infolge eines Wiederaufnahmeverfahrens, nicht mehr als *erbkrank* zu gelten – obwohl Wiederaufnahmen im Zuge der

514 Vgl. Ganssmüller, Erbgesundheitspolitik, 65–70.

515 BAB, R 3001/23365 fol 26f. Diese Wahrnehmungsberichte zu verschiedenen rechtlichen und sozialen Fragen sowie zur allgemeinen Stimmung in der Bevölkerung erfolgten alle zwei Monate. Zum – letztlich nicht beweisbaren – Vorwurf, Meldt wäre „in weiterem Sinn" an der NS-Euthanasie beteiligt gewesen, siehe Polaschek, Volksgerichte, 112f.

516 Vgl. BAB, R 3001/23368 (Innsbruck), R 3001/23377 (Linz) und R 3001/23388 (Wien).

kriegsbedingten Einschränkungen der Erbgesundheitsgerichtsbarkeit infolge eines Erlasses von August 1944 bis Kriegsende verschoben werden sollten. Im Februar 1945 erfolgte ein aufwändiger operativer Eingriff zur Wiederherstellung ihrer Fertilität.[517]

517 Vgl. BAB, RJM 3001/21936 fol. 155, 22. August 1944 und 2 XIII 20/40 sowie Spring, Restitution, 367–392. Zu einem solchen Beschluss im September 1940 durch das Erbgesundheitsobergericht Berlin vgl. Hinz-Wessels, Brandenburg, 148. Ob bei dem nun als *erbgesund* geltenden Mann auch ein operativer Refertilisierungsversuch erfolgte, ist unbekannt.

4. Die Durchführung von Zwangssterilisationen und Schwangerschaftsabbrüchen in Wien

Der erste Versuch der Zwangssterilisation im Juni 1943 scheiterte am erbitterten Widerstand von Karl S.:[518] „Patient wurde zwecks Unfruchtbarmachung auf Pavillon W gebracht, tobte aber dort so und drohte mit Selbstmord, darum wurde er aufgeklärt, daß er nur eine Auswahl hat – entweder operiert, oder dauerhaft interniert werden. Patient beharrte auf seinem Entschluss, daher hat man von der Operation Abstand genommen. [...] Er begreift keine Erklärungen der Lage, die ihm gegeben werden."

Der 26-jährige Karl S., der im Sinne des GzVeN als *schwachsinnig* galt und darüber hinaus als *asozial*, wollte bereits den Beschluss des Erbgesundheitsgerichts zu seiner Zwangssterilisation nicht widerspruchslos hinnehmen, doch seine Beschwerde beim Erbgesundheitsobergericht blieb erfolglos.

Die Begleitumstände seiner Zwangssterilisation gehen aus der umfangreichen Krankengeschichte der Anstalt Am Steinhof hervor: „Bei der Untersuchung erweist sich Patient klar, orientiert, über seine Lage informiert, aber vollkommen uneinsichtig. Er spricht sehr aufgeregt und leidenschaftlich, verneint irgendwelche psychischen Erkrankungen und hält den Beschluß der Sterilisation für eine Ungerechtigkeit, und deshalb wolle er sich dagegen sträuben und sich in keinem Falle operieren lassen. Wenn er aber mit Gewalt operiert wird, dann werde er bei der ersten Gelegenheit Selbstmord begehen. Keine Überredung gilt dabei, Patient bleibt bei dieser Behauptung fest und unbeugsam."

Die Eintragungen in den darauf folgenden Tagen lauteten ähnlich: „Patient ist im offenen Bett haltbar, aber bleibt immer aufgeregt und vollkommen uneinsichtig, er hält die Absicht, ihn unfruchtbar zu machen für ein Verbrechen,

---

518 Zu seinem Verfahren vgl. 2 XIII 200/42. Seine Krankengeschichte befindet sich im Archiv der Anstalt Am Steinhof, über die Einsichtnahme entscheidet die ärztliche Leitung. Zwecks besserer Lesbarkeit wurden die in der Krankengeschichte verwendeten Abkürzungen ausgeschrieben. Zur Zwangssterilisation und zur nicht erfolgten Anerkennung von Karl S. im Sinne des Opferfürsorgegesetzes vgl. ausführlich Spring, Patient tobte, 41–76; dieser Text ist auch einsehbar auf www.spiegelgrund.at, Zugriff 21. Dezember 2008.

schreit und schimpft, sagt, daß er in diesem Fall entehrt wird, darum werde er sich aufhängen. [...] Patient wird immer mehr renitent und aggressiv [...] Patient gibt niemandem Ruhe, schimpft, fügt sich nicht in die Hausordnung ein, verlangt seine Entlassung. [...] In der Zelle, in Schutzkleid gehalten."

Anfang Juli 1943 ist in der Krankengeschichte ohne weiteren Kommentar vermerkt: „Samenleiter beiderseits in 5 cm Länge reseziert." Zwei Wochen später wurde Karl S. aus der Anstalt entlassen.

Karl S. war kein Einzelfall. Wie viele andere Frauen und Männer, die zwangssterilisiert werden sollten, wehrte er sich mit einer Beschwerde gegen den Beschluss des Erbgesundheitsgerichts. Seine Einlieferung in die Anstalt Am Steinhof erfolgte zwangsweise und auch dort noch wehrte er sich mit allen ihm zur Verfügung stehenden Mitteln gegen den Zwangseingriff. Nach Kriegsende wehrte er sich weiterhin gegen die damit verbundene erzwungene Kinderlosigkeit – und erreichte 1949 den operativen Versuch zur Wiederherstellung seiner Fertilität. Sein Antrag auf Anerkennung als Opfer im Sinne des Opferfürsorgegesetzes und auf eine finanzielle *Entschädigung*, wurde wie alle anderen Anträge von zwangssterilisierten Frauen und Männern abgelehnt.[519]

Zwangssterilisationen und Schwangerschaftsabbrüche in Wien

Zahlreiche Fragen zur konkreten Durchführung von Zwangssterilisationen und gleichzeitig erfolgten Schwangerschaftsabbrüchen sind mangels Quellen für Wien schwer zu beantworten, gleichzeitig fehlt auch grundlegendes Wissen zur Geschichte der Gynäkologie und Chirurgie in der NS-Zeit sowie zu den Kliniken und den jeweiligen Ärzten.[520]

519 Einzige bis dato bekannte Ausnahme war Johann H., ein zwangssterilisierter Rom, der 1949 als *rassisch* verfolgtes Opfer anerkannt wurde. Ausschlaggebend war jedoch nicht der Zwangseingriff, sondern der im Opferfürsorgegesetz anerkannte Verfolgungsgrund, vgl. dazu Spring, Gift, 201–203. Zur 1995 erfolgten Novelle, nach der die Anerkennung erstmals möglich wurde, vgl. Kap. 7.

520 Zur Durchführung in deutschen Kliniken vgl. neben den hier genannten Publikationen auch Hennig, Offenbach/Main, 189–195, Koch, Göttingen, 46–49, Link, Freiburg, 99–114 bzw. 352–400, Vossen, Gesundheitsämter, 306–310, sowie Ley, Zwangssterilisation, 93–97.

Wichtige Hinweise finden sich in den Bestimmungen des GzVeN und dem von Gütt, Rüdin und Ruttke verfassten Gesetzeskommentar, den zeitgenössischen Untersuchungen zu den Folgen der Zwangseingriffe, weiters den Listen des Reichsstatthalters Wien zu den Kliniken und den dazu *ermächtigten* Ärzten sowie den aus einer Seite bestehenden ärztlichen Berichten, die in 92 der insgesamt 1.203 vom Erbgesundheits- bzw. Erbgesundheitsobergericht beschlossenen Zwangssterilisationen den Akten beiliegen. Letztere erlauben zwar punktuelle Antworten zur konkreten Praxis, ihre unregelmäßige Verteilung lässt jedoch keine quantitativen Aussagen zu, wie viele Frauen und Männer in Wien von 1940 bis 1945 wo und von wem zwangssterilisiert worden sind.[521] Dies gilt ebenso für Schwangerschaftsabbrüche aufgrund des GzVeN sowie unabhängig davon an *fremdvölkischen Arbeitskräften*[522] und nicht zuletzt für jene, die der ‚Reichsausschuss zur Erfassung erb- und anlagebedingter schwerer Leiden' in Berlin, eine für die Durchführung der NS-Euthanasie mitverantwortliche Institution, genehmigte.[523] Informationen bieten jedoch die umfangreicheren Akten des Erbgesundheitsgerichts sowie einzelne Krankengeschichten der Anstalt Am Steinhof.

Während für Wien viele Fragen noch unbeantwortet sind, konnte Gabriele Czarnowski für die Universitäts-Frauenklinik Graz aufzeigen, dass dort tätige Gynäkologen Frauen in vielfacher Hinsicht als Forschungsobjekte missbrauchten.[524] Der unmittelbare Nutzen für die Gynäkologen und auch Chirurgen, die die Zwangseingriffe in großer Zahl vornahmen, ihre Bedeutung

521 Die Gesundheitsämter waren verpflichtet, regelmäßig statistische Angaben über die durchgeführten Zwangssterilisationen und Schwangerschaftsabbrüche an das Reichsministerium des Innern in Berlin zu senden. Die Recherche in den Beständen des Berliner Bundesarchivs blieb ergebnislos, ebenso eine Anfrage zu eventuell noch vorhandenen Aufzeichnungen oder Operationsprotokollen in den Wiener Kliniken. Kopien des Briefwechsels im Besitz der Verfasserin.

522 Zur Zwangsarbeit in der *Ostmark* bzw. den *Alpen- und Donaureichsgauen* vgl. grundlegend Freund/Perz, Zwangsarbeit, 644–695, zu den Schwangerschaftsabbrüchen vgl. grundlegend Hauch, Zwangsarbeiterinnen, 422–432, und dies., Ostarbeiterinnen, 1282–1290. Zu Wien vgl. Czech, Erfassung, 81–88, und Czech, Geburtenkrieg, 52–95.

523 Vgl. dazu Oelschläger, Schwangerschaftsunterbrechungen, 97–130, sowie Neugebauer, „Spiegelgrund", 292–294.

524 Vgl. Czarnowski, Material, 225–273.

für das medizinische Fach und nicht zuletzt für die Karrieren der Operateure, die auch von den Folgen der Vertreibung jüdischer Ärztinnen und Ärzte[525] profitierten, ist unübersehbar: konnten sie doch nicht kranke, sondern gesunde Menschen untersuchen, an ihnen operative Techniken üben, verfeinern und gegebenenfalls auch mit neuen Methoden experimentieren. Dass sie ihre Grenzen dabei weit steckten, liegt nahe, handelte es sich doch um – im Sinne der NS-Ideologie – *minderwertige* Menschen.

Ersichtlich ist dieser Missbrauch von Menschen auch in der zeitgenössischen Forschungsliteratur: Felix von Mikulicz-Radecki, renommierter Königsberger Gynäkologe und Mitverfasser eines viel gelesenen Handbuchs zur Durchführung der Zwangssterilisation, nutzte die im GzVeN vorgeschriebene medizinische Untersuchung vor dem Zwangseingriff zur Erforschung der Sterilität von Frauen.[526] Auch sein Schüler Ruthardt Horn hatte 216 Frauen in der dortigen Universitäts-Frauenklinik in verschiedenen Phasen ihres Menstruationszyklus ausführlich begutachtet und in seiner 1936 publizierten Dissertation „die Gelegenheit [genutzt], die Beschaffenheit der inneren Genitalien und ihre Lage zueinander unter normalen Verhältnissen kennen zu lernen [sic] und einen Vergleich mit der Menstruationsanamnese aufzustellen“[527] – eine Gelegenheit, die sich nur durch die Zwangssterilisationen ergeben hatte und die nicht nur der *Volksgemeinschaft*, sondern vor allem auch individuellen wissenschaftlichen Karrieren dienen sollte. Nicht nur angehende Ärzte, auch Ärztinnen untersuchten in gynäkologischen Kliniken des *Altreichs* die dort zwangssterilisierten Frauen im Hinblick auf die psychischen und physischen Folgen des Eingriffs. Zusätzlich zur Degradierung der unmittelbar zuvor zwangssterilisierten Frauen als Forschungsobjekte negierten sie das Faktum des Zwangseingriffs und schrieben die Schuld an postoperativen Schwierigkeiten den Frauen zu.

Dass solche Forschungen an Menschen offenbar sehr verbreitet waren, zeigen nicht nur diese Publikationen, sondern auch ein Erlass des Reichsministers für Wissenschaft, Erziehung und Volksbildung vom August 1940: Bezug

525 Michael Hubenstorf wies darauf hin, dass 58% der Wiener Gynäkologen im Sinne der Nürnberger Gesetze als jüdisch galten, vgl. ders., Wahrheit, 17.

526 Vgl. Czarnowski, Mikulicz-Radecki, 90–113.

527 Horn, Statistisches, 9.

nehmend auf eine nicht näher genannte Klinik, in der alle dort zwangssterilisierten Frauen Fragen zu ihrem Menstruationszyklus und zu unmittelbaren Folgen des Zwangseingriffs geben mussten, sollten derartige Fragebögen grundsätzlich nicht verteilt werden bzw. nur nach Zustimmung der vorgesetzten Behörden, um nicht „Misstrauen, Bedenken und Unruhe bei den Unfruchtbargemachten hervorzurufen und so die Durchführung des Gesetzes zur Verhütung erbkranken Nachwuchses zu erschweren".[528] Misstrauen, Bedenken und Unruhe sollten auch in der Bevölkerung vermieden werden – was darauf schließen lässt, dass die umfassenden propagandistischen Maßnahmen zur Notwendigkeit der *Gesundung des Volkskörpers* offenbar nicht den gewünschten Erfolg hatten. Dies geht auch aus einem in November 1942 verfassten Bericht des Grazer Oberlandesgerichtspräsidenten Friedrich Meldt an das Reichsjustizministerium in Berlin hervor, wonach „noch eine weitgehende Aufklärungsarbeit zu leisten" sei.[529]

Laut Bestimmung des Reichsministeriums des Innern sollten Zwangssterilisationen und Schwangerschaftsabbrüche ausschließlich von Primarärzten und deren Assistenten vorgenommen werden.[530] Offenbar zeichneten einige aber nur die ärztlichen Berichte von Hilfs- bzw. Assistenzärzten ab, die operative Erfahrungen sammeln sollten – eine Praxis, die in Frankfurt und Hamburg üblich war[531] – obwohl das Ministerium mehrfach betonte, dass eine Delegierung des Eingriffs nicht den Bestimmungen des GzVeN entsprach.[532] Gleichzeitig konnten ab 1939 in als *dringend* geltenden Fällen „ausnahmsweise auch Ärzte herangezogen werden, die nicht ausdrücklich zur Ausführung von Unfruchtbarmachungen ermächtigt sind, sofern sie die Gewähr für eine ordnungsmäßige Durchführung des Eingriffs bieten".[533]

528 Vgl. ÖStA/AdR, BMU, Kurator, AZ 7104.

529 BAB, R 3001/23365, Bericht des Präsidenten des Oberlandesgerichts Graz an Reichjustizminister Thierack, 26. November 1942, fol. 32

530 Vgl. Goldberger, Linz und Oberdonau, 852.

531 Vgl. Daum/Deppe, Frankfurt/Main, 126, und Rothmaler, Hamburg, 184. Rothmaler schließt dies aus den entsprechenden „Mahnungen und Rügen an die Kliniken" seitens des Innenministeriums, vgl. ebd.

532 Vgl. WSTLA, M.Abt. 212, A 7/7, Zl.152.31, zit. nach Arias, Gewähr, 234.

533 Pfeiffer, Ostmark, 202. Vgl. auch Goldberger, Linz und Oberdonau, 852, und Poier, Gesundheitspolitik, 215. Über die Vornahme der *freiwilligen Entmannungen* nach § 14 Abs 2 von straf-

In Wien veränderte sich die Zusammensetzung der Ärzte während des Krieges mehrfach, u.a. wegen deren Einberufungen zur Wehrmacht. In der Forschungsliteratur finden sich zwei Listen, deren Angaben auf den ersten Blick verwirren. Einerseits, weil die im Krankenhaus Lainz angeführten Ärzte die Zwangseingriffe auch in der Anstalt Am Steinhof durchführten, obwohl dort eigene Ärzte genannt waren, und andererseits, weil der Gynäkologe Amreich von der ersten zur zweiten Universitätsfrauenklinik wechselte und danach dort operierte – mit ihm seine Assistenzärzte Emil Kiss sowie Hans Tasch. Letzterer scheint zwar in keiner der bis dato bekannten Listen auf, seine Berechtigung ist jedoch rekonstruierbar.[534] Auch zahlreiche andere Ärzte haben, wie aus den ärztlichen Berichten, die den Verfahrensakten beiliegen, die Zwangseingriffe an Frauen und Männern durchgeführt.

Auf der Liste vom August 1940, unterzeichnet von Paul Trüb vom medizinischen Referat der Reichsstatthalterei Wien, der zusätzlich auch ein wichtiger ärztlicher Beisitzer am Erbgesundheitsobergericht Wien war, finden sich folgende Chirurgen und Gynäkologen:

A) Chirurgische Unfruchtbarmachung an Frauen:
1.) Krankenhaus der Stadt Wien (= Lainz): Primararzt Priv. Doz. Tassilo Antoine und Assistent Dr. Josef Froewies
2.) I. Universitäts-Frauenklinik: Prof. Dr. J.A. [sic] Amreich, Assistent Dr. Emil Kiss
3.) Krankenanstalt Rudolfstiftung: Univ. Prof. Dr. Paul Werner, Assistent Dr. Bruno Kuich
4.) Wagner v. Jauregg Heil- und Pflegeanstalt (= Anstalt Am Steinhof): Dr. Hans Lehmann, Dr. Karl Porzinsky

---

fällig gewordenen homosexuellen Männern entschied das Gesundheitsamt Wien, zum Streit um die Durchführung vgl. Spring, *Entmannung*, 257–260.

534 Vgl. Ärztestand, II. Univ. Frauenklinik, 29. Oktober 1943. (Kopie im Besitz der Verfasserin.) Ich danke Dr. Anton Schaller sowie Frau Jony und Herrn Ritschl für die Unterstützung bei der Recherche in der Gynäkologischen Klinik im AKH Wien. Allein 15 der noch vorhandenen 92 ärztlichen Berichte sind von Tasch unterfertigt. Vgl. 2 XIII 126/42 von Juni 1943 als ersten und 1 XIII 98/44 von Dezember 1944 als letzten Bericht.

B) Chirurgische Unfruchtbarmachungen an Männern:
1.) I. Chirurgische Universitätsklinik: Univ. Prof. Dr. Leopold Schönbauer, Assistent Dr. Wolfram Sorgo
2.) Krankenanstalt Rudolfstiftung: Priv. Doz. Dr. Hans Steindl, Dr. August Vogl
3.) Wiener Städtisches Krankenhaus Lainz: Univ. Prof. Dr. Adolf Winkelbauer, Dr. Michael Rosenauer
4.) Wagner v. Jauregg Heil- und Pflegeanstalt (= Anstalt Am Steinhof): Dr. Hans Lehmann, Dr. Karl Porzinksy.[535]

Zur Krankenanstalt Rudolfstiftung war vermerkt, dass diese als Wehrmachtslazarett diene und daher bis auf Weiteres keine Zwangssterilisationen durchgeführt werden sollten. Die Nennung der Ärzte auf dieser Liste muss nicht bedeuten, dass sie auch alle operiert hatten, denn Karl Porzinsky wurde 1939 zur Wehrmacht eingezogen[536] und Tassilo Antoine war im August 1940 bereits in der gynäkologischen Universitätsklinik in Innsbruck tätig, bevor er 1943 nach Wien zurückkehrte und die Erste Universitäts-Frauenklinik übernahm.

Aus dem Jahr 1942 ist ebenfalls noch eine Liste vorhanden. Gemäß dieser waren Ärzte nicht nur zur chirurgischen Unfruchtbarmachung von Frauen und Männern berechtigt, sondern auch zu einer Behandlung mit Röntgen- und Radiumbestrahlung von Frauen, wenn erstere nach Ansicht der Ärzte nicht durchführbar war.[537]

A) Folgende Anstalten und Ärzte sind ermächtigt, chirurgische Unfruchtbarmachungen an Männern durchzuführen:
1.) I. Chirurgische Universitätsklinik: Prof. Dr. Leopold Schönbauer

535 Vgl. WSTLA, M.Abt, 212 A 7/7, 152.31, Abt. Erb- und Rassenpflege, Durchführung des GzVeN 24. Juli 1940, zit. nach Czech, Erfassung, 77. Ähnliche Angaben finden sich in Seidler/Rett, Rassenhygiene, 148f, allerdings, wie alle anderen Dokumente dieses Buches auch, ohne jegliche Angabe von Quellen bzw. Provenienz. Weiters ist Josef Frowies dort – vermutlich irrtümlich – als Froewein angeführt.

536 Vgl. ÄK Wien, PA Porzinsky und Arias, Gewähr, 233.

537 Vgl. Eymer, Unfruchtbarmachung, 340–346 und weiter unten.

2.) Wagner v. Jauregg Heil- und Pflegeanstalt (= Anstalt Am Steinhof): Prof. Dr. Hubert Kunz, Chefarzt im Wiener Städtischen Krankenhaus Lainz
3.) Altersheim Lainz: Chefarzt Dr. Hans Lehmann
4.) Wr. Städtisches Krankenhaus Ottakring (= Wilhelminenspital): Oberarzt Dr. Leopold Krenn

B) Folgende Anstalten und Ärzte sind ermächtigt, chirurgische Unfruchtbarmachungen an Frauen vorzunehmen:
1.) I. Univ. Frauenklinik: Prof. Dr. Isidor Amreich, Assistenz Dr. Emil Kiss
2.) Wagner v. Jauregg Heil- und Pflegeanstalt (= Anstalt Am Steinhof): Chefarzt Doz. Dr. Ludwig Kraul
3.) Wr. Städtische Frauenklinik Gersthof (= Semmelweisklinik): Direktor und Chefarzt Dr. Otto Planner-Plann[538]

C) Folgende Krankenanstalten sind ermächtigt, Strahlenunfruchtbarmachungen an Frauen vorzunehmen:
a) Mit Röntgenstrahlen: Wr. Städtisches Krankenhaus Lainz: Chefarzt Dr. Walter Heinz Heilig, Oberarzt Dr. Karl Schmid
b) Mit Radiumstrahlen: Wr. Städtisches Krankenhaus Lainz: Chefarzt Dr. Emil Maier, Oberarzt Dr. Karl Wasserburger

Leopold Schönbauer und Wolfram Sorgo sollten darüber hinaus Zwangssterilisationen von männlichen, Isidor Amreich und Emil Kiss jene von weiblichen Gefangenen der Justizverwaltung durchführen.[539]

Hans Lehmann war zwar für das Altersheim Lainz angeführt, nachweisbar sind jedoch auch seine Operationen in der Anstalt Am Steinhof.[540] Im Krankenhaus Ottakring (dem heutigen Wilhelminenspital) waren zwar keine Ope-

538 Vgl. WSTLA, M.Abt. 212. A7-7, Registratur des Leiters, Hauptgesundheitsamt E 1, 151.52–152.311, 1941–1945. Ich danke Herwig Czech für diesen Hinweis.

539 Vgl. Schreiben des Reichsministeriums des Innern IV b 1547/40–1079k, in: ÖStA/AdR, BMU, Kurator, AZ 7113. Schönbauer wurde hier irrtümlich als Schönhauser bezeichnet.

540 Vgl. Dir.reg. Nr. 116/45, zit. nach Mende, Steinhof, 83. Zu Lainz vgl. weiters Hubenstorf, Lainz, 255–282, insb. 271. Im Archiv des Krankenhauses Lainz finden sich die Krankengeschichten von zwei Personen, die zwangssterilisiert wurden, vgl. den entsprechenden Hinweis bei Arias, Gewähr, 232.

rateure für Frauen genannt, doch findet sich ein von Dr. Kraul unterzeichneter ärztlicher Bericht bei den Verfahrensakten.[541] Herwig Czech zeigte auf, dass in einem auf dem dortigen Areal errichteten ‚Barackenspital für ausländische Arbeitskräfte' zwischen Juli 1943 und März 1945 mindestens 620 Schwangerschaftsabbrüche außerhalb des GzVeN erfolgten – an *Fremdarbeiterinnen.* Welche Ärzte diese durchführten, ist unbekannt.[542]

In der Ersten Chirurgischen Universitätsklinik wurde statt des einberufenen Wolfram Sorgo Paul Deuticke eingesetzt.[543] Nicht nur Deuticke und Hans Tasch, sondern auch ein Karl Huber findet sich in den ärztlichen Berichten, nicht jedoch in den bisher bekannten Listen der ermächtigten Ärzte. Dies gilt auch für Paul Werner, der im Wiener Städtischen Krankenhaus Lainz operierte.[544] In der Anstalt Am Steinhof waren weiters Ludwig Frischmuth, Ludwig Kraul, Leopold Krenn, Otto Neumann und Lothar Wissgott berechtigt – warum der Neurologe Wissgott die Zwangseingriffe durchführen konnte, bleibt offen. Dass er, wie auch Frischmuth, zumindest 1944 viel beschäftigt war, geht aus der Rekonstruktion ihrer Honorare eindeutig hervor.[545]

Die Honorare zeigen darüber hinaus auch, dass die Operationen für die Ärzte ein einträgliches Zusatzeinkommen waren: Ingrid Arias wies nach, dass Christian Bablik, ein weiterer Arzt, der nicht nur im Krankenhaus Lainz, sondern auch in der Anstalt Am Steinhof operierte,[546] damit in Lainz allein im Jahr 1942 2.115 Reichsmark zusätzlich verdient hatte. Zum Vergleich: 1940 betrug sein Bruttogehalt 402 RM monatlich. Sein Kollege Hans Lehmann, eigentlich Chirurg im Altersheim Lainz, brachte es 1942 auf stattliche 2.430 RM.[547]

541 Vgl. 2 XIII 25/41.

542 Vgl. Czech, Erfassung, 86. Czech nannte außerdem 780 Frauen, die vermutlich als Folge der Zwangsarbeit eine Fehlgeburt hatten.

543 Vgl. WSTLA, M.Abt. 209, Schreiben Schönbauers an die Direktion des AKH vom 19. Mai 1941.

544 Vgl. 2 XIII 74/44. Zum ebenfalls durch Werner vorgenommen Versuch der Refertilisierung von Therese W. vgl. Spring, Restitution, 367–392.

545 WSTLA, M.Abt 209, A1 Otto Wagner Spital, Z. 116/45, zit. nach Arias, Gewähr, 234.

546 Vgl. den ärztlichen Bericht zu Aurelia H. vom 5. März 1942, 1 XIII 138/41, und zu Karl K. vom 9. April 1942, 1 XIII 101/41. Zu Babliks Operationen im Jahr 1944 vgl. Mende, Steinhof, 83.

547 Vgl. Arias, Gewähr, 234 (Bablik) und 233 (Lehmann). Auch Goldberger wies darauf hin, dass Ärzte zwar fallweise aufgrund von Überlastung den Beisitz beim Erbgesundheitsgericht ab-

Bei Emil Kiss, Otto Neumann und Willhelm Weibel trugen nicht nur die Zwangssterilisationen, sondern auch die Durchführung der vom ‚Reichsausschuss zur Erfassung erb- und anlagebedingter schwerer Leiden' in Berlin genehmigten Schwangerschaftsabbrüche zur Aufbesserung ihres Einkommens bei.[548]

Neben den Operationen waren auch die Tätigkeiten als Gutachter und ärztlicher Beisitzer in beiden Instanzen der Erbgesundheitsgerichtsbarkeit finanziell attraktiv, eine Möglichkeit, die Isidor Amreich, Ludwig Kraul, Hans Tasch und Otto Planner-Plann, der Wiener Gauärzteführer,[549] vielfach nutzten, weiters auch Alois Kittinger vom Krankenhaus Kittsee und Rudolf Stiglbauer vom Krankenhaus Wiener Neustadt, die dort die Zwangseingriffe vornahmen.[550]

Nachdem der Beschluss des Erbgesundheitsgerichts bzw. Erbgesundheitsobergerichts rechtskräftig geworden war, musste der zuständige Amtsarzt eine schriftliche Aufforderung an die Frauen und Männer schicken, die operiert werden sollten. Darin war der Name der Klinik angeführt und festgehalten, dass *die Unfruchtbarmachung* innerhalb von zwei Wochen zu erfolgen hatte und auch gegen ihren Willen durchgeführt werden konnte.[551] Nachdem eine Frau in einer nicht näher genannten Klinik wegen Platzmangels nicht aufgenommen worden war, wandte sich der Leiter des Anstaltenamts der Gemeindeverwaltung des Reichsgaues Wien, Karl Klenkhart, an alle Krankenanstalten, dass dies nicht mehr vorkommen dürfe: „Die strenge Einhaltung dieser Weisung ist auch schon deshalb notwendig, weil mitunter Erbkranke, die zur Unfruchtbarmachung eingewiesen werden, bezw. [sic] deren verantwortliche Angehörige die Durchführung der angeordneten Operation zu verschleppen bezw. zu verhindern suchen und bei ihrer Verantwortung beim Ge-

lehnten, sich hingegen um die *Ermächtigung* zur Durchführung der Operationen sehr bemühten, vgl. ders., Linz und Oberdonau, 854.

548 Vgl. die Anträge der Genannten an den Reichsausschuss, USHMM 2 RG-14.010M, Reel 2.

549 Zu Planner-Plann und seinem Renommee bei Wiener Gynäkologen auch nach 1945 vgl. Hubenstorf, Medizin, 30.

550 Auch Kittinger scheint auf den eingangs genannten Listen der ermächtigen Ärzte nicht auf, jedoch auf ärztlichen Berichten, vgl. 2 XIII 170/41, 2 XIII 130/41 und 1 XIII 99/41.

551 Vgl. GzVeN § 11 und Gütt/Rüdin/Ruttke, Kommentar, 266. Dies galt nur dann nicht, wenn die Betroffenen den Verfahrensantrag selbst gestellt und sich weder Amtsarzt noch Anstaltsleiter diesem angeschlossen hatten.

sundheitsamt sich auf einen angeblichen Platzmangel bezw. die Verweigerung ihrer Aufnahme ausreden, ohne dass das Zutreffen dieser Angabe nachher mit Sicherheit überprüft werden kann."[552] Dass Abweisungen wegen Platzmangels häufiger vorkamen, zeigt die Antwort Schönbauers, dass dies nicht mehr vorgekommen war, seitdem „Betten zur Aufnahme dieser Patienten zur Verfügung gestellt wurden".[553]

Die 92 ärztlichen Berichte, die den Verfahrensakten des Erbgesundheitsgerichts Wien beiliegen, zeigen, dass die Ärzte die Zwangssterilisationen nicht, wie im GzVeN vorgesehen, möglichst schnell nach dem rechtskräftigen Beschluss durchführten, sondern vielfach erst Wochen bzw. Monate später, in einem Fall sogar erst ein Jahr danach.[554] Die Quellenlage erlaubt keine allgemeinen Schlüsse zum Zeitraum zwischen Beschluss und Zwangseingriff, sondern nur exemplarische Aussagen im Hinblick auf einzelne Ärzte und Kliniken sowie Veränderungen zwischen 1940 und 1945.

Nach der verzögerten Einrichtung des Erbgesundheitsgerichts fällte das Gericht von Mai bis Dezember 1940 47 Beschlüsse zur Zwangssterilisation. Die ersten Zwangseingriffe erfolgten, so die Annahme von Susanne Mende, im Herbst 1940 in der Anstalt Am Steinhof. Eine Ursache für die Verzögerung dürfte Unklarheit bei der Kostenverrechnung gewesen sein.[555] Der erste ärztliche Bericht aus den Akten des Erbgesundheitsgerichts ist mit Jänner 1941 datiert: Emil Kiss von der Ersten Universitäts-Frauenklinik führte den Zwangseingriff an Emma K. durch.[556] Bis Anfang März 1942 wurden dort weitere 61 Frauen zwangssterilisiert.[557] Aus der letzten noch vorhandenen ärztlichen Be-

552 WSTLA, M.Abt. 209, Schreiben Klenkharts, 1. Juli 1943.

553 WSTLA, M.Abt. 209, Antwort Schönbauers, 15. Juli 1943.

554 Vgl. beispielsweise 1 XIII 101/41, 2 XIII 17/41 sowie 2 XIII 288/42.

555 Vgl. WSTLA, M.Abt.209, Reichsstatthalter Wien an die Direktion des AKH, 18. Mai 1940 sowie die Direktionsakten der Anstalt Am Steinhof, Dir.reg. Nr. 4063/40, zit. nach Mende, Steinhof, 82.

556 1 XIII 28/40. Nach Ablauf der zweiwöchigen Berufungsfrist gegen den Beschluss des Erbgesundheitsgerichts dauerte es also noch drei weitere Wochen, bis alle Vorbereitungen abgeschlossen waren. Warum, geht aus den Akten nicht hervor. In *Oberdonau* erfolgte die erste Zwangssterilisation im Juli 1940 im Krankenhaus, vgl. Goldberger, Linz und Oberdonau, 854.

557 Vgl. WSTLA, M.Abt.209, Schreiben von Emil Kiss von der I. Univ. Frauenklinik an die Direktion des AKH, 10. März 1942.

stätigung geht hervor, dass Hilda S. von Emil Kiss, der mittlerweile in der Zweiten Universitätsfrauenklinik arbeitete, am 20. Februar 1945 zwangssterilisiert wurde – verbunden mit dem Abbruch ihrer Schwangerschaft.[558] Hilda S. galt offenbar als *besonders dringlicher Fall*, denn die Eingriffe erfolgten nur sechs Tage nach dem Beschluss des Erbgesundheitsgerichts. Diese kurze Frist erklärt sich auch daraus, dass die Erbgesundheitsobergerichte seit November 1944 aufgelöst und die Beschlüsse des Erbgesundheitsgerichts demnach endgültig waren. Trotz kriegsbedingt eingeschränkter Tätigkeit des Erbgesundheitsgerichts, trotz zahlreicher Fliegeralarme, trotz immer schlechter funktionierender Infrastruktur[559] und beengter räumlicher Verhältnisse in der Klinik – nach Bombenschäden vom September und November 1944 wurden die Kinderklinik und die Zweite HNO-Abteilung in die Frauenklinik transferiert[560] – arbeiteten Richter Rolleder und die Ärzte in den Kliniken auch noch in den letzten Wochen des Krieges unbeirrt und eng zusammen, um die *Gesundung des Volkskörpers* voranzutreiben.

Aus den ärztlichen Berichten geht nicht hervor, ob die Wiener Ärzte die im GzVeN vorgeschriebenen gründlichen medizinischen Untersuchungen der Frauen und Männer vornahmen und ob manche von ihnen dadurch dem Zwangseingriff entgehen konnten, weil sich dabei herausstellte, dass sie nicht (mehr) zeugungs- bzw. empfängnisfähig waren.[561] Sie dokumentieren auch nicht, wie die Ärzte verfuhren, wenn sie mit den Frauen und Männern, denen ein zwangsweiser Eingriff mit lebenslangen schweren Folgen bevorstand, keine „Atmosphäre des Vertrauens“[562] herstellen konnten, und ob sie bereits bei der Voruntersuchung die PatientInnen narkotisierten und unmittelbar danach sofort operierten, wie es Wilhelmine Winter 1941 in ihrer Dissertation über die Zwangssterilisationen in der Heil- und Pflegeanstalt Eglfing-Haar

558 Vgl. XIII 132/45

559 So hatte das Erbgesundheitsgericht aufgrund der zunehmenden Fliegeralarme zumindest provisorisch einen Raum im Keller des Erbgesundheitsgerichts für die Sitzungen eingerichtet, vgl. das Schreiben Rolleders an Barbara G. vom 8. Dezember 1944, 1 XIII 95/44.

560 Vgl. Schaller, Wertheim-Klinik, 189.

561 Vgl. Horn, Statistisches, 7f.

562 Winter, Sterilisation, 23.

erwähnte.[563] Ebenso unbekannt ist, ob die Ärzte diese vorgeschriebene Untersuchung gleichzeitig für ihre Forschungen nutzten, wie es beispielsweise vom eingangs genannten Königsberger Gynäkologen Felix von Mikulicz-Radecki dokumentiert ist.[564]

Für die stationäre Unterbringung von Frauen, die zwangssterilisiert werden sollten, empfahl Mikulicz-Radecki aufgrund seiner Erfahrungen, falls die Unterbringung in einer geschlossenen Abteilung nicht möglich sei, „[b]esondere Zimmer, die nur mit erbkranken Frauen belegt werden; bei größerer Anzahl mehrere Zimmer nebeneinander. Ständig verschlossene Fenster, die nur bei Anwesenheit des Pflegepersonals geöffnet werden dürfen. Oberaufsicht in jedem Zimmer durch je eine erbkranke Frau, die sich als ruhig und zuverlässig erwiesen hat und die die Alarmglocke zu bedienen hat, sobald eine andere Patientin im Raum unruhig wird oder beginnt, eine unsinnige Handlung zu begehen. Ein besonderes Pflegepersonal, das psychiatrisch geschult ist und das Tag und Nacht anwesend ist."[565]

Unbekannt ist weiters, ob die Frauen und Männer in den Wiener Kliniken in eigenen Zimmern oder, wie im Gesetzeskommentar angeführt, „möglichst in Einzelzimmern"[566] untergebracht waren, Letzteres ist jedoch angesichts der kriegsbedingten Engpässe in den Spitälern eher unwahrscheinlich.

Die umfangreichen und detaillierten Bestimmungen zeigen, dass den Rahmenbedingungen in den Kliniken große Bedeutung zukam, um den reibungslosen Ablauf vor den Augen der anderen Patientinnen und Patienten zu gewährleisten und zu verhindern, dass die Frauen und Männer unmittelbar vor dem Zwangseingriff für Unruhe auf der Station sorgten, flüchten oder sogar Suizid verüben konnten.

563 Vgl. Winter, Sterilisation, 23, weiters Bauer, Sterilisierungsoperationen, 33–34.

564 Vgl. die ausführliche Anleitung in Mikulicz-Radecki, Sterilisierungsoperationen, 69–88. Zu dieser Vorgehensweise in der Universitätsfrauenklinik Königsberg vgl. Horn, Statistisches, 9. Zu Mikulicz-Radecki vgl. grundlegend Czarnowski, Mikulicz-Radecki.

565 Mikulicz-Radecki, Sterilisierungsoperationen, 142.

566 Gütt/Rüdin/Ruttke, Kommentar, 267.

OPERATIONSTECHNIKEN, MEDIZINISCHE KOMPLIKATIONEN UND TODESFÄLLE

Die Chirurgen und Gynäkologen in Wien konnten bei der Durchführung der Zwangseingriffe auf die umfangreichen Erfahrungen ihrer Kollegen im *Altreich* zurückgreifen, die diese zwischen 1934 und 1940 publiziert hatten.[567]

Die ärztlichen Berichte erlauben die Rekonstruktion der von den Ärzten gewählten Operationstechniken: Von den Möglichkeiten zur Unterbrechung der Samenleiter bei Männern und somit zur Beendigung der Zeugungsfähigkeit wies Erich Lexer, der für den Kommentar zum GzVeN die chirurgische Operationsanleitung verfasste, die Vasektomie als geeignetste Methode aus.[568] Bei diesem Eingriff sollten bis zu fünf Zentimeter der Samenleiter herausgeschnitten werden,[569] eine Operationsform, die die Wiener Ärzte auch praktizierten.

Das GzVeN verbot die operative Entfernung von Eileitern bzw. Gebärmutter, damit den Frauen der Eisprung und die Menstruation erhalten blieben. Im medizinischen Diskurs, der die Durchführung der Zwangssterilisation begleitete, wurde immer wieder auf die Notwendigkeit von zuverlässigen Formen der Unfruchtbarmachung hingewiesen.[570] Gängig waren die teilweise Entfernung beider Eileiter oder deren Quetschung mit gleichzeitiger Abbindung. Letzteres führte der deutsche Gynäkologe Madlener, der Namensgeber dieser Operationsform, bereits seit 1920 bei Sterilisationen infolge medizinischer Indikation durch.[571] Auch die Wiener Ärzte wandten beide Techniken an.

567 Vgl. dazu Czarnowski, Eigenart, 187f.

568 Vgl. Lexer, Eingriffe, 319. Zur detaillierten Beschreibung bzw. der Diskussion weiterer Operationstechniken sowie möglicher Folgewirkungen vgl. ders., ebd., 319–326, und Bauer, Sterilisierungsoperationen, 33–60.

569 Die Vasotomie, bei der die Samenleiter nur durchgeschnitten wurden und demnach wieder zusammenwachsen konnten, galt als wenig zuverlässig, und die Vasoligatur, also das Abbinden der Samenleiter, sollte unterbleiben, um „ein größeres, vom Kranken selbst durchtastbares Gebilde" zu vermeiden, das „zum mindesten Anlass zu psychogenen Vorstellungen […] geben" könnte, Bauer, Sterilisierungsoperationen, 37.

570 Vgl. Eymer, Unfruchtbarmachung, 329. Zu Untersuchungen in den ersten Jahren nach Inkrafttreten des GzVeN vgl. Hofmann, Befinden; Horn, Statistisches, und Neeff, Erfahrungen.

571 Vgl. Mikulicz-Radecki, Sterilisierungsoperationen, 88–124, v.a. 115–124. Zur Diskussion dieser Operationstechnik innerhalb der medizinischen Fachwelt vgl. ebd., Winter, Sterilisation, 15–18, und Neeff, Erfahrungen, 5–11.

Als weitere, ebenfalls sehr gravierende Form der Unfruchtbarmachung von Frauen sah das GzVeN eine wiederholte Bestrahlung mit Röntgen- oder Radiumstrahlen vor, bei der, anders als beim Abbinden der Eileiter, sowohl die Funktion der Eierstöcke als auch der Gebärmutterschleimhaut zerstört werden sollte. Die Röntgenbestrahlung sollte äußerlich, die Radiumbestrahlung vaginal vorgenommen werden – beides war vergleichbar mit einer Kastration der betroffenen Frau. Diese Methoden befanden sich „noch im Versuchsstadium“[572] und stießen nicht wegen der dadurch bedingten „extremen körperlichen und psychischen Beschädigungen“,[573] sondern wegen der Ungewissheit, ob sie zu dauernder Unfruchtbarkeit führten, auf Kritik. Wenn medizinische Gründe gegen eine operative Zwangssterilisation sprachen, sollte eine Bestrahlung nach einer gründlichen medizinischen Abklärung, vor allem an Frauen ab dem 38. Lebensjahr, in dem „der Eierstock [...] allmählich seine Bedeutung“[574] verlöre, deren dauernde Sterilität garantieren. Ein ärztlicher Bericht aus den Akten des Wiener Erbgesundheitsgerichts dokumentiert nicht nur, dass diese Bestrahlungen auch tatsächlich durchgeführt wurden, sondern auch deren schwere Nebenwirkungen: Anna K.,[575] Mutter zweier Kinder, war schwanger, als das Erbgesundheitsgericht im Jänner 1941 ihre Zwangssterilisation anordnete. Ihren Antrag auf Abbruch der Schwangerschaft zog sie während des Verfahrens zurück – unter welchen Rahmenbedingungen sie diesen Entschluss fasste und auch dabei blieb, geht aus den Akten nicht hervor. Bezüglich des Zeitpunkts der Zwangssterilisation war im Beschluss vermerkt: „Da sie ihr kommendes Kind möglicherweise selbst stillen wird, war anzuordnen, dass der Eingriff erst in [sic] einem Zeitpunkte auszuführen sein wird, in dem es der Zustand der Mutter und des Kindes erlauben werden.“ 18 Monate später, Mitte September 1942, nahm Primar Walter Heilig im Krankenhaus Lainz bei der 44-Jährigen an zwei aufeinander folgenden Tagen eine „Röntgenkastrationsbestrahlung“ vor. Aufzeichnungen von drei Kontrolluntersuchungen im Abstand von jeweils zwei Monaten zeigen, dass ihre Menstruation seit der ersten Behandlung ausgeblieben war und sie darüber hinaus

572 Czarnowski, Eigenart, 193.

573 Czarnowski, Eigenart, 193.

574 Vgl. Eymer, Unfruchtbarmachung, 340. Zur Bestrahlung vgl. ebd., 340–343.

575 Dieses und auch die folgenden Zitate sind dem Akt 1 XIII 47/40 entnommen.

an „rapider Gewichtsabnahme“ litt. Die unübersehbaren Folgen der Bestrahlung hielten Heilig nicht davon ab, an der als *erbkrank* kategorisierten Anna K. Mitte April 1943 eine zweite Bestrahlungsserie durchzuführen.

Zumeist waren Frauen zwischen sieben und 14 Tagen, Männer zwischen zwei und zehn Tagen nach dem Zwangseingriff im Spital, in einem Fall ist eine ambulante Operation eines Mannes im Krankenhaus Kittsee nachweisbar.[576] In welchem Ausmaß medizinische Komplikationen auftraten, kann bei derzeitiger Quellenlage für Wien nicht umfassend beantwortet werden. Aus den ärztlichen Berichten des Erbgesundheitsgerichts Wien ist ersichtlich, dass Alois M. infolge einer Lungenentzündung länger als vorgesehen im Spital bleiben musste.[577] Bei Ottilie R. war die Genesung nach Zwangssterilisation und Schwangerschaftsabbruch „durch Temperatursteigerung bis 38,5 etwas verzögert“,[578] weshalb sie erst nach zweieinhalb Wochen in häusliche Pflege entlassen wurde, und Hedwig S., an der ebenfalls beide Eingriffe vorgenommen wurden, verließ, wie im Bericht ausdrücklich festgehalten wurde, „gegen den Rat d. Ärzte die Klinik“.[579]

In der zeitgenössischen Literatur wurden nicht die Operationen selbst, der dabei ausgeübte Zwang oder etwaige strukturelle oder medizinische Schwierigkeiten bei der postoperativen Versorgung als Ursache angesehen: Die angehende Ärztin Wilhelmine Winter, die 1941 in München mit ihren Forschungen an 660 zwangssterilisierten Frauen der Heil- und Pflegeanstalt Eglfing-Haar dissertierte, kam zu dem Schluss, schuld daran seien die „eugenisch Sterilisierten selbst, die durch ihre oft minderwertige Körperkonstitution und Heilungstendenz, vor allem aber durch ihr unberechenbares Verhalten nach der Operation die normale Wundheilung störten oder vorübergehend unmöglich machten“.[580]

Den Ärzten war bewusst, dass die operative Unfruchtbarmachung bei Frauen nicht nur schwieriger, sondern auch gefährlicher war als bei Männern,

576 Vgl. 2 XIII 267/41. Warum Emil Kiss den dazugehörigen Bericht unterzeichnete, ist unklar.
577 Vgl. 2 XIII 19/40.
578 2 XIII 259/41.
579 2 XIII 208/43.
580 Winter, Sterilisation, 39. Drei Frauen überlebten die Zwangssterilisation in Eglfing-Haar nicht (0,45%), vgl. ebd. 39f.

vor allem wenn diese nicht vaginal, sondern mittels Öffnen der Bauchdecke erfolgte. Die Entscheidung dazu fällte der jeweils operierende Arzt.[581] Mit einer „Mortalität von 0% nach einem Eingriff mit Öffnung der Bauchhöhle wird ja keiner rechnen können",[582] konstatierte der Chirurg Karl Heinrich Bauer in seinem Handbuch. Eine von ihm 1936 veröffentlichte Statistik über die Zwangssterilisation von 6.032 Frauen nannte eine Todesrate von 0,41 Prozent – 25 Frauen überlebten den Eingriff nicht.[583]

Noch im Mai 1939, nachdem bereits annähernd 300.000 Frauen und Männer zwangssterilisiert worden waren, ersuchte das Reichsministerium des Innern „[d]ringend darum [...], neue oder nicht genügend erprobte Operationsverfahren bei der Durchführung der Beschlüsse der Erbgesundheitsgerichte nicht anzuwenden".[584]

Das Wissen um tödliche Folgen des Zwangseingriffs führte nicht zum Verbot oder zum generellen Aufschub der Zwangseingriffe bis beispielsweise sicherere Methoden möglich wären, es galt vielmehr, wie Mikulicz-Radecki 1936 in seinem Standardwerk nachdrücklich betonte, „gerade bei der Durchführung der eugenischen Sterilisierung der Frau, die uns Ärzten gewissermaßen als Treuhändern am Gut unseres Volkes anvertraut ist, keine Mühe zu scheuen und unsere ganze Kraft und unser bestes Wollen bei der Betreuung jeder einzelnen Patientin einzusetzen".[585] Begleitende propagandistische Maßnahmen sollten sämtliche Ängste bezüglich möglicher Gefahren des Zwangseingriffs beseitigen.[586]

Im Gegensatz zu den zeitgenössischen Studien, von denen keine eine höhere Todesrate als 1% nannte, interpretierte Gisela Bock diese Zahl aufgrund ihrer umfangreichen Recherchen als Minimum: von den mindestens 400.000 Menschen, die zwischen 1934 und 1945 aufgrund des GzVeN zwangssterilisiert wurden, verstarben mindestens 4.500 Frauen und 500 Männer nach der

581 Vgl. Winter, Sterilisation, 28.

582 Bauer, Sterilisierungsoperationen, 138. Zu Bauer (1890–1978), „einem führenden Chirurgen der NS-Zeit" vgl. Klee, Personenlexikon, 31.

583 Vgl. Horn, Statistisches, 17.

584 BAB, R 4901, 964, Schreiben des Reichsministeriums des Innern, 24. Mai 1939.

585 Mikulicz-Radecki, Sterilisierungsoperationen, 61.

586 Vgl. dazu Makowski, NS-Parteipresse und Karl Ludwig Rosts umfassende Analyse der zahlreichen NS-Propagandafilme zur Zwangssterilisation, vgl. ders., Sterilisation.

Zwangssterilisation. Aber, so ergänzte Bock, in den wenigen veröffentlichten Statistiken waren viele Tote nicht mitgezählt worden, ebenso wenig die zahlreichen Suizide, vor allem von Frauen. Ärztinnen und Ärzte leugneten nicht nur kausale Zusammenhänge zwischen Zwangseingriff und Tod, sondern unterstellten den zwangssterilisierten Frauen und Männern auch noch, selbst daran schuld zu sein – wären sie doch, so die zuvor genannte angehende Ärztin Wilhelmine Winter, „konstitutionell unterwertige[s] Krankengut".[587]

Bezieht man diese Todesrate auf die 1.203 Beschlüsse der Erbgesundheitsgerichtsbarkeit Wien zur Zwangssterilisation, hieße das, dass 12 Personen, elf Frauen und ein Mann, den Zwangseingriff nicht überlebt haben.[588]

Häufigste Todesursachen nach dem Zwangseingriff waren Lungenentzündungen, Herz- und Kreislaufschwächen sowie Embolien. Der Eingriff an sich erfolgte nicht nur zwangsweise, also gegen den Willen der Betroffenen, sondern oft auch sehr brutal. Das geschlechtsspezifische Faktum, dass 90% der Toten Frauen waren, hatte, so Bock weiter, vielfältige Gründe: Eine Sterilisation konnte nur unter Narkose durchgeführt werden, doch auf mögliche Gegenindikationen für Narkosen wurde kaum geachtet. Vielfach war auch die medizinische Betreuung nach dem Zwangseingriff oft völlig unzureichend. Gabriele Czarnowski hielt ergänzend fest, dass die Schwangerschaftsabbrüche in den letzten Schwangerschaftsmonaten der jeweiligen Frauen einen „fließenden Übergang zum Kindermord darstellten".[589]

587 Winter, Sterilisation, 39.

588 Eine Frau starb nach einem unzulässigen und unsachgemäßen Schwangerschaftsabbruch, woraufhin dem Operateur Paul Werner 1942 die Berechtigung zu weiteren einschlägigen Operationen entzogen wurde. Werner blieb jedoch weiterhin Leiter der Gynäkologie im Krankenhaus Lainz, vgl. WSTLA, M.Abt, 212 A 7/7, 152.31, I b Med–2265/42, zit. nach Czech, Erfassung, 77. Werner wurde nach Kriegsende oder auch erst im Juni 1946 vom Dienst enthoben, für die Jahre 1949 bis 1951 war er in eigener Praxis tätig, vgl. WSTLA, M.Abt. 209, Allgemeine Registratur, Fasc. 1945-1, Personalabteilung, Dienstenthebung illegaler Ärzte sowie das österreichische Ärzteverzeichnis von 1949 und 1951. Ich danke Ingrid Arias für diese Information.

589 Czarnowski, Material, 227.

INDIREKTE, ABER DEUTLICH VERNEHMBARE STIMMEN DER BETROFFENEN

Wie sehr sich Menschen gegen den Zwangseingriff mit seinen lebenslangen und gravierenden Folgen wehrten, wie sie es empfanden, von Richtern und Ärzten als *erbkrank* und *minderwertig* diffamiert worden zu sein, wie sie die nachhaltige Verletzung ihrer Intimsphäre bewältigten, ist unbekannt, da sich die Betroffenen aus vielen – verständlichen – Gründen nicht zu Wort meldeten, weder während der NS-Zeit noch danach. Indirekt ergeben sich jedoch zahlreiche und aussagekräftige Rückschlüsse aus den zeitgenössischen begleitenden Untersuchungen an zwangssterilisierten Menschen in verschiedenen reichsdeutschen Kliniken sowie aus den Wiener Gerichtsakten und Krankengeschichten der Anstalt Am Steinhof.

Elisabeth Hofmann promovierte 1937 mit einer Studie, in der sie das physische und psychische Befinden von in der Heidelberger Frauenklinik zwangssterilisierten Frauen untersuchte. Hofmann betonte eingangs die „dringende Notwendigkeit und den unermeßlichen Segen der Durchführung des Sterilisationsgesetzes"[590] und insbesondere dessen ökonomische Bedeutung, und ging davon aus, dass die Patientinnen „[z]u einer objektiven Wertung des Gesetzes auf nationalsozialistischer Grundlage […] überhaupt noch nicht fähig [waren]".[591]

Die von Hofmann befragten Frauen waren nicht nur Opfer eines Zwangseingriffs, sondern zusätzlich auch Objekte medizinischer Forschungen, denen sie sehr wahrscheinlich nicht zugestimmt hatten. Diese sollten offenbar die effiziente Durchführung der Operationen steigern, sie darüber hinaus rechtfertigen bzw. deren Folgen relativieren: Hofmann nahm beim Großteil der Frauen weder psychische noch physische Probleme als Folge der Zwangssterilisation wahr, sie schloss dabei völlig aus, dass die Frauen möglicherweise gerade ihr davon nicht berichten wollten.[592] Ein besonderes Anliegen war Hofmann die Analyse des Urteilsvermögens der zwangssterilisierten Frauen: Bei jenen Frauen, die „vollkommen idiotisch […], schwer imbecil […] [bzw.] in

590 Hofmann, Befinden, 5.

591 Hofmann, Befinden, 11.

592 Vgl. Hofmann, Befinden, 6–10.

vollkommener schizophrener Verblödung“ waren, stünde die Operation „außerhalb des Erlebens der Betroffenen und fordert von ihnen keinerlei persönliche Opfer“.[593] Doch, so Hofmann weiter, auch „die seelischen Konflikte derer, die zu einer subjektiven Beurteilung ihrer Lage noch fähig sind, finden sich in geringerem Maße, als man allgemein hört und annimmt“.[594]

Auch Frauen, die aufgrund ökonomisch schwieriger Gegebenheiten keine Kinder wollten, sahen laut Hofmann „in der Sterilisation nur eine Erleichterung“. Andere seien „moralisch derart minderwertig, daß ihnen die Sterilisation nur ein höchst willkommener Eingriff war“. Sie stimmten daher zwar dem Eingriff zu, „wenn auch ihre Beweggründe recht durchsichtig sind“.[595] Zusätzlich zu Zwangssterilisation und Missbrauch als Forschungsobjekt diffamierte Hofmann diese Frauen auch noch durch den Vorwurf der „sturen Krankheitsuneinsicht“.[596] Dass Hofmann bei immerhin 13 der 60 befragten Frauen damit konfrontiert war, ließ sie unkommentiert, sie hielt vielmehr abschließend fest: „Das Sterilisationsgesetz hat an den Opferwillen des deutschen Volkes eine große Forderung gestellt; es sind wahrhaft hohe sittliche und völkische Ziele.“[597]

Eine wichtige Quelle, insbesondere auch für Wien, sind die umfangreicheren Akten des Erbgesundheitsgerichts sowie Krankengeschichten. Wenngleich diese, wie das eingangs genannte Beispiel von Karl S. und die eben genannten Untersuchungen nur die Perspektive der Ausführenden überliefern, bieten sie doch die rare Möglichkeit, von den Betroffenen mehr zu erfahren als durch die nur kurz gehaltenen Gerichtsbeschlüsse, weshalb nun ausführlich aus den Akten zitiert werden soll.

Elisabeth S.[598] wehrte sich von 1940 bis 1945 so vehement gegen die Zwangssterilisation, dass sie dieser durch ein Zusammentreffen glücklicher Umstände sehr wahrscheinlich entging.

---

593 Hofmann, Befinden, 13.

594 Hofmann, Befinden, 13.

595 Hofmann, Befinden, 14.

596 Hofmann, Befinden, 15.

597 Hofmann, Befinden, 18.

598 Zu den folgenden Zitaten und Ausführungen siehe XIII 21/45. Die Unterschrift des Amtsarztes ist unleserlich und konnte nicht rekonstruiert werden.

Bereits bei der Antragstellung im September 1940 durch Michael Scharpf, den leitenden Arzt der Heilanstalt Mauer-Öhling,[599] als auch im Verlauf des Verfahrens sprach sie sich, unterstützt von ihrem Ehemann, mehrfach explizit gegen den Zwangseingriff aus. Trotzdem beschloss das Erbgesundheitsgericht Wiener Neustadt, in dessen Gerichtssprengel sie zu diesem Zeitpunkt wohnte, im März 1941 die Zwangssterilisation. Da sie an den Folgen einer Rippenfellentzündung litt, wurde, wie es gemäß GzVeN möglich war, die Zwangssterilisation um sechs Wochen aufgeschoben.[600] Anfang Dezember 1941 erfolgte ihre Einweisung in das Krankenhaus Wiener Neustadt „unter Anwendung unmittelbaren Zwanges". Der Eingriff wäre, so die Ansicht des Gynäkologen Rudolf Stiglbauers, der auch vielbeschäftigter ärztlicher Beisitzer beim Erbgesundheitsobergericht Wien war,[601] „wegen der im Rahmen ihrer geistigen Erkrankung gelegenen vollständig ablehnenden, negativistischen Haltung, die sogar jede Untersuchung unmöglich machte, mit Lebensgefahr für die Erbkranke verbunden gewesen". Auch eine Unfruchtbarmachung mittels Bestrahlung wurde erwogen, konnte aber „wegen der gesteigerten Unruhe der Erbkranken nicht in Anwendung kommen". Der Zwangseingriff wurde nun, wie im GzVeN ebenfalls verankert, wegen „besonderer Umstände" für sechs Monate, also bis Juni 1942, aufgeschoben.[602] Im August 1942 ergab eine weitere amtsärztliche Untersuchung, diesmal bei Elisabeth S. zu Hause, dass sie „wie bisher ihre vollständig ablehnende Haltung gegen jede Untersuchung beibehält. Es war unmöglich, ihr z.B. nur den Puls zu fühlen, geschweige denn irgendeine andere genauere Untersuchung vorzunehmen. Schon der Versuch einer Untersuchung löste bei ihr heftige manische Erregungszustände aus. Es besteht daher die Gefahr, dass bei neuerlicher Einweisung in ein Krankenhaus, die nur unter Anwendung unmittelbaren Zwanges durchgeführt werden könnte, die Unfruchtbarmachung, sei es durch operativen Eingriff, sei es durch Röntgenbestrahlung, wieder nicht vorgenommen werden kann." Der Amts-

599 Zu den Zwangssterilisationen und den Tötungen in der psychiatrischen Anstalt Mauer-Öhling vgl. grundlegend Gaunerstorfer, Mauer-Öhling, zu Scharpf vgl. ebd., 100–103 und Klee, Personenlexikon, 527.

600 Vgl. Art. 6 der Ausführungsverordnung vom 5.1.1933, in: Gütt/Rüdin/Ruttke, Kommentar, 86.

601 Vgl. dazu Kap. 3.

602 Vgl. Art. 7 der Ausführungsverordnung vom 25. Februar 1935, in: Gütt/Rüdin/Ruttke, Kommentar, 96.

arzt riet demnach dazu, die „Ausführung der Unfruchtbarmachung vorläufig zu untersagen", da „der Ehegatte der Erkrankten [...] glaubhaft angibt, dass ein Geschlechtsverkehr vollständig unmöglich ist". Nun wurde das Gesundheitsamt Eisenstadt mit der Klärung beauftragt, „ob vom ärztlichen Standpunkt aus tatsächlich ein Verkehr mit der Betroffenen unmöglich ist oder nicht. Sollte eine Fortpflanzung derzeit wirklich nicht möglich sein, wäre eben die Unfruchtbarmachung so lange aufzuschieben, bis sich der Gesundheitszustand der Betroffenen soweit gebessert hat, dass eine Fortpflanzung wieder möglich ist." Es erfolgte keine gerichtliche Untersagung zur Vornahme des Eingriffs, das Gesundheitsamt war vielmehr angehalten, „den Gesundheitszustand der Betroffenen zu überwachen um eine Fortpflanzung zu vermeiden". Ende Oktober 1942 war in einem entsprechenden Bericht zu lesen: „Vom ärztlichen Standpunkt aus ist ein Geschlechtsverkehr mit der Betroffenen tatsächlich unmöglich. Ihr Verhalten gegen ihre Umgebung ist teils gleichgültig, teils ablehnend. Es besteht ein Zustand von Verblödung und Apathie, der jedwede sexuelle Erregung ausschließt."

Elf Monate blieb Elisabeth S. von derartigen Kontrollen durch das Gesundheitsamt verschont und, nachdem dieses offenbar säumig war, forderte das Erbgesundheitsgericht Wiener Neustadt im September 1943 einen neuerlichen Bericht. Dieser lautete wie der vorherige, Elisabeth S. sei in einem „Zustand hochgradiger Erregung und motorischer Unruhe. Ein Versuch, sie zwangsweise der Unfruchtbarmachung zuzuführen, würde ebenso erfolglos sein wie im Dezember 1941." Der offensichtliche Widerspruch zwischen beiden Bewertungen des Verhaltens von Elisabeth S., „Verblödung und Apathie" bzw. „hochgradiger Erregung und motorischer Unruhe" blieb unkommentiert. „Da ein Geschlechtsverkehr vom ärztlichen Standpunkt aus mit der Erkrankten weiterhin vollständig unmöglich ist und dadurch eine Fortpflanzungsgefahr nicht mehr besteht", wurde der Zwangseingriff für weitere sechs Monate aufgeschoben. Ende Juni 1944, also zehn statt sechs Monate später, ergab eine weitere Untersuchung einen gleich lautenden Befund und die neuerliche Aufschiebung um sechs Monate. Durch die Zusammenlegung der Gerichtsbezirke wurde der Verfahrensakt von Elisabeth S. an das Erbgesundheitsgericht Wien überstellt. Anfang Februar 1945 schrieb der nun zuständige Richter, Anton Rolleder, an Herrn S., den Ehemann von Elisabeth S. Rolleder verwies auf die Bestimmungen des GzVeN, dass Elisabeth S., wenn die Unfruchtbarmachung „auch gegen den Willen der Erbkranken" nicht möglich sei, dauerhaft in einer Anstalt unterzubringen sei, welche „volle Gewähr dafür bietet, dass es zu keiner Fortpflanzung mit der Erbkranken kommen kann". Eine zweite Möglichkeit wäre eine Wiederaufnahme des Verfahrens, wenn sich „einmal Umstände ergeben, die eine nochmalige Prüfung des Sachverhaltes erfordern würden". Zu diesen Umständen zählte Rolleder neben dem „Aufkommen neuer Krankheitsmerkmale" auch „das Bekanntwerden [...] neuer Sippenbelastungsfälle oder [...] [den] Eintritt einer wesentlichen Änderung im Grade der Fortpflanzungsgefährlichkeit". Warum das Ehepaar S. der gerichtlichen Vorladung nicht nachkam, geht aus dem Akt nicht hervor. Rolleder urgierte Mitte März 1945, danach endet der Akt. Es ist sehr wahrscheinlich, dass sich Elisabeth S. zwar mehr als vier Jahre im „Fadenkreuz der Sterilisationsbürokratie"[603] befand, aber durch das Zusammenwirken einer Reihe von Faktoren, allen voran ihr entschiedener Widerstand, die teilweise Säumigkeit des Gesundheitsamtes, die organisatorischen bzw. administrativen Verzögerungen durch die Zusammenlegung der Gerichtsbezirke Ende 1944 und schlussendlich das Kriegsende, nicht zwangssterilisiert wurde.

Im GzVeN war neben der Zwangssterilisation auch der Schwangerschaftsabbruch von Frauen geregelt, die als *erbkrank* galten. Dieser konnte nur mit Zustimmung der Frau oder, im Falle ihrer Entmündigung, ihres Vormundes durchgeführt werden. Als letztmöglichen Zeitpunkt nannte das GzVeN das Ende des sechsten Schwangerschaftsmonats. Angesichts der expliziten Legalisierung der Anwendung unmittelbaren Zwanges bei der Sterilisation ist bemerkenswert, dass hier formal die Zustimmung der Frauen vorgesehen war. Im GzVeN-Kommentar war außerdem verankert, dass die Zwangssterilisation nicht während einer Schwangerschaft erfolgen durfte und eine genaue Abklärung der bisherigen Dauer der Schwangerschaft „mit aller Vorsicht und Genauigkeit" unerlässlich sei, „da, wie eine doch schon beträchtliche Erfahrung lehrt, die Angaben der Patientinnen und ihrer Angehörigen [...] höchst unzuverlässig, ja sogar häufig wissentlich gefälscht sind".[604]

603 Nitschke, Erbpolizei, 232.

604 Eymer, Unfruchtbarmachung, 338.

Die ärztlichen Berichte zeigen, dass die Ärzte Schwangerschaftsabbruch und Zwangssterilisation am selben Tag durchführten.[605] Die Frage, ob sie wie ihre Grazer Kollegen Experimente mittels Thoriuminjektionen und darauffolgender Röntgenaufnahmen der Frauen durchführten oder solche mit den entnommenen Föten, gilt zwar bei den in den jeweiligen Berichten genannten Frauen als unwahrscheinlich, jedoch sind Quellenlage bzw. Forschungsstand viel zu gering, um dies bei den in den Wiener Kliniken tätigen Ärzten generell auszuschließen.[606]

Zumindest eine Ausnahme gab es im Krankenhaus Kittsee: „Bei Hedwig R.[...] ist nach Unterbrechung der Schwangerschaft Scharlach ausgebrochen, weshalb die Unfruchtbarmachung [...] aufgeschoben werden mußte", heißt es im Gerichtsakt.[607] Warum beide Eingriffe nicht gleichzeitig stattfanden (der Scharlach wurde ja offensichtlich erst nach der Zwangssterilisation diagnostiziert) und ob Alois Kittinger,[608] neben seiner Tätigkeit als Beisitzer beim Erbgesundheitsgericht auch operierender Arzt in Kittsee, dafür verantwortlich war, sollte im Rahmen von künftigen Forschungen nachgegangen werden. Dies wäre umso dringlicher, da in diesem Krankenhaus möglicherweise Menschen getötet worden waren: Kittinger war 1947 nach § 3 und 4 Kriegsverbrechergesetz angezeigt worden, da er als leitender Arzt im Krankenhaus Kittsee „an der Ermordung v. Personen durch Injektionen beteiligt gewesen" sein sollte. Wie Kittingers Verfahren ausgegangen ist, konnte nicht geklärt werden.[609]

Stimmte eine Frau dem Abbruch der Schwangerschaft nicht zu oder war sie bereits mehr als sechs Monate schwanger, sollte die Zwangssterilisation entweder, so der Gynäkologe Heinrich Eymer in seiner für den GzVeN-Kommentar verfassten Anleitung,[610] etwa sechs Wochen nach der Geburt erfolgen,

605 Vgl. u.a. Ottilie R., 2 XIII 259/41; Hilda S., XIII 132/45, und Elisabeth S., 2 XIII 126/42.

606 Vgl. dazu ausführlich Czarnowski, Material, 225–273, insb. 255–263.

607 2 XIII 35/44.

608 Zu Alois Kittinger vgl. ÖStA/AdR, 04, Gauakt Kittinger und ÄK Wien, PA Kittinger.

609 Vgl. ÄK Wien, PA Kittinger. Die Unterlagen des Verfahrens sind nicht mehr auffindbar, unter der angegebenen Nummer liegt ein anderer Akt. Ein weiterer Akt zu Kittinger wurde an das Bezirksgericht Hainburg übermittelt, wo bereits vor mehreren Jahren Skartierungen vorgenommen wurden.

610 Zu Eymer (1883–1965) vgl. Klee, Personenlexikon, 142f. Vgl. dazu auch Ley, Teufelskreis, 103.

oder, so der bereits genannte Chirurg Karl Heinrich Bauer, einen Tag nach der Geburt bzw. unmittelbar nach Ende des Wochenbetts. Dadurch auftretende Probleme, die die Frauen beim Stillen ihrer Kinder hätten, wären, so Bauer weiter, wegen der Gefahr einer „Flucht in die [nächste] Schwangerschaft!“, die „unbedingt verhindert“ [611] werden müsse, hintanzustellen.

Einige Verfahrensakten verdeutlichen, dass Ärzte bei jenen Frauen, deren Schwangerschaft bereits zu weit fortgeschritten war, keinen Abbruch mehr durchführten: Hilde P.[612] hatte bereits ein Kind und stimmte der Zwangssterilisation und dem Abbruch ihrer zweiten Schwangerschaft zu. Otto Pötzl von der neurologisch-psychiatrischen Klinik, der feststellen sollte, ob sie *schizophren* sei oder nicht, forderte Mitte August 1944 „wegen der Dringlichkeit des Falles (Gravidität von 5 1/2 Monaten) [...] schnellste Erledigung“. Das Erbgesundheitsgericht Wiener Neustadt[613] beschloss zwar umgehend beide Eingriffe, doch Ende August stand fest, dass die Schwangerschaft „weit über 6 Lunarmonate hinaus“ bestand. Deren Abbruch war nicht mehr möglich, und die Zwangssterilisation sollte, so die Empfehlung Dr. Stiglbauers vom Krankenhaus Wiener Neustadt, erst drei bis vier Monate nach der Entbindung erfolgen. Hilde P. wurde Ende Jänner 1945 im Krankenhaus Baden zwangssterilisiert.

Nicht nur bei Hilde P., auch bei Johanna R.[614] entschieden Ärzte sehr individuell über die Frist zwischen Geburt und Zwangssterilisation, auch wenn das nicht der von Eymer im Gesetzeskommentar empfohlenen Vorgehensweise entsprach. Johanna R.s Schwangerschaft war zu weit fortgeschritten, ihr Sohn kam Anfang August 1944 zur Welt. Die Zwangssterilisation wurde, so ein Aktenvermerk, bis 1. April 1945, also neun Monate, ausgesetzt und erfolgte vermutlich nicht mehr.

611 Bauer, Sterilisierungsoperationen, 149.

612 Zu den folgenden Zitaten und Ausführungen siehe XIII 39/45. Vermutlich verfasste Pötzls Assistenz Wolfgang Holzer das Gutachten für Pötzl, vgl. ebd.

613 Da das Verfahren mangels ärztlichem Bericht formal noch nicht abgeschlossen war, wurde der Akt nicht an das Gesundheitsamt Wiener Neustadt, sondern im Zuge der Zusammenlegung der Gerichtsbezirke Anfang 1945 nach Wien überstellt. Vgl. Kap. 2.

614 Vgl. 2 XIII 19/44.

Wie sehr vor allem ab 1945 jede Woche gegen Ende des Krieges entscheidend sein konnte, geht aus den Akten zu Elisabeth K. hervor: Das Erbgesundheitsgericht Wien beschloss Anfang Juli 1944 ihre Zwangssterilisation. Elisabeth K. nahm jedoch ihre ursprüngliche Zustimmung zum gleichzeitigen Schwangerschaftsabbruch während der Gerichtsverhandlung zurück. Wann ihr Kind geboren wurde, geht aus den Akten nicht hervor. Im März 1945 erhielt Anton Rolleder auf seine Nachfrage die Information, dass Elisabeth K. „ein Aufschub der Unfruchtbarmachung bis 20. 4. 45 gewährt" worden war. Es ist somit sehr wahrscheinlich, dass auch Elisabeth K. vorerst ihre Schwangerschaft und dann das Kriegsende vor ihrer Zwangssterilisation bewahrte.[615]

Gemäß GzVeN konnten AnstaltsinsassInnen nur nach vorheriger Zwangssterilisation entlassen werden. Um nicht länger in der Anstalt Am Steinhof bleiben zu müssen, bat Friedrich B. nach dem endgültigen Beschluss des Erbgesundheitsobergerichts „von einer 14tägigen Wartefrist abzusehen und Herrn Prof. Lehmann mit der sofortigen Durchführung zu beauftragen"[616] – möglicherweise auch aus Furcht, wie viele andere PatientInnen in die Tötungsanstalt Hartheim deportiert zu werden.

Dass ökonomische Erfordernisse und die Kapazitäten der Spitäler ausschlaggebend sein konnten, wann jemand zwangssterilisiert wurde, zeigt das Beispiel von Josef W.[617] Er ersuchte nach dem Beschluss des Erbgesundheitsgerichts von Anfang September 1944 um „Aufschub der Unfruchtbarmachung bis Anfang Dezember [...], um die Hackfrucht usw. einbringen zu können". Dies wurde ihm gewährt, weil er „wegen der schlechten Witterung und Mangel an Arbeitskräften bisher seiner Arbeit nicht nachkommen konnte". Der Eingriff sollte „im Jänner, soferne das Spital keinen Platzmangel aufweist, vorgenommen werden". Rolleder fragte Mitte März 1945 nach, als Termin seiner nächsten Urgenz vermerkte er den 15. Mai. Vermutlich blieb auch Josef W. von dem Zwangseingriff verschont.

615 1 XIII 65/44.

616 1 XIII 43/41.

617 2 XIII 27/44.

Offenbar kamen – zumindest in Einzelfällen – auch Amtsärzte und Operateure ihren Pflichten nicht zeitgerecht nach: Adolf O.[618] sollte, so der Beschluss des Erbgesundheitsgerichts von Mitte Juni 1944, zwangssterilisiert werden. Als Rolleder im März 1945 noch keinen ärztlichen Bericht hatte, wandte er sich an den zuständigen Amtsarzt des Gesundheitsamtes für die Bezirke Wieden/Margareten „damit dieser den Operateur an die Berichtspflicht erinnerte". Rolleder listete die Termine seiner vorausgegangenen fünf Urgenzen genau auf und hielt zu jeder lapidar fest: „keine Antwort". Überraschend ist, dass es im fünften Jahr der Durchführung der Zwangssterilisationen offenbar immer noch notwendig war, nachzufragen, „ob der betreffende Operateur an die Berichtspflicht erinnert wurde, ob ihm bedeutet wurde, dass er sich des eigens vorgeschriebenen Formblattes bedienen solle usw.". Und „um jeden Zweifel über das Bestehen der Berichtspflicht an das Gericht auszuschließen", verwies Rolleder auf die entsprechenden Bestimmungen des GzVeN. Als Termin für die längst fällige Antwort vermerkte er den 5. Mai 1945.

NACHKRIEGSKARRIEREN VON CHIRURGEN UND GYNÄKOLOGEN

Nach Kriegsende wurde das GzVeN aufgehoben und das Erbgesundheitsgericht aufgelöst, Sterilisationen waren wie vor 1938 wieder im Strafrecht verankert und nur bei medizinisch begründeten Heilzwecken und nur nach Zustimmung der Betroffenen straffrei,[619] Schwangerschaftsabbrüche hingegen grundsätzlich verboten, außer es lag ein Sachverhalt vor, der aufgrund der Bestimmungen im allgemeinen Notstandsrecht des Strafgesetzes nicht als Verbrechen galt.[620]

Die vergeblichen Bemühungen zwangssterilisierter Frauen und Männer um eine zumindest finanzielle *Entschädigungsleistung* für den Zwangseingriff mit seinen lebenslangen Folgen sind in einem weiteren Kapitel beschrieben,

618 Zu den folgenden Zitaten und Ausführungen siehe 2 XIII 22/44.

619 StGBl. 17(1)/1945. Im Zuge der „Wiederherstellung des Rechtslebens in Österreich" trat im Mai 1945 das Strafrecht vom Mai 1852 in der Fassung vom 13. März 1938 wieder in Kraft. Vgl. Grünauer, Sterilisation und Kastration, 4.

620 Vgl. §§ 144–146 StGb und § 2 sowie grundlegend, Mesner, Frauensache, hier: 34.

ebenso, warum ihre uneingeschränkte Anerkennung als Opfer im österreichischen Opferfürsorgegesetz erst im Juli 2005 erfolgte.

Die Ärzte, die die zahlreichen Zwangssterilisationen und Schwangerschaftsabbrüche durchführten, mussten sich dafür nicht vor Gericht verantworten, einige von ihnen waren weiterhin sogar sehr erfolgreiche und auch international anerkannte Ärzte:

Der Parteianwärter und Träger des silbernen Treuedienstzeichens der NSDAP, Leopold Schönbauer (1888–1963), war von Kriegsende bis 1961 Direktor des Allgemeinen Krankenhauses (AKH), leitete daneben das Institut für Geschichte der Medizin der Medizinischen Fakultät und war zusätzlich von 1958 bis 1961 Nationalratsabgeordneter der ÖVP. Auch sein Einsatz für seine ehemaligen Assistenten Karl Huber und Paul Deuticke, beide langjährige NSDAP-Mitglieder, war erfolgreich.[621] Tassilo Antoine (1895–1980), Mitglied des NS-Ärztebundes und NSDAP-Mitglied seit 1941, wurde 1955/56 Dekan der medizinischen Fakultät und 1959/1960 Rektor der Universität Wien.[622] Hans Lehmann (1888–1964), NSDAP-Parteimitglied seit Mai 1938, wurde zwar 1946 als „betonter Nationalsozialist" beschrieben, der „aber als Arzt und Chirurg einen überdurchschnittlichen Ruf genießt", weshalb ihm „Gelegenheit zu geben [sei], sein fachliches Können in den Dienst der Allgemeinheit zu stellen".[623] Alois Kittinger war trotz seines bereits erwähnten Verfahrens nach dem Kriegsverbrechergesetz spätestens ab 1948 wieder als Chirurg in Wien tätig.[624]

Dem Gynäkologen Hans Tasch, seit 1937 NSDAP-Mitglied und auch Mitglied von SA und Akademischer Legion beim Höheren SS- und Polizeiführer Wiens, gelang die Einstufung als *minderbelastet* im Sinne des Verbotsgesetzes, da er „seine Parteimitgliedschaft nicht missbraucht habe".[625] Nach einigen Jahren als Facharzt in freier Praxis übersiedelte er 1956 nach Salzburg und

---

621 Vgl. dazu ausführlich Arias, Entnazifizierung, 359f.

622 Vgl. Arias, Entnazifizierung, 368.

623 ÄK Wien, PA Lehmann, Zu den weiteren Angaben vgl. ebd. und ÖStA/AdR, 04, Gauakt Lehmann.

624 Vgl. ÄK Wien, PA Kittinger.

625 Vgl. WSTLA, VG 7 c Vr 2635/46, Hans Tasch und ÖStA/AdR, PK 6393/71. Zu den Bestimmungen des Verbotsgesetzes vgl. Garscha, Entnazifizierung, 852–883, und Kuretsidis-Haider, Volksgerichtsbarkeit, 563–602, sowie den Abschnitt im Ausblick.

übernahm die Leitung der dortigen Landesfrauenklinik und der Bundeshebammenlehranstalt.

Der Freund und Musikkollege des Anatomen Eduard Pernkopf, Isidor Alfred Amreich (1885–1972), NSDAP-Mitglied seit Jänner 1934, SS-Mitglied seit März 1938, stellte noch im Dezember 1944 einen Aufnahmeantrag zur Akademischen Legion des Höheren SS- und Polizeiführers Wiens.[626] Amreich war zwar nach seiner Suspendierung im Mai 1945 kurzfristig im Entnazifizierungslager Wolfsberg interniert, konnte aber danach wieder als Gynäkologe in eigener Praxis ordinieren. Amreich war Ehrenmitglied verschiedener europäischer gynäkologischer Gesellschaften und ab 1964 Ehrensenator der Universität Innsbruck.[627] Exemplarisch für den beschönigenden Umgang mit in das NS-System verstrickten Fachkollegen sei hier Anton Schallers Darstellung der Zweiten Universitätsfrauenklinik genannt, die 1992, also zu einem Zeitpunkt, wo die kritische Auseinandersetzung mit der NS-Medizin in Wien bereits im Gange war, immerhin im renommierten Maudrich-Verlag erschien: Abgesehen davon, dass Schaller die in dieser Klinik zahlreich vorgenommenen Zwangssterilisationen mit keiner Silbe erwähnte, listete er, „um Unklarheiten bzw. Über- oder Untertreibungen betreffend die NS-Vergangenheit Amreichs endgültig auszuräumen“,[628] Amreichs Mitgliedschaft in NSDAP (ohne Jahr) und SS (seit März 1938) auf und hielt dazu fest: „Wenn es je eines Kronzeugen dafür bedurft hätte, wie sehr eine integre Arztpersönlichkeit, selbst von internationalem Rang und Namen durch die Politik zu Schaden kommen kann, dann hätte Amreich als solche auftreten können. Um seine Position als Klinikvorstand nicht zu gefährden, ließ er sich auf den Beitritt zu einer nationalsozialistischen Organisation ein.“[629] Aber: Amreich war bereits ab 1934 Parteimitglied, also während des Verbots der NSDAP, und seine Position als Klinikvorstand war auch deshalb nicht gefährdet, weil er sie noch gar nicht innehatte.

Christian Bablik (1905–1970), NSDAP-Mitglied seit 1938, konnte seine

---

626 Vgl. ÖStA/AVA, BMU, Allg., Akademische Legion, Amreich.

627 Vgl. Schaller, Wertheim-Klinik, 182, zu Pernkopf vgl. grundlegend Malina, Anatomie, 935–943, zur kritischen Auseinandersetzung mit dem von ihm verfassten Anatomieatlas vgl. Spann, Leichenbeschaffung, 270–278, zum Hinweis auf das freundschaftliche Verhältnis zwischen Amreich und Pernkopf vgl. Schaller, Frauenkliniken, 97.

628 Schaller, Wertheim-Klinik, 180.

629 Schaller, Wertheim-Klinik, 183. Vgl. auch Schaller, Frauenkliniken, 98.

Registrierung in der Liste ehemaliger NationalsozialistInnen erfolgreich beeinspruchen, seiner Aussage, er sei kein SA-Mitglied gewesen, wurde trotz seiner niedrigen NSDAP-Mitgliedsnummer „mit Rücksicht auf sein Verhalten Glauben geschenkt“[630]; ebenso seinem Hinweis, er habe während der Verbotszeit nicht der NSDAP angehört und sich nicht für diese betätigt. Bablik konnte seinen Beruf spätestens ab Anfang 1948 weiter ausüben, er starb 1970 im Alter von 65 Jahren als angesehener Facharzt. Seinen Antrag auf Befreiung von den *Sühnefolgen* nach dem Verbotsgesetz begründete er mit einer Haltung, die vermutlich auch bei den anderen hier genannten Ärzten nicht auf Widerspruch gestoßen wäre: Er sei, so Bablik, überzeugt, dass er „keine einzige Handlung begangen habe, durch die ich irgend jemanden [sic] geschadet hätte oder deren ich mich als Mensch, Arzt und Österreicher schämen müsste.“[631]

630 ÄK Wien, PA Bablik, und Arias, Gewähr, 233.

631 WSTLA, M.Abt. 119, NS-Registrierungsakt Nr. 1090, zit. nach Arias, Gewähr, 233f.

5. Schlussfolgerungen

Im NS-Staat wurden Menschen entsprechend einer antisemitisch-rassistischen Ideologie kategorisiert: Jüdinnen, Juden, Roma und Sinti galten als *rassisch minderwertig* oder *unerwünscht* sie wurden ausgegrenzt, verfolgt und getötet. Dagegen bildete bei den als *arisch* definierten Frauen und Männern ihre *Verwertbarkeit* für den NS-Staat ein wesentliches Kriterium für ihr Leben und Überleben: Als *unbrauchbar*, als *unwert* bewertete junge und erwachsene Menschen wurden getötet – in NS-Kinderfachabteilungen wie der Jugendfürsorgeanstalt Am Spiegelgrund, in Tötungsanstalten wie Hartheim bei Linz und in Heil- und Pflegeanstalten wie jenen Am Steinhof und in Gugging. Frauen und Männer, die gemäß dieser NS-Kategorisierung zwar als *arisch* und *verwertbar* galten, bei denen aber eine *Erbkrankheit* angenommen wurde, mussten – zur vom NS-Regime forcierten *Schaffung eines gesunden Volkskörpers* – unfruchtbar gemacht werden. Im Gegensatz dazu war die selbstbestimmte Sterilisation von *erbgesunden* Frauen und Männern gesetzlich verboten.

Mit dem GzVeN, einem nationalsozialistischen Unrechtsgesetz, stand Ärzten und Richtern ein Instrumentarium für eine radikale antinatalistische Politik zur Verfügung – war doch die zwangsweise Durchführung der Unfruchtbarmachung explizit im GzVeN verankert. Die Ärzte der Erbgesundheitsgerichtsbarkeit hatten die Aufgabe, genauestens abzuklären, ob als *erbkrank* V*erdächtigte* wirklich als *erbkrank* anzusehen wären, um keinesfalls gesetzeswidrige Zwangssterilisationen von – im Sinne der NS-Kategorisierung – *arischen* und *verwertbaren Volksgenossinnen* und *Volksgenossen* anzuordnen. Abgesehen davon, dass für ihre Entscheidung nicht nur medizinische, sondern auch soziale Kriterien maßgeblich waren, verwendeten sie Diagnosen, deren Abgrenzung von ähnlichen Krankheitsbildern im damaligen Diskurs ebenso umstritten war wie die Wahrscheinlichkeit deren *Vererbbarkeit* – wobei auch der eindeutige Nachweis der *Vererbung* einzelner Krankheiten keinen Zwangseingriff rechtfertigen würde.

Das GzVeN trat in der *Ostmark* im Jänner 1940 in Kraft, sechs Jahre später als im *Altreich*. Zu diesem Zeitpunkt war der Vollzug des GzVeN von den dortigen Erbgesundheits- und Erbgesundheitsobergerichten bereits erprobt und deren Spruchpraxis in juristischen Zeitschriften vorgestellt und diskutiert worden. Annähernd 300.000 Menschen, etwa gleich viele Frauen wie Männer, waren im *Altreich* bereits zwangssterilisiert, während des Krieges wurden dort kaum noch Verfahren durchgeführt. Mindestens 6.000 Frauen und Männer wurden zwischen 1940 und 1945 in der *Ostmark* zwangssterilisiert, für Wien sind 1.203 Beschlüsse zur Zwangssterilisation rekonstruierbar.

In der *Ostmark* bzw. in Wien, der nach dem *Anschluss* zweitgrößten Stadt des Deutschen Reiches, prägten drei Rahmenbedingungen den Vollzug des GzVeN: erstens die im Herbst 1939 vorgenommenen Einschränkungen des GzVeN, wonach Ärzte nur noch bei *besonders großer Fortpflanzungsgefahr* der als *erbkrank* kategorisierten Frauen und Männer ein Verfahren beim Erbgesundheitsgericht einbringen sollten, zweitens der Krieg mit allen dadurch bedingten personellen und organisatorischen Einschränkungen und drittens die NS-Euthanasie. Anders als im *Altreich* waren Zwangssterilisationen nicht die Vorstufe, die Entscheidung über Zwangssterilisation oder Tötung verlief von Anfang an parallel: Zum Zeitpunkt der ersten Verfahren am Erbgesundheitsgericht Wien im Mai 1940 wurde in der Anstalt Am Steinhof schon die Deportation der ersten Patientinnen und Patienten in die Tötungsanstalt Hartheim vorbereitet und wenige Wochen später, ab Juli 1940, auch durchgeführt. Einige Ärzte in Wien waren für beides mitverantwortlich.

Die wichtigste Quelle für die vorliegende Arbeit sind die erst seit kurzem für die Forschung zugänglichen Akten von 1.697 Verfahren am Erbgesundheitsgericht und 266 Beschwerdeverfahren am Erbgesundheitsobergericht Wien, deren Spruchpraxis quantitativ und qualitativ ausgewertet wurde.

Im Hinblick auf die formale Vorgehensweise der Gerichte zeigt sich dabei, dass, anders als im *Altreich* in den ersten Jahren nach Inkrafttreten des GzVeN im Jahr 1934, die Verfahren in Wien von Anfang an in beiden Instanzen juristisch gesehen sehr sorgfältig geführt wurden – wohl auch, um gerade in Zeiten des Krieges die ohnehin geringe Akzeptanz des GzVeN in der Bevölkerung nicht zusätzlich zu verringern und um durch eine aufwändige Vorbereitung der Gerichtsbeschlüsse den Arbeitsplatz der Richter und Ärzte bzw. ihren Verbleib an der Heimatfront abzusichern. So wurden die von der Zwangssterilisation bedrohten Frauen und Männer – anders als im *Altreich* – im Großteil der Verfahren beider Instanzen vorgeladen. Dies erfolgte unabhängig von den damit verbundenen Kosten und der dadurch fallweise bedingten Verlängerung, wenn sie, wie es vor allem in den letzten Kriegsmonaten wiederholt vorkommen konnte, die Vorladung nicht zeitgerecht erhalten hatten oder bedingt durch Bombenangriffe nicht erscheinen konnten. Einige wenige Frauen und Männer entgingen so durch die Verschiebung der Verhandlung und dann durch das Kriegsende dem Zwangseingriff.

Weiters dauerten die Verfahren länger als im *Altreich*, und, obwohl ein externes Gutachten ein Verfahren zusätzlich verlängerte, war der Anteil der Verfahren, in denen ein zusätzlicher Gutachter beauftragt wurde, weil sich die beiden ärztlichen Beisitzer in ihrer Beschlussfassung nicht einig waren, nicht nur deutlich höher als im *Altreich* vor 1939, sondern stieg im Verlauf des Krieges sogar noch an. Weder bei Vorladungen noch bei Begutachtungen sind geschlechtsspezifische Unterschiede erkennbar, unerheblich war auch, ob die Beschwerden gegen die erstinstanzlichen Beschlüsse von betroffenen Frauen und Männern oder Amtsärzten bzw. Anstaltsleitern eingebracht worden waren.

Beide Instanzen legten auch großen Wert auf administrative Korrektheit: Die Richter des Erbgesundheitsgerichts urgierten unvollständig ausgefüllte Sippenbögen beim Gesundheitsamt, jene des Erbgesundheitsobergerichts fehlende Unterschriften der ärztlichen Beisitzer auf den Beschlüssen der Erstinstanz – selbst wenn dies zur Verlängerung der Verfahren führte.

Die Spruchpraxis beider Instanzen zeigt, dass Richter und ärztliche Beisitzer die Entscheidungsfindung sehr ernst nahmen: Kamen sie zum Schluss, dass die Frauen und Männer vor Gericht *erbkrank* waren, ordneten sie die Zwangssterilisation an, erachteten sie sie als *erbgesund*, lehnten sie diese ab. Waren sich die ärztlichen Beisitzer nicht einig, bezogen sie ein daraufhin vom Richter in Auftrag gegebenes externes Gutachten in ihre Entscheidungsfindung ein. Der hohe Anteil der Begutachtungen in beiden Instanzen hatte unterschiedliche Ursachen: Der Großteil der Verfahren bezog sich auf die im GzVeN verankerten psychiatrischen Krankheitsbilder, doch nur wenige ärztliche Beisitzer hatten eine entsprechende fachärztliche Ausbildung, weshalb sie vermutlich auf eine Fachmeinung zurückgreifen wollten – in einem Verfahren wurde sogar Ernst Rüdin aus München, Mitverfasser des GzVeN und des dazugehörigen Kommentars, als Gutachter herangezogen. Die Richter und ärztlichen Beisitzer scheuten also weder Kosten noch Mühen und sie nahmen auch die Verlängerung der Verfahren in Kauf, um nicht eine aus ihrer Sicht unbegründete und demnach ungesetzliche Zwangssterilisation zu beschließen. Trug auch das Gutachten nicht zur Entscheidungsfindung bei, lehnten sie die Zwangssterilisation ab – jedoch nicht, um die Frauen und Männer vor dem Zwangseingriff zu bewahren, sondern „da eine […] zu Unrecht vorgenommene Unfruchtbarmachung einen nicht wieder gutzumachenden Generationenausfall für das deutsche Volk bedeuten würde, während eine zu Unrecht unterlassene Unfruchtbarmachung bei erneutem Auftreten der Erbkrankheit in den nachfolgenden Geschlechtern nachgeholt werden kann".[632]

Stellten die ärztlichen Beisitzer zwar *Asozialität*, nicht aber eine im GzVeN genannte *Erbkrankheit* fest, lehnten sie die Zwangssterilisation ebenfalls ab. Dies erfolgte nicht im Interesse der Frauen und Männer vor Gericht – die Ärzte wiesen vielmehr darauf hin, dass bei einer entsprechenden Ausweitung des GzVeN unbedingt ein neuerliches Verfahren durchgeführt und die Zwangssterilisation angeordnet werden sollte.

Die Ärzte des Erbgesundheitsgerichts und Erbgesundheitsobergerichts Wien entschieden bei den von der Zwangssterilisation bedrohten Frauen und Männern zwar innerhalb des vom GzVeN vorgegebenen Rahmens und entlang der Kategorisierung als *erbkrank* und *erbgesund*, doch sie zögerten nicht, außergerichtliche und außergesetzliche Möglichkeiten in Anspruch zu nehmen, wenn ihnen ihr Handlungsspielraum aufgrund der gesetzlichen Bestimmungen zu klein war und vor allem nicht ihrer Vorstellung von der *Gesundung des Volkskörpers* entsprach: Die ärztlichen Beisitzer lehnten entsprechend den Bestimmungen des GzVeN einen Schwangerschaftsabbruch von als *erbkrank* geltenden Frauen ab, wenn sie schon länger als sechs Monate schwanger waren. Gleichzeitig hielten sie aber im Beschluss fest, dass sich der Amtsarzt des zuständigen Gesundheitsamts an den ‚Reichsausschuss zur Erfassung erb- und anlagebedingter schwerer Leiden' in Berlin wenden solle, um von dieser Einrichtung, die der ‚Kanzlei des Führers' zugeordnet war und auf Basis von *Ermächtigungen* über Leben und Tod von Kindern und Erwachsenen entschied, eine Genehmigung zum Schwangerschaftsabbruch zu erreichen – der dann in

632 Gütt/Rüdin/Ruttke, Kommentar, 274.

der I. und II. Universitätsfrauenklinik und im Wilhelminenspital (dem Krankenhaus Ottakring) durchgeführt wurde.[633]

Unübersehbar sind die direkten Auswirkungen des Krieges auf die strukturellen Rahmenbedingungen des Vollzugs. Besonders deutlich war dies bei der Besetzung des Erbgesundheitsgerichts Wien, an dem aufgrund von Einberufungen zur Wehrmacht und wegen sich ändernder Aufgaben der Ärzte bei der Versorgung der Bevölkerung immer wieder neue ärztliche Beisitzer gesucht werden mussten – insgesamt waren fast 50 Ärzte tätig und nur wenige von ihnen über mehrere Jahre. Trotzdem mussten mangels vollständiger Besetzung des Gerichts wiederholt Sitzungen verschoben werden und auch die Erstellung der externen Gutachten verzögerte sich oft um mehrere Wochen. Dass bei der Suche nach geeigneten Beisitzern die im GzVeN verlangte Kenntnis der *Erbgesundheitslehre* immer ausschlaggebend für die Bestellung war, kann bezweifelt werden – dies wäre eine weitere Erklärung für den zuvor erwähnten hohen Anteil an Gutachten vor der Beschlussfassung. Obwohl viele der ärztlichen Beisitzer der NSDAP und auch der SS angehörten, war, vermutlich wegen des Ärztemangels, die Zugehörigkeit zur NSDAP keine unbedingte Voraussetzung für dieses Amt oder auch die Tätigkeit als Gutachter.

Kriegsbedingt ordnete das Reichsministerium des Innern in Berlin im Oktober 1944 an, dass die Erbgesundheitsgerichte nur noch *kriegswichtige* Verfahren weiterführen sollten – doch in Wien wurden kaum Verfahren eingestellt. Weiters endete die Tätigkeit des Erbgesundheitsobergerichts mit Dezember 1944 und die noch anhängigen Beschwerdeverfahren wurden an das Erbgesundheitsgericht zurückgestellt, das entweder den erstinstanzlichen Beschluss bestätigen oder das Verfahren nochmals aufnehmen sollte – das Erbgesund-

633 Außerdem zögerten Ärzte auch nicht, unabhängig vom GzVeN Menschen unfruchtbar zu machen: die sogenannten *Rheinlandbastarde* – nach dem Ersten Weltkrieg geborene Kinder von deutschen Frauen und Soldaten aus den französischen Kolonien in Nordafrika – aus *rassischen* Gründen, weiters weibliche KZ-Häftlinge im Rahmen der medizinischen Experimente in Konzentrationslagern und auch schwangere Zwangsarbeiterinnen, die zusätzlich zum erzwungenen Schwangerschaftsabbruch auch als Objekte klinischer Forschungen in gynäkologischen Kliniken missbraucht wurden. Vgl. dazu Pommerin, Rheinlandbastarde, 77–84, Bock, Zwangssterilisation, 238, Martin, „Versuchskaninchen", 113–122, und Czarnowski, Material, 225–273.

heitsgericht Wien entschied sich überwiegend zu Letzterem. Eine weitere kriegsbedingte Maßnahme bewirkte im Jänner 1945 die Überstellung der noch laufenden Verfahren aller Erbgesundheitsgerichte aus dem Gerichtssprengel des Erbgesundheitsobergerichts Wien an das Erbgesundheitsgericht Wien zur weiteren Entscheidung – auch diese Verfahren wurden dort nicht sofort als *nicht kriegswichtig* eingestellt, sondern deren Weiterführung vorbereitet.

Obwohl bei der Erfassung von als *erbkrank verdächtigten* Personen sowohl Frauen als auch Männer in verschiedensten sozialmedizinischen Berufen tätig und gemäß GzVeN zu deren Anzeige beim Gesundheitsamt verpflichtet waren, war der Vollzug des GzVeN keineswegs geschlechtsneutral: Die Entscheidung über Antragstellung, Beschlussfassung und auch Durchführung der Zwangssterilisationen blieb ausschließlich männlichen Ärzten vorbehalten. Die kriegsbedingten Schwierigkeiten bei der Besetzung des Erbgesundheitsgerichts wurden bereits aufgezeigt. Dass trotz der wiederholt auftretenden Engpässe statt der Akquirierung von Ärztinnen die Verlängerung der Verfahren in Kauf genommen wurde, verdeutlicht die geschlechtsspezifische Machtverteilung der Entscheidungsträger beim Vollzug des GzVeN umso mehr.

Die Auswertung der Beschlüsse beider Instanzen zeigt im Hinblick auf die Geschlechtszugehörigkeit kaum Unterschiede bei der Vollzugspraxis: Frauen und Männer wurden annähernd gleich oft persönlich vor Gericht angehört, die Verfahren dauerten gleich lange, der Anteil der Beschlüsse zur Zwangssterilisation war nahezu identisch, nur zur Entscheidungsfindung wurden bei Männern etwas öfter Gutachten eingeholt als bei Frauen.

Eine weitere wichtige Frage galt den Handlungsspielräumen von Richtern und Ärzten der Erbgesundheitsgerichtsbarkeit. Anders als beispielsweise im Strafrecht, wo nicht erst durch die 1942 eingeführten *Richterbriefe* des Reichsjustizministers Otto Thierack unmittelbarer Einfluss auf die Spruchpraxis genommen wurde, agierten die Erbgesundheitsgerichte und Erbgesundheitsobergerichte weitgehend weisungsfrei – wenngleich das Reichsjustizministerium bei der Bestellung der Vorsitz führenden Richter ebenso auf deren Regimetreue und Zustimmung zum GzVeN achtete wie das Reichsministerium des Innern bei den für die Beschlüsse verantwortlichen ärztlichen Beisitzern.

Die 1939 erfolgte Änderung des GzVeN, wonach Verfahren nur noch bei *besonders großer Fortpflanzungsgefahr* der als *erbkrank verdächtigen* Frauen und Männer geführt werden sollte, öffnete bereits an der Schnittstelle zwischen Anzeige und Antrag nicht nur einen großen Ermessens-, sondern auch einen großen Entscheidungsspielraum für die Ärzte. Da die Zahl der Anzeigen für Wien nicht mehr rekonstruierbar ist, muss offen bleiben, wie oft sich Amtsärzte und Anstaltsleiter trotz einer Anzeige gegen die Einbringung eines Verfahrens entschieden. Laut Geschäftszahlen auf den noch vorhandenen Gerichtsakten des Erbgesundheitsgerichts Wien gab es mindestens 2.060 Verfahren. Dies entsprach 0,1 % der damaligen Bevölkerung Wiens und lag demnach deutlich unter dem von Gisela Bock für die Jahre 1934 bis 1939 im *Altreich* errechneten Schnitt von 1 %. Verglichen mit dem *Altreich* standen demnach in Wien von 1940–1945 anteilsmäßig deutlich weniger Menschen vor dem Erbgesundheitsgericht, gleichzeitig wurden jedoch große Bevölkerungsgruppen in der *Erbkartei* des Gesundheitsamtes erfasst – die Kartei enthielt zu Kriegsende Aufzeichnungen zu mindestens 767.000 Menschen, um die Zwangssterilisationen nach Kriegsende durchführen zu können.

Nicht nur die antragstellenden Ärzte schöpften bei der *Fortpflanzungsgefahr* den Ermessensspielraum voll aus – auch die ärztlichen Beisitzer folgten ihrer Ansicht und beschlossen zahlreiche Zwangssterilisationen von unter 20-Jährigen – die jüngste war 13, der jüngste 12 Jahre alt. Gleichzeitig dokumentieren zahlreiche abgelehnte Anträge und gegenteilige Beschlüsse in beiden Instanzen, dass diese *Fortpflanzungsgefahr* sehr unterschiedlich eingeschätzt wurde.

Ein weiterer großer Entscheidungsspielraum der Gerichte bei ihrer Beschlussfassung resultierte aus den auch im damaligen Diskurs beklagten Schwierigkeiten der genauen Diagnostik und den unzureichenden wissenschaftlichen Nachweisen der *Vererbbarkeit* der im GzVeN genannten Krankheiten. Die Ärzte der Erbgesundheitsgerichtsbarkeit Wien nutzten diesen Spielraum – jedoch nicht, um einen Zwangseingriff abzulehnen, dessen *Vererbbarkeit* als nicht gesichert galt und dadurch Frauen und Männer vor dessen lebenslangen und schwerwiegenden Folgen zu bewahren. (Wobei auch ein gesicherter Nachweis die Entscheidung der Ärzte zum Zwangseingriff keinesfalls rechtfertigen würde.) Die Aufschlüsselung beider Verfahrensebenen verdeutlicht den Ermessensspielraum und die Eigenständigkeit der Ärzte in ihren Entscheidungen: *Fortpflanzungsgefährlichkeit*, GzVeN-Diagnosen, aber auch *Asozialität* wurden nicht nur sehr unterschiedlich zwischen den antragstellenden Ärzten und den Beisitzern in beiden Instanzen eingeschätzt – worauf auch der Anteil der eingeholten Gutachten verweist –, sondern erfolgten vielfach auch im Widerspruch zu den vorliegenden Gutachten nur aufgrund des persönlichen Eindrucks, den die betroffenen Frauen und Männer während der Gerichtsverhandlungen auf die Beisitzer machten.

Darüber hinaus enthielt das GzVeN eine Kann-Bestimmung: Selbst wenn die ärztlichen Beisitzer eine *Erbkrankheit* bei den von der Zwangssterilisation bedrohten Frauen und Männern feststellten, mussten sie nicht zwingend eine Zwangssterilisation anordnen. Die Frage dieses Ermessensspielraums wurde seit Inkrafttreten des GzVeN im Jahr 1934 in juristischen Kreisen ausführlich diskutiert – mit dem Ergebnis, dass dieser den Gerichten zugestanden wurde. Die ärztlichen Beisitzer in Wien nutzten ihn nur vereinzelt und nur dann, wenn die von der Zwangssterilisation bedrohten Menschen gleichzeitig als *hochbegabt* galten. Zur Verdeutlichung der Motive sei hier exemplarisch das Verfahren des Kapellmeisters Friedrich E. angeführt, der wegen *Schizophrenie* zwangssterilisiert werden sollte. Er erreichte im August 1944 ein Wiederaufnahmeverfahren, das mit folgendem Beschluss endete: „Obwohl das Gericht nach wie vor den Grundsatz vertritt, dass minderwertiges Erbgut gerade angesichts der grossen Blutopfer des Krieges auszumerzen ist, kam es im vorliegenden Fall zur gegenteiligen Ansicht, weil in Abwägung von Belastung gegen Begabung und wegen des Mangels an Fortpflanzungsgefahr bis auf weiteres von einem Nachwuchsverhütungseingriff abgesehen werden darf. Mit dem Aufhören der kriegsbedingten Erbgutverluste durch das künftige Kriegsende wird auch die Gefahr des Überwucherns minderwertigen Erbgutes über hochwertiges Erbgut sinken und dann die Notwendigkeit der besonderen Vorsicht mit dem Aufsparen nicht guten Erbstoffes von besonders Begabten wegfallen; deshalb glaubte das Gericht, die Unfruchtbarmachung im gegenständlichen Falle bis zum Kriegsende aufschieben zu sollen."[634]

Unübersehbar ist der wachsende Entscheidungsspielraum des Erbgesundheitsgerichts Wien, je länger der Krieg dauerte, vor allem aber ab Herbst 1944:

634 1 XIII 26/44.

durch die Anordnung des Reichsministeriums des Innern, *nicht kriegswichtige* Verfahren einzustellen, und durch die Entscheidung über die weitere Vorgehensweise bei den vom Erbgesundheitsobergericht Wien und den anderen Erbgesundheitsgerichten aus dessen Gerichtssprengel übernommenen Verfahren.

Richter Anton Rolleder, der mehr als die Hälfte aller erstinstanzlichen Verfahren leitete und nach dem Tod seines Kollegen Tomanetz ab März 1944 alleiniger Richter war, setzte, abgesehen von den durch die Bestimmungen des GzVeN möglichen Entscheidungsspielräumen, in Übereinstimmung mit den jeweiligen ärztlichen Beisitzern auch eigene Initiativen: Therese W., deren Wiederaufnahmeverfahren einen – während des Krieges höchst ungewöhnlichen – Versuch der operativen Refertilisierung nach sich zog, wurde am Beginn der vorliegenden Arbeit schon erwähnt. Nicht nur ihr Verfahren wurde entgegen der Anordnung des Reichsministeriums des Innern in Berlin, die Entscheidung über Wiederaufnahmen bereits abgeschlossener Verfahren bis zum Kriegsende auszusetzen, wieder aufgenommen, auch bei den Anfang 1945 an das Erbgesundheitsgericht Wien überstellten Verfahren findet sich in einigen Akten die Empfehlung Rolleders zur Wiederaufnahme – die jedoch wegen des Kriegsendes nicht mehr erfolgte.

Wirkten sich der Krieg und die zunehmende Radikalisierung im Umgang mit von der nationalsozialistischen *Volksgemeinschaft* als *wertlos* ausgegrenzten Menschen auch in der Wiener Erbgesundheitsgerichtsbarkeit zwischen 1940 und 1945 aus? Eine wichtige Quelle zur Beantwortung dieser zentralen Frage wären die nicht mehr auffindbaren Anzeigen als *erbkrank* verdächtigter Frauen und Männer, aus denen ablesbar wäre, warum Ärzte sich für die Einbringung eines Verfahrens entschieden und ob sich diese Gründe im Verlauf des Krieges veränderten. Ein Vergleich dieser Anzeigen mit den mittlerweile rekonstruierten Namenslisten der Menschen, die im Zuge der NS-Euthanasie getötet wurden, könnte auch Aufschluss darüber geben, wie viele als *erbkrank* und *minderwertig* diffamierte und verfolgte Menschen nicht zwangssterilisiert, sondern getötet wurden.

Trotz fehlender Anzeigen kann aber die Frage nach einer Radikalisierung verneint werden, denn wenn sich die Ärzte zu einem Verfahrensantrag entschlossen, so zeigt die Auswertung der jeweiligen Beschlüsse, dass die in beiden Instanzen Verantwortlichen unbeeindruckt durch Krieg und NS-Euthanasie innerhalb des vom GzVeN vorgegebenen Rahmens entschieden. Es gab zwar im Verhältnis zur Bevölkerungszahl deutlich weniger Verfahren als im *Altreich* – ein Faktum, das auf den Krieg und den zunehmend eingeschränkten Personenkreis, der zwangssterilisiert werden sollte, zurückzuführen ist – doch weicht weder der Anteil der Beschlüsse der Wiener Gerichte für oder gegen die Zwangssterilisation von jenen im *Altreich* ab, noch ändert sich dieser im Verlauf des Krieges signifikant.

Das GzVeN als solches war bereits radikal. Richter und Ärzte vollzogen ein Gesetz, das einen körperlichen Eingriff mit schwerwiegenden und lebenslangen Folgen gegen den Willen der Betroffenen vorsah, für den, anders als bei einer lebensrettenden Operation, keinerlei medizinische Notwendigkeit bestand, und sie fassten ihre Beschlüsse innerhalb dieses gesetzlichen Rahmens: als *erbgesund* angesehene Frauen und Männer durften keinesfalls, *erbkranke* hingegen mussten unfruchtbar gemacht werden – auch unter Anwendung von direktem Zwang. Die zunehmende Radikalisierung im Umgang mit Menschen erfolgte außerhalb der Erbgesundheitsgerichte: Im Gesundheitsamt, in der Anstalt Am Steinhof, der Jugendfürsorgeanstalt Am Spiegelgrund und der Anstalt Gugging, aber auch in allen anderen Einrichtungen, wo Ärzte entschieden, welche der als *erbkrank verdächtigten* Frauen und Männern als so *brauchbar* für die *Volksgemeinschaft* galten, dass sie zwangssterilisiert, oder als so *unbrauchbar*, dass sie getötet werden sollten.

Gegen eine weitere Radikalisierung im Umgang mit *Erbkranken* im Kontext der Erbgesundheitsgerichtsbarkeit spricht auch, dass sogar Ärzte wie Ernst Illing und Hans Bertha, die in Wien für die Tötungen von Menschen maßgeblich mitverantwortlich waren, fallweise als Gutachter selbst bei als *asozial* kategorisierten Frauen und Männern zwar deren *Asozialität* bestätigten, aber keine *Erbkrankheit* feststellen konnten und sich demnach auch – buchstabengetreu das GzVeN befolgend – gegen den Zwangseingriff aussprachen.

Nicht nur die Frage nach Radikalisierungstendenzen, auch jene nach einer etwaigen Rückversicherungsstrategie für die Zeit nach dem Ende des Krieges kann verneint werden, denn Richter und Ärzte wurden im Verlauf des Krieges und vor allem in den letzten Kriegsmonaten, als sich ihre Entscheidungsmacht noch ausweitete, bei der Anordnung der Zwangssterilisationen nicht vorsichtiger: Selbst bei dem zuvor genannten Friedrich E., wo die Aussetzung seiner Zwangssterilisation bis Kriegsende diese Vermutung nicht ausschließen würde, hielt das Erbgesundheitsgericht fest, dass „einem neuerlichen vorzeitigen Unfruchtbarmachungsantrag bei etwaigem früheren Eintritt eines neuen Krankheitsschubes der Weg nicht verrammelt [sic]"[635] wäre. Aber auch die zahlreichen Entscheidungen zur Weiterführung der Verfahren als *kriegswichtig*, deren Einstellung die ärztlichen Beisitzer ab Herbst 1944 ohne das geringste berufliche Risiko anordnen hätten könnten, sprechen gegen eine Strategie der Rückversicherung. Selbst wenn das Erbgesundheitsgericht in einzelnen Fällen die Durchführung des Zwangseingriffs aufgrund von Bitten der Betroffenen z.B. bis nach der Beendigung der Erntearbeiten verschob, diente dies zur Vermeidung von zusätzlicher Unruhe in der Bevölkerung in den letzten Kriegsmonaten, als die Infrastruktur immer schlechter funktionierte, und nicht der Bewahrung der Frauen und Männer vor dem Zwangseingriff: In einigen Akten häuften sich sogar die dringlichen Nachfragen Richter Rolleders, wann die Operation denn endlich durchgeführt werden würde. Gegen eine Rückversicherungsstrategie spricht unter anderem auch, dass selbst in der gynäkologischen Universitätsklinik des Allgemeinen Krankenhauses, in der nach Bombenschäden seit Herbst 1944 die Patientinnen und Patienten zweier weiterer Kliniken zu versorgen waren, noch in den letzten Wochen des Krieges Zwangssterilisationen und auch Schwangerschaftsabbrüche durchgeführt wurden: Wo kein Unrechtsbewusstsein existiert, entfällt auch der Bedarf an Rückversicherung für die Zeit ‚danach'.

Zweifel an den Bestimmungen des GzVeN, Bedenken bei der Verwendung von unzureichenden medizinischen Diagnosen, Zögern, auch soziale Kriterien in die Beschlussfassung einzubeziehen, mangelnde Handlungsspielräume und versuchte Rückversicherung können bei den Richtern und Ärzten des Wiener Erbgesundheitsgerichts und Erbgesundheitsobergerichts ausgeschlossen werden: Sie wirkten als Vertreter von Medizin und Justiz als willige Vollstrecker beim radikalen Versuch der Verwirklichung der Vision der Schaffung eines *gesunden Volkskörpers* mit, in dem sie ein nationalsozialistisches Unrechtsgesetz unbeirrt von sonstigen Rahmenbedingungen vollzogen. Wie im folgenden

635 1 XIII 26/44.

Ausblick noch zu sehen sein wird, musste sich kaum einer von ihnen in der Zweiten Republik für seine Mitverantwortung an den Zwangssterilisationen gerichtlich verantworten, geschweige denn davon distanzieren.

Zweifel, Bedenken, Zögern, eingeschränkte Handlungsmöglichkeiten und versuchte Rückversicherung können aber auch deshalb ausgeschlossen werden, weil nichts davon als Verteidigungsstrategie verwendet wurde, wie das Verfahren von Richter Rolleder zeigt, der als einer der wenigen Akteure der Erbgesundheitsgerichtsbarkeit Wien wegen des Verdachts von Quälereien und Misshandlungen, Verletzung der Menschlichkeit und der Menschenwürde in Verbindung mit dem Missbrauch der Amtsgewalt und wegen des Verbrechens der schweren körperlichen Beschädigung ein Verfahren vor dem Volksgericht Wien hatte.

Die Intentionen des GzVeN, dessen Vollzug in Wien und das Selbstverständnis von Ärzten und Richtern im Umgang mit als *erbkrank* und *erbgesund* kategorisierten Frauen und Männern könnten nicht prägnanter zusammengefasst sein als in seiner Stellungnahme: „Ich bestreite, jemals Sterilisierungen von Personen bestätigt zu haben, […] die erblich nicht belastet waren. Es ist richtig, dass Personen, wenn sie erbkrank waren, entgegen ihren [sic] ausdrücklichen Wunsch, nicht sterilisiert zu werden, sterilisiert wurden."[636]

Rolleders Aussage steht exemplarisch für die Kontinuität des *Denkens in Erbwerten*. Die daraus resultierende Hierarchisierung von Menschen dauert – bis heute – ungebrochen an: Unmittelbar bei der Aufhebung des GzVeN Mai 1945 kündigte Staatskanzler Renner ein ähnliches Gesetz an. Zwangssterilisierte Frauen und Männer wurden erst 1995 bedingt und erst 2005 uneingeschränkt als NS-Opfer anerkannt. Bis in die Gegenwart werden vor allem als behindert definierte Frauen ohne ihr Wissen und ohne ihre Zustimmung sterilisiert, und dieser Eingriff zieht keine strafrechtlichen Konsequenzen nach sich – widerspricht er doch nicht dem im Strafrecht verankerten Terminus der ‚guten Sitten'.

Abschließend nochmals zu Anton Rolleder: Sein Volksgerichtsverfahren wurde 1948 eingestellt und im Jahr 1962 erhielt er für seine *erbbiologischen Verdienste* von Bundespräsident Schärf das Österreichische Ehrenkreuz für Wissenschaft und Kunst.

636 Aussage von Anton Rolleder, 10. Oktober 1946, in: DÖW E 22232

Ausblick: Kontinuitäten, Karrieren und Ausgrenzungen nach Kriegsende

KEIN NATIONALSOZIALISTISCHES UNRECHT: DIE AUFHEBUNG DES GzVeN IM MAI 1945

In Österreich wurde das GzVeN Mitte Mai 1945 aufgehoben, doch es gab weder von einer politischen Partei, noch der Standesvertretung von Richtern und Ärzten eine Distanzierung von dessen Inhalt und Vollzug. Anlässlich der Aufhebung hielt Staatskanzler Renner vielmehr fest: „Es besteht gar kein Zweifel darüber, daß es ein berechtigtes Interesse jeder Volksgesamtheit ist, einen erbkranken Nachwuchs zu verhindern, aber die Methoden und der Aspekt, unter dem das in Deutschland angeordnet wurde, können uns in keiner Weise entsprechen. [...] Wir werden wahrscheinlich selbst dazu kommen, ähnliche Gesetzesbestimmungen zu beschließen, aber diese werden gewisse Kautelen enthalten, die einen grausamen Mißbrauch des Gesetzes ausschließen."[637] Renner verschwieg, dass die Methoden des GzVeN auch in der *Ostmark* bzw. den *Alpen- und Donaureichsgauen* von Richtern und Ärzten durchaus akzeptiert worden waren und diese die Zwangssterilisation von zahlreichen Frauen und Männern angeordnet hatten. Sein Hinweis auf die Anordnung in Deutschland und die Umsetzung, die keinesfalls seiner Vorstellung einer österreichischen Mentalität entsprochen habe, verdeutlichen die für den Opfermythos unverzichtbare Abgrenzung von Deutschland. Mit seiner Ankündigung, ähnliche Gesetze zu erlassen, stimmte Renner einer nach dem *Erbwert* orientierten pro- und antinatalistischen Bevölkerungspolitik zu, die ja schon seit Beginn des 20. Jahrhunderts auch in Österreich propagiert worden war.[638] Renner war nicht alleine mit seiner Ansicht: Im Nürnberger Juristenprozess erklärte sich

637 Enderle-Burcel/Jerábek/Kammerhofer, Protokolle, 169. Ein dem GzVeN ähnliches Gesetz wurde nie beschlossen. Renner knüpfte hier wörtlich an die Aussagen von Julius Tandler an, vgl. Tandler, Vortrag am 13. Februar 1929 beim Österreichischen Bund für Volksaufartung und Erbkunde, zit. nach Neugebauer, „Rassenhygiene", 264 und Kap. 1.

638 Zum eugenischen Diskurs der Zwischenkriegszeit vgl. die Beiträge in Baader/Hofer/Mayer, Eugenik sowie Kap. 1.

das Gericht 1947 als unzuständig für das GzVeN, da Sterilisationsgesetze diskutierbar wären.[639]

Nach der Aufhebung des GzVeN im Mai 1945 trat im Zuge der Wiederherstellung des Rechtslebens in Österreich das Strafrecht in der Fassung vom 13. März 1938 wieder in Kraft.[640] Dieses bestimmte, dass Sterilisationen, die aufgrund medizinisch begründeter Heilzwecke und nach Zustimmung der Betroffenen erfolgten, straffrei waren. Seit der 1974 erfolgten Strafrechtsreform sind Sterilisationen dann straffrei, wenn die Betroffenen über 25 Jahre alt sind, dem Eingriff zustimmen bzw. dieser nicht gegen die *guten Sitten* verstößt. Dazu zählen Sterilisationen aus *eugenischen* Gründen von *geistesschwachen* Personen, die die Vorgänge der Menschwerdung nicht erfassen können, selbst pflegebedürftig und außerstande sind, Kinder zu pflegen und zu erziehen: Es handelt sich hier um Eingriffe, die oft ohne Wissen und ohne Zustimmung der Betroffenen durchgeführt werden, de facto ausschließlich Frauen betreffen und durch eine juristische Formulierung, die einen großen Ermessenspielraum erlaubt, ermöglicht werden.[641]

Diese Kontinuität des Denkens in *Erbwerten* trug zur Nicht-Wahrnehmung von Zwangssterilisationen als nationalsozialistische Verfolgungsmaßnahme bei. Anders als die im Mai 1945 ebenfalls aufgehobenen Nürnberger Gesetze wurde das GzVeN nicht als ein spezifisch nationalsozialistisches Gesetz bezeichnet. Dieser explizite Hinweis erfolgte erst im Jahr 1988 – allerdings nicht als Folge der Auseinandersetzung mit gesundheitspolitischer Verfolgung, zu denen die Zwangssterilisationen zu zählen sind, sondern im Kontext der Bewertung der Nationaldemokratischen Partei (NDP): Der Verfassungsgerichtshof stellte fest, dass deren Programm auf einem „biologisch-rassistischen Volksbegriff" beruhte, „verbotene großdeutsche Propaganda" beinhaltete und daher „in wesentlichen Kernpunkten mit Zielen der NSDAP"[642] übereinstimmte. Weiters war im Erkenntnis des Verfassungsgerichtshofs festgehalten,

639 Vgl. Neppert, NS-Zwangssterilisierte, 207.

640 StGBl. 17(1)/1945. Vgl. Grünauer, Sterilisation und Kastration, 4.

641 Vgl. Grünauer, Sterilisation und Kastration, 2–20, weiters die im Literaturverzeichnis angeführten Beiträge im Tagungsband der Lebenshilfe Österreich zur Sterilisation geistig behinderter Menschen sowie Müller/Prinz, Sachwalterschaft, 60.

642 Zu diesem und dem vorangegangen Zitat siehe Neugebauer/Bailer, Rechtsextreme Vereine, 163.

dass vorbeugende Maßnahmen zur Erhaltung der *Erbgesundheit* „zu den zentralen Zielen der NSDAP gehörten“ und das GzVeN auf „typisch nationalsozialistischem Gedankengut“[643] beruhte.

In Deutschland gab es nach Kriegsende keine einheitliche Regelung. Nur in der sowjetisch besetzten Zone wurde das GzVeN aufgehoben, in den anderen Zonen wurden zwar die Erbgesundheitsgerichte aufgelöst, es blieb jedoch formal in Kraft. De facto ungültig wurde das GzVeN in der Bundesrepublik erst am 31. Dezember 1968. Aufschlussreich sind die Umstände, die dazu führten: 1958 wurde im Zuge einer routinemäßigen Überprüfung des Bundesrechts festgestellt, dass das GzVeN nicht mehr fortgelte. Dies führte zu keiner weiteren Auseinandersetzung, vielmehr trat es automatisch 10 Jahre nach dieser Feststellung außer Kraft.[644]

RICHTER UND ÄRZTE: STRAFFREIHEIT, KARRIERE UND ORDEN

„Der Umgang der Justiz mit NS-Verbrechern zählt nicht zu den Ruhmesblättern dieser Zunft. Das gilt für Österreich in noch höherem Ausmaß als für Deutschland“ und „die justizielle Ahndung [wurde] dem ungeheuerlichen Ausmaß der NS-Verbrechen nicht einmal annähernd gerecht“,[645] konstatierte der Historiker Winfried Garscha. Zur Ahndung von NS-Verbrechen waren zwei 1945 neu geschaffene Gesetze relevant, das Verbotsgesetz und das Kriegsverbrechergesetz. Zum Vollzug wurden Volksgerichte eingerichtet, besetzt mit zwei Berufsrichtern und drei Schöffen.[646]

§ 10 des Verbotsgesetzes bewertete die illegale Mitgliedschaft während

---

643 www.ris.bka.gv.at/vfgh, VgH_Erkenntnis_NDP, 19880625, Zugriff vom 5. Februar 2008.

644 Vgl. Bock, Zwangssterilisation, 244f, und Inescu Lotte, Saathoff Günter. Die verweigerte Nichtigkeitserklärung für das NS-Erbgesundheitsgesetz – eine „Große Koalition“ gegen die Zwangssterilisierten. In: Demokratie und Recht, Heft 16, 1988, 129ff, zit. nach Neppert, NS-Zwangssterilisierte, 204.

645 Zu diesem und dem vorangegangenen Zitat siehe Garscha, Euthanasie-Prozesse, 46.

646 Zur den Volksgerichten vgl. Garscha/Kuretsidis-Haider, Geschichtsquelle, 15–31, sowie Garscha, Entnazifizierung, 852–883, und Kuretsidis-Haider, Volksgerichtsbarkeit, 563–602.

des Verbots der NSDAP zwischen Juni 1933 und März 1938 sowie ehemalige Auszeichnungen wie *Altparteigenosse* oder *Alter Kämpfer* als Hochverrat. Als Strafausmaß war schwerer Kerker von fünf bis zehn Jahren festgesetzt. § 11 sah für hochrangige Parteimitglieder und Träger von Parteiauszeichnungen das doppelte Strafausmaß sowie den Verfall des gesamten Vermögens vor. Einschränkend hieß es jedoch, dass die Angeklagten aus „besonders verwerflicher Gesinnung" gehandelt bzw. ihre Taten „den Gesetzen der Menschlichkeit gröblich"[647] widersprochen haben mussten. In § 17 war die Registrierung ehemaliger NSDAP-Mitglieder geregelt: Je nach Dauer der Zugehörigkeit zur NDSAP oder einer ihrer Gliederungen bzw. je nach Funktion erfolgte die Kategorisierung als *belastet* oder *minderbelastet*, womit verschiedene *Sühneleistungen* (u.a. Entlassungen, Berufsverbote, einmalige Zahlungen, Ausschluss vom Wahlrecht) verknüpft waren, die die Regierung und ab 1947 der Bundespräsident teilweise oder ganz nachsehen konnte, wenn die Betroffenen, so der Gesetzestext weiter, ihre NSDAP-Mitgliedschaft nicht missbraucht hatten, eine positive Einstellung zur neu gegründeten Republik hatten oder „die Ausnahme im öffentlichen Interesse oder sonst aus einem besonders berücksichtigungswürdigen Grund gerechtfertigt erscheint".[648] Für Registrierungsbetrug war eine Strafe von ein bis fünf Jahren Kerker vorgesehen (§ 8).

Das Kriegsverbrechergesetz war die gesetzliche Grundlage für die Volksgerichte zur Bestrafung von NS-Verbrechern, neben Kriegsverbrechen und Verbrechen gegen die Menschlichkeit waren Kriegshetze, Vertreibung, missbräuchliche Bereicherung und Denunziation angeführt. Wie noch zu sehen sein wird, waren Ärzte vor allem wegen Quälereien und Misshandlungen (§ 3) und Verletzung der Menschenwürde (§ 4) angeklagt.

Die vier österreichischen Volksgerichte leiteten zwischen 1945 und 1955, dem Jahr ihrer Auflösung, 136.829 Voruntersuchungen ein, dies führte zu 28.148 Verfahren, von denen 23.477 mit einem Urteil endeten – 13.607, also knapp die Hälfte, mit einem Schuldspruch. Davon waren 269 Freiheitsstrafen im Ausmaß von zehn und mehr Jahren, 27 lebenslängliche und 43 Todesurteile – von denen 30 auch vollstreckt wurden.[649]

647 Zu diesem und dem vorangegangen Zitat siehe StGBl. 13/45, Verbotsgesetz, § 11.

648 StGBl. 13/45 bzw. BGBl. 25/1947 § 27. Zu den jeweiligen *Sühneleistungen* vgl. § 17 und § 18.

649 Vgl. Garscha, Entnazifizierung, 877.

RICHTER DER ERBGESUNDHEITSGERICHTSBARKEIT WIEN

Die Legalisierung der Zwangssterilisationen durch das GzVeN und die in den vorigen Kapiteln beschriebene, streng normative Auslegung des GzVeN waren vor allem für **Anton Rolleder**, der sich vor dem Volksgericht Wien wegen des Verdachts von Quälereien und Misshandlungen (§ 3 Kriegsverbrechergesetz), Verletzung der Menschlichkeit und der Menschenwürde (§ 4 Kriegsverbrechergesetz) in Verbindung mit dem Missbrauch der Amtsgewalt (§ 101 Strafgesetz) und wegen des Verbrechens der schweren körperlichen Beschädigung (§ 152 Strafgesetz) verantworten musste, die Grundlage für eine erfolgreiche Verteidigungsstrategie – ohne sich von den Inhalten des GzVeN distanzieren zu müssen:

Eine Zwangssterilisation galt laut Anklageschrift als „grundlegender Eingriff in die Menschenrechte", weiters war festgehalten: „... sämtliche dieser Vorfälle, die die Gesetze der Menschlichkeit und Menschenwürde vielfach verletzten und überdies bei den Betroffenen zur gesundheitlichen Schädigung [...] führten, mußten Dr. R. bekannt sein. Trotzdem übte Dr. R. seine Amtstätigkeit bis zum Kriegsende aus und verfügte in seiner Eigenschaft als Leiter des Erbgesundheitsgerichtes in einigen hundert Fällen die Sterilisierung."[650]

Aus den Gerichtsprotokollen ist ersichtlich, dass Rolleder das nationalsozialistische GzVeN und dessen impliziten Zwangscharakter nicht infrage stellte, sondern nachdrücklich auf die Korrektheit der von ihm geleiteten Verfahren hinwies: Nicht nur formal, sondern auch inhaltlich – betonte er doch, niemals „Sterilisierungen von Personen bestätigt zu haben, [...] die erblich nicht belastet waren", und sich gleichzeitig nicht davon distanzierte, „dass Personen, wenn sie erbkrank waren, entgegen ihren ausdrücklichen Wunsch, nicht sterilisiert zu werden, sterilisiert wurden".[651]

Obwohl er, wie die Akten des Erbgesundheitsgerichts zeigen, unvollständige Akten an das Gesundheitsamt zurückschickte und auch sein eigener Volksgerichtsakt sorgfältig verfasste Eingaben enthält, war Rolleder bezüglich der Zahl der Zwangssterilisationen auffällig unkorrekt: Er gab an, dass

650 DÖW E 22232. Rolleders Kollege Alfred Tomanetz war bereits im Februar 1944 verstorben. Zu den Richtern des Erbgesundheitsobergerichts vgl. weiter unten.

651 Aussage von Anton Rolleder, 10. Oktober 1946, in: WSTLA, VG, 6b Vr 8021/46.

„während seiner Amtstätigkeit ca. 200–400 Personen“[652] aufgrund des GzVeN *sterilisiert* worden waren. Die Auswertung der vorhandenen Gerichtsakten zeigt jedoch, dass unter seinem Vorsitz 605 Zwangssterilisationen beschlossen wurden. Nicht nur die grobe Schätzung von 200–400 zwangssterilisierten Menschen, sondern auch seine Zurückhaltung bei der Zahl der von ihm mitverantworteten Entscheidungen steht in deutlichem Widerspruch zu seiner von ihm betonten Genauigkeit.

Den Großteil seiner Untersuchungshaft von Mai 1945 bis Jänner 1947 verbrachte Rolleder im sogenannten Anhaltelager Am Steinhof, jenem Pavillon der Anstalt Am Steinhof, der während des NS-Regimes als ‚Arbeitsanstalt für asoziale Frauen und Mädchen‘ diente.[653] Über viele der dort zwangsweise angehaltenen Frauen hatte er den Beschluss zur Zwangssterilisation mitverantwortet. Rolleders mehrfache Beschwerden über die dortigen Haftbedingungen und deren Folgen für seinen Gesundheitszustand führten zu seiner Enthaftung, das Volksgerichtsverfahren wurde im August 1948 eingestellt, sein Antrag auf Haftentschädigung jedoch abgelehnt.[654]

1949, Rolleder war mittlerweile 68 Jahre alt, erfolgte seine Versetzung in den dauernden Ruhestand, 1957 erreichte er schließlich die Einbeziehung seiner richterlichen Tätigkeit von 1938 bis 1945 zur Bemessung seiner Pensionsbezüge. In den 1960er-Jahren publizierte Rolleder gemeinsam mit Otto Reche, seinem langjährigen *erbbiologischen Mitstreiter*, in verschiedenen Zeitschriften zur Entstehungsgeschichte der ersten erbbiologisch-anthropologischen Gerichtsgutachten – ein Thema, das sie schon seit den 1920er-Jahren beschäftigt hatte.[655] Reche, der mittlerweile als Emeritus in der Nähe Hamburgs lebte, setzte sich 1961 bei Bundespräsident Schärf für die Verleihung eines Ehrenkreuzes zur Anerkennung der vielfältigen Verdienste Rolleders ein. Dagegen bestanden vorerst große Bedenken: Oberlandesgerichtspräsident Kapfer meinte, es spräche nichts dafür, auch wenn sich aus den Volksgerichtsakten kein Ablehnungsgrund ergäbe. Das Justizministerium schloss sich Kapfer an und ergänzte, Rolleder habe die *erbbiologische Forschung* mit eindeutig natio-

652 WSTLA, VG, 6b Vr 8021/46.

653 Zum Volksgerichtsprozess gegen deren Bedienstete vgl. Fürstler/Malina, Dienst, 327–354.

654 WSTLA, VG, 6b Vr 8021/46.

655 Vgl. Reche/Rolleder, Abstammungsgutachten, 283–293, und Rolleder, Vaterschaftsnachweis, 77–79.

nalsozialistischer Tendenz gefördert, weshalb eine solche Auszeichnung in der Öffentlichkeit zu Diskussionen führen könnte. Reches Vorschlag wurde daher abgelehnt. Warum das Bundesministerium für Unterricht danach das Bundeskanzleramt ersuchte, ein Vorgenehmigungsverfahren einzuleiten und das Justizministerium kurz darauf keinen weiteren Einwand gegen eine Verleihung äußerte, geht aus den Akten nicht hervor. Faktum ist, dass Bundespräsident Schärf Anton Rolleder für seine *erbbiologischen Verdienste* am 20. Jänner 1962 das Österreichische Ehrenkreuz für Wissenschaft und Kunst verlieh.[656] Rolleder revanchierte sich bei seinem Kollegen: Aufgrund seines Vorschlags erhielt im Mai 1965 auch Reche ein Ehrenkreuz.[657] Versehen mit einer ungekürzten Pension und dieser hohen staatlichen Auszeichnung starb Rolleder 1972 im Alter von 92 Jahren.

Richter **Viktor Zenker** war ab Mai 1945 gemäß Verbotsgesetz zwar als ehemaliges illegales Parteimitglied außer Dienst gestellt, diese Entscheidung wurde jedoch 1948 wieder aufgehoben. Nach seiner Entlassung aus dem Camp Marcus W. Orr – einem von den US-Amerikanern eingerichteten Internierungslager für ehemalige Nationalsozialisten und Kriegsverbrecher in Glasenbach bei Salzburg – starb er im November 1948 vermutlich an Tuberkulose.[658] Sein Kollege **Franz Hais** musste sich, soweit bisher bekannt, nicht vor dem Volksgericht verantworten.[659]

ÄRZTE DER ERBGESUNDHEITSGERICHTSBARKEIT WIEN

Max Gundel, Stadtrat für Gesundheits- und Sozialwesen, wurde zwar von den US-Amerikanern gesucht, starb aber 1949, ohne jemals gerichtlich belangt

656 Vgl. Geisenhainer, Reche, 402–404. Vgl. auch Stadler, Richter, 285 und ÖStA/AdR, BMJ, III A, NA, Karton 533, Anton Rolleder. Ich danke Wolfgang Stadler für die Information zu diesem Aktenbestand.

657 Vgl. Geisenhainer, Reche, 402–404.

658 Vgl. ÖStA/AdR, RJM, Personale Zenker. Zum Camp Marcus W. Orr vgl. Svoboda, Pflicht, 3–29.

659 Die Recherchen wurden in dem umfangreichen und sehr gut erschlossenen Bestand zu den Verfahren vor dem Volksgericht Wien, der im WSTLA aufbewahrt ist, durchgeführt.

worden zu sein. **Hermann Vellguth**, Direktor des Wiener Hauptgesundheitsamts, und **Richard Günther**, verantwortlich für dessen Abteilung Erb- und Rassenpflege, waren bis 1947 in US-amerikanischer Kriegsgefangenschaft und danach wieder als praktische Ärzte tätig, Vellguth in Schleswig-Holstein, Günther ab spätestens 1949 in Bayern.[660]

Nur die ersten Monate nach Kriegsende waren „geprägt durch ein konsequentes Vorgehen auch gegen medizinische Täter".[661] Der Psychiater **Ernst Illing**, von 1942 bis Kriegsende Anstaltsleiter der Jugendfürsorgeanstalt Am Spiegelgrund, darüber hinaus ärztlicher Beisitzer und Gutachter, Letzteres auch im Rahmen der NS-Euthanasie, war einer von insgesamt 21 Ärzten, bei denen die deutschen, österreichischen und alliierten Gerichte wegen der Beteiligung an der NS-Euthanasie ein Todesurteil fällten. Illing, ein „überzeugter Nationalsozialist, der auch noch im Volksgerichtsprozeß 1946 zur ‚Euthanasie' stand",[662] wurde im November 1946 hingerichtet.

Jedoch waren die „Entnazifizierer von gestern […] nun die Werber von heute".[663] Ab 1947/1948 wurden ehemalige Nationalsozialisten und Nationalsozialistinnen zunehmend reintegriert und 1949 auch, auf Betreiben beider Großparteien, wieder zu Wahlen zugelassen: In diesem Jahr war auch der Großteil der Verfahren der am Vollzug des GzVeN in Wien beteiligten Ärzte vor den Volksgerichten bereits eingestellt oder hatte mit ihren Freisprüchen geendet.

Hans Bertha, wie Illing ärztlicher Beisitzer und GzVeN- sowie T4-Gutachter und als Anstaltsleiter der Anstalt Am Steinhof ab Jänner 1944 mitverantwortlich für die Tötung zahlreicher Patientinnen und Patienten, hatte zwei Verfahren. Das erste – wegen Quälereien der Frauen in der ehemaligen Arbeitsanstalt für asoziale Frauen Am Steinhof – wurde vom Volksgericht Wien im April 1948 eingestellt, daran änderten auch die Aussagen der Zeuginnen aus der ehemaligen Arbeitsanstalt, in denen sie unter anderem auch die Zwangs-

660 Vgl. Czech, Erfassung, 14f, und Gabriel, Baumgartner Höhe, 195.

661 Neugebauer, Aufarbeitung, 12.

662 Neugebauer, „Spiegelgrund", 297. Vgl. auch Garscha, Euthanasie-Prozesse, 46–58. Zur sich verändernden Spruchpraxis der Volksgerichte vgl. Neugebauer, Aufarbeitung, 11–17, zur Bundesrepublik Deutschland und der Deutschen Demokratischen Republik, vgl. Garscha, ebd., 51f.

663 Pelinka, Bürgerkrieg, 146.

sterilisationen erwähnten, nichts. Im zweiten sprach ihn das Volksgericht Graz im September 1948 trotz seiner illegalen Mitgliedschaft bei der NSDAP ab 1933 und der SS ab 1937 frei, da das Gericht seiner Argumentation und jener seiner Zeugen Glauben schenkte, er wäre unwissend bzw. nur aus Gründen der Gefälligkeit der NSDAP und aus Karrieremöglichkeiten der SS beigetreten. Die von ihm mitverantworteten Tötungen waren nicht Gegenstand der Verfahren. Bertha arbeitete weiter als Psychiater, 1956 verlieh ihm die Universität Graz den Titel eines außerordentlichen Professors – unter anderem mit dem Hinweis auf seine vielseitige Berufspraxis zwischen 1938 und 1945. 1960 erhielt er, wiederum mit Bezug darauf, den Grazer Lehrstuhl für Neurologie und Psychiatrie. Zwei Jahre später wurde er ordentlicher Professor und 1963 schließlich Dekan der medizinischen Fakultät Graz. Bertha starb 1964 an den Folgen eines Autounfalls.[664]

Erwin Jekelius, Vorgänger Illings als Leiter der Jugendfürsorgeanstalt und wie dieser T4-Gutachter, wurde im Mai 1945 in Wien von den sowjetischen Besatzungstruppen als Kriegsverbrecher festgenommen. 1948, im Rahmen eines Prozesses in Moskau, wurde er zu 25 Jahren Gefängnis verurteilt – wegen seiner Mitverantwortung an der NS-Euthanasie in Wien, aber auch „wegen Beteiligung an der Massenvernichtung der Zivilbevölkerung in einem von deutschen Truppen zeitweilig okkupierten Gebiet der UdSSR“[665] sowie Strafaktionen gegen jugoslawische Partisaninnen und Partisanen. Bis zu seinem Tod im Jahr 1952 war er im Vladimirski-Gefängnis des Innenministeriums der UdSSR inhaftiert.

Josef Schicker, Anstaltsleiter in Gugging ab 1938, wurde gemäß Verbotsgesetz wegen seiner illegalen NSDAP-Mitgliedschaft entlassen, sein Einspruch dagegen blieb ohne Erfolg. Im Volksgerichtsprozess gegen Emil Gelny, der die Tötung zahlreicher Patientinnen und Patienten in der Heilanstalt Gugging angeordnet und auch selber vorgenommen hatte, stand Schicker nicht als

664 Zu Hans Bertha vgl. grundlegend Wolf, Bertha, zu den Prozessen vgl. ebd. 45–78, zur weiteren Karriere 78–87.

665 DÖW 51.401, zit. nach Gabriel, Baumgartner Höhe, 176. Zu Jekelius vgl. ebd., 176f. und WSTLA, PA Jekelius, zit. nach Neugebauer, „Spiegelgrund“, 296.

Mitangeklagter, sondern nur als Zeuge vor Gericht. Schicker sagte aus, davon nichts bemerkt, sondern „nur von den Pflegern erfahren [zu] haben".[666] Ein Verfahren wegen seiner Mitbeteiligung als Anstaltsleiter wurde zwar vorbereitet, es kam jedoch zu keiner Anklage. Schicker starb 1949 in Enns, wo er seit 1930 Ehrenbürger war.

Erich Breuning, NSDAP-Mitglied seit 1930 und „einer der treibenden Kräfte"[667] bei der Installation des Euthanasiearztes Gelny, war angeklagt nach § 11 und 12 Kriegsverbrechergesetz und wurde vom Volksgericht freigesprochen. Breuning, der unbeirrt an der *Kriegswichtigkeit* der Erbgesundheitsgerichtsverfahren festhielt und deren im Herbst 1944 vom Reichsministerium des Innern empfohlene Einstellung bis Kriegsende zumeist ablehnte, war auch, da er „seine Zugehörigkeit zur NSDAP nicht missbraucht hat",[668] von den *Sühnefolgen* befreit. Spätestens ab 1952 ist seine ärztliche Tätigkeit im Spital für Kopfverletzte und Nervenkranke in Wien 19 und ab 1962 die Funktion als dessen stellvertretender ärztlicher Leiter dokumentiert.

Otto Hamminger, der als Amtsarzt im Hauptgesundheitsamt Niederdonau Emil Gelny in der Heilanstalt Gugging als ärztlichen Direktor installiert hatte, musste sich nicht für seine Mittäterschaft verantworten.[669]

Hamminger stand jedoch in einem anderen Prozess vor Gericht: Leopold W.,[670] ein ehemaliger Patient der Anstalt Am Steinhof, der nach seiner vom Erbgesundheitsobergericht abgelehnten Beschwerde im Oktober 1942 im Krankenhaus Ottakring (dem heutigen Wilhelminenspital) zwangssterilisiert wurde, brachte 1947 wegen Missbrauchs der Amtsgewalt (§ 101 Strafgesetz), Quälerei und Verletzung der Menschlichkeit (§ 3 und 4 Kriegsverbrecherge-

666 Fürstler/Malina, Dienst, 260. Zu Schicker vgl. weiters GZ. 10512/46. In: ÖStA/AdR, BKA, Liquidator, Reichsstatthalter Niederdonau, Dr. Josef Schicker, weiters DÖW E 18281, zit. nach Neugebauer, „Euthanasie", 638. Vgl. auch Fürstler/Malina, Dienst, 260f, sowie ÄKW, PA Schicker.

667 Neugebauer, „Euthanasie", 636.

668 Vgl. ÖStA/AdR, 04, PK, GZ. 17.530/1949 und DÖW 21143 (= BDC-Akt Breuning). Ich danke Michael Hubenstorf für den Hinweis zur Tätigkeit Breunings nach 1945.

669 Vgl. DÖW 18860 und Neugebauer, „Euthanasie", 636ff, sowie ÄK Wien, PA Hamminger. Gelny gelang die Flucht nach Syrien, er stand nie vor einem österreichischen Gericht.

670 Vgl. WSTLA, VG, 8c Vr 160/50 und Garscha, Euthanasie-Prozesse, 55f.

setz) eine Anzeige ein – neben Hamminger auch gegen den Psychiater **Alfons Huber** und den ehemaligen Leiter der Anstalt Am Steinhof **Alfred Mauczka**. Außerdem forderte Leopold W. von jedem der insgesamt neun angezeigten Ärzte einen Schadenersatz in der Höhe von 50.000 Schilling für seine Zwangssterilisation, Schmerzensgeld von 10.000 Schilling, eine *Entschädigung* für seinen durch den Zwangseingriff bedingten Verdienstentgang und auch den Ersatz der Kosten für seine erhoffte operative Refertilisierung – eine Geldforderung, die zeigt, in welcher Höhe er eine zumindest finanzielle *Entschädigung* ansetzen würde.

Im Verfahrensakt ist nur die Aussage von Alfons Huber enthalten – der sonstige Akteninhalt lässt vermuten, dass er als einziger Arzt befragt wurde. Huber schilderte detailliert den Ablauf des Verfahrens am Erbgesundheitsgericht – ohne sich davon zu distanzieren oder auf eine eventuelle Unterstützung der von der Zwangssterilisation bedrohten Frauen und Männer im Rahmen seiner Tätigkeit als Gutachter durch die Diagnostizierung als *erbgesund* hinzuweisen. Das Verfahren wurde 1950 eingestellt, Hamminger war ab September 1945 als Spezialist für Tropenkrankheiten in der Kartei der Wiener Ärztekammer angeführt, er lebte von Oktober 1950 bis Oktober 1952 in Jugoslawien, nach seiner Rückkehr arbeitete er als praktischer Arzt, bis er 1961 seine Praxis alters- und krankheitsbedingt aufgab. Alfons Huber war weiterhin in der Anstalt Am Steinhof als Primar tätig.[671]

Auch **Alois Kittinger** wurde 1947 nach § 3 und 4 Kriegsverbrechergesetz angezeigt, da er als leitender Arzt im Krankenhaus Kittsee „an der Ermordung v. Personen durch Injektionen beteiligt gewesen" sei. Wie dieses Verfahren ausgegangen ist, konnte nicht geklärt werden, Kittinger war jedoch spätestens ab 1948 wieder als Chirurg in Wien tätig und ab 1952 Leiter der chirurgischen Ambulanz der Wiener Gebietskrankenkasse.[672]

671 Vgl. Gabriel, Baumgartner Höhe, 168.

672 Vgl. ÄKW, PA Kittinger. Lt. Auskunft des zuständigen Richters des Wiener Landesgerichts, Dr. Forsthuber, liegt unter der angegebenen Nummer ein anderer Akt ein. Auch im Zuge der Überstellung der Akten an das WSTLA blieb er nicht unauffindbar. Ein weiterer Akt zu Kittinger wurde an das Bezirksgericht Hainburg übermittelt, wo bereits vor mehreren Jahren Skartierungen vorgenommen wurden. Ich danke Michael Hubenstorf für den Hinweis zur Tätigkeit Kittingers bei der Gebietskrankenkasse.

Und **Paul Trüb**, der in der Reichsstatthalterei Wien für die *Ermächtigung* der Ärzte als Operateure und auch für organisatorische Belange der Deportationen von Patientinnen und Patienten der Heilanstalten in die Tötungsanstalt Hartheim zuständig war, übersiedelte nach Kriegsende nach Köln, wurde dort Medizinaldezernent beim Regierungspräsidenten, war im Landarbeitsministerium verantwortlich für Seuchenbekämpfung und allgemeine Hygiene und Vorsitzender der Prüfungsausschüsse der Medizinallehranstalten im Regierungsbezirk Düsseldorf. Vor seiner Pensionierung im Jahr 1959 hatte er sieben Jahre die Position des Medizinalhauptdezernenten inne und veröffentlichte mehr als 200 Beiträge zu aktuellen Problemen des öffentlichen Gesundheitswesens. Trüb, einer der „ersten und entscheidenden Männer in der Begutachtung von Verfolgten in Nordrhein-Westfalen“[673], verfasste auch einen Leitfaden für die Begutachtung von Überlebenden nationalsozialistischer Verfolgung in Verfahren nach dem Bundesentschädigungsgesetz.

Soweit bisher bekannt, musste sich keiner der sonstigen Ärzte, die als ärztliche Beisitzer oder Gutachter maßgeblich am Vollzug des GzVeN am Erbgesundheitsgericht und Erbgesundheitsobergericht Wien mitgewirkt hatten, deshalb vor dem Volksgericht verantworten. Standen sie überhaupt vor Gericht, waren sie zumeist angeklagt wegen des Verbrechens des Hochverrats im Sinne des Verbotsgesetzes oder wegen Registrierungsbetrugs. Selbst wenn sie hochrangige NSDAP-Funktionäre waren oder auch der SS angehörten, gelang vielen die Einstufung als *minderbelastet*. Befreit von den *Sühnefolgen*, konnten sie weiter als Ärzte tätig sein. Außerdem beschloss der Nationalrat mit Genehmigung des Alliierten Rates im April 1948 eine Amnestie der *Minderbelasteten* – zu diesem Zeitpunkt waren dies 90 Prozent aller als ehemalige Nationalsozialisten und Nationalsozialistinnen registrierten Personen.[674]

Die Volksgerichtsverfahren von Franz Schmidt, Philipp Schneider und Rudolf Stiglbauer wurden 1947 bzw. 1948 eingestellt.

---

673 BDC-Akt Paul Trüb. Ich danke Johannes Vossen für diese Information. Vgl. auch Pross, Wiedergutmachung, 193.

674 Recherchiert wurde zu jenen Ärzten, die den Großteil der Beschlüsse am Erbgesundheitsgericht und Erbgesundheitsobergericht fassten sowie den wichtigsten Gutachtern. Zu den Gynäkologen und Chirurgen vgl. Kap. 4. Vgl. weiters Garscha, Entnazifizierung, 852–883, hier: 861. Zur Zahl der registrierten Personen gibt es zwei Angaben, 536.660 bzw. 549.353. 98.330 galten als illegal, vgl. ebd., 853.

Franz **Schmidt**, laut seinen Angaben in einem NSDAP-Fragebogen seit 1932 Parteimitglied und später auch bei der SS, arbeitete bis Ende der 1960er-Jahre als praktischer Arzt im niederösterreichischen Prellenkirchen und anschließend, bis 1980, als Kurarzt in Bad Deutsch Altenburg.[675]

Der Gerichtsmediziner Philipp **Schneider**, nach seiner Suspendierung mehrere Monate in amerikanischer Kriegsgefangenschaft, erreichte die Zuerkennung einer gänzlichen Arbeitsunfähigkeit im Sinne des Kriegsopferversorgungsgesetzes (Kriegsversehrter Stufe IV) und galt demzufolge nicht mehr als *belastet*, sondern als *minderbelastet* und war von der *Sühnepflicht* ausgenommen. Schneider war mehrere Jahre als Gerichtsarzt in Stockholm tätig, er starb kurz nach seiner Rückkehr nach Österreich Anfang 1954.[676]

Rudolf **Stiglbauer**, NSDAP-Mitglied seit 1937, hatte, abgesehen von seiner Tätigkeit als ärztlicher Beisitzer und *ermächtigter* Gynäkologe gemäß GzVeN, direkt die Ärzte des ‚Reichsausschusses zur Erfassung erb- und anlagebedingter schwerer Leiden' in Berlin, die auch für die Organisation der Tötung von Kindern und Jugendlichen verantwortlich waren, eingeschaltet, um den Schwangerschaftsabbruch einer von ihm als *erbkrank* kategorisierten Frau außerhalb des GzVeN vornehmen zu können. Stiglbauer erreichte die Nachsicht von den *Sühnefolgen*, denn er „machte sich um den Wiederaufbau der Frauenabteilung besonders verdient [...], stellte sich bis zur Aufopferung zur Verfügung [...] und erwarb sich dadurch grosse Verdienste im öffentlichen Gesundheitswesen von Stadt und Gebiet Wiener Neustadt".[677] Stiglbauer arbeitete bis 1954 als Primarius des dortigen Allgemeinen Krankenhauses.

Viele der in der Erbgesundheitsgerichtsbarkeit Wien tätigen Ärzte mussten sich nicht vor dem Volksgericht verantworten, ihre Karriere ging auch nach dem Zusammenbruch des NS-Regimes bruchlos weiter:

---

675 WSTLA, VG, 8c Vr 7430/46, Dr. Franz Schmidt. Ich danke Michael Hubenstorf für den Hinweis zur Tätigkeit Schmidts nach 1945.

676 Vgl. ÖStA/AdR, BMU, PA Schneider.

677 Vgl. ÖSTA/AdR, PK, NSG 8640/47. Vgl. auch Kap. 3 und XIII 39/45. Sein Volksgerichtsverfahren wurde im März 1947 eingestellt. Ich danke Michael Hubenstorf für den Hinweis zur Tätigkeit Stiglbauers nach 1945.

Der Gerichtsmediziner Leopold **Breitenecker** dementierte seine NSDAP-Mitgliedschaft ab 1933 und erreichte, nur als *minderbelastet* zu gelten. 1957 wurde er Leiter des österreichischen Gesundheitswesens im Sozialministerium und ab 1959 Vorstand des Instituts für Gerichtsmedizin der Universität Wien, wo er sich wieder ausführlich mit *erbbiologischen* Fragestellungen beschäftigte. 1964 bildete seine Wahl zum Dekan der Wiener medizinischen Fakultät den Höhepunkt seiner Karriere und 1973 erhielt er das große goldene Ehrenzeichen für Verdienste um die Republik Österreich.[678]

Josef Berze blieb trotz seines hohen Alters (Berze war 1945 79 Jahre alt) weiterhin wissenschaftlich aktiv und publizierte zum Krankheitsbild der *Schizophrenie,* unter anderem auch in der 1948 erschienen Festschrift für seinen Kollegen Otto Pötzl.[679]

August Krzizek, NSDAP-Parteianwärter seit 1938 und -Mitglied seit 1940, dementierte seine SA-Mitgliedschaft und wurde als *minderbelastet* eingestuft – seiner weiteren Tätigkeit als praktischer Arzt in Wien-Hietzing stand somit nichts mehr im Weg.[680]

Heinrich Lakatha blieb Amtsarzt in Bruck/Leitha und **Ambros Singer** praktizierte von 1945–1973 als Internist in Baden.[681]

Selbst eine zu Kriegsende erfolgte Suspendierung und mehrere Monate Kriegsgefangenschaft oder Haft in den sogenannten Entnazifizierungslagern in Wolfsberg/Kärnten bzw. Glasenbach/Salzburg bedeutete keinen Knick oder gar Bruch in der Karriere dieser Ärzte:

Der Psychiater **Ernst Pichler** war bis Juli 1947 in französischer Kriegsgefangenschaft und danach als Facharzt für Nervenkrankheiten in Graz tätig.

---

678 Vgl. ÖStA/AdR, 04, Gauakt Breitenecker sowie Klee, Personenlexikon, 74. Für den Hinweis auf das Goldene Ehrenzeichen danke ich Michael Hubenstorf.

679 Vgl. Kreuter, Psychiater, 118.

680 Vgl. ÖStA/AdR, 04, Gauakt Krzizek. Ich danke Michael Hubenstorf und Peter Malina für den Hinweis zur Tätigkeit Krzizeks nach 1945.

681 Im WSTLA liegen keine Volksgerichtsakte zu ihnen auf. Ich danke Michael Hubenstorf für die Informationen zur Zeit nach Kriegsende.

Ab 1949 leitete er das Neurologische Ambulatorium der Steiermärkischen Gebietskrankenkasse in Graz, 1952 wurde er Privatdozent. Im Mai 1961 erhielt er von der Universität Wien die Lehrbefugnis für Neurologie und Psychiatrie, ab diesem Jahr stand er auch der Nervenheilanstalt Maria-Theresien-Schlössel in Wien vor.[682]

Trotz einer Suspendierung blieben Ärzte in medizinischen Netzwerken integriert: Der Psychiater **Otto Pötzl** wurde im August 1945 von seiner Position als Leiter der Neurologisch-Psychiatrischen Klinik der Universität Wien enthoben. Pötzl, bereits seit 1930 oder 1931 NSDAP-Mitglied, gab im Zuge seines Entnazifizierungsverfahrens an, seine Frau habe ohne sein Wissen Anfang der 1930er-Jahre für ihn einer Hausgehilfin Mitgliedsbeiträge für die NSDAP übergeben.[683] Weil er nach Ansicht des Senats der Hochschulprofessoren, einer Sonderkommission beim Bundesministerium für Unterricht, „nach seinem bisherigen Verhalten keine Gewähr dafür [bietet], dass er jederzeit rückhaltlos für die unabhängige Republik Österreich eintreten werde",[684] wurde er im Juli 1946, im Alter von 69 Jahren, in den dauernden Ruhestand versetzt – bei gleichzeitiger Kürzung seiner Pension für die Dauer eines Jahres um ein Drittel.

In der 1947 anlässlich seines 70. Geburtstags erschienenen Festschrift wurde die NS-Zeit nicht genannt, wohl aber deren unmittelbare Auswirkungen: „Internationalität war immer ein kennzeichnendes Merkmal österreichischer Medizin; daher strömten auch dieser Festschrift Arbeiten aus manchen Erdteilen zu",[685] schrieb Herausgeber Hubert Urban, Vorstand der Neurologisch-Psychiatrischen Universitätsklinik Innsbruck. Urban verschwieg jedoch, dass die von ihm gerühmte Internationalität der Autorinnen und Autoren auf Vertreibung durch das NS-Regime und Flucht nach dessen Zusammenbruch be-

682 Vgl. ÖStA/AdR, 4 Med Professoren 1945–1965 (N-Z), Pichler, 103.688-2/61, und Hubenstorf, Netzwerke, 392 und 413.

683 Pötzl war von 1930 oder 1931 bis 1934 und dann ab 1943, mit Wirkung von 1. Jänner 1941 [sic], NSDAP-Mitglied, vgl. ÖStA/AdR, 04, BKA/ENA Kt. 1, Pötzl. Zu Pötzl vgl. weiters ausführlich Hüttl, Pötzl.

684 ÖStA/AdR, 04, BKA/ENA Kt. 1 Pötzl, vgl. auch ÖStA/AdR, BMU, PA Pötzl.

685 Urban, Festschrift Pötzl, 3. Vgl. weiters Harrer/Urban, Pötzl, 20–33, sowie zur Suspendierung Rolleders und Birkmayers UAW, PA Pernkopf [sic], Zl. 40 aus 40/45 vom 15. Mai 1945.

ruhte: Hans Hoff, den Pötzl 1938 aus seiner Klinik entlassen hatte, um diese *judenfrei zu machen*, war als Dozent der Universität Wien mit derzeitiger Professur in New York angeführt. Bei Hoffs ehemaligen Kollegen, Anton Rolleder jun. (Richter Anton Rolleders Sohn) und Walter Birkmayer, beide ehemalige SS-Mitglieder und Assistenten Pötzls, blieb die Suspendierung unerwähnt und der nach Kriegsende geflüchtete Alfred Auersperg galt weiterhin als Professor der Universität Wien, mit Aufenthalt in São Paolo/Brasilien.

Im Zuge der 1949 erfolgten Nachbesetzung der Wiener Lehrkanzel für Neurologie und Psychiatrie führte Leopold Schönbauer mit Pötzl eine „ausführliche Unterredung […] um seine Wohlmeinung bezüglich des Besetzungsvorschlages".[686] Pötzl empfahl Hans Hoff, dieser erhielt den Lehrstuhl und gemeinsam verfassten sie noch einige Publikationen. 1957, zu seinem 80. Geburtstag, erhielt Pötzl eine Ehrenmedaille aufgrund seiner Verdienste um die Wiener Medizinische Schule. Pötzl starb 1962. Im Wiener Allgemeinen Krankenhaus hängt eine Gedenktafel, formuliert von dem Medizinhistoriker Helmut Gröger, auf der die Stationen der wissenschaftlichen Karriere Pötzls bis zu seiner Emeritierung [sic] im Jahr 1945 angeführt sind.[687]

Abgesehen von geflüchteten Ärzten wie dem zuvor genannten **Alfred Auersperg**, der von 1948 bis zu seinem Tod im Jahr 1968 Direktor der Psychiatrischen Universitätsklinik in Concepcíon/Chile war,[688] blieben auch andere Ärzte nicht in Österreich:

Nicht nur Paul Trüb, auch der Psychiater **Oskar Gagel** wurde nach Kriegsende aufgrund seiner Herkunft aus Deutschland entlassen, er übersiedelte nach Nürnberg, wo ihm 1958 von der deutschen Bundesregierung eine Pension als Emeritus zuerkannt wurde.[689]

Nur wenige der Ärzte, die am Vollzug des GzVeN in Wien maßgeblich mitwirkten, konnten ein paar Jahre nicht als Ärzte arbeiten:

---

686 ÖStA/AdR, BMU, PA 443/1 Hoff, fol. 112. Zum Literaturverzeichnis vgl. Hüttl, Pötzl, 126–145.

687 Gedenktafel im Neuen AKH, Ebene 6, gegenüber 6A. Ich danke Michael Hubenstorf für den Hinweis zur Ehrenmedaille.

688 Vgl. Hubenstorf, Netzwerke, 413.

689 Vgl. Hubenstorf, Netzwerke, 268.

Erwin Haidinger wurde nach seiner Entlassung aus dem Dienst der Gemeinde Wien im Juni 1945 trotz mehrfacher Versuche nicht mehr eingestellt, nach einigen Jahren als Chauffeur baute er ab 1950 eine eigene Arztpraxis auf.[690]

Zwei der wichtigsten ärztlichen Beisitzer am Erbgesundheitsgericht verbüßten mehrmonatige Haftstrafen: **Erich Neusser**, der sich, wie auch Erich Breuning, gegen die Einstellung von Verfahren aussprach, wurde wegen seiner NSDAP- und SS-Mitgliedschaft seit 1935 zu 18 Monaten schwerem Kerker, verschärft durch ein hartes Lager vierteljährlich, verurteilt, weiters zum Ersatz der Kosten für das Strafverfahren und den Strafvollzug. Letzteres war mangels Vermögen uneinbringlich, und durch die Anrechnung der Untersuchungshaft, aus der Neusser wegen seines schlechten Gesundheitszustands vorzeitig entlassen wurde, galt die Strafe bereits als verbüßt. 1949 erreichte er die Wiedererlangung seines Doktortitels.[691]

Karl Windholz wurde 1947 vom Volksgericht Wien wegen Hochverrat und Registrierungsbetrug zu zwei Jahren schweren Kerkers und Vermögensverfall verurteilt. Nachdem er den Großteil der Haft verbüßt hatte, wurde er entlassen, danach war er „zur vollsten Zufriedenheit der Bevölkerung“[692] wieder als Arzt tätig.

Noch ein weiterer Arzt war in Haft: **Alfred Hackel**, Anstaltsleiter der bereits genannten Arbeitsanstalt für asoziale Frauen, wurde 1946 in einem Volksgerichtsprozess, der wegen der dabei dokumentierten Misshandlungen und Quälereien der in der Anstalt zwangsweise angehaltenen Frauen auf großes öffentliches Interesse stieß, vorerst zu 20 Jahren schwerem Kerker verurteilt. Zwei Jahre später jedoch erreichte Hackel mit dem Hinweis auf die „mangelnde Glaubwürdigkeit der Zeuginnen“[693] aus der Zwangsarbeitsanstalt in einem Wiederaufnahmeverfahren die Reduktion des Strafausmaßes auf sechs Jahre, er wurde aber schon 1949 entlassen.

690 Ich danke Herwig Czech für diese Information.

691 Vgl. ÖStA/AdR, 04 Gauakt Neusser und WSTLA, VG, 1 Vr 5651/46.

692 ÖStA/AdR, 04, Gauakt Windholz.

693 Vgl. Fürstler/Malina, Dienst, 327–354, hier: 353.

Wie diese Auflistung der wichtigsten Ärzte beider Gerichte zeigt, zog ihre Tätigkeit keine unmittelbaren strafrechtlichen Folgen nach sich. Nachdem die Zwangseingriffe auf einem Gesetz beruhten – auch wenn dieses vom NS-Regime beschlossen und zu Kriegsende aufgehoben wurde –, bildeten deren Anordnung und operative Vornahme keinen strafrechtlichen Tatbestand. Die zunehmende Reintegration auch hochrangiger ehemaliger NSDAP-Mitglieder lässt sich an den ohnehin nur wenigen Volksgerichtsverfahren der Ärzte verfolgen – die ihre Zugehörigkeit zu NSDAP, SS und SA als berufsbedingte Notwendigkeit oder unüberlegte Handlung darstellten. Selbst wenn sie ihre illegale Mitgliedschaft bei der Registrierung verschwiegen hatten, endeten ihre Verfahren zumeist durch Freispruch oder Einstellung. Hohe Ämter, staatliche Verdienstorden und Festschriften begleiteten ihre weiterhin ökonomisch gut abgesicherte und gesellschaftlich anerkannte berufliche Laufbahn und beschönigende Gedenktafeln und Nachrufe tragen zur Nachhaltigkeit ihres Ruhmes bei.

ZWANGSSTERILISATION: EIN KNICK IN DER LEBENSLINIE

In Österreich gab und gibt es keine Berichte zwangssterilisierter Menschen und keine Gruppen, in denen sie ihre Erfahrungen austauschten und gemeinsam um die Anerkennung als NS-Verfolgte kämpften – auch eine Einrichtung wie die 1989 gegründete Kölner Beratungsstelle für Opfer der NS-Medizin fehlt bis heute. Erst seit 1994 können sich zwangssterilisierte Frauen und Männer in Wien an die psychosoziale Ambulanz ESRA wenden, die einen wesentlichen Beitrag zur Begleitung von – meist jüdischen – Überlebenden von NS-Verfolgung leistet.[694]

Die Betroffenen waren bei der Bewältigung der Erinnerung an den Zwangseingriff und bei der Bewältigung der lebenslangen Folgen auf sich alleine gestellt. Die Gründe sind vielfältig: *Erbkrank*, *minderwertig* und auch *asozial* waren und sind negative Zuschreibungen, und es bedürfte viel Mutes

694 Zu Köln vgl. Bingen, Wunden, 243–266, zu ESRA vgl. http://www.esra.at, Zugriff 21. Dezember 2008.

solchermaßen kategorisierter Menschen, öffentlich darüber zu sprechen: Viele machten sich Vorwürfe, durch ihr Verhalten während der ärztlichen Begutachtung zu Beginn der Antragstellung oder auch in der Verhandlung am Erbgesundheitsgericht bzw. Erbgesundheitsobergericht selbst an ihrer Zwangssterilisation schuld zu sein. Vorstellungen von Familiengründung, vom Leben im familiären Verband – auch als alter Mensch – waren mit eigenen Kindern nicht mehr möglich. Depressionen, Angstzustände, Kontaktschwierigkeiten, Schlafstörungen sowie Erkrankungen des Magen-Darm-Trakts und des Herz/Kreislauf-Systems waren nur einige der vielen möglichen psychischen und physischen Folgen des Zwangseingriffs.[695]

Auch das – im weitesten Sinn – gesellschaftliche Interesse an ihren Erfahrungen fehlte. Sterilisationen von Menschen infolge eines ihnen zugeschriebenen *Erbwertes* wurden seit Beginn des 20. Jahrhunderts diskutiert, ihre Durchführung ist trotz der etwa 400.000 Zwangssterilisationen in NS-Deutschland und den besetzten Gebieten nach der Aufhebung des GzVeN nie grundsätzlich infrage gestellt worden. Und nicht zuletzt werden auch heute noch, wie schon erwähnt, vor allem an Frauen Sterilisationen ohne ihr Wissen und ihre Zustimmung vorgenommen, ohne dass dies öffentlich kritisiert wird, geschweige denn strafrechtliche Sanktionen nach sich zieht.[696]

Die Kontinuität des *Denkens in Erbwerten* zeigte sich auch im Hinblick auf die von einzelnen zwangssterilisierten Frauen und Männern angestrebten sogenannten Refertilisierungsoperationen.[697] Dieser Versuch der Zusammenfügung durchtrennter Eileiter und Samenleiter oder deren Implantation war insbesondere bei jenen, die aufgrund der GzVeN-Diagnose *Schwachsinn* zwangssterilisiert wurden, nicht unumstritten. So berichtete der deutsche Arzt und Jurist Karl Traenker 1953 von den Ergebnissen der in Hamburg vorgenommenen Operationen und von der Einstellung mancher ÄrztInnen, die diese durchführten: „Fast übereinstimmend wurde [...] geäußert, daß bei der Mehrzahl der Patientinnen doch ‚ein erheblicher Grad von Schwachsinn' vorgelegen habe und man sich ernstlich überlegt habe, ob man die Operation trotz des positiven Be-

695 Vgl. Bingen, Wunden, 257–261, sowie die Berichte in Hamm, zerstörte Leben, 15–84, Biesold, klagende Hände, 151–172, weiters Niederland, Überlebenden-Syndrom, 229.

696 Vgl. dazu Berger, Zwangssterilisation, 925–931, hier: 928–931, Trompisch, Sterilisation, 14–15, sowie Haslinger, Sterilisationsproblematik, 65–76.

697 Vgl. Traenker, Refertilisierungsproblem, 387–403.

schlusses des Gerichtes mit seinem ärztlichen Gewissen vereinbaren könne.“[698] Traenker ergänzte, dass „für den Arzt im allgemeinen keine Verpflichtung zur Durchführung einer Refertilisierung nach den geltenden Gesetzen besteht, zumal es sich um keine lebenswichtige Operation handelt“.[699]

In der österreichischen Forschung ist bisher lediglich der 1949 erfolgte operative Versuch der Refertilisierung von Karl S. dokumentiert.[700] Ob er dabei auf Widerstand stieß, kann aus den vorliegenden Quellen nicht beantwortet werden, ebenso wenig, wie viele zwangssterilisierte Menschen in Österreich sich darum bemühten und wie die dabei involvierten ÄrztInnen agierten. Dass ähnliche *Bedenken* wie in Hamburg bestanden, kann jedoch angenommen werden.

Im Kontext der zunehmenden Auseinandersetzung mit den NS-Medizinverbrechen ab den 1980er-Jahren gründeten, unterstützt von dem engagierten deutschen Psychiater Klaus Dörner, einige zwangssterilisierte Frauen und Männer 1987 in der Bundesrepublik Deutschland den „Bund der deutschen ‚Euthanasie‘-Geschädigten und Zwangssterilisierten“. Dessen Mitglieder sprachen öffentlich über die Folgen des Zwangseingriffs, ermutigten auch andere dazu, gaben Publikationen mit Erfahrungsberichten heraus und fordern – bis heute – die Anerkennung von Zwangssterilisation als NS-Unrecht nach dem Deutschen Bundesentschädigungsgesetz.[701]

---

698 Traenker, Refertilisierungsproblem, 402. Neben der Analyse der Rechtslage in den einzelnen deutschen Besatzungszonen enthält der Aufsatz detaillierte Angaben zu den durchgeführten Operationen in Bezug auf GzVeN-Diagnosen und angewandte Techniken der Rückoperationen.

699 Traenker, Refertilisierungsproblem, 402.

700 Zu Karl S. vgl. Spring, Patient tobte, 41–76, hier: 63.

701 Wie in Österreich galten auch in der BRD Zwangssterilisationen nicht als Verfolgungsmaßnahme des NS-Regimes, dementsprechend wurden die Anträge zwangssterilisierter Frauen und Männer nach dem Bundesentschädigungsgesetz abgelehnt. Erst 1980 wurde ein Sonderfonds eingerichtet, aus dem zwangssterilisierte Frauen und Männer eine einmalige Zahlung von 5.000 DM erhielten – wenn sie gleichzeitig auf alle sonstigen Ansprüche verzichteten. 1988, nach der Gründung des Bundes, bekannte der Deutsche Bundestag, daß das GzVeN NS-Unrecht war, ächtete dieses und bezeugte den Überlebenden und ihren Angehörigen Respekt, Achtung und Mitgefühl. Seit 1990 konnten zwangssterilisierte Menschen – unabhängig von ihrem Einkommen – eine Zahlung von 100 DM (51 Euro) pro Monat beantragen, Personen in Heimen 200 DM (102 Euro). Vgl. Forster, Vergleich, 96f, Bock, Zwangssterilisation, 246, Neppert, NS-Zwangssterilisierte, 219f, und Ganssmüller, Entschädigungsregelungen, 2867–2868.

Mitinitiatorin Klara Nowak sprach als eine der Ersten: „Mit der Zwangssterilisation wurde unser Körper verstümmelt und es wurden oft gesundheitliche Störungen ausgelöst. Der Freundeskreis brach wie ein Kartenhaus zusammen. Den oft schon gefundenen Lebenspartner durfte man nicht heiraten."[702]

Die Sintezza Theresia Seible betonte, sie werde „sowohl die Schmerzen durch die Verwachsungen als auch die moralische Diskriminierung als Frau nie vergessen können".[703]

Und der Sinto Wilhelm Spindler klagte: „Nachdem meine erste Ehe aufgrund der Kinderlosigkeit geschieden wurde, war es mir erst richtig bewußt, was mit uns geschehen ist. Ich bin ja nur noch ein halber Mann, das Bewußtsein, nicht mehr vollwertig zu sein, nie eigene Kinder zu haben, hat mich psychisch an den Rand der Verzweiflung gebracht."[704]

Ihre Schilderungen verdeutlichen den durch die Zwangssterilisation erfolgten Bruch in ihren Lebensentwürfen – und die jahrzehntelange Nicht-Anerkennung als Opfer des NS-Regimes trug nicht zu dessen Bewältigung bei.

KEINE *ENTSCHÄDIGUNG*: DIE NICHT-ANERKENNUNG ZWANGSSTERILISIERTER MENSCHEN IM OPFERFÜRSORGEGESETZ BIS 1995

Trotz der Aufhebung des GzVeN gab es kein entsprechendes Gesetz, das für zwangssterilisierte Menschen zumindest eine materielle Form von *Entschädigung* für das Verfahren vor einem NS-Gericht, den erlittenen Zwangseingriff und vor allem dessen tief greifende, lebenslange Folgen vorsah. Einzige Möglichkeit war das sogenannte Opferfürsorgegesetz.[705]

702 Vgl. Nowak, Wie es uns erging, 51–55.

703 Seible, Sintezza, 302.

704 Vgl. Spindler, Wie es uns erging, 59f. Vgl. weiters Seipolt, Lebensbericht, 193–200, und Zerchin, Morgenstern, hier: 89–110.

705 Die Begriffe *Entschädigung* und *Wiedergutmachung* waren und sind zwar vielfach in Bezug auf materielle Leistungen für NS-Verfolgte verwendet worden, können jedoch nur als völlig unzureichend bezeichnet werden, vgl. Forster, Vergleich, 24–29. Zum Opferfürsorgegesetz vgl. BGBl. 183/1947, zur Genese vgl. Bailer, Wiedergutmachung, zum Vergleich mit dem bundesdeutschen Bundesentschädigungsgesetz vgl. Forster, Vergleich.

Dieses Gesetz zur Fürsorge für die Opfer des Kampfes um ein freies demokratisches Österreich wurde bereits im Juli 1945 verabschiedet – zur Untermauerung des 1943 in der Moskauer Deklaration geforderten eigenen Beitrags Österreichs zu seiner Befreiung. Diese sogenannten aktiven Opfer waren zwar für die Konstruktion und Manifestation der österreichischen *Opferthese* wichtig, erhielten aber de facto nur beschämend geringe Fürsorgeleistungen.[706]

1947, durch massiven Druck der Alliierten, wurden sogenannte passive Opfer, also Opfer politischer Verfolgung, erstmals in bescheidenem Ausmaß einbezogen. Als politisch verfolgt galten Personen, die „aus politischen Gründen oder aus Gründen der Abstammung, Religion oder Nationalität durch Maßnahmen eines Gerichtes, einer Verwaltungs- (im besonderen einer Staatspolizei-) Behörde oder durch Eingriffe der NSDAP einschließlich ihrer Gliederungen in erheblichem Ausmaße zu Schaden gekommen sind".[707]

Der Terminus Politische Verfolgung wurde sehr eng ausgelegt, gesundheitspolitische Verfolgung, wozu auch eine Zwangssterilisation als radikale Umsetzung antinatalistischer Bevölkerungspolitik zu zählen ist, fiel, wie die ablehnenden Bescheide der Opferfürsorgebehörden in allen Instanzen zeigen, nicht darunter, da keine Verfolgung im Sinne des Opferfürsorgegesetzes vorlag.[708]

Einzige Ausnahme: Johann H. wurde 1949 als Opfer anerkannt – jedoch nicht aufgrund der Zwangssterilisation, sondern wegen seiner Zugehörigkeit zur Volksgruppe der Roma.[709]

Erst- und Berufungsinstanz begründeten ihre Ablehnungen mit der gesetzlichen Grundlage der Zwangssterilisationen – wobei das Wort Zwang in den Bescheiden fehlt – und führten aus, dass eine „Unfruchtbarmachung auf Grund eines Gerichtsbeschlusses, gegen den auch ein Rechtsmittel eingeräumt gewesen sei, […] keine Verfolgungsmaßnahme" bedeute.[710] Dass das Erbgesund-

706 Vgl. Berger/Forster/Spring, Opferfürsorgegesetz und Pfeil, Entschädigung.

707 BGBl. 183/47 § 1 Abs 2.

708 Zu den Verfahren vgl. Spring, Gift, 200–211, und Berger/Forster/Spring, Opferfürsorgegesetz, 137–139.

709 Zu Johann H. vgl. Spring, Gift, 201–203, und Spring, Verdrängte Überlebende, 316–320.

710 VwGH, Zl. 3093/63–5 vom 21. Jänner 1964, vgl. auch Neugebauer, Opferfürsorgegesetz, 148, sowie Bailer, Wiedergutmachung, 185–190, und Spring, Verdrängte Überlebende, 273–330. Für die BRD vgl. Bock, Zwangssterilisation, 244f, und Neppert, NS-Zwangssterilisierte, 199–221.

heitsobergericht mit Dezember 1944 eingestellt worden war, blieb dabei generell unberücksichtigt. Mit anderen Worten: Ein nationalsozialistisches Gesetz wurde von den Opferfürsorgebehörden nicht auf darin verankertes Unrecht hinterfragt, vielmehr führte der Hinweis auf dessen korrekte Anwendung nicht nur zu Freisprüchen für die Richter und Ärzte, die dieses NS-Gesetz vollzogen hatten, sondern auch zur Nicht-Anerkennung der Opfer dieses NS-Gesetzes. Auch der Hinweis auf die nach dem GzVeN diagnostizierte *Erbkrankheit* findet sich in den Bescheiden – die Diskussion über die tatsächliche Vererbbarkeit der genannten Krankheiten schon während der Gültigkeit des GzVeN blieb ebenso unberücksichtigt wie das Faktum, dass sich die Betroffenen in ihren Anträgen auf Opferfürsorge gegen diese Diagnostizierung verwehrten: Die Zwangssterilisationen wurden somit gerechtfertigt, den Geschädigten jeglicher Anspruch auf *Entschädigung* abgesprochen und die schwerwiegenden und lebenslangen Folgen der Zwangssterilisationen auf eine „Operationsnarbe"[711] reduziert.

Die Amtsärzte des Wiener Gesundheitsamts verwendeten in den Opferfürsorgeverfahren völlig unzureichende Schemata für die Feststellung der Gesundheitsschäden der Antragstellerinnen und Antragsteller: Die bis 1950 gültigen sogenannten Versehrtenstufen des Wehrmachtsfürsorge- und Versorgungsgesetzes waren für Kriegsverletzte konzipiert, im seither geltenden Schema der Minderung der Erwerbsfähigkeit, an dem auch in der Opferfürsorge tätige Gutachter mitgearbeitet hatten, blieben die psychischen und physischen Folgen von NS-Verfolgung – der Pogrome des Jahres 1938, der zwangsweisen Emigration, der Verfolgung während des NS-Regimes, des erzwungenen Lebens im Versteck, der Bedingungen in den NS-Konzentrationslagern, der medizinischen Versuche, aber auch der Zwangssterilisationen unberücksichtigt.

Sie wurden auch bei den zahlreichen Tagungen der Gesellschaft der Gutachterärzte nicht erörtert, inländische Forschungen gab es nicht, ausländische Publikationen blieben viele Jahre unbekannt.[712] Die von Christian Pross bei deutschen Gutachtern diagnostizierten „Distanzierungs- und Abwehrmethoden"[713] treffen auch auf ihre österreichischen Kollegen zu, die von ihm doku-

711 Krieg, Spätentwicklung, 23.

712 Vgl. Spring, Verdrängte Überlebende, 227–272.

713 Vgl. Pross, Wiedergutmachung, 299. Zur Begutachtung in Opferfürsorgeverfahren vgl. Berger/

mentierten Erfahrungen deutscher Antragstellerinnen und Antragsteller entsprechen jenen der österreichischen.

Nicht nur bei der Anordnung der Zwangssterilisation, sondern auch bei der Ablehnung des Opferstatus zwangssterilisierter Menschen und der Nicht-Anerkennung der psychischen und physischen Folgen griffen Justiz und Medizin eng ineinander: Da Zwangssterilisationen nicht als NS-Unrecht galten, bestand kein politisches Interesse, die Erforschung der Folgen einerseits und adäquate medizinische Betreuung andererseits zu forcieren. Da Ärztinnen und Ärzte – zumindest öffentlich – keine gesundheitlichen Schäden feststellten, gab es ihrerseits auch keinen Druck, den Unrechtscharakter der Zwangssterilisationen auf politischer Ebene anzuerkennen. Dies verwundert wenig, hatten doch viele ihr Studium während der NS-Zeit absolviert, bereits praktiziert oder gelehrt und sich mit der NS-Gesundheitspolitik identifiziert.

1995: Aufnahme des Verfolgungsgrundes *Behinderung* in das Opferfürsorgegesetz

1989, anlässlich der 50-jährigen Wiederkehr der von Hitler unterzeichneten *Ermächtigung* zur NS-Euthanasie, forderten der damalige wissenschaftliche Leiter des Dokumentationsarchivs des Österreichischen Widerstandes (DÖW), Wolfgang Neugebauer, die Zeithistorikerin Erika Weinzierl, der Politologe Anton Pelinka sowie der Auschwitz-Überlebende Hermann Langbein, der viele Jahre Mitglied in der Lagergemeinschaft Auschwitz war, im Rahmen des DÖW und der Gesellschaft für Politische Aufklärung gemeinsam mit der Lebenshilfe Österreich und Nationalratsabgeordneten der Grünen die Einbeziehung von zwangssterilisierten Menschen und Hinterbliebenen von im Zuge der NS-Euthanasie getöteten Menschen in das Opferfürsorgegesetz.[714]

Forster/Spring, Opferfürsorgegesetz, 181–212, zu jenen zwangssterilisierter Menschen vgl. ebd., 208, weiters Pross, Wiedergutmachung, 266–274, und Spring, Gift, 200–211. Aus den bisherigen Forschungen sind keine Gutachterinnen bekannt.

714 Irrtümlich bezeichnete ich Hermann Langbein in bisherigen Publikationen als Vorsitzenden der Lagergemeinschaft Auschwitz.

Ein erster Schritt dazu war ein Briefwechsel zwischen Wolfgang Neugebauer und der Gesellschaft für Politische Aufklärung mit dem für Opferfürsorgeangelegenheiten verantwortlichen sozialdemokratischen Sozialminister Walter Geppert sowie Karl Ernst, dem zuständigen Sektionschef. Geppert hielt eine Opferfürsorgegesetz-Novelle für nicht angebracht, bot Neugebauer jedoch an, ihm zwangssterilisierte Frauen und Männer namentlich zu nennen, um diese dann mittels einer sogenannten Nachsichtsregelung bezüglich der Voraussetzungen des Opferfürsorgegesetzes einbeziehen zu können. Zwangssterilisierte Menschen wären somit gnadenhalber als Opfer anerkannt worden. Eine öffentliche Aussage bezüglich des Unrechtscharakters der Zwangssterilisationen und jegliche Form einer Entschuldigung für die bisherige Ausgrenzung hätte so nicht stattgefunden. Neugebauer sprach sich dagegen aus und begründete seine Forderung nach einer grundsätzlichen Anerkennung durch eine entsprechende Novellierung des Opferfürsorgegesetzes wie folgt: „Ich kann nämlich keinen qualitativen Unterschied erkennen, ob Menschen aus rassischen oder rassenhygienischen Gründen verfolgt bzw. ermordet wurden, ob sie als Juden, Zigeuner oder Geisteskranke vergast worden sind. Diese Verfolgungshandlungen entsprangen den gleichen politisch-ideologischen Motiven."[715]

Zusätzlich richteten die Grünen im November 1989 eine parlamentarische Anfrage an den Sozialminister. Sie beabsichtigten, den bisherigen Umgang mit zwangssterilisierten Menschen in der politischen Öffentlichkeit zu erörtern und die Einbeziehung von zwangssterilisierten Menschen in das Opferfürsorgegesetz vorzubereiten. In seiner Antwort bezeichnete Geppert das GzVeN zwar als ein Gesetz mit typisch nationalsozialistischem Gedankengut, sah jedoch in der Praxis der Behörden – anders als die Grünen – keinerlei Diskriminierung bzw. keine Vorgehensweise zuungunsten der Opfer. Als einzige Möglichkeit zur Anerkennung von zwangssterilisierten Menschen im Opferfürsorgegesetz nannte Geppert nochmals die Nachsichtsregelung.[716]

---

715 Vgl. DÖW-Schriftverkehr, Brief Gepperts an die Gesellschaft für politische Aufklärung, 24. April 1989, Zl. S 160/89/N/AB; Brief Neugebauers an Ernst, 8. Juni 1989, Zl. S 285/89/N/AB. (Für die Möglichkeit zur Einsichtnahme danke ich Wolfgang Neugebauer.)

716 Beantwortung der Anfrage der Abgeordneten Dipl. Soz. Arb. Manfred Srb und Freunde vom 28. November 1989, Nr. 4588/J-NR/1989 durch den Bundesminister für Arbeit und Soziales, Dr.

1995, anlässlich des 50. Jahrestages der Gründung der Zweiten Republik, verabschiedete der Nationalrat mit Zweidrittelmehrheit das sogenannte Gesetz zur Schaffung eines Nationalfonds der Republik Österreich für die Opfer des Nationalsozialismus. Dieses beruhte nicht – wie sonst üblich – auf einer Regierungsvorlage, die infolge eines ministeriellen Auftrags erarbeitet worden war, sondern auf einem Entschließungsantrag einiger Nationalratsabgeordneter von SPÖ, ÖVP, Grünen und den damals noch im Parlament vertretenen Liberalen. Der Antrag folgte einer Petition von im Jahr 1938 zwangsweise ausgesiedelten Bäuerinnen und Bauern aus dem sogenannten Döllersheimer Ländchen in Niederösterreich, auf deren ehemaligem Landbesitz vom NS-Regime ein militärischer Übungsplatz eingerichtet wurde.[717]

Als Opfer waren in diesem Gesetz die schon im Opferfürsorgegesetz genannten Personengruppen anerkannt und ergänzt um jene, die „aus Gründen der sexuellen Orientierung, auf Grund einer körperlichen oder geistigen Behinderung oder auf Grund des Vorwurfes der sogenannten Asozialität verfolgt oder auf andere Weise Opfer typisch nationalsozialistischen Unrechts geworden sind oder das Land verlassen haben, um einer solchen Verfolgung zu entgehen".[718] Zwangssterilisierte Frauen und Männer galten nun erstmals als Opfer des NS-Regimes und konnten eine einmalige Zahlung von 70.000 Schilling (seit der Währungsumstellung 5.087 Euro) beantragen – auf die jedoch kein Rechtsanspruch bestand.

Doch so wichtig dieser spät eingerichtete Nationalfonds auch ist, so beschämend bleibt die in derselben Nationalratssitzung verabschiedete Novelle des Opferfürsorgegesetzes. Zwar wurden darin die Verfolgungsgründe um *Behinderung* erweitert, doch die Anträge der Grünen und der Liberalen Abgeordneten auf völlige Angleichung der Opferdefinition an jene des National-

---

Walter Geppert, 29. Jänner 1990, Zl. 40.271/34-5a/1989. (II-9909 der Beilagen zu den Stenographischen Protokollen des Nationalrates, XVII Gesetzgebungsperiode).

717 Entschließungsantrag der NR-Abgeordneten Fuhrmann, Neisser, Petrovic, Moser, Schranz und Genossen. Vgl. Pelinka/Mayr, Verantwortung, 197. Dieser Übungsplatz wird auch heute noch vom österreichischen Bundesheer genutzt (TÜPL Allentsteig). Die Entschädigungsforderungen der so genannten Freunde der Heimat, den ehemaligen BewohnerInnen von Döllersheim, trugen zum Zustandekommen des Gesetzes bei, vgl. ebd. 197f, und Roth, Nationalfonds.

718 BGBl. 432/1995. Vgl. weiters Nationalfonds, Nationalfonds, 10.

fonds scheiterten an der geschlossenen Ablehnung von ÖVP und FPÖ und auch einiger Abgeordneter der SPÖ: Sie waren nicht bereit, aufgrund ihrer sexuellen Orientierung verfolgte Menschen als NS-Opfer anzuerkennen, wodurch auch als *asozial* Verfolgte ausgegrenzt blieben. Die Verweigerung dieser ohnehin späten Geste hatte für alle Frauen und Männer, deren Zwangssterilisation nicht nur mit der GzVeN-Diagnose, sondern auch mit ihrer angeblichen *Asozialität* begründet worden war, zur Folge, nur gemäß Nationalfonds, nicht aber gemäß Opferfürsorgegesetz als Opfer des NS-Regimes zu gelten.[719]

Darüber hinaus ist der Begriff *Behinderung* als Voraussetzung für die Anerkennung von zwangssterilisierten Menschen problematisch. Erstens, weil die Diagnosen des GzVeN, aufgrund derer die Zwangssterilisationen vorgenommen wurden, nicht hinterfragt werden. Zweitens, weil diese Diagnosen aus heutiger Sicht als *Behinderung* umdefiniert werden müssten. Mit anderen Worten: die Zuschreibung *schwachsinnig*, die häufigste Kategorie in den Beschlüssen der Erbgesundheitsgerichte, würde nicht aufgehoben, sondern – gemäß der heutigen Terminologie – als *Behinderung* interpretiert werden. Nicht die gesundheitspolitische Verfolgung und, wie im Opferfürsorgegesetz genannt, die Maßnahme eines Gerichts, noch der Zwangseingriff selbst, sondern die Umdeutung der GzVeN-Diagnose wäre relevant für die Anerkennung als Opfer.

2005: Zwangssterilisation als NS-Verfolgung im Opferfürsorgegesetz verankert

Die wiederholten Bemühungen der Grünen Nationalratsabgeordneten, vor allem von Therezija Stoisits, um nochmalige Erweiterung des Opferfürsorgegesetzes blieben zehn weitere Jahre ergebnislos. Erst im Juli 2005, 60 Jahre nach der Gründung der Zweiten Republik, erklärte sich die Republik Österreich endlich bereit, neben den von der NS-Militärjustiz u.a. wegen Desertion oder

719 Vgl. Spring, Verdrängte Überlebende, 154–168, weiters Spring, *Entmannung*, 262–264, und Berger/Forster/Spring, Opferfürsorgegesetz, 267–271. Zu den Erfahrungen einer als *asozial* verfolgten und zwangssterilisierten Frau und den Folgen der 1995 und 2005 beschlossenen Novellen des Opferfürsorgegesetzes vgl. Spring, Hermine B., 204–219.

Selbstverstümmelung verurteilten Männern auch die aufgrund ihrer sexuellen Orientierung und als *asozial* verfolgten Frauen und Männern, im Opferfürsorgegesetz als Opfer anzuerkennen und darüber hinaus Zwangssterilisation explizit als „Schädigung in erheblichem Ausmaß“[720] zu bewerten. Die Frage, ob die Beschlüsse der Erbgesundheitsgerichte heute noch gültig sind, wurde vom Justizministerium nach langer Prüfung im September 2006 verneint.[721] Eine öffentliche Anerkennung der Zwangssterilisationen als nationalsozialistische Verfolgungsmaßnahme und als nationalsozialistisches Unrecht sowie das öffentliche Eingeständnis der vielfältigen Versäumnisse in der Zweiten Republik wird ausschließlich von den Grünen Nationalratsabgeordneten hartnäckig vorangetrieben.

Ob viele zwangssterilisierte Frauen und Männer dies noch erleben können, ist ungewiss: Selbst die beiden Jüngsten, die vor dem Erbgesundheitsgericht Wien standen – Elisabeth K. und Otto P., beide im Jahr 1931 geboren und 1943 bzw. 1944 zwangssterilisiert – wären 2009 bereits 78 Jahre alt.[722]

---

720 BGBl. 86/2005, §1 Abs 2 lit j.

721 Kopien des Briefwechsels mit dem Justizministerium im Besitz der Verfasserin. Vgl. auch die Parlamentarische Anfrage der Grünen, 4576/J-NR/2006.

722 Vgl. 2 XIII 273/42 und 1 XIII 130/43 sowie Kap. 2.

Anhang

ABKÜRZUNGSVERZEICHNIS

ÄK	Ärztekammer
AKH	Allgemeines Krankenhaus in Wien
A.V.	Aktenvermerk
BAB	Bundesarchiv Berlin
BAK	Bundesarchiv Koblenz
BGBl.	Bundesgesetzblatt
bezw./bzw.	beziehungsweise
DÖW	Dokumentationsarchiv des Österreichischen Widerstandes
EGG	Erbgesundheitsgericht
EOG	Erbgesundheitsobergericht
ENA	Entnazifizierungsakt
fol.	Folio
Fn.	Fußnote
GP	Gesetzgebungsperiode
GZ.	Geschäftzahl
GzVeN	Gesetz zur Verhütung erbkranken Nachwuchses
insb.	insbesondere
Kap.	Kapitel
KVG	Kriegsverbrechergesetz
M.Abt.	Magistratsabteilung
NR	Nationalrat
OFG	Opferfürsorgegesetz
PA	Personalakt
RGBl.	Reichsgesetzblatt
RJM	Reichsjustizminister, Reichsjustizministerium
RM	Reichsmark
RMdI	Reichsministerium des Innern
RSHA	Reichssicherheitshauptamt
RStG	Reichsstrafgesetz
StG	Strafgesetz
StGBl.	Staatsgesetzblatt
USHMM	United States Holocaust Memorial Museum

VG	Verbotsgesetz, Volksgericht, Volksgesundheit
WSTLA	Wiener Stadt- und Landesarchiv

ANSTALTEN, DIE WÄHREND IHRES BESTEHENS MEHRFACH UMBENANNT, IN DER VORLIEGENDEN ARBEIT ABER EINHEITLICH BEZEICHNET WURDEN

Anstalt Am Steinhof:
ab 1941 Wagner-von-Jauregg Heil- und Pflegeanstalt
heute: Sozialmedizinisches Zentrum Baumgartner Höhe Otto-Wagner-Spital

Jugendfürsorgeanstalt Am Spiegelgrund:
7/1940–Frühjahr 1942: Wiener Städtische Jugendfürsorgeanstalt ‚Am Spiegelgrund'. 3/1942: Umbenennung in Heilpädagogische Klinik der Stadt Wien ‚Am Spiegelgrund'. Ende 1942: Teilung in die Wiener Städtische Nervenklinik für Kinder ‚Am Spiegelgrund' und die Wiener städtische Erziehungsanstalt ‚Am Spiegelgrund'

QUELLENVERZEICHNIS

Gesetz zur Verhütung erbkranken Nachwuchses. Gesetze und Verordnungen, Erläuterungen, Runderlasse, Anlagen, Berlin 1939. (= in der Arbeit abgekürzt als Gesetz)

Ärztekammer Wien (ÄKW)
Personalakten Bablik, Hamminger, Kittinger, Lehmann, Porzinsky, Schicker

Bundesarchiv Berlin (BAB) Berlin Lichterfelde
Bestand R 3001: 20291, 21936, 23365, 23377, 23368, 23388, 24690
Bestand R 4901: 964

Dokumentationsarchiv des Österreichischen Widerstandes (DÖW)
DÖW 21143, BDC-Akt Breuning

DÖW E 21159, BDC-Akt Otto Pötzl
DÖW 18860, Volksgerichtsakt Emil Gelny
DÖW E 22232, Volksgerichtsakt Anton Rolleder
DÖW-Schriftverkehr zur Einbeziehung von zwangssterilisierten Menschen in das Opferfürsorgegesetz
DÖW AZ 20000, S 712, Bestand Opferfürsorge

Österreichisches Staatsarchiv (ÖStA)

Allgemeines Verwaltungsarchiv (AVA)
BMU, Allgemeines: Akademische Legion: Amreich, Tasch

Archiv der Republik (AdR)
BMU (02)
Kurator: AZ 7104 und AZ 7113
Personalakten: Hoff, Pötzl und Schneider
4 Med Professoren 1945–1965: Pichler

BMsV (03)
Volksgesundheit (VG), Kt. 2417
Rassenpflege 1939
San. und Ges.wesen 1939

Inneres /Justiz (04)
RJM: Personale Tomanetz und Zenker.
Bürckel: Mappe 2354, Personalakt Gundel
Gauakten: Auersperg, Breitenecker, Gundel, Hais, Kittinger, Krzizek, Lehmann, Neusser, Rolleder, Tomanetz, Windholz
Bundeskanzleramt (BKA), Liquidator: Schicker; Entnazifizierung (ENA): Pötzl
Präsidentschaftskanzlei (PK), Breuning, Hais, Stiglbauer, Tasch

United States Holocaust Memorial Museum (USHMM)
2 RG-14.010M, Reel 2

Universitätsarchiv Wien
Personalakt Eduard Pernkopf

Wiener Stadt- und Landesarchiv (WSTLA)

Bestand 2.3.15 – Erbgesundheitsgericht
A 1/1: Verfahren mit der Geschäftszahl 1 XIII 1940–1945
A 1/2: Verfahren mit der Geschäftszahl 2 XIII 1940–1945
A 1/3: Verfahren mit der Geschäftszahl XIII 1945
A 2: Verfahren mit den Geschäftszahlen Nc, Hc 1940–1945

M.Abt. 202

M.Abt. 209

M.Abt. 212

Personalakten
Berze, Haidinger

Volksgerichtsakten
Euler-Rolle, Günther, Huber, Hamminger, Mauczka, Neusser, Rolleder, Schmidt, Scholz, Tasch, Windholz

LITERATURVERZEICHNIS

LITERATUR VOR 1945

Bauer Karl Heinrich/Mikulicz-Radecki Felix von, Die Praxis der Sterilisierungsoperationen, Leipzig 1936.

Binding Karl/Hoche Alfred, Die Freigabe der Vernichtung lebensunwerten Lebens. Ihr Maß und ihre Form, Leipzig 1920.

Eymer Heinrich, Die Unfruchtbarmachung der Frau, in: Gütt Arthur/Rüdin Ernst/Ruttke Frank, Gesetz zur Verhütung erbkranken Nachwuchses vom 14. Juli 1933 nebst Ausführungsverordnungen, München 1936, 327–346.

Gütt Arthur/Rüdin Ernst/Ruttke Frank, Gesetz zur Verhütung erbkranken Nachwuchses vom 14. Juli 1933 nebst Ausführungsverordnungen, München 1936.

Hofmann Elisabeth, Körperliches Befinden von Frauen, die nach dem Erbgesundheitsgesetz sterilisiert wurden, Diss. Univ. Heidelberg 1937.

Horn Ruthart, Statistisches und Biologisches von 216 aus eugenischen Gründen sterilisierten Frauen, Diss. Univ. Königsberg 1936.

Kopp Walter, Gesetzliche Unfruchtbarmachung. Die Sterilisationsgesetzgebung in den skandinavischen Ländern und der Schweiz und ihre praktischen Ergebnisse unter besonderer Berücksichtigung des Gesetzes zur Verhütung erbkranken Nachwuchses, Kiel 1934.

Lexer Erich, Die Eingriffe zur Unfruchtbarmachung des Mannes und zur Entmannung, in: Gütt Arthur/Rüdin Ernst/Ruttke Frank, Gesetz zur Verhütung erbkranken Nachwuchses vom 14. Juli 1933 nebst Ausführungsverordnungen, München 1936, 319–326.

Neeff Dora, Die bisherigen Erfahrungen über Eingriff und Verlauf der sterilisierenden Operation bei der Frau (nach 285 Tubensterilisationen, die in Ausführung des Gesetzes zur Verhütung erbkranken Nachwuchses vorgenommen sind), Diss. Univ. Heidelberg 1936.

Pfeifer Helfried, Die Ostmark, Eingliederung und Neugestaltung. Historisch-systematische Gesetzessammlung nach dem Stande vom 16. April 1941, Wien 1941.

Pötzl Otto, Psychiatrisch-neuropathologische Probleme zur Verhütung erbkranken Nachwuchses, in: Wiener Klinische Wochenschrift (51) Heft 45, 11.11.1938, 1205–1209.

Tornow Karl/Weinert Ernst, Erbe und Schicksal. Von geschädigten Menschen, Erbkrankheiten und deren Bekämpfung, Berlin 1942.

Winter Willhelmine, Beiträge zur abdormalen und vaginalen Sterilisation aus eugenischer Indikation an 660 Frauen der Heil- und Pflegeanstalt Eglfing-Haar, Diss. Univ. München 1941.

LITERATUR NACH 1945

„Wir sind betroffen…" Aussagen von geistig behinderten Frauen, in: Tagungsband der Informationstage der Lebenshilfe Österreich zum Thema „Sterilisation", Wien 1995, 16–18.

Arias Ingrid, „… und bietet Gewähr, sich jederzeit rückhaltlos einzusetzen…". Kontinuitäten und Brüche in den Karrieren des ärztlichen Personals im Altersheim Lainz 1938–1950, in: Arias Ingrid/Horn Sonia/Hubenstorf Michael (HgIn), „In der Versorgung". Vom Versorgungshaus Lainz zum Geriatriezentrum „Am Wienerwald", Wien 2005, 215–253.

Arias Ingrid, Entnazifizierung an der Wiener Medizinischen Fakultät: Bruch oder Kontinuität? Das Beispiel des Anatomischen Instituts, in: Zeitgeschichte 31 (2004) Heft 6, 339–369.

Arias Ingrid/Horn Sonia/Hubenstorf Michael (HgIn), „In der Versorgung". Vom Versorgungshaus Lainz zum Geriatriezentrum „Am Wienerwald", Wien 2005.

Baader Gerhard, Vom Patientenmord zum Genozid, in: Gabriel Eberhard/Neugebauer Wolfgang (Hg.), Von der Zwangssterilisierung zur Ermordung. Zur Geschichte der NS-Euthanasie in Wien, Teil II, Wien 2002, 189–236.

Baader Gerhard/Hofer Veronika/Mayer Thomas (HgIn), Eugenik in Österreich. Biopolitische Methoden und Strukturen von 1900–1945, Wien 2008.

Bailer Brigitte, Wiedergutmachung kein Thema. Österreich und die Opfer des Nationalsozialismus, Wien 1993.

Bailer Brigitte/Neugebauer Wolfgang, Rechtsextreme Vereine, Parteien, Zeitschriften, informelle/illegale Gruppen, in: DÖW (Hg.), Handbuch des österreichischen Rechtsextremismus, Wien 2/1993, 102–239.

Bauer Ingrid, Eine frauen- und geschlechtergeschichtliche Perspektivierung des Nationalsozialismus, in: Talos Emmerich/Hanisch Ernst/Neugebauer Wolfgang/Sieder Reinhard (Hg.), NS-Herrschaft in Österreich, Wien 2000, 409–443.

Baumgartner Gertrud/Mayer Angela H., Arbeitsanstalten für sog. „asoziale Frauen" im Gau Wien und Niederdonau. Endbericht. Forschungsprojekt im Auftrag des BM für Wissenschaft und Forschung, Wien 1990.

Bayertz Kurt/Kroll Jürgen/Weingart Peter, Rasse, Blut und Gene. Geschichte der Eugenik und Rassenhygiene in Deutschland, Frankfurt/Main 1988.

Berger Ernst (Hg.), Verfolgte Kindheit. Kinder und Jugendliche als Opfer der NS-Sozialverwaltung, Wien 2007.

Berger Ernst, Zwangssterilisation bei geistiger Behinderung, in: Wiener Klinische Wochenschrift 109 (1997) 23, 925–931.

Berger Karin/Dimmel Nikolaus/Forster David/Spring Claudia/Berger Heinrich, Vollzugspraxis des Opferfürsorgegesetzes. Analyse der praktischen Vollziehung des einschlägigen Sozialrechts (= Veröffentlichungen der Österreichischen Historiker-Kommission. Vermögensentzug während der NS-Zeit sowie Rückstellungen und Entschädigungen seit 1945 in Österreich 29/2), Wien 2004.

Bering Dietz, Vom kleinen Teil zum großen Ganzen. Etappen der Antisemitismusforschung in der Sprachwissenschaft, in: Bergmann Werder/Körte Mona (HgIn), Antisemitismusforschung in den Wissenschaften, Berlin 2004, 375–398.

Biesold Horst, Klagende Hände. Betroffenheit und Spätfolgen in bezug auf das Gesetz zur Verhütung erbkranken Nachwuchses, dargestellt am Beispiel der Taubstummen, Solms-Oberbiel 1988.

Bingen Monika, Wunden, die nicht vernarben. Aus der Arbeit der Kölner Beratungsstelle für Opfer der NS-Medizin, in: Matzerath Horst et al. (Hg.), Versteckte Vergangenheit. Über den Umgang mit der NS-Zeit in Köln, Köln 1994, 243–266.

Birk Hella, Das Gesetz zur Verhütung erbkranken Nachwuchses. Eine Untersuchung zum Erbgesundheitswesen im bayerischen Schwaben in der Zeit des Nationalsozialismus, Augsburg 2005.

Blasius Dirk, Die „Maskerade des Bösen“. Psychiatrische Forschung in der NS-Zeit, in: Frei Norbert (Hg.), Medizin und Gesundheitspolitik in der NS-Zeit, Sondernummer der VJHZG München 1991, 265–286.

Bock Gisela, Frauen und Geschlechterbeziehungen in der nationalsozialistischen Rassenpolitik, in: Wobbe Theresia (Hgin), Nach Osten: Verdeckte Spuren nationalsozialistischer Verbrechen, Frankfurt/Main 1992, 110–117.

Bock Gisela, Gleichheit und Differenz in der nationalsozialistischen Rassenpolitik, in: Geschichte und Gesellschaft 19/1993, 277–310.

Bock Gisela, Nazi sterilization and reproductive policies, in: USHMM, Kuntz Dieter (ed.), Deadly Medicine: Creating the Master Race, Washington D.C. 2004.

Bock Gisela, Zwangssterilisation im Nationalsozialismus. Studien zur Rassenpolitik und Frauenpolitik, Opladen 1986.

Bonhoeffer Karl, Ein Rückblick auf die Auswirkung und die Handhabung des nationalsozialistischen Sterilisationsgesetzes, in: Der Nervenarzt (20), Heft 1, 1949, 1–5.

Botz Gerhard, „Neonazismus ohne Neonazi?“ Eine Fallstudie über NS-Apologetik in der „Neuen Kronen Zeitung“, in: DÖW (Hg.), Handbuch des österreichischen Rechtsextremismus, Wien 2/1993, 506–526.

Brainin Elisabeth/Ligeti Vera/Teicher Samy, Vom Gedanken zur Tat. Zur Psychoanalyse des Antisemitismus, Wien 1993.

Braß Christoph, Zwangssterilisation und „Euthanasie“ im Saarland 1935–1945, Paderborn 2004.

Brickner Irene, Zulässige Polemik gegen Tancsits, in: Der Standard, 29. April 2005.

Byer Doris, Rassenhygiene und Wohlfahrtspflege. Zur Entstehung eines sozialdemokratischen Machtdispositivs in Österreich bis 1934, Frankfurt/Main 1988.

Claasen Elisabeth, Ich, die Steri, Bonn 1985.

Czarnowski Gabriele, „Die Eigenart des jetzt zu behandelnden Materials“, in: Gehmacher Johanna/Hauch Gabriella (Hgin), Frauen- und Geschlechtergeschichte des Nationalsozialismus (= Querschnitte. Einführungstexte zur Sozial- Wirtschafts- und Kulturgeschichte), Innsbruck 2007, 186–203.

Czarnowski Gabriele, „Die restlose Beherrschung dieser Materie“. Beziehungen zwischen Zwangssterilisationen und gynäkologischer Sterilitätsforschung im Nationalsozialismus, in: Zeitschrift für Sexualforschung 14 (2001), 226–246.

Czarnowski Gabriele, Das kontrollierte Paar. Ehe- und Sexualpolitik im Nationalsozialismus (= Ergebnisse der Frauenforschung 24), Weinheim 1991.

Czarnowski Gabriele, Nationalsozialistische Frauenpolitik und Medizin. Der Zusammenhang von Zwangssterilisation und Sterilitätsforschung am Beispiel des Königsberger Universitätsgynäkologen Felix von Mikulicz-Radecki, in: Siegele-Wenschkewitz Leonore/Stuchlik Gerda (Hgin), Frauen und Faschismus in Europa, Pfaffenweiler 1990.

Czarnowski Gabriele, Vom „reichen Material“ einer wissenschaftlichen Arbeitsstätte. Zum Problem missbräuchlicher medizinischer Praktiken an der Grazer Universitäts-Frauenklinik in der Zeit des Nationalsozialismus, in: Freidl Wolfgang/Sauer Werner (Hg.), NS-Wissenschaft als Vernichtungsinstrument. Rassenhygiene, Zwangssterilisation, Menschenversuche und NS-Euthanasie in der Steiermark, Wien 2004, 225–273.

Czech Herwig, Ärzte am Volkskörper. Die Wiener Medizin und der Nationalsozialismus, Diss. Univ. Wien 2007.

Czech Herwig, Die Inventur des Volkskörpers. Die „erbbiologische Bestandsaufnahme“ im Dispositiv der NS-Rassenhygiene in Wien, in: Baader Gerhard/Hofer Veronika/Mayer Thomas (HgIn), Eugenik in Österreich. Biopolitische Methoden und Strukturen von 1900–1945, Wien 2008, 284–311.

Czech Herwig, Erfassung, Selektion und „Ausmerze“. Das Wiener Gesundheitsamt und die Umsetzung der nationalsozialistischen „Erbgesundheitspolitik“ 1938 bis 1945, Wien 2003.

Czech Herwig, Geburtenkrieg und Rassenkampf. Medizin, „Rassenhygiene“ und selektive Bevölkerungspolitik in Wien 1938–1945, in: DÖW (Hg.) Frauen in Verfolgung und Widerstand, Wien 2005, 52–95.

Daum Monika/Deppe Hans Ulrich, Zwangssterilisation in Frankfurt am Main 1933–1945, Frankfurt/Main 1991.

Dörner Klaus/Ebbinghaus Angelika/Linne Karsten (HgIn), Der Nürnberger Ärzteprozess 1946/47. Wortprotokolle, Anklage- und Verteidigungsmaterial, Quellen zum Umfeld. Hg. im Auftrag der Stiftung für Sozialgeschichte des 20. Jahrhunderts. Microfiche Edition mit Erschließungsband, München 1999.

Einhaus Carola, Zwangssterilisation in Bonn (1934–1945). Die medizinischen Sachverständigen vor dem Erbgesundheitsgericht, Wien 2006.

Enderle-Burcel Gertrude/Jerábek Rudolf/Kammerhofer Leopold (HgIn) Protokolle des Kabinettsrates der Provisorischen Regierung Karl Renner 1945. Bd. 1. „… im eigenen Haus Ordnung schaffen“. Protokolle des Kabinettsrates 29. April 1945 bis 10. Juli 1945. Hg. von der österreichischen Gesellschaft für historische Quellenstudien, Wien 1995.

Fenner Elisabeth, Zwangssterilisation im Nationalsozialismus. Zur Rolle der Hamburger Sozialverwaltung, Ammersbek/Hamburg 1990.

Forster David, „Wiedergutmachung“ in Österreich und der BRD im Vergleich, Innsbruck 2001.

Förster Michael, Jurist im Dienst des Unrechts. Leben und Werk des ehemaligen Staatssekretärs im Reichsjustizministerium, Franz Schlegelberger (1876–1970), Baden-Baden 1995.

Friedlander Henry, Der Weg zum NS-Genozid. Von der Euthanasie zur Endlösung, Berlin 1997.

Fürstler Gerhard/Malina Peter, „Ich tat nur meinen Dienst". Zur Geschichte der Krankenpflege in Österreich in der NS-Zeit, Wien 2004.

Gabriel Eberhard, 100 Jahre Gesundheitsstandort Baumgartner Höhe. Mit einem Beitrag von Sophie Ledebur, Wien 2007.

Gabriel Eberhard, Wiener Beiträge zur Schizophrenie-Lehre um den Jahrhundertbeginn in ihrer gegenwärtigen Bedeutung, in: Gröger Helmut/Gabriel Eberhard/Kasper Siegfried (Hg.), Zur Geschichte der Psychiatrie in Wien, Wien 1997, 67–71.

Ganssmüller Christian, Die Erbgesundheitspolitik des Dritten Reiches: Planung, Durchführung und Durchsetzung, Köln/Wien 1987.

Ganssmüller Christian, Späte Entschädigungsregelungen für die Opfer des Sterilisierungsgesetzes vom 14.7.1933. In: Neue Juristische Wochenschrift Nr. 45, 9.11.1988, 2867–2868.

Garscha Winfried R., Entnazifizierung und gerichtliche Ahndung von NS-Verbrechen, in: Talos Emmerich/Hanisch Ernst/Neugebauer Wolfgang/Sieder Reinhard (Hg.), NS-Herrschaft in Österreich, Wien 2000, 853–883.

Garscha Winfried R., Euthanasie-Prozesse seit 1945 in Österreich und Deutschland, in: Horn Sonia/Malina Peter (HgIn), Medizin im Nationalsozialismus, Wege der Aufarbeitung. Wiener Gespräche zur Sozialgeschichte der Medizin, Wien 2001, 46–58.

Garscha Winfried R./Kuretsidis-Haider Claudia, Die Verfahren vor dem Volksgericht Wien (1945–1955) als Geschichtsquelle. Forschungsprojekt des DÖW, Wien 1993.

Gaunerstorfer Michaela, Die psychiatrische Heil- und Pflegeanstalt Mauer-Öhling 1938–1945, Dipl. Univ. Wien 1989.

Gehmacher Johanna, Kein Historikerinnenstreit … Fragen einer Frauen- und geschlechtergeschichtlichen Erforschung des Nationalsozialismus in Österreich, in: Zeitgeschichte (22) 1995, Heft 3/4, 109–123.

Geisenhainer Katja, „Rasse ist Schicksal": Otto Reche (1879–1966) – ein Leben als Anthropologe und Völkerkundler, Leipzig 2002.

Gerrens Uwe, Medizinisches Ethos und theologische Ethik: Karl und Dietrich Bonhoeffer in der Auseinandersetzung um Zwangssterilisation und „Euthanasie“ im Nationalsozialismus, Schriftenreihe der Vierteljahreshefte für Zeitgeschichte, Bd. 73, München 1996.

Goldberger Josef, NS-Gesundheitspolitik im Reichsgau Oberdonau 1938–1945, Diss. Univ. Wien 2002.

Goldberger Josef, NS-Gesundheitspolitik in Linz und Oberdonau 1938–1945. Die Umsetzung der gesundheitspolitischen Forderungen des NS-Staates durch die staatliche Sanitätsverwaltung, in: Nationalsozialismus in Linz, Band 1, ed. Fritz Mayerhofer/Walter Schuster, Linz 2001, 799–906.

Grassl Markus, „Erbgesundheit und nationalsozialistisches Recht. Soziale Randgruppen im Dritten Reich, in: Davy Ulrike et al., Nationalsozialismus und Recht. Rechtssetzung und Rechtswissenschaft in Österreich unter der Herrschaft des Nationalsozialismus, Wien 1990, 68–96.

Grell Ursula, Karl Bonhoeffer und die Rassenhygiene, in: Arbeitsgruppe zur Erforschung der Karl-Bonhoeffer-Nervenklinik (Hgin), Totgeschwiegen. 1933–1945. Die Geschichte der Karl-Bonhoeffer-Nervenklinik, Berlin 1988, 207–217.

Grimm Jana, Zwangssterilisationen von Mädchen und Frauen während des Nationalsozialismus – eine Analyse der Krankenakten der Universitäts-Frauenklinik Halle von 1934 bis 1945, Diss. Univ. Halle 2004.

Grünauer Christina, Sterilisation und Kastration aus strafrechtlicher Sicht, Dipl. Univ. Graz 1995.

Haidinger Maria, Medizinische Aspekte der Sterilisation, in: Sterilisation – historischer Überblick und Fragestellungen, in: Tagungsband der Informationstage der Lebenshilfe Österreich zum Thema „Sterilisation“, Wien 1995, 12–13.

Hamm Margret (Hgin), Lebensunwert zerstörte Leben. Zwangssterilisation und „Euthanasie“, Frankfurt/Main 2005.

Hanack Ernst, Strafrechtliche Zulässigkeit künstlicher Unfruchtbarmachung, Marburg 1959.

Harrer Gerhard/Urban Hubert, Zum 70. Geburtstags Otto Pötzls (Persönlichkeit und Lebenswerk), in: Urban Hubert J. (Hg.), Festschrift zum 70. Geburtstag von Otto Pötzl, Innsbruck 1947, 20–33.

Haslinger Teresa, „… und Sterilisation wär’ sicher a Thema, wo man sagt: Damit wäre es erledigt!“ Zur Sterilisationsproblematik bei Menschen mit geistiger Behinderung in Österreich, Dipl. Univ. Wien 2007.

Hauch Gabriella, Ostarbeiterinnen. Vergessene Frauen und ihre Kinder, in: Mayrhofer Fritz/Schuster Walter (Hg.), Nationalsozialismus in Linz, Bd. 2, Linz 2001, 1271–1307.

Hauch Gabriella, Zwangsarbeiterinnen und ihre Kinder: Zum Geschlecht der Zwangsarbeit, in: Rathkolb Oliver (Hg.), NS-Zwangsarbeit: Der Standort Linz der Reichswerke Hermann Göring AG Berlin 1938–1945, Wien 2001, 355–448.

Heitzer Horst W., Zwangssterilisation in Passau. Die Erbgesundheitspolitik des Nationalsozialismus in Ostbayern 1933–1939 (= Passauer Historische Forschungen Bd. 13), Köln 2005.

Hennig Jessika, Zwangssterilisation in Offenbach am Main 1934–1944, Frankfurt/Main 2000.

Hinz-Wessels Annette, NS-Erbgesundheitsgerichte und Zwangssterilisation in der Provinz Brandenburg. Schriftenreihe zur Medizin-Geschichte des Landes Brandenburg Bd. 7, Berlin 2004.

Hix Iris-Maria, Fürsorgerinnen im Dienst der Erbbiologie, in: Kuhn Annette (Hgin), Frauenleben im NS-Alltag. Bonner Studien zur Frauengeschichte, Pfaffenweiler 1994, 255–260.

Horban Corinna Theresia, Gynäkologie und Nationalsozialismus: Die zwangssterilisierten, ehemaligen Patientinnen der I. Universitätsfrauenklinik heute – eine späte Entschuldigung, München 1999.

Hortzitz Nicoline, Die Sprache der Judenfeindschaft, in: Schoeps Julius H./ Schlör Joachim, Antisemitismus. Vorurteile und Mythen, München 1995, 19–40.

Hubenstorf Michael, „Der Wahrheit ins Auge sehen". Die Wiener Medizin und der Nationalsozialismus – 50 Jahre danach, in: Wiener Arzt 5/95, 14–27.

Hubenstorf Michael, „Medizin ohne Menschlichkeit". Die Wiener Medizin und der Nationalsozialismus 50 Jahre danach, in: Wiener Arzt 6/95, 16–30.

Hubenstorf Michael, Lainz, die ÄrztInnen und die Republik, in: Arias Ingrid/ Horn Sonia/Hubenstorf Michael (HgIn), „In der Versorgung". Vom Versorgungshaus Lainz zum Geriatriezentrum „Am Wienerwald", Wien 2005, 255–282.

Hubenstorf Michael, Medizinhistorische Forschungsfragen zu Julius Wagner-Jauregg (1857–1940), in: DÖW (Hg.), Frauen in Verfolgung und Widerstand, Wien 2005, 218–233.

Hubenstorf Michael, Medizinische Fakultät 1938–1945, in: Heiß Gernot/Mattl Siegfried/Meissl Sebastian/Saurer Edith/Stuhlpfarrer Karl (HgIn), Willfährige Wissenschaft. Die Universität Wien 1938–1945 (= Österreichische Texte zur Gesellschaftskritik Bd 43), Wien 1989, 233–282.

Hubenstorf Michael, Tote und/oder lebendige Wissenschaft: Die intellektuellen Netzwerke der NS-Patientenmordaktion in Österreich, in: Gabriel Eberhard/Neugebauer Wolfgang (Hg.), Von der Zwangssterilisierung zur Ermordung. Zur Geschichte der NS-Euthanasie in Wien, Teil II, Wien 2002, 237–420.

Hümmer Klaus, Zwangssterilisationen in der ehemaligen Diakonissenanstalt Neuendettelsau, Theorie und Forschung Bd. 542, Sonderpädagogik Bd. 2, Regensburg 1998

Hüttl Helmut, Univ. Prof. Dr. Otto Maximilian Pötzl (1877–1962) – eine biografische Skizze, Dipl. Univ. Wien 2005.

Klee Ernst, „Euthanasie“ im NS-Staat. Die „Vernichtung lebensunwerten Lebens“, Frankfurt/Main 1985.

Klee Ernst, Das Personenlexikon zum Dritten Reich. Wer war was vor und nach 1945? Frankfurt/Main 2003.

Koch Thomas, Zwangssterilisation im Dritten Reich. Das Beispiel der Universitätsfrauenklinik Göttingen, Frankfurt/Main 1994.

Kramer Sabine, „Ein ehrenhafter Verzicht auf Nachkommenschaft“. Theoretische Grundlagen und Praxis der Zwangssterilisation im Dritten Reich am Beispiel der Rechtssprechung des Erbgesundheitsobergerichts Celle, Baden-Baden 1999.

Kreuter Alma, Deutschsprachige Neurologen und Psychiater. Ein biographisch-bibliographisches Lexikon von den Vorläufern bis zur Mitte des 20. Jahrhunderts, München 1996.

Krieg Robert, „Die nicht vorhersehbare Spätentwicklung des Paul W.“ Wiedergutmachung eines Zwangssterilisierten im Nachkriegsdeutschland. In: Roth Karl-Heinz (Hg.), Erfassung zur Vernichtung. Von der Sozialhygiene zum „Gesetz über Sterbehilfe“, Berlin 1984, 10–29.

Kuretsidis-Haider Claudia, Volksgerichtsbarkeit und Entnazifizierung in Österreich, in: Schuster Walter/Weber Wolfgang (Hg.), „Entnazifizierung im regionalen Vergleich“, Linz 2004, 563–602.

Labisch Alfons/Tennstedt Florian, Gesundheitsamt oder Amt für Volksgesundheit? Zur Entwicklung des öffentlichen Gesundheitsdienstes seit 1993, in: Frei Norbert (Hg.), Medizin und Gesundheitspolitik in der NS-Zeit. Sondernummer der Vierteljahreshefte für Zeitgeschichte 1991, 35–66.

Ladinig Maria, Das Gesundheitswesen, das Erb- und Blutschutzgesetz, die Vorgaben der NS-Rassenpolitik und ihre Umsetzung im Gau Steiermark, in: Freidl Wolfgang (Hg.), Medizin und Nationalsozialismus in der Steiermark, Innsbruck 2001, 58–85.

Langer-Ostrawsky Gertrude, Die verwaltete Vernichtung. Die Krankengeschichten der Heil- und Pflegeanstalt Gugging als Quelle zur Geschichte der Euthanasie in Niederösterreich, in: NÖLA/Langer-Ostrawsky Gertrude, Psychiatrie ohne Menschlichkeit. Gugging 1938–1945, St. Pölten 2008 (= Studien und Forschungen aus dem Niederösterreichischen Institut für Landeskunde Band 47), 57–89.

Lechner Stefan, „Deshalb bitte ich, (...) mir dieses Unglück nicht anzutun. NS-Zwangssterilisationen, in: Steininger Rolf/Pitscheider Sabine (HgIn), Tirol und Vorarlberg in der NS-Zeit (Innsbrucker Forschungen zur Zeitgeschichte, Bd. 19), Innsbruck 2002, 213–249.

Lechner Stefan, Zwangssterilisationen von „Erbkranken" im Reichsgau Tirol-Vorarlberg 1940–1945, in: Arbeitsgruppe Regionalgeschichte (Hgin.), Geschichte und Region, Jahrbuch der Arbeitsgruppe Regionalgeschichte Bozen, Bd. 6 (1997), Verfolgte und Vollstrecker, 117–162.

Lehmann Oliver/Schmidt Traudl, In den Fängen des Dr. Gross. Das misshandelte Leben des Friedrich Zawrel, Wien 2001.

Lehner Karin, Verpönte Eingriffe. Sozialdemokratische Reformbestrebungen zu den Abtreibungsbestimmungen in der Zwischenkriegszeit, Wien 1989.

Lehnert Esther, Die Beteiligung von Fürsorgerinnen an der Bildung und Umsetzung der Kategorie „minderwertig" im Nationalsozialismus, Frankfurt/Main 2003.

Ley Astrid, Im Teufelskreis der Eugenik. Die Erfahrungen der Nürnbergerin Grete S. mit der NS-Erbpflege, in: BIOS. Zeitschrift für Biographieforschung und Oral History, Jg. 8, Heft 1 (1995), 92–107.

Ley Astrid, Zwangssterilisation und Ärzteschaft. Hintergründe und Ziele ärztlichen Handelns 1934–1945 (= Kultur der Medizin. Geschichte-Theorie-Ethik, hg. von Andreas Frewer, Bd. 11), Frankfurt/Main 2004.

Lifton Jay, Ärzte im Dritten Reich, Stuttgart 1988.

Link Gunther, Eugenische Zwangssterilisationen und Schwangerschaftsabbrüche im Nationalsozialismus, dargestellt am Beispiel der Universitätsfrauenklinik Freiburg, Frankfurt/Main 1999.

Löscher Monika, „... der gesunden Vernunft nicht zuwider...?" Eugenik in katholischen Milieus/Netzwerken in Österreich vor 1938, Diss. Univ. Wien 2005.

Löscher Monika, Katholizismus und Eugenik in Österreich. „... dass die katholische Auffassung alle vernünftigen Versuche der positiven Eugenik voll Freude begrüßt und unterstützt ...", in: Baader Gerhard/Hofer Veronika/Mayer Thomas (HgIn), Eugenik in Österreich. Biopolitische Methoden und Strukturen von 1900–1945, Wien 2008, 140–161.

Löscher Monika, Quellen zur Geschichte des Versorgungsheims Lainz, in: Arias Ingrid/Horn Sonia/Hubenstorf Michael (HgIn), „In der Versorgung". Vom Versorgungshaus Lainz zum Geriatriezentrum „Am Wienerwald", Wien 2005, 399–402.

Löscher Monika, Zur Umsetzung und Verbreitung von eugenischem/rassenhygienischem Gedankengut in Österreich bis 1934 unter besonderer Berücksichtigung Wiens, in: Horn Sonia/Malina Peter (HgIn), Medizin im Nationalsozialismus, Wege der Aufarbeitung. Wiener Gespräche zur Sozialgeschichte der Medizin, Wien 2001, 99–127.

Makowski Christine Charlotte, Eugenik, Sterilisationspolitik, „Euthanasie" und Bevölkerungspolitik in der nationalsozialistischen Presse, Husum 1996 (= Abhandlungen zur Geschichte der Medizin und der Naturwissenschaften, hg. von Rolf Winau und Heinz Müller-Dietz, Heft 77).

Malina Peter, „Führen" statt Heilen, in: Wiener Klinische Wochenschrift 110 (1998) 4–5, 145–151.

Malina Peter, Eduard Pernkopfs Anatomie oder: Die Fiktion einer „reinen" Wissenschaft, in: Wiener Klinische Wochenschrift 109 (1997) 24, 935–943.

Malina Peter, Im Fangnetz der NS-„Erziehung". Kinder- und Jugend-„Fürsorge" auf dem „Spiegelgrund", in: Gabriel Eberhard/Neugebauer Wolfgang (Hg.), Von der Zwangssterilisierung zur Ermordung. Zur Geschichte der NS-Euthanasie in Wien, Teil II, Wien 2002, 77–98.

Malina Peter, Zur Geschichte des „Spiegelgrunds", in: Berger Ernst (Hg.), Verfolgte Kindheit. Kinder und Jugendliche als Opfer der NS-Sozialverwaltung, Wien 2006, 159–192.

Malina Peter/Neugebauer Wolfgang, NS-Gesundheitswesen und -Medizin, in: Talos Emmerich/Hanisch Ernst/Neugebauer Wolfgang/Sieder Reinhard (Hg.), NS-Herrschaft in Österreich, Wien 2000, 696–720.

Marnau Björn, „... empfinde ich das Urteil als hart und unrichtig." Zwangssterilisationen im Jahre 1944 im Kreis Steinburg/Holstein, in: Kriegsjahr 1944 im Großen und im Kleinen (Historische Mitteilungen der Ranke-Gesellschaft), Beiheft 12/1995, 317–332.

Martin Dunja, „Versuchskaninchen" – Opfer medizinischer Experimente, in: Füllberg-Stolberg Claus/Jung Martina/Riebe Renate/Scheitenberger Marina (HgIn), Frauen in Konzentrationslagern: Bergen-Belsen, Ravensbrück; Bremen 1994, 113-122.

Mayer Thomas, „... daß die eigentliche österreichische Rassenhygiene in der Hauptsache das Werk Reichels ist", in: Gabriel Eberhard/Neugebauer Wolfgang (Hg.), Vorreiter der Vernichtung? Eugenik, Rassenhygiene und Euthanasie in der österreichischen Diskussion vor 1938. Zur Geschichte der NS-Euthanasie in Wien, Teil III, Wien 2005, 65–98.

Mayer Thomas, Akademische Netzwerke um die „Wiener Gesellschaft für Rassenpflege (Rassenhygiene)" von 1924 bis 1948, Dipl. Univ. Wien 2004.

Meier Marietta, Zwangssterilisationen in der Schweiz. Zum Stand der Forschungsdebatte, in: Traverse. Zeitschrift für Geschichte. Psychiatriegeschichte in der Schweiz (1850–2000) (11), 1/2004, 130–146.

Mende Susanne, Die Wiener Heil- und Pflegeanstalt Am Steinhof in der Zeit des NS-Regimes in Österreich, in: Gabriel Eberhard/Neugebauer Wolfgang (Hg.), NS-Euthanasie in Wien, Wien 2000, 61–73.

Mende Susanne, Die Wiener Landesheil- und -pflegeanstalt „Am Steinhof" in der NS-Zeit, Diss. Univ. Freiburg/Breisgau 1998.

Mesner Maria, Frauensache? Zur Auseinandersetzung um den Schwangerschaftsabbruch in Österreich. Veröffentlichungen des Ludwig-Bolzmann-Institutes für Geschichte der Gesellschaftswissenschaften, Bd. 23, Wien 1994.

Mesner Maria/Pawlowsky Verena, Kinder kriegen. Generativität als historisches Thema, in: Gehmacher Johanna/Mesner Maria (Hgin), Frauen- und Geschlechtergeschichte. Positionen/Perspektiven, Innsbruck 2003, 221–235.

Müller Albert/Fleck Christian, „Unzucht wider die Natur". Gerichtliche Verfolgung der „Unzucht mit Personen gleichen Geschlechts" in Österreich von den 1930er bis zu den 1950er Jahren, in: ÖZG 9 Heft 3, (1998) 400–422.

Müller Ingo, Furchtbare Juristen. Die unbewältigte Vergangenheit unserer Justiz, München 1987.

Müller Irene/Prinz Margot, Sachwalterschaft und Alternativen. Ein Wegweiser, Wien 2007.

N.N., Nachruf auf Anton Rolleder, in: Anthropologischer Anzeiger, Jg. 34 (1974) 162.

Nationalfonds für die Opfer des Nationalsozialismus (Hg.), 10 Jahre Nationalfonds. Einblicke. Ausblicke, Wien 2006.

Neppert Katja, Warum sind die NS-Zwangssterilisierten nicht entschädigt worden? In: Haman Matthias/Asbek Hans (Hg.), Halbierte Vernunft und totale Medizin. Zu Grundlagen, Realgeschichte und Fortwirkungen der Psychiatrie im Nationalsozialismus (= Beiträge zur nationalsozialistischen Gesundheits- und Sozialpolitik 13), Göttingen 1998, 199–221.

Neugebauer Wolfgang, „Euthanasie“ und Zwangssterilisierung, in: DÖW (Hg.), Widerstand und Verfolgung in Niederösterreich, Bd. 3, Wien 1987, 632–669.

Neugebauer Wolfgang, Das Opferfürsorgegesetz und die Sterilisationsopfer in Österreich, in: DÖW (Hg.), Jahrbuch 1989, Wien 1989, 144–150.

Neugebauer Wolfgang, Der NS-Terrorapparat, in: Talos Emmerich/Hanisch Ernst/Neugebauer Wolfgang/Sieder Reinhard (Hg.), NS-Herrschaft in Österreich, Wien 2000, 721–743.

Neugebauer Wolfgang, Die Klinik „Am Spiegelgrund“ 1940–1945 – eine „Kinderfachabteilung“ im Rahmen der NS-„Euthanasie“, in: Jahrbuch des Vereins Geschichte der Stadt Wien, 52/53 (1996/1997), 289–305.

Neugebauer Wolfgang, Die NS-Euthanasiemorde in Gugging, in: NÖLA/Langer-Ostrawsky Gertrude, Psychiatrie ohne Menschlichkeit. Gugging 1938–1945, St. Pölten 2008 (= Studien und Forschungen aus dem Niederösterreichischen Institut für Landeskunde Bd. 47), 17–24.

Neugebauer Wolfgang, Rassenhygiene in Wien 1938, in: Wiener Klinische Wochenschrift 110 (1998) 4–5, 128–134.

Neugebauer Wolfgang, Von der „Rassenhygiene“ zum Massenmord, in: Historisches Museum der Stadt Wien, Wien 1938, Wien 1988, 263–286.

Neugebauer Wolfgang, Zum Umgang mit der NS-Euthanasie in Wien nach 1945, in: Gabriel Eberhard/Neugebauer Wolfgang (Hg.), NS-Euthanasie in Wien, Wien 2000, 107–125.

Neugebauer Wolfgang, Zur Aufarbeitung der NS-Euthanasie in Österreich nach 1945, in: Sonia Horn/Peter Malina (HgIn), Medizin im Nationalsozialismus, Wege der Aufarbeitung. Wiener Gespräche zur Sozialgeschichte der Medizin, Wien 2001, 11–17.

Neugebauer Wolfgang, Zur Psychiatrie in Österreich 1938–1945: „Euthanasie" und Sterilisierung, in: Weinzierl Erika/Stadler Karl R., Justiz und Zeitgeschichte. Symposium „Schutz der Persönlichkeitsrechte am Beispiel der Behandlung von Geisteskranken 1870–1982 (22. und 23.10.1982), Wien 1983, 197–285.

Neugebauer Wolfgang, Zwangssterilisierung und „Euthanasie" in Österreich 1940–1945, in: Zeitgeschichte 19 (1992) Heft 1/2, 17–28.

Neugebauer Wolfgang/Schwarz Peter, Nobelpreisträger im Zwielicht. Zur historisch-politischen Beurteilung von Julius Wagner-Jauregg (1857–1940), in: DÖW (Hg.), Jahrbuch 2006. Erinnerungskultur, Wien 2006, 124–169.

Niederland William G., Folgen der Verfolgung. Das Überlebenden-Syndrom. Seelenmord; Frankfurt/Main 1980.

Nitschke Asmus, Die „Erbpolizei" im Nationalsozialismus: zur Alltagsgeschichte der Gesundheitsämter im Dritten Reich: das Beispiel Bremen, Opladen 1999.

NÖLA/Langer-Ostrawsky Gertrude, Psychiatrie ohne Menschlichkeit. Gugging 1938–1945, St. Pölten 2008 (= Studien und Forschungen aus dem Niederösterreichischen Institut für Landeskunde Bd. 47).

Nowak Klara, Wie es uns erging … Opfer der Zwangssterilisation und des Euthanasie-Programms berichten, in: Evangelische Akademie Bad Boll (Hgin), Vergessene Opfer. Wiedergutmachung für die Opfer der Zwangssterilisation und des nationalsozialistischen Euthanasie-Programms (= Protokolldienst 14/87), o.O (Bad Boll), o.J. (1987), 51–55.

Oelschläger Thomas, „… daß meine Tochter von diesem jüdischen Balg schnellstens befreit wird …" Die Schwangerschaftsunterbrechungen des „Reichsausschuß zur wissenschaftlichen Erfassung erb- und anlagebedingter schwerer Leiden", in: Kopke Christoph (Hg.), Medizin und Verbrechen: Festschrift zum 60. Geburtstag von Walter Wuttke, Ulm 2001, 97–130.

Pelinka Anton, Der verdrängte Bürgerkrieg, in: Pelinka Anton/Weinzierl Erika, Das große Tabu. Österreichs Umgang mit seiner Vergangenheit, Wien 1987, 143–153.

Pelinka Anton/Mayr Sabine (HgIn), Die Entdeckung der Verantwortung. Die Zweite Republik und die vertriebenen Juden. Eine kommentierte Dokumentation aus dem persönlichen Archiv von Albert Sternfeld (= Vergleichende Gesellschaftsgeschichte und politische Ideengeschichte der Neuzeit, Bd. 10), Wien 1998.

Pfeil Walter J., Die Entschädigung von Opfern des Nationalsozialismus im österreichischen Sozialrecht (= Veröffentlichungen der Österreichischen Historiker-Kommission. Vermögensentzug während der NS-Zeit sowie Rückstellungen und Entschädigungen seit 1945 in Österreich 29/1), München 2004.

Phelps Reginald, Hitlers „grundlegende" Rede über den Antisemitismus, in: Vierteljahreshefte für Zeitgeschichte 16 (1968), 390–420.

Poier Birgit, „Erbbiologisch unerwünscht". Die Umsetzung rassenhygienisch motivierter Gesundheits- und Sozialpolitik in der Steiermark 1938–1945, in: Freidl Wolfgang/Sauer Werner (Hg.), NS-Wissenschaft als Vernichtungsinstrument. Rassenhygiene, Zwangssterilisation, Menschenversuche und NS-Euthanasie in der Steiermark, Wien 2004, 177–224.

Polaschek Martin, Im Namen der Republik Österreich! Die Volksgerichte in der Steiermark 1945–1955, Graz 2/2002.

Pollak Michael, Die Grenzen des Sagbaren. Lebensgeschichten von KZ-Überlebenden als Augenzeugenberichte und Identitätsarbeit, Frankfurt/Main 1988.

Pommerin Reiner, Sterilisierung der Rheinlandbastarde. Das Schicksal einer farbigen deutschen Minderheit 1918–1937, Düsseldorf 1979.

Pross Christian, Wiedergutmachung. Der Kleinkrieg gegen die Opfer, Berlin 2001.

Reche Otto/Rolleder Anton, Zur Entstehungsgeschichte der ersten exakt wissenschaftlichen erbbiologisch-anthropologischen Abstammungsgutachten, in: Zeitschrift für Morphologie und Anthropologie 55 (1964), 2, 283–293.

Rett Andreas/Seidler Horst, Rassenhygiene. Ein Weg in den Nationalsozialismus, Wien 1988.

Riechert Hansjörg, Im Schatten von Auschwitz. Die nationalsozialistische Sterilisationspolitik gegenüber Sinti und Roma, Münster 1993.

Rigele Brigitte, Staatliche Gerichte (= Veröffentlichungen des Wiener Stadt- und Landesarchivs, Reihe A. Archivinventar, Serie 2, Heft 3), Wien 1993.

Rolleder Anton, Zur Entstehungsgeschichte der Einführung des anthropologisch-erbbiologischen Vaterschaftsnachweises in die Tätigkeit der österreichischen Gerichte, in: Zeitschrift für Niederdeutsche Familienkunde, Jg. 38, Heft 3, Hamburg, Mai 1963, 77–79.
Rost Karl Ludwig, Sterilisation und Euthanasie im Film des „Dritten Reiches" (= Abhandlungen zur Geschichte der Medizin und der Naturwissenschaften, hg. von Rolf Winau und Heinz Müller-Dietz, Heft 55), Husum 1987.
Roth Stephan, Der Nationalfonds der Republik Österreich für Opfer des Nationalsozialismus. Die Stenographischen Protokolle des Nationalrates als Medium im Diskurs über die sogenannte „Wiedergutmachung" in Österreich seit 1945 am exemplarischen Beispiel des Nationalfonds, Dipl. Univ. Wien 2002.
Rothmaler Christiane, Sterilisationen nach dem „Gesetz zur Verhütung erbkranken Nachwuchses" vom 14. Juli 1933: eine Untersuchung zur Tätigkeit des Erbgesundheitsgerichtes und zur Durchführung des Gesetzes in Hamburg in der Zeit zwischen 1934 und 1944 (= Abhandlungen zur Geschichte der Medizin und der Naturwissenschaften 60), Husum 1991.
Rupnow Dirk, Die Unbeschreibbarkeit des Beschreibbaren. Anmerkungen zu Heimrad Bäckers nachschriften, in: Modern Austrian Literature 36 (2003) 1/2 17–31.
Saurer Edith, Ein vorsichtiger Umgang mit Sprache ist nötig. Rede gehalten vor der Universität Wien im Rahmen der Demonstration vom 19.2.2000 gegen die Regierungsbeteiligung der FPÖ, in: L'Homme. Zeitschrift für feministische Geschichtswissenschaft. normale arbeitstage, Heft 1, 12 (2001), 130–131.
Saurer Edith, Institutsneugründungen 1938–1945, in: Heiß Gernot/Mattl Siegfried/Meissl Sebastian/Saurer Edith/Stuhlpfarrer Karl (HgIn), Willfährige Wissenschaft. Die Universität Wien 1938–1945 (= Österreichische Texte zur Gesellschaftskritik Bd. 43), Wien 1989, 303–328.
Schaller Anton, Die Wertheim-Klinik. Eine Geschichte der II. Universitäts-Frauenklinik in Wien, Wien 1992 (2/2002).
Schaller Anton, Spitalgasse – Lazarettgasse. Die Wiener Frauenkliniken in Anekdoten und Memorabilien, Wien 1999.
Scherer Klaus, „Asozial" im Dritten Reich. Die vergessenen Verfolgten, Münster 1990.

Schmidt Klaus, Das gefährdete Leben. Der Kölner Arzt und Gesundheitspolitiker Franz Vonessen (1892–1970), Köln 2004.

Schmitz-Berning Cornelia, Vokabular des Nationalsozialismus, Berlin 2000.

Schmuhl Hans-Walter, Rassenhygiene – Nationalsozialismus – Euthanasie. Von der Verhütung zur Vernichtung „lebensunwerten Lebens" 1890–1945, Göttingen 2/1992.

Schorn Hubert, Die Gesetzgebung des Nationalsozialismus als Mittel der Machtpolitik, Frankfurt/Main 1963.

Schwarz Peter, Mord durch Hunger – „Wilde Euthanasie" und „Aktion Brand" in Steinhof in der NS-Zeit, in: Gabriel Eberhard/Neugebauer Wolfgang (Hg.), Von der Zwangssterilisierung zur Ermordung. Zur Geschichte der NS-Euthanasie in Wien, Teil II, Wien 2002, 113–141.

Seible Theresia, Sintezza und Zigeunerin, in: Ebbinghaus Angelika (Hgin), Opfer und Täterinnen. Frauenbiographien des Nationalsozialismus, Nördlingen 1987, 302–316.

Seidel Ralf, Psychiatrischer Alltag und Menschenwürde, in: Jockusch Ulrich/ Scholz Lothar (Hg.), Verwaltetes Morden im Nationalsozialismus. Verstrickung, Verdrängung, Verantwortung von Psychiatrie und Justiz, Regensburg 1992, 1–17.

Seidler Horst, The Viennese Reichserbgesundheitsgericht [sic]. Manuskript, o.J. (einsehbar in der Bibliothek des DÖW).

Seipolt Harry, Ich war „minderwertig". Aus dem Lebensbericht einer NS-Zwangssterilisierten, in: Geschichte im Westen. Halbjahreszeitschrift für Landes- und Zeitgeschichte 8 (1993) 2, 193–200.

Seliger Maren, Die Verfolgung normabweichenden Verhaltens im NS-System. Am Beispiel der Politik gegenüber „Asozialen" in Wien, in: Österreichische Zeitschrift für Politikwissenschaft, ÖZP (1991) 3, 409–429.

Simon Jürgen, Die Erbgesundheitsgerichtsbarkeit im Oberlandesgerichtsbezirk Hamm. Rechtssprechung zwischen juristischen Vorgaben und ideologischen Anforderungen, in: Justizministerium des Landes Nordrhein-Westfalen (Hg.), Juristische Zeitgeschichte, Bd. 1, Justiz und Nationalsozialismus, Gelden 1993, 131–167.

Simon Jürgen, Kriminalbiologie und Zwangssterilisation. Eugenischer Rassismus 1920–1945, Münster 2001.

Sontag Susan, Krankheit als Metapher, Frankfurt/Main 1996.

Spindler Wilhelm, Wie es uns erging ... Opfer der Zwangssterilisation und des Euthanasie-Programms berichten, in: Evangelische Akademie Bad Boll (Hgin), Vergessene Opfer. Wiedergutmachung für die Opfer der Zwangssterilisation und des nationalsozialistischen Euthanasie-Programms (= Protokolldienst 14/87), o.O (Bad Boll), o.J. (1987), 59–61.

Spring Claudia Andrea, Restitution der Fertilität. Therese W. und die Beschlüsse der Wiener Erbgesundheitsgerichte, in: Baader Gerhard/Hofer Veronika/Mayer Thomas (HgIn), Eugenik in Österreich. Biopolitische Methoden und Strukturen von 1900–1945, Wien 2008, 367–392.

Spring Claudia Andrea, Doppelte Täterschaft: Josef Schicker und die NS-Zwangssterilisationen, in: NÖLA/Gertrude Langer-Ostrawsky, Psychiatrie ohne Menschlichkeit. Gugging 1938–1945, St. Pölten 2008 (= Studien und Forschungen aus dem Niederösterreichischen Institut für Landeskunde Bd. 47), 101–136.

Spring Claudia Andrea, Therese J. und die nationalsozialistische Erbgesundheitsgerichtsbarkeit in Wien 1940–1945, in: Justizministerium Nordrhein/Westfahlen (Hg.), „Justiz und Erbgesundheit“, Recklinghausen 2008, 143–159.

Spring Claudia Andrea, „Die Gauleiter fordern das Gesetz dringend.“ Zwangssterilisationen in Wien 1940–1945. Diss. Univ. Wien 2008.

Spring Claudia Andrea, Diffamiert – zwangssterilisiert – ignoriert: Hermine B. und die Folgen ihrer Verfolgung als asozial von der NS-Zeit bis in die Gegenwart, in: Gehmacher Johanna/Hauch Gabriella (Hgin), Frauen- und Geschlechtergeschichte des Nationalsozialismus (= Querschnitte. Einführungstexte zur Sozial- Wirtschafts- und Kulturgeschichte), Innsbruck 2007, 204–219.

Spring Claudia Andrea, „... völlig unter dem Eindruck der Todesstrafe“: „Freiwillige Entmannung“ nach dem nationalsozialistischen Gesetz zur Verhütung erbkranken Nachwuchses, in: Zeitgeschichte (34) 2007, Heft 5, 251–269.

Spring Claudia Andrea, „Antragstellung trotz Kriegseinsatz“. Das Wiener Gesundheitsamt und die NS-Zwangssterilisationen 1940–1945, in: Hüntelmann Axel C./Vossen Johannes/Czech Herwig (Hg.), Gesundheit und Staat. Studien zur Geschichte der Gesundheitsämter in Deutschland, 1870–1950 (= Abhandlungen zur Geschichte der Medizin und Naturwissenschaften, hg. von Johanna Bleker und Rolf Winau, Bd. 104), Husum 2007, 181–199.

Spring Claudia Andrea, Geschichte schreiben: Anmerkungen und Aufmerksamkeiten, in: AUF – Eine Frauenzeitschrift. Schlagworte. Heft 133, September 2006, 10–12.

Spring Claudia Andrea, „Ich bitte um freiwillige Entmannung, um mich von diesem unglückseligen Trieb zu befreien…“, in: „Geheimsache Leben“. Schwule und Lesben im Wien des 20. Jahrhunderts. Katalog zur gleichnamigen Ausstellung, Wien 2005, 169–171.

Spring Claudia Andrea, „Patient tobte und drohte mit Selbstmord“, in: Gabriel Eberhard/Neugebauer Wolfgang (Hg.), Von der Zwangssterilisierung zur Ermordung. Zur Geschichte der NS-Euthanasie in Wien, Teil II, Wien 2002, 41–76.

Spring Claudia Andrea, „Schickt mir Gift, das kostet nicht viel.“ Gesundheitspolitische Verfolgung während des NS-Regimes und die legistische, medizinische und gesellschaftliche Ausgrenzung von zwangssterilisierten Menschen in der Zweiten Republik, in: Horn Sonia/Malina Peter (HgIn), Medizin im Nationalsozialismus, Wege der Aufarbeitung. Wiener Gespräche zur Sozialgeschichte der Medizin, Wien 2001, 185–210.

Spring Claudia Andrea, Verdrängte Überlebende. NS-Zwangssterilisationen und die legistische, medizinische und gesellschaftliche Ausgrenzung von zwangssterilisierten Menschen in der Zweiten Republik, Dipl. Univ. Wien 1999.

Stadler Wolfgang, „… juristisch bin ich nicht zu fassen“: die Verfahren des Volksgerichts Wien gegen Richter und Staatsanwälte 1945–1955, Dipl. Univ. Wien 2004.

Staudinger Roland, Rassenrecht und Rassenstaat. Die nationalsozialistische Vision eines „biologischen totalen Staates“, Hall/Tirol 1999.

Steininger Rolf (Hg.), Vergessene Opfer des Nationalsozialismus, Innsbruck 2000.

Sternberger Dolf, Sprache und Politik, Frankfurt/Main 1991.

Stolleis Michael, Recht im Unrecht. Studien zur Rechtsgeschichte des Nationalsozialismus, Frankfurt/Main 1994.

Stötzel Georg, Der Nazi-Komplex, in: Stötzel Georg/Wengeler Martin, Kontroverse Begriffe. Geschichte des öffentlichen Sprachgebrauches in der Bundesrepublik Deutschland, Berlin 1995, 355–382.

Süß Winfried, Der Volkskörper im Krieg. Gesundheitspolitik, medizinische

Versorgung und Krankenmord im nationalsozialistischen Deutschland 1939–1945 (= Studien zur Zeitgeschichte 65) München 2003.
Svoboda Wilhelm, „... vorbehaltlos meine Pflicht erfüllt.“ Das Internierungslager Glasenbach (Camp „Marcus W. Orr“), in: Zeitgeschichte (22) 1995 Heft 1/2, 3–29.
Teschler-Nicola Maria, Aspekte der Erbbiologie und die Entwicklung des rassenkundlichen Gutachtens in Österreich bis 1938, in: Gabriel Eberhard/ Neugebauer Wolfgang (Hg.), Von der Zwangssterilisierung zur Ermordung. Zur Geschichte der NS-Euthanasie in Wien, Teil III, Wien 2005, 99–138.
Tiesler Jan/Kirchler-Kohlmann Irmgard, Pädagogische Überlegungen zur Sterilisation bei Menschen mit geistiger Behinderung, in: Tagungsband der Informationstage der Lebenshilfe Österreich zum Thema „Sterilisation“, Wien 1995, 19–30.
Traenker Karl, Das Refertilisierungsproblem nach Unfruchtbarmachung aus eugenischen Gründen, in: Archiv für Gynäkologie 182 (1953), 387–403.
Trompisch Heinz, Rechtliche Aspekte der Sterilisation, in: Sterilisation – historischer Überblick und Fragestellungen, in: Tagungsband der Informationstage der Lebenshilfe Österreich zum Thema „Sterilisation“, Wien 1995, 14–15.
Urban Hubert J. (Hg.), Festschrift zum 70. Geburtstag von Otto Pötzl, Innsbruck 1947.
Venzlaff Ulrich, Psychische Spätschäden nach Gefangenschaft und Verfolgung. In: Herberg H.J. (Hg.) Die Beurteilung von Gesundheitsschäden nach Gefangenschaft und Verfolgung. Referate eines internationalen medizinisch-juristischen Symposiums in Köln 1967, Herford 1967, 93–101.
Volkov Sulamith, Das geschriebene und das gesprochene Wort. Über Kontinuität und Diskontinuität im deutschen Antisemitismus, in: dies., Jüdisches Leben und Antisemitismus im 19. und 20. Jahrhundert. 10 Essays, München 1990, 55–75.
Vossen Johannes, Einleitung, in: Hüntelmann Axel C./Vossen Johannes/Czech Herwig (Hg.), Gesundheit und Staat. Studien zur Geschichte der Gesundheitsämter in Deutschland, 1870–1950 (= Abhandlungen zur Geschichte der Medizin und Naturwissenschaften, hg. von Johanna Bleker und Rolf Winau, Bd. 104), Husum 2007, 13–24.
Vossen Johannes, Gesundheitsämter im Nationalsozialismus. Rassenhygiene

und offene Gesundheitsfürsorge in Westfalen 1900 bis 1950 (= Düsseldorfer Schriften zur Neueren Landesgeschichte und zur Geschichte Nordrhein-Westfalens, Bd. 56), Essen 2001.

Voswinckel Peter (Hg.), Biographisches Lexikon der hervorragenden Ärzte der letzten 50 Jahre. Nachträge und Ergänzungen (Aba-Kom.) Bd. 3, Hildesheim 2002.

Weber Matthias, Ernst Rüdin. Eine kritische Biografie, Berlin 1993.

Weikert Aurelia, Genormtes Leben. Bevölkerungspolitik und Eugenik, Wien 1998.

Wodak Ruth/Nowak Peter/Pelikan Johanna/Gruber Helmut/De Cillia Rudolf/Mitten Richard, „Wir sind alle unschuldige Täter". Diskurshistorische Studien zum Nachkriegsantisemitismus, Frankfurt/Main 1990.

Wolf Christine, Nationalsozialistische Gesundheitspolitik am Beispiel des Psychiaters Dr. Hans Bertha, Dipl. Univ. Wien 2002.

Zerchin Sophie, Auf der Spur des Morgensterns. Ein Erlebnisbericht, München 1990.

PERSONENVERZEICHNIS

Böhlau

Maria A. Wolf

Eugenische Vernunft

Eingriffe in die reproduktive Kultur durch die Medizin 1900–2000

2008. 170 x 240 mm.

818 S. Br.

ISBN 78-3-205-77761-8

Von den eugenischen Debatten im Bereich der „Konstitutions- und Vererbungslehre", der „Sozialen Medizin", der „Rassenhygiene" und der Bevölkerungspolitik in den ersten Jahrzehnten des 20. Jahrhunderts, über die Durchsetzung einer „angewandten Rassenhygiene" während der nationalsozialistischen Herrschaft, bis hin zu den biomedizinischen Zeugungs- und Selektionstechniken der Gegenwart, analysiert die Autorin die Bedingungen für die Entstehung und Durchsetzung einer eugenischen Vernunft und deren Strategien zur medizinisch unterstützten Reglementierung menschlicher Fortpflanzung. Strategien, die auf der Grundlage vererbungsbiologischen Wissens, mit Hilfe von rechtlich sanktionierten Selektionstechniken, zur Lösung sozialer Probleme beitragen sollen, wobei Prävention als Schutz- und Kontrolltechnik eine allgemeine Steuerungsfunktion einnimmt. An umfangreichem Quellenmaterial, das im Kern in der „Wiener Klinischen Wochenschrift" der Jahrgänge 1900–2000 recherchiert wurde, wird der erfolgreiche Aufstieg der eugenischen Vernunft zu einer zustimmungsfähigen Idee und Praxis nachgezeichnet.

Wien Köln Weimar

Wiesingerstrasse 1, 1010 Wien, Telefon (01)330 24 27-0, Fax (01)330 24 32

G. Anderl, E. Blimlinger, Ch. Bazil, O. Kühschelm, M. Mayer, A. Stelzl-Gallian, L. Weidinger (Hg.)

... wesentlich mehr Fälle als angenommen

10 Jahre Kommission für Provenienzforschung

(SR der Kommission für Provenienzforschung, Bd. 1)

2009. 170 x 240 mm.

569 S. mit zahlr. Farbabb. Gb.

ISBN 978-3-205-78183-7

Die aktuelle Diskussion um Arisierung und Rückstellung von Kunstgegenständen wurde unter anderem durch die Beschlagnahme zweier Bilder von Egon Schiele aus der Sammlung Leopold in New York ausgelöst. Aus diesem Anlass wurde im März 1998 die Kommission für Provenienzforschung eingerichtet und im Dezember desselben Jahres das Kunstrückgabegesetz beschlossen. Seither werden die Bestände der österreichischen Bundesmuseen und Sammlungen systematisch und lückenlos auf ihre Provenienz überprüft. Hunderte Dossiers über Sammlungen, Bibliotheken, einzelne Kunstwerke, Bücher oder auch natur- und kulturhistorische Objekte wurden bis dato erarbeitet. Im Sammelband werden die Ergebnisse der Provenienzforschung in den jeweiligen Museen dargestellt und einzelne Fälle exemplarisch beleuchtet.

böhlau

Wien Köln Weimar

Wiesingerstrasse 1, A-1010 Wien, Telefon (+43 1) 3302427, Fax 3302432